陕西省"十四五"职业教育规划教材
GZZK2023-1-154

点亮未来
——创新创业基础

主　编　罗继军　冯加渔　张淑娟
副主编　史安娜　赵　琛　陶　燕
　　　　曹兴琴　吴玮玮　赵峻天
主　审　陆根书

北京理工大学出版社
BEIJING INSTITUTE OF TECHNOLOGY PRESS

内 容 提 要

本书根据高等院校人才培养方案和课程建设目标,针对高等院校学生的特点而编写,以培养大学生的创新创业能力为目标,是高等院校培养创新创业人才的通识课程教材之一。全书共分为14个项目,主要内容包括初始创新与创业、创新思维、创新的方法、技术创新与创业、创业素质认知、创业项目与资源分析、创业团队的组建、财务与投资、商业模式与产品、规则与风险、互联网+、数字时代的创业、创业综合案例:一公斤盒子和创业综合案例:老爸评测。

本书可作为高等院校各类专业的教学用书,也可作为大学生创业的参考用书。

版权专有　侵权必究

图书在版编目(CIP)数据

点亮未来:创新创业基础 / 罗继军,冯加渔,张淑娟主编. -- 北京:北京理工大学出版社,2024.8.
ISBN 978-7-5763-3885-0
Ⅰ .G647.38
中国国家版本馆 CIP 数据核字第 20247B5Q59 号

责任编辑:王梦春	文案编辑:邓　洁
责任校对:刘亚男	责任印制:王美丽

出版发行 /	北京理工大学出版社有限责任公司
社　　址 /	北京市丰台区四合庄路 6 号
邮　　编 /	100070
电　　话 /	(010)68914026(教材售后服务热线)
	(010)68944437(课件资源服务热线)
网　　址 /	http://www.bitpress.com.cn
版 印 次 /	2024 年 8 月第 1 版第 1 次印刷
印　　刷 /	河北鑫彩博图印刷有限公司
开　　本 /	787 mm×1092 mm　1/16
印　　张 /	19
字　　数 /	488 千字
定　　价 /	49.80 元

图书出现印装质量问题,请拨打售后服务热线,负责调换

FOREWORD 前言

党的二十大报告提出："必须坚持科技是第一生产力、人才是第一资源、创新是第一动力，深入实施科教兴国战略、人才强国战略、创新驱动发展战略，开辟发展新领域新赛道，不断塑造发展新动能新优势。"在科技日新月异、经济全球化趋势愈发明显的今天，创新创业成为社会前进的重要驱动力。为了培养具备创新精神和实践能力的复合型人才，我们编写了本教材，旨在为学生提供一套系统的创新创业理论知识和实践指导。

创新创业不仅能解决大学生就业难的问题，进而产生带动就业的倍增效应，缓解就业压力，而且能够将创新成果转化为社会和消费使用，带动经济转型，实现产业升级。创新创业是大学生实现自我价值和社会价值的根本途径。大学生拥有丰富的知识，因而具有一种内在的创新潜能，创业实践能使他们的创新构想转化为社会现实，从而实现其创新和创业的梦想。而大学生自身创新和创业梦想的实现，一方面，表明自身的价值得到了社会的认可；另一方面，创新和创业的结果必然是为整个社会的发展做出应有的贡献。

本教材从理论和实践两个方面入手，全面介绍了创新创业的相关知识和技能。首先，教材从创新的角度出发，阐述了创新思维、创新的方法和技术创新与创业。其次，教材从创业的角度出发，讲述了创业素质认知、创业项目与资源分析、创业团队的组建、财务与投资、商业模式与产品等，并提供了实用的创业技巧和案例分析。最后，教材强调了创新创业的风险管理和团队合作的重要性，帮助大学生在实践中避免走弯路，提高成功率。

在编写本教材过程中，我们注重理论与实践相结合，力求使教材内容既具有学术性又具有实用性。我们希望本教材能够激发大学生的创新创业热情，培养他们的创新精神和实践能力。

本教材在编写过程中参阅了大量文献和参考资料，在此向原作者致以衷心的感谢！由于编写时间仓促，编者经验和水平有限，教材中难免存在疏漏之处，恳请广大读者批评指正。

编　者

CONTENTS 目录

项目一 初始创新与创业 ………… 001

    任务一　认知创新 ……………… 003
    任务二　认知创业 ……………… 007
    任务三　了解大学生创新创业政策 … 015

项目二 创新思维 …………………… 020

    任务一　创新意识与创新精神 …… 021
    任务二　创新思维与创新能力 …… 026

项目三 创新的方法 ………………… 032

    任务一　头脑风暴法实施 ……… 033
    任务二　综摄法 ………………… 036
    任务三　形态分析法 …………… 037
    任务四　信息交合法 …………… 039
    任务五　5W2H 法 ……………… 040
    任务六　奥斯本检核表法 ……… 042
    任务七　TRIZ——发明问题解决
            理论 …………………… 043
    任务八　六顶思考帽法 ………… 046

项目四 技术创新与创业 …………… 048

    任务一　技术创新的概念与方法 … 049
    任务二　技术创新的过程 ……… 051
    任务三　技术创新管理的概念及其
            类型 …………………… 053
    任务四　技术创新管理的重要性和
            必要性 ………………… 055
    任务五　TRIZ 在技术创新中的
            应用 …………………… 056

项目五 创业素质认知 ……………… 060

    任务一　创业者 ………………… 062
    任务二　创业者素质 …………… 067
    任务三　创业者能力 …………… 071
    任务四　创业价值观与创业态度 … 076

项目六 创业项目与资源分析 ……… 087

    任务一　创业项目的选择 ……… 089
    任务二　创业风险分析 ………… 093
    任务三　创业资源需求分析 …… 097
    任务四　创业项目的资源整合 … 100
    任务五　创业项目资源的创造性
            利用 …………………… 104

项目七 创业团队的组建 …………… 111

    任务一　创业团队概述 ………… 113
    任务二　创业团队的组建程序及发展
            过程 …………………… 121
    任务三　创业团队的管理技巧和
            策略 …………………… 127
    任务四　创业团队常见的问题与解决
            方法 …………………… 133

项目八　财务与投资 …………… 138

　　任务一　创业融资的内涵 ………… 142
　　任务二　创业融资的渠道与技巧 … 144
　　任务三　财务管理的要点 ………… 147
　　任务四　投资估值与吸引投资 …… 151
　　任务五　创业公司的成长 ………… 156

项目九　商业模式与产品 ………… 160

　　任务一　商业模式构建 …………… 163
　　任务二　通用工具：商业模式画布 … 171
　　任务三　扬长避短：核心竞争力 … 175
　　任务四　打造拳头产品及创业产品 … 179
　　任务五　老字号都源于小公司 …… 184
　　任务六　文化制胜 ………………… 189

项目十　规则与风险 ……………… 194

　　任务一　创业的规定动作 ………… 195
　　任务二　正确认识创业政策与知识产权 …………………………… 200
　　任务三　人情与生意 ……………… 203
　　任务四　江湖骗术预防 …………… 205
　　任务五　创业风险与失败案例 …… 207

项目十一　互联网+ ……………… 211

　　任务一　人人都是电商 …………… 213
　　任务二　互联网改变世界 ………… 217
　　任务三　创业的蓝海 ……………… 225
　　任务四　互联网思维 ……………… 228
　　任务五　融合创新 ………………… 232
　　任务六　互联网商业模式 ………… 237

项目十二　数字时代的创业 ……… 244

　　任务一　已经到来的数字时代 …… 246
　　任务二　数字时代的变革逻辑 …… 254
　　任务三　数字创业展望 …………… 261

项目十三　创业综合案例：一公斤盒子 …………………………… 265

　　任务一　一公斤：装得下一个世界 … 267
　　任务二　傻瓜化的教学工具包：一公斤盒子 …………………… 269
　　任务三　理念之争：一盒教育，半盒创新，半盒公平 …………… 272
　　任务四　二次创业：从乡村教育与公平出发的涅槃重生 ………… 274
　　任务五　再造盒子：工欲善其事，必先利其器 …………………… 278
　　任务六　未来：挑战永无止境 …… 281

项目十四　创业综合案例：老爸评测 …………………………… 284

　　任务一　包书皮引爆的故事 ……… 285
　　任务二　一位老爸的"笔"路褴褛 287
　　任务三　"检测网红"是怎样"炼成"的 ………………………………… 289
　　任务四　达则兼济天下 …………… 292
　　任务五　长风破浪会有时 ………… 296

参考文献 …………………………… 298

项目一
初始创新与创业

自我思考

中国共产党的主要创始人之一李大钊同志曾说过,青年要"为世界进文明,为人类造幸福。以青春之我,创建青春之家庭,青春之国家,青春之民族,青春之人类,青春之地球,青春之宇宙,资以乐其无涯之生"。当代大学生是时代责任的担当者,是经济建设和社会建设的生力军。如何迎接与融入"大众创业、万众创新"(以下简称"双创")的新时代,是每一位大学生都应该认真思考的问题。

请同学们想一想:你是如何理解创新创业的?你能列举一个自己熟悉的亲戚或朋友创业成功或失败的事例吗?你认为他(她)为什么会创业成功或失败?你了解我国的创新创业政策吗?

〖知识目标〗
1. 了解创新的概念,熟悉创新的类型。
2. 了解创业的概念,熟悉创业的过程,掌握创业的要素和创业的能力。
3. 了解"大众创业、万众创新"政策和大学生自主创业的优惠政策。

〖能力目标〗
1. 能够发现自身能力的不足,并制订科学的能力提升计划。
2. 具备分析和利用创业政策的能力。

〖素质目标〗
1. 树立创新意识,领会我国实施创新战略的重要意义。
2. 树立创业意识,自觉提升创业能力,为创业做好准备。
3. 领会"大众创业、万众创新"政策精神,领悟国家给予大学生创新创业政策支持的意义。

【开篇故事】

残疾青年的创新之路

吕伟涛出生于汕尾市海丰县,未满周岁时的一场重病导致他双腿残疾,无法行走。12岁时,他把畸形的双腿捆在床板上,在没有麻醉的情况下,硬是忍着剧痛将腿脚拉直了,这为他学会使用拐杖行走创造了条件。初学使用拐杖时,吕伟涛只要一移动拐杖,就会重重地摔在地上,但是他并没有放弃,每一次都艰难地爬起来。在经历了一次又一次的摔跤后,吕伟涛终于借助拐杖站了起来!

在能够借助拐杖站立行走后,吕伟涛开始渴望上学读书。13岁那年,他靠着平时自学积累的知识,给村小学的校长写了一封信,表达了自己对读书的渴望。校长被他的真诚打动了,破例同意让他直接入读小学六年级。入学后,吕伟涛拼命学习。半年后,他如愿考上了初中,后来又考上了县重点高中。在学校里,他先后担任班长、团支书、学生会主席等职务,成了同学们学习的榜样!

高中毕业后,为减轻家庭负担,吕伟涛毅然选择外出打工。经过半个多月的奔波,他只找到了一份没有底薪的销售工作。有一次,他正要去拜访客户,却下起了大雨。为了如约见到客户,无法撑伞的吕伟涛艰难地拄着拐杖走在倾盆大雨中。当他浑身湿透地出现在客户面前时,客户由衷地向他竖起了大拇指,并和他签订了一大笔订单。很快,吕伟涛就晋升为公司的业务主管。

在日常生活体验及与各地残疾朋友的交流中,吕伟涛发现,残疾人用品存在许多缺陷,束缚了残疾人的发展空间。于是,他萌生了改进残疾人用品的想法,希望通过创新改变残疾人的生活。他自学了机械、电子和材料等相关专业知识,动手制作模型、样品,并亲自试用,也寄给各地的残疾朋友试用,然后根据自己和朋友的使用感受,对产品进行改进。吕伟涛省吃俭用,把有限的资金都花在了购买材料和工具上。经过几年的研发,他做出了一系列广受残疾人好评的产品。例如,他发明的汽车手动刹车、油门控制装置不仅获得了国家专利,而且推进了下肢残疾人驾驶汽车合法化的进程。

吕伟涛的另一项国家专利发明——关节式防滑拐杖头,在各类环境中都能做到既防滑又耐用,为残疾人的生活带来了极大的方便。投入量产后,该产品还被汕尾市残疾人联合会、南京市残疾人联合会、北京市残疾人联合会等机构采购来发放给有需要的人。

吕伟涛先后被评为"广东省残疾人十佳创新人物""汕尾市高级拔尖人才",同时,被选为汕尾市肢残人协会副主席。此外,他还获得了"广东省青年五四奖章""全国自强模范"等荣誉,并受到了国家及省市领导的亲切接见。这些荣誉对他来说既是一份肯定,也是一种责任,更是一种把创新发明转化为产品的动力。

砥节砺行

艰难的生活铸就了吕伟涛坚强不屈、开拓创新的个性。作为一名残疾人,吕伟涛在做好自己的同时,尽自己所能,为残疾人群和社会做出了很大的贡献。作为当代大学生,我们更应该走在创新创造的前列,做锐意进取、开拓创新的时代先锋,为祖国和社会做出自己的贡献。

任务一　认知创新

> **名人语录**
>
> 想别人不敢想的，你已经成功了一半；做别人不敢做的，你就会成功另一半。
>
> ——爱因斯坦
>
> 人时间有限，不要把宝贵的时间浪费在重复其他人的生活上。人活着就是要找到自己真正所爱的东西，让每天都精彩绝伦。
>
> ——史蒂夫·乔布斯

 任务导入

创新是民族进步的灵魂，是一个国家兴旺发达的不竭源泉，也是中华民族最深沉的民族禀赋。在进行下面的学习之前，请思考以下问题。

（1）创新是什么？在日常生活中，你有过创新行为吗？

（2）如何进行创新？

 知识链接

一、创新的概念

创新是指以提出有别于常规或常人思路的见解为导向，利用现有的知识或物质，在特定的环境中，本着理想化需要或满足社会需求而改进旧事物或创造出新事物、新方法、新元素、新路径、新环境等，并获得一定有益效果的行为。

创新有三层含义：一是更新；二是创造新的东西；三是改变。也就是说，不是只有重大的发明创造才是创新，对各种产品、工作方法、商业模式、服务模式等所做的改进都属于创新。

二、创新的类型

创新主要分为产品创新、技术创新、制度创新、职能创新和结构创新。

（一）产品创新

产品创新是指研发和生产出性能更好，外观更美，使用更便捷、更安全，更符合环境保护要求的产品，以更好地满足人们的需求。产品创新可从以下三个层面来实现。

（1）开发具有新功能的产品。例如，某3D打印企业在原有产品的基础上研发了具有打印平台自动调平功能的新型产品。

（2）优化产品结构。例如，某企业通过优化电子产品的结构，使产品变得轻、巧、小、薄，更加节能环保。

（3）改进产品外观。例如，某电子产品公司曾推出彩壳流线型 PC 机（个人计算机），以提高市场占有率。

（二）技术创新

技术创新是指采用新的生产方法或新的原料生产产品，以达到提升质量、降低成本、保护环境，或者使生产过程更加安全和省力的效果。技术创新可以从以下四个层面来实现。

（1）革新工艺路线。例如，用精密铸造、精密锻造、粉末冶金技术代替金属切削技术来生产复杂的机械零件，可大大缩短生产周期，降低成本。

（2）替代和重组材料。例如，从环保角度出发，以农产品为原料生产一次性水杯、餐具和包装盒等工业产品。

（3）革新工艺装备。例如，用电脑绣花机代替手工绣花，用数控机床代替手动操作机床，等等。

（4）革新操作方法。例如，用更省力、更高效的操作方法代替一些传统的、不适应现代技术进步的操作方法。

（三）制度创新

制度创新是指从社会经济角度对企业的生产方式、经营方式、分配方式、经营观念等进行调整和变革，以推动企业发展和社会进步。制度是组织运行方式的原则性规定。制度创新通常表现为产权制度、经营制度和管理制度的调整和优化。

一般来说，一定的产权制度决定了相应的经营制度。在产权制度不变的情况下，企业具体的经营方式可以不断进行调整。同样，在经营制度不变的情况下，具体的管理制度也可以不断改进。但是，当管理制度改进到一定程度时，经营制度就必须进行相应的调整，而经营制度的不断调整也必然会引起产权制度的变革。

（四）职能创新

职能创新是指在计划、组织、控制、协调等管理职能方面采用更加有效的新方法和新手段。其常见形式如下：

（1）计划形式的创新。例如，某企业在购电、电网运行和用电方面创造性地采用了目标规划方案，结果每年节约电费 2 000 万元以上。

（2）控制方式的创新。例如，某汽车公司首创准时生产制，生产成本显著降低。

（3）用人方面的创新。例如，某企业使用测评法选拔和考核干部，采用拓展训练法改善员工培训效果等。

（4）激励方式的创新。例如，某企业实行"自助餐式"奖励制度，即员工可以从企业提供的列有多种福利项目的"菜单"中选择自己所需要的福利，这种创新型激励方式使企业在付出同等成本的情况下获得了更好的激励效果。

（5）协调方式的创新。例如，某市政府试行科技特派员制度，即市政府工作人员先通过调查了解村镇农业大户所需要的技术支持，同时，将全市 3 500 名农业科学技术人员按专长分类并公布，然后将两者对接起来，让双方进行双向选择。这种协调方式的创新，使农户和农业科学技术人员的收入都得到了大幅提升。

（五）结构创新

结构创新是指设计和应用更有效率的新组织结构的一种创新。按影响范围的不同，结构创新可分为技术结构的创新和经济与社会结构的创新。

（1）技术结构的创新。例如，某汽车公司在20世纪20年代首创了流水线生产方式，让工人分工完成流水线上的简单工序，大大提高了生产率，从而开创了大规模生产标准产品的工业经济时代。

（2）经济与社会结构的创新，即通过调整人们的责、权、利关系来提高组织效能。例如，通用汽车公司在20世纪20年代采用事业部制，化解了统一领导与分散经营之间的矛盾，使规模经营与市场适应得到了很好的统一，从而极大地增强了该公司的市场竞争力。

三、我国实施创新驱动发展战略的重要意义

"必须坚持科技是第一生产力、人才是第一资源、创新是第一动力，深入实施科教兴国战略、人才强国战略、创新驱动发展战略，开辟发展新领域新赛道，不断塑造发展新动能新优势。"党的二十大强调加快实施创新驱动发展战略，这一战略涵盖了教育优先发展、科技自立自强、人才引领驱动等多个方面。在当前全球科技和经济发展的新形势下，创新已成为推动社会进步和经济发展的关键力量，为实施科教兴国战略，坚定走好创新驱动高质量发展之路，指明了前进方向、提供了根本遵循。

（1）教育是国家长远发展的基石，要坚持教育优先发展战略。提高整体教育质量，培养适应未来社会发展需要的高素质人才，是建设教育强国的核心目标。

（2）科技创新是推动经济发展的关键动力，要加快建设科技强国。通过增强自主创新能力和提高科研水平，减少对外依赖，确保国家科技安全。

（3）实施更加开放的人才政策，吸引全球高端人才加入中国的创新实践。强化人才培训和发展机制，通过高层次人才培养计划和专业人才继续教育，不断提高人才的专业能力和创新能力。

（4）建立健全企业、高校和研究机构之间的合作机制，通过共建研发平台和实验室，促进资源共享和互利合作；同时加强国际科技合作与交流，参与全球科技治理，引进国外先进科技和管理经验。

（5）推动传统制造业向智能制造转型，通过引入自动化、数字化技术提升产业竞争力。发展战略性新兴产业，如新能源、新材料、生物医药等，以新技术推动产业升级。

党的二十大提出的创新驱动发展战略是全面的、深入的，涉及教育、科技、人才等多个方面。这不仅是对现有创新体系的完善，更是中国特色社会主义现代化建设在新时代背景下的一项重要战略部署。通过这些措施的实施，可以期待我国在未来全球竞争中展现出更强的创新力和竞争力。

> **案例阅读**

港珠澳大桥——超级工程的超级创新

港珠澳大桥位于珠江口伶仃洋水域，其主体工程集桥、岛、隧于一体，项目涉及水文泥

沙、地形地质、白海豚保护、防洪、防台和满足通航、海事、航空限高等复杂建设难题，面临我国交通行业建设项目管理的全新挑战。

港珠澳大桥的沉管隧道是目前世界上规模最大的公路沉管隧道和世界上唯一的深埋沉管隧道。建设这条海底沉管隧道，不仅需要在松软地基上建成当今世界上长度最长、埋深最大的海底沉管隧道，还要在水深十余米且软土层厚达几十米的深海中建造两个人工岛，以实现海中桥隧转换衔接。如果按传统方法建设这两个 10 万 m^2 的人工岛，不仅工期长，而且安全风险极高，还会对白海豚的生存环境造成一定的污染。

通过技术交流，施工团队最终采用了大直径钢圆筒围成人工岛的创意。简单来说，就是以大的钢圆筒止水围岛，向岛内填入砂料并加固地基，圆筒外再用混凝土块体等加固防护。两个人工岛建设需要用 120 个直径 22.5 m、高 40.5～50.5 m、重 500 t 的钢圆筒，以及 242 个副格，最大入土深度可达 29 米，每个钢圆筒都相当于一栋高层住宅楼。

"工欲善其事，必先利其器"，要想把巨大的钢圆筒深插入海底，必须要有配套的振沉设备——岛隧工程采用 8 台 APE600 液压振动锤联动振沉系统，这又是世界首创。通过这些创新技术，两个 10 万 m^2 的人工岛在 215 天内即可完成，比传统抛石围堰工法的施工效率提高近 5 倍，且最大限度地减小了对海洋环境的污染。

中国高铁——从"中国制造"到"中国智造"

高铁技术发端于西方，始于日本，兴于欧洲，盛于中国。中国高铁一路从"跟跑""并跑"到"领跑"，既跑到了西方高铁先行者的前面，也成为我国科学技术自主创新的一面旗帜。"和谐号""复兴号"成为越来越多百姓出行的首选，中国高铁成为我国"走出去"的一张亮丽名片。目前，中国已经成为世界上少数几个能够提供包括基础设施、移动装备、运营管理等高速铁路成套技术的国家之一。

2008 年，我国高铁的发展进入了自主创新阶段，科技部和原铁道部（现中国铁路总公司）联合发起实施了《中国高速列车自主创新联合行动计划》。该计划诞生了被欧洲人称为"中国高铁革命"的"和谐号 CRH380 系列"高速列车。自从实施《中国高速列车自主创新联合行动计划》以后，中国高铁驶入自主创新快速通道。我国高速动车组技术经历了引进、消化、吸收、再创新的过程后，在核心技术方面取得了重大突破，进入了全新的创新阶段。

2017 年，我国新一代标准动车组"复兴号"投入使用，持续运行时速达到 350 km，并具备时速 400 km 以上的运行速度储备，成为全球运行速度最快且更安全、更可靠的动车组列车。"复兴号"动车组列车实现了以下多个方面的创新：

（1）"复兴号"动车组列车搭载了多种先进技术，如制动、转向、网络等，都是世界领先的自主创新技术，已经超过了许多发达国家。目前，在全球的高铁制造标准中，更是有高达 84% 的标准是按照中国标准所设立的。所以说，"复兴号"的诞生是中国高铁历史上的里程碑。

（2）"复兴号"动车组列车的使用寿命相比以往大大增长，最长可以运行 60 万 km，按照日常的运行频率来计算，可以安全运行 30 年。

（3）"复兴号"动车组列车的整车高度得到了提升。一般而言，列车的高速运行需要扁平式的车体设计，但这样会降低旅客乘坐的舒适度。"复兴号"动车组列车通过复杂的工艺兼顾了两者，不仅提高了车顶高度，同时提升运行速度。

（4）"复兴号"动车组列车采用了全新的安全系统，全车安全监测点多达 2 500 个，密集的监测可以确保列车的运行安全。安全系统还可以在险情发生时及时发送安全预警，相关人员可据此尽快处理险情,以避免安全事故的发生。

(5)"复兴号"动车组列车全车座椅下都配有充电插座,车内有稳定的 Wi-Fi 信号。众所周知,在列车高速运行时,是很难确保信号畅通的,而在"复兴号"列车上,旅客则可以顺畅地通话、上网。

拓展训练

请结合下面的案例,与小组成员讨论创新、成功和财富三者之间的关系。

与众不同的赚钱方式

有个年轻人想凭自己的聪明才智赚钱,就跟别人一起来到山上,开山卖石头。

当别人把石块砸成石子,运到路边,卖给附近建筑房屋的人时,这个年轻人却把石头运到码头,卖给了花鸟商人。因为他觉得这里的石头奇形怪状,卖重量不如卖造型。就这样,这个年轻人很快就富起来了。三年后,卖怪石的他成为村子里第一座漂亮瓦房的主人。

后来,村里不许开山,只许种树,于是村里有了好多果园。

当地的鸭梨汁浓肉脆,香甜无比。每到秋天,漫山遍野的鸭梨引来四面八方的商客。村民们把堆积如山的鸭梨一车一车地运往外地,甚至还发往国外。

鸭梨带来了小康生活,村民们欢呼雀跃。这时,这个年轻人却卖掉果树,开始种柳树。因为他发现,来这儿的商客不愁挑不到好梨,只愁买不到盛梨的筐。

五年后,这个年轻人成为村子里第一个在城里买房的人。

再后来,一条铁路经村子贯穿南北,小小的山村更加热闹。村民们由单一的种梨、卖梨起步,开始发展果品加工等一系列深加工产业。

就在村民们开始集资办厂时,这个年轻人却在他的地头砌了一道 3 米高、100 米长的墙。这道墙面朝铁路,背依翠柳,两旁是一望无际的梨园。坐火车经过这里的人在欣赏盛开的梨花的同时,还能看到四个醒目的大字——可口可乐。据说,这是几百里山川中唯一的一个广告,这个年轻人仅凭这道墙,一年又有了 4 万元的额外收入。

任务二 认知创业

名人语录

如果你教一个人如何为他人工作,只能养活他一年;如果你教他如何成为创业者,将能养活他一生。

——杰弗里·蒂蒙斯

回头看我的创业历程,是不断寻找、不断纠正的过程。

——吴锡桑

任务导入

一个创新想法或创新产品,只有经过一套切实可行的方案层层推进,才能为个人或企业带来利益,即形成商业模式。也就是说,创新仅仅是创业的一个起点。在进行下面的学习之前,请思考以下问题。

(1)什么是创业?
(2)创业成功的关键要素有哪些?
(3)创业者需要具备哪些能力?
(4)创业过程包括哪些环节?

 知识链接

一、创业的概念

"创业"一词,不同的工具书中有不同的概念:《新华字典》中的解释为"开创事业";《现代汉语词典》中的解释为"创办事业",而"事业"是指人所从事的,具有一定目标、规模和系统而对社会发展有影响的经常活动;《辞海》中的解释为"创立基业",而"基业"是指事业的基础。通过以上解释可以看出,创业的实质是创办事业。这是从广义上理解的创业。

狭义的创业通常是指创业者通过寻找和把握创业机会,投入已有的知识和技能,配置相关资源,创建新企业,从而为消费者提供产品和服务,为个人和社会创造价值与财富的过程。本书所讲的创业是指狭义的创业。

创业包含以下几层含义:
(1)创业是一个创造的过程。
(2)创业的本质在于发掘与利用机会的商业价值,即要创造或认识事物的商业用途。
(3)创业的潜在价值需要通过市场来体现,即市场是实现创业价值的渠道。
(4)创业以追求回报为目的,包括个人价值的实现、知识与财富的积累等。

二、创业的要素

(一)创业的关键要素

创业的关键要素包括创业机会、创业团队和创业资源。

(1)创业机会:是指创业者可以利用的商业机会。从创业过程的角度来说,创业机会是创业的起点,创业过程就是围绕创业机会进行识别、开发和利用的过程。

(2)创业团队:是指在创业初期(包括企业成立前和成立早期),由一群才能互补、责任共担、愿为共同的创业目标奋斗的人所组成的特殊群体。

(3)创业资源:是指企业在创造价值的过程中需要的特定资产,包括有形资产和无形资产。它是企业创立和运营的必要条件,主要包括创业人才、创业资金、创业技术等。

（二）创业各要素之间的关系

我们可以从以下几个方面来认识创业各要素之间的相互关系：

（1）创业机会是创业过程的重要驱动力，创业团队是创业过程的主导者，创业资源是创业成功的必要保证。创业过程始于创业机会，而不是创业团队或创业资源。在开始创业时，创业机会比强大的团队和合适的资源更重要。在创业过程中，创业机会与创业资源经历一个"适应—差距—适应"的动态过程。

（2）创业过程是创业机会、创业团队与创业资源这三个要素匹配和平衡的结果。创业团队要善于配置和平衡，包括对创业机会的理性分析和把握、对创业资源的合理配置和利用、对工作团队适应性的正确认识和分析等，以不断推进创业过程。

（3）创业是一个连续不断地寻求平衡的行为组合。创业机会、创业团队、创业资源之间的绝对平衡是不存在的，但创业过程要保持发展，必须追求一个动态的平衡。在这期间，创业团队必须思考以下几个问题：①目前的团队能否带领企业发展；②企业面临怎样的资源状况；③下一阶段的运作将面临哪些困难。这些问题在企业发展的不同阶段会以不同的形式出现，并会严重影响企业的可持续发展。

三、创业的能力

在现代社会，竞争日趋激烈，创业者能否在竞争中占据优势、成功创业，主要取决于他所拥有的或能够运用的各种能力。一般来说，创业者应具备以下几种能力。

（一）创新能力

创新是知识经济时代的主旋律。在竞争激烈的市场中，缺乏创新的企业很难站稳脚跟。创业是一项充满创新的事业，创业者必须具备创新能力，只有这样能够根据客观情况的变化及时提出新目标、新方案，不断开拓新局面。

（二）学习能力

面对日益复杂的市场竞争与合作关系、日新月异的科学技术手段、不断更新的管理理念及各种管理手段，创业者只有不断学习才能应对时代潮流的冲击与要求。学习能力主要包括制订学习目标和计划的能力、阅读能力、分析和归纳的能力、信息检索能力等。创业者要培养良好的学习能力，应做到以下几点：

（1）心态归零，吐故纳新。创业者不应囿于已取得的成绩和能力，而应不断从零开始，时刻保持对环境变化的敏感度，不断学习新知识。

（2）精益求精，学有所长。对于创业者而言，学到的知识越多，能力就越强。但是人的精力是有限的，"门门精通"往往会变成"门门不通"。创业者应该学会选择，在某些领域要精益求精，具备一技之长，在某些领域则只需涉猎或粗通即可。

（3）开阔视野，终身学习。学习能力的表现之一就是善于发现学习的榜样，学其长处，补己短板。如果仅仅局限在一个小的范围内，就会变成"井底之蛙"，丧失学习的动力和能力。只有走出去，不断地接触新事物和新观点，才能不断开阔视野，增长见识。此外，创业者必须树立终身学习的理念，通过不断学习，提高自身能力。

> **砥节砺行**
>
> 　　学习是进步的阶梯。在知识更新迭代加速的今天，要想跟上时代发展的步伐，就必须不断学习。青年人正处于学习的黄金时期，应该把学习作为首要任务，作为一种责任、一种精神追求、一种生活方式，树立梦想从学习开始、事业靠本领成就的观念，让勤奋学习成为青春远航的动力，让增长本领成为青春搏击的能量。
> 　　树立终身学习的理念，通过不断学习，提高自身能力。

（三）合作能力

创业者之所以需要与他人合作，首先是因为个人的能力有限，其次是因为个人能力与他人能力具有互补性。创业者要想与他人合作并有所作为，首先要做到知己，即要清楚自己的性格特点、能力专长等，选定一个适合自己的创业目标；其次要注意分析他人的特点，发掘他人所具备的与自身形成互补的能力。只有这样，创业者才能真正找到合作伙伴，并与其一道为共同的创业理想携手共进。创业者在与他人合作时要注意以下两个方面：一是平等合作，即合作伙伴在人格上是完全平等的，是为了一个共同的目标走到一起的；二是互利合作，即合作者之间的互惠互助是合作者为了某些共同目标和利益追求，在一定基础上进行的物质和精神的相互配合协作。

（四）管理能力

管理能力是指对人员、资金进行管理的能力，包括人员的选择、使用、组合和优化，以及资金的聚集、核算、分配和使用。管理能力在较高层次上决定了创业实践活动的效率和成败。

创业者要想在激烈的市场竞争中取得优势，必须要对企业、员工和消费者负责，并保持高度的社会责任感；必须学会用人，善于吸纳德才兼备、志同道合的人；必须学会制订合理的计划，并督促自己和员工严格落实；必须学会权衡主次轻重，合理整合资源。

（五）决策能力

决策能力是指创业者根据主客观条件，正确确定创业的发展方向、目标、战略，以及选择具体实施方案的能力。决策能力包括分析能力和判断能力。

在创业的过程中，创业者要想从错综复杂的现象中发现事物的本质，找出存在的真正问题，并正确处理问题，就必须具备良好的分析能力。而所谓判断能力，是指能从客观事物的发展变化中找出因果关系，并善于从中把握事物的发展方向的能力。由此可见，分析是判断的前提，判断是分析的目的，良好的决策能力是良好的分析能力加精准的判断能力。

（六）社交能力

社交能力是指创业者善于与他人沟通思想、联络感情、建立友谊，从而建立广泛的社会联系的一种能力。创业者在从事创业活动的过程中，免不了有各种社会交往，良好的社交能力对做好生产与经营工作、加强与各方面的沟通联系、扩大影响、减少负面效应、提高经济效益都有着不可估量的作用。创业者要提高自己的社交能力，可以从以下几个方面做起：

（1）学会聆听。创业者要想提高社交能力，首先必须学会聆听，通过聆听领会他人话里的深层含义，获得自己所需的信息。例如：通过聆听客户的反馈，可以了解客户的真实体验，了解产品或服务存在的不足；通过聆听合作伙伴的意见，可以了解公司目前存在的问题。

（2）主动交往。创业者要提高自己的自信心，勇敢地与别人交流，遇到比自己能力强的人，不应自卑，而应通过交往，学习他人的优点。

（3）掌握社交技巧。创业者可以多读一些待人接物方面的书籍，学习社交技巧。

四、创业的过程

创业的过程包括从产生创业想法到创建新企业并获取回报的整个过程，通常包括以下六个主要环节。

（一）产生创业动机

创业动机是创业者创业的原动力，它能够推动创业者去发现和识别市场机会。创业活动的主体是创业者，创业活动能否开展首先取决于个人是否希望成为创业者。同时，创业动机不仅是创业者打算创业的一种念头，更是其对创业目标与预期收益的深思熟虑。

（二）识别创业机会

识别创业机会是指创业者对可能成为创业机会的诸多事件的分析和对创业预期结果的判断。国家产业政策的调整、新技术的出现、人口和家庭结构的变化、人们物质需求和精神需求的变化、流行时尚的变化等都可能带来创业机会。创业者应具有敏锐的观察力，能够及时、准确地识别创业机会，并对该创业机会进行评估和筛选。

> **案例阅读**
>
> **大学生团队破圈创业，给电动自行车配备"充电宝"**
>
> 华东理工大学艺术设计与传媒学院的楼振罡是一名在校学生，也是一名创业者。他带领团队历经3年多的探索和实践，通过"30秒站点换电"替代"8小时直充系统"的思路，解决了电动自行车的充电痛点，用"飞喵换电"项目重新定义电动自行车出行。
>
> 我国电动自行车的社会保有量接近3亿辆，其虽堪称"国民级出行工具"，却也面临着一个巨大的难题——充电。"充电桩着实难找！""放在楼道充电太危险了！"据应急管理部消防救援局统计，全国每年平均发生电动自行车火灾约2 000起。
>
> "安全意识不能总是靠一次次火灾和悲剧来唤醒，创新才是最有效的'灭火器'。"楼振罡说。之后，他和他的团队成员利用课余时间走访了上海、浙江两地的20余所高校，拍摄、收集了大量真实场景，并着手分类研究一线、二线和三线城市的电动自行车用户需求。
>
> 经过近一年的深入调研，他们发现，电动自行车的充电难题主要表现为充电时间长、充电空间拥挤、"拉飞线"存在安全隐患等，归根结底是充电桩不足及充电效率过低的问题。
>
> 经过分析，楼振罡团队的初步构想是，能不能像加油站一样，设立站点，提供秒换电池服务，提高出行效率。有了初步构想，该团队进行了明确规划，从人工换电小规模试点开始，到自动换电系统研发，再到扩大市场路径的落地节奏。

首先，他们与厂商合作，进行了小成本的人工换电试验——开设实体店，售卖具有换电功能的电动自行车（即飞喵换电车），通过人工手动进行换电。这次试点，既验证了用户的需求及接受度，也发现了急需降低人工运营成本的问题。

下一步，楼振罡团队开始尝试"自助换电柜"。三个月后，热插拔万能接口、换电柜、换电车和"寻站"小程序等成果出炉。作为核心技术，热插拔万用接口打通了铅酸和锂电池的接口，仅需两分钟，就能够将传统电动自行车改成"飞喵换电车"。使用这种技术可改装市面上80%的铅酸电池电动自行车。

仅仅两个月的时间，楼振罡团队就布置了线下四个站点，日均换电近百次。用户无需购买电池，按次付费，更省钱；30秒换电，里程翻倍，更便捷；充电智能监控，更安全。

之后，他们开始着手扩大市场。经过与多方的多轮沟通谈判，"飞喵换电"与社区充电龙头企业、园区、外卖、物流等多方顺利达成合作，现已在华东地区落地换电站点10个、拥有用户1 300余名，保障11万次换电零安全事故，节省88万小时充电时长，助力一千余组铅酸电池规范回收。

（三）整合有效资源

资源是创业的基础条件，整合有效资源是创业者开发机会的重要手段。之所以强调资源整合，是因为创业者可以直接控制的有效资源往往很少，许多创业者都需要白手起家。创业者需要整合的有效资源包括基本信息（如市场环境等）、人力资源（如合作者、雇员等）、资金资源等。

（四）创建新企业

创建新企业需要进行大量的准备工作。其中，创业计划、创业融资和注册登记尤为关键。创业想法能否变成现实，关键看创业者能否制订一个周密的创业计划。资金短缺往往是制约企业发展的"瓶颈"，因此，创业融资在企业的创建过程中起着至关重要的作用。创业者完成创业计划并获得企业融资之后，就可以按照法定程序进行注册登记，包括确定企业的组织形式、设计企业标志、向市场监督管理机关提出企业登记注册申请、领取营业执照等。

（五）实现机会价值

创业者整合有效资源、创建新企业的目的是实现机会价值。实现机会价值是创业过程中的重要环节。

在创业过程中，确保新创建的企业生存是创业者必须面对的挑战。同时，创业者更应认识到企业若不成长就无法生存得更好的现实，在激烈的竞争环境中更是如此。因此，创业者必须了解企业成长的一般规律，预见企业在不同成长阶段可能面临的问题，以便采取有效措施予以防范和解决，使机会价值得到充分实现，同时，还应不断地开发新的机会，把企业做活、做大、做强。

（六）收获创业回报

追求创业回报是创业者开展创业活动的目的。创业回报可以是多种多样的，创业者对创业回报的满意度在很大程度上取决于其创业动机。调查显示，部分创业者的创业动机首先是自己当老板，然后才是追求财富。对于这些人来说，当老板的感受就是一种创业回报。

拓展训练

一、创业访谈

创业人物生涯访谈

活动目的：通过访谈活动，学生了解不同创业人物的创业动机，感受创业动机在创业过程中的重要作用。

活动内容：以小组为单位开展访谈活动。具体活动流程如下：

(1) 以 3~5 人为一组，每组选出一个负责人。

(2) 各组自行确定 2~3 个访谈对象。

(3) 各组拟订访谈提纲，内容可包括创业者的教育背景、成长环境、创业动机、创业历程、创业心得等。

(4) 访谈结束后，每组撰写一份访谈报告，分析访谈对象的创业动机及其创业成功的原因。

(5) 将报告内容制作成 PPT，在课堂上以小组为单位进行交流汇报。

活动检测：活动结束后，教师可根据表 1-1 进行评分。

表 1-1 活动评价表

评分标准	满分	实际得分	备注
积极参与访谈活动	20		
能够按照要求实施访谈	20		
访谈报告内容详尽，分析正确	20		
PPT 制作精美	20		
其他	20		
总分	100		

二、创业模拟

合伙创办小吃店

活动目的：通过活动，让学生了解创业的要素和创业的过程。

活动内容：从全班同学中挑选出 3 名同学，1 人扮演房东，另外 2 人扮演客人。其他学生每 6 人组建一个创业团队，模拟合伙创办小吃店。小吃店启动资金为 80 000 元。其中，房租为 5 000~8 000 元，店铺装修费和设备费为 50 000 元，剩余资金为现金储备。具体活动流程如下：

(1) 各团队内部协商，确定组织架构和分工。

(2) 各团队派出 1 名成员与"房东"谈判，争取以最低的价格租下店铺。

(3) 各团队内部协商，确定具体经营的项目、店铺装修风格和营销策略等（要有特色、有创意），并整理成纸质材料。

（4）2名"客人"查看各店铺创办计划，并与"房东"一起根据表1-2为各团队打分。

表1-2　活动评价表

评分标准	满分	实际得分	备注
人员分工合理	20		
房租合适（房租越低，得分越高）	20		
经营项目合理且有创意	20		
店铺装修风格有创意	20		
营销策略合理且有创意	20		
总分	100		

三、创业能力测评

测评说明：

（1）无论是刚从学校毕业进入就业市场的年轻人，还是在社会上打拼了多年的上班族，许多人都希望拥有一份属于自己的事业。然而，并非每个人都具有创业潜力，下面的测试可帮助你了解自己是否适合创业（测试结果仅供参考）。

（2）请根据实际情况回答"是"或"否"。在回答问题时，一定要根据第一反应回答，不要进行过多的思考。

测评题目：

（1）你是否曾经为了某个理想而制订了为期两年以上的计划，并且按计划执行，直到完成？

（2）在学校和家庭生活中，你是否能够脱离教师和父母的督促，自觉地完成学习任务或教师和家长分派的其他任务？

（3）你是否喜欢独自完成工作，并且做得很好？

（4）当你与朋友在一起时，你的朋友是否经常向你寻求指导和建议？

（5）求学时期，你有没有赚钱的经验？

（6）你是否能够专注地投入个人兴趣连续10个小时以上？

（7）你是否有保存重要资料的习惯，并且能井井有条地对其进行整理，以便需要时可以随时提取和查阅？

（8）在日常生活中，你是否热衷于社会服务工作？

（9）你是否喜欢音乐、美术、体育等课程？

（10）在上学期间，你是否曾经带动同学完成过由你组织的大型活动，如元旦晚会、歌唱比赛等？

（11）你喜欢在竞争中生存吗？

（12）当你为别人工作时，若发现其管理方式不当，你是否会主动思考适当的管理方式并向其提议？

（13）当需要别人帮助时，你是否能充满自信地寻求并说服别人来帮助你？

（14）在募捐或义卖时，你是否充满自信？

（15）当要完成一项重要工作时，你是否总能留出足够的时间认真完成，而绝不会让时间虚度，在匆忙中草率完成？

（16）参加重要聚会时，你是否会准时赴约？

（17）你是否能安排一个合适的环境，以使自己在工作时能不受干扰而专心工作？

（18）你交往的朋友中，是否有许多有成就、有智慧、有眼光、有远见且老成稳重的人？

（19）在工作或学习团体中，你被认为是一个受欢迎的人吗？

（20）你是一个理财高手吗？

（21）你是否可以为了赚钱而牺牲个人娱乐？

（22）在工作中，你是否总是独自承担责任？

（23）在工作时，你是否有足够的耐心与耐力？

（24）你是否能在很短的时间内结交许多新朋友？

测评标准：

（1）回答"是"得1分，回答"否"得0分。

（2）请参照以下评分标准，确定自己的创业能力。

0～5分：目前不适合自己创业，应在为别人打工的过程中努力学习专业技术和专业知识。

6～10分：需要在旁人指导下创业，才有创业成功的可能。

11～15分：非常适合自己创业，但对于那些回答"否"的问题，还应总结自己某方面存在的缺陷并加以改善。

16～20分：自身的性格特质足以使你从小事业慢慢开始，在创业的过程中逐步获得经验，从而成为优秀的创业者。

21～24分：你有很大的创业潜能，只要懂得掌握时机和运气，很可能成为一名优秀的创业者。

任务三　了解大学生创新创业政策

名人语录

创新的目标是创造有价值的订单；创新的本质是创造性的破坏，破坏所有阻碍创造有价值订单的枷锁；创新的途径是创造性地模仿和借鉴，即借力。

——张瑞敏

任务导入

随着我国"大众创业、万众创新"热潮的蓬勃兴起，为了鼓励和支持大学生创新创业，国务院和地方各级政府、高校先后出台了许多支持和优惠政策，精简了若干事项的申请、办理程序，涉及金融贷款、场地、培训、指导、税收、学籍管理等方方面面。了解这些政策，对于青年大学生投身创新创业实践,走好创业第一步,既重要也非常必要。在进行下面的学习之前,请思考以下问题。

(1) 为推进"大众创业、万众创新",国家出台了哪些扶持政策?
(2) 大学生进行自主创业可享受哪些优惠政策?

知识链接

一、"大众创业、万众创新"政策

推进"大众创业、万众创新",是发展的动力之源,也是富民之道、公平之计、强国之策,对于推动经济结构调整、打造发展新引擎、增强发展新动力、走创新驱动发展道路具有重要意义,是促进社会纵向流动、公平正义的重大举措。为大力推进"大众创业、万众创新",国家出台了一系列相关扶持政策。

例如,2015年3月,国务院办公厅印发了《关于发展众创空间推进大众创新创业的指导意见》(以下简称《意见》),部署推进大众创业、万众创新工作。《意见》明确,推进大众创新创业要坚持市场导向、加强政策集成、强化开放共享、创新服务模式。其中,重点任务:构建一批低成本、便利化、全要素、开放式的众创空间;降低创新创业门槛;鼓励科技人员和大学生创业;支持创新创业公共服务;加强财政资金引导;完善创业投融资机制;丰富创新创业活动;营造创新创业文化氛围。

2015年6月,国务院印发了《关于大力推进大众创业万众创新若干政策措施的意见》,为改革完善相关体制机制,构建普惠性政策扶持体系,推动资金链引导创业创新链、创业创新链支持产业链、产业链带动就业链,提出具体措施:创新体制机制,实现创业便利化;优化财税政策,强化创业扶持;搞活金融市场,实现便捷融资;扩大创业投资,支持创业起步成长;发展创业服务,构建创业生态;建设创业创新平台,增强支撑作用;激发创造活力,发展创新型创业;拓展城乡创业渠道,实现创业带动就业;加强统筹协调,完善协同机制。

2015年7月,国务院印发了《关于积极推进"互联网+"行动的指导意见》(以下简称《指导意见》)。《指导意见》提出,要坚持开放共享、融合创新、变革转型、引领跨越、安全有序的基本原则,顺应世界"互联网+"发展趋势,充分发挥我国互联网的规模优势和应用优势,推动互联网由消费领域向生产领域拓展,加速提升产业发展水平,增强各行业创新能力,构筑经济社会发展新优势和新动能。坚持改革创新和市场需求导向,突出企业的主体作用,大力拓展互联网与经济社会各领域融合的广度和深度。

2016年5月,国务院办公厅印发了《关于建设大众创业万众创新示范基地的实施意见》,其中指出,为在更大范围、更高层次、更深程度上推进大众创业、万众创新,加快发展新经济、培育发展新动能、打造发展新引擎,按照政府引导、市场主导、问题导向、创新模式的原则,加快建设一批高水平的双创示范基地,扶持一批双创支撑平台,突破一批阻碍双创发展的政策障碍,形成一批可复制可推广的双创模式和典型经验。

2017年7月,国务院印发了《关于强化实施创新驱动发展战略进一步推进大众创业万众创新深入发展的意见》,进一步系统性优化创新创业生态环境,强化政策供给,突破发展瓶颈,充分释放全社会创新创业潜能,在更大范围、更高层次、更深程度上推进大众创业、万众创新。

2018年9月,国务院印发了《关于推动创新创业高质量发展打造"双创"升级版的意见》，要求深入实施创新驱动发展战略，通过打造"双创"升级版，进一步优化创新创业环境，大幅降低创新创业成本，提升创业带动就业能力，增强科技创新引领作用，提升支撑平台服务能力，推动形成线上线下结合、产学研用协同、大中小企业融合的创新创业格局，为加快培育发展新动能、实现更充分就业和经济高质量发展提供坚实保障。

2020年7月，国务院办公厅印发了《关于提升大众创业万众创新示范基地带动作用进一步促改革稳就业强动能的实施意见》，指出要以习近平新时代中国特色社会主义思想为指导，全面贯彻党的十九大和十九届二中、三中、四中全会精神，深入实施创新驱动发展战略，聚焦系统集成协同高效的改革创新，聚焦更充分更高质量就业，聚焦持续增强经济发展新动能，强化政策协同，增强发展后劲，努力把双创示范基地打造成为创业就业的重要载体、融通创新的引领标杆、精益创业的集聚平台、全球化创业的重要节点、全面创新改革的示范样本，推动我国创新创业高质量发展。

2021年10月，国务院办公厅印发了《关于进一步支持大学生创新创业的指导意见》，指出要以习近平新时代中国特色社会主义思想为指导，深入贯彻落实党的十九大和十九届二中、三中、四中、五中全会精神，全面贯彻党的教育方针，落实立德树人根本任务，立足新发展阶段、贯彻新发展理念、构建新发展格局，坚持创新引领创业、创业带动就业，支持在校大学生提升创新创业能力，支持高校毕业生创业就业，提升人力资源素质，促进大学生全面发展，实现大学生更加充分更高质量就业。

二、大学生自主创业优惠政策

（一）税收优惠

根据《关于进一步支持和促进重点群体创业就业有关税收政策的通知》的规定，建档立卡贫困人口、持就业创业证（注明"自主创业税收政策"或"毕业年度内自主创业税收政策"）或就业失业登记证（注明"自主创业税收政策"）的人员，从事个体经营的，自办理个体工商户登记当月起，在3年（36个月）内按每户每年12 000元为限额依次扣减其当年实际应缴纳的增值税、城市维护建设税、教育费附加、地方教育附加和个人所得税。限额标准最高可上浮20%，各省、自治区、直辖市人民政府可根据本地区实际情况在此幅度内确定具体限额标准。

（二）创业担保贷款和贴息

对符合条件的自主创业的大学生，可在创业地按规定申请创业担保贷款，贷款额度为10万元。鼓励金融机构参照贷款基础利率，结合风险分担情况，合理确定贷款利率水平，对个人发放的创业担保贷款，在贷款基础利率基础上上浮3%以内的，由财政给予贴息。

（三）免收有关行政事业性收费

毕业2年以内的普通高校毕业生从事个体经营（除国家限制的行业外）的，自其在工商部门（现为市场监督管理局）首次注册登记之日起3年内，免收管理类、登记类和证照类等有关行政事业性收费。

（四）享受培训补贴

对大学生创办的小微企业新招用毕业年度高校毕业生，签订1年以上劳动合同并交纳社会保险费的，给予1年社会保险补贴。对高校毕业生在毕业学年（即从毕业前一年7月1日起的12个月）内参加创业培训的，根据其获得创业培训合格证书或就业、创业情况，按规定给予培训补贴。

（五）免费创业服务

有创业意愿的大学生可免费获得公共就业和人才服务机构提供的创业指导服务，包括政策咨询、信息服务、项目开发、风险评估、开业指导、融资服务、跟踪扶持等"一条龙"创业服务。

（六）取消高校毕业生落户限制

高校毕业生可在创业地办理落户手续（直辖市按有关规定执行）。

（七）创新人才培养

自主创业大学生可享受各地各高校实施的系列"卓越计划"、科教结合协同育人行动计划等，同时享受跨学科专业开设的交叉课程、创新创业教育实验班等，以及探索建立的跨院系、跨学科、跨专业交叉培养创新创业人才的新机制。

（八）开设创新创业教育课程

自主创业大学生可享受各高校挖掘和充实的各类专业课程和创新创业教育资源，以及面向全体学生开发开设的研究方法、学科前沿、创业基础、就业创业指导等方面的必修课和选修课；同时享受各地区、各高校推出的资源共享的慕课、视频公开课等在线开放课程，以及在线开放课程学习认证和学分认定制度。

（九）强化创新创业实践

自主创业大学生可共享学校面向全体学生开放的大学科技园、创业园、创业孵化基地、教育部工程研究中心、各类实验室、教学仪器设备等科技创新资源和实验教学平台，可参加全国大学生创新创业大赛、全国高职院校技能大赛，各类科技创新、创意设计、创业计划等专题竞赛，高校学生成立的创新创业协会、创业俱乐部等社团，提升创新创业的实践能力。

（十）改革教学制度

自主创业大学生可享受各高校建立的自主创业大学生创新创业学分累计与转换制度；还可享受开展创新实验、发表论文、获得专利和自主创业等情况折算为学分，将学生参与课题研究、项目实验等活动认定为课堂学习的新探索；同时享受为有意愿有潜质的学生制订创新创业能力培养计划，以及创新创业档案和成绩单等系列客观记录，并量化评价学生开展创新创业活动情况的教学实践活动。此外，优先支持参与创业的学生转入相关专业学习。

（十一）完善学籍管理规定

有自主创业意愿的大学生，可享受高校实施的弹性学制，放宽学生修业年限，允许调整学业进程、保留学籍休学创新创业。

（十二）大学生创业指导服务

自主创业大学生可享受各地各高校对自主创业大学生实行的持续帮扶、全程指导、一站式服务；可享受地方、高校两级信息服务平台实时提供的国家政策、市场动向等信息；可享受创业项目对接、知识产权交易等服务；可享受各地在充分发挥各类创业孵化基地作用的基础上，因地制宜建设的大学生创业孵化基地，以及相关培训、指导服务等扶持政策。

> **知识拓展**

部分地区大学生创业优惠政策

黑龙江：毕业生创业最高可获 300 万元贴息贷款

黑龙江省将高校毕业生和在校大学生全部纳入创业担保贷款政策扶持范围，高校毕业生创办小微企业的，最高可申请 300 万元的创业担保贷款，财政部门按规定给予贴息。

同时，黑龙江省一方面强化创业融资支持，将个人创业担保贷款最高额度由 15 万元提高至 20 万元；另一方面强化创业平台与补贴支持，在各级政府投资开发的孵化基地等创业载体中，安排一定比例的场地免费向高校毕业生提供。此外，高校毕业生自主创业并正常经营一年以上的，给予 3 000 元至 1 万元的一次性创业补贴。

山西：高校毕业生自主创业有"礼包"

在校大学生可参加高校组织的创业意识培训或创办企业培训，创业意识培训补贴标准为每人 150 元，创办企业培训标准为每人 500 元。毕业年度高校毕业生可参加定点创业培训机构组织的创业培训，补贴标准不超过每人每天 180 元。

高校毕业生参加省级以上创业大赛被评为优秀项目的，获奖的前三名，可以分别给予 10 万元、8 万元、6 万元奖励。同时，毕业年度和离校 2 年内的高校毕业生，首次创办小微企业或从事个体经营且正常运营 1 年以上的，根据创业带动就业人数可给予一次性创业补贴。毕业 5 年内高校毕业生以及毕业学年高校毕业生创办小微企业或从事个体经营的，可给予社保补贴。

自主创业且正常经营 6 个月以上的，可给予毕业生每年最高 2 000 元、最长 3 年的场租补贴。进行个体经营的毕业生，可申请最高 30 万元的创业担保贷款。创办小微企业的，可申请最高 300 万元的创业担保贷款，按规定享受财政贴息。

江苏：更大力度支持灵活创新创业

政府投资开发的孵化基地等创业载体安排一定比例场地，免费向高校毕业生提供。开辟"绿色通道"，落实税费减免、富民创业担保贷款、财政补贴等各项政策。评估认定 10 家省级大学生创业园，分别给予最高 100 万元的一次性补助。继续遴选 500 个省级大学生优秀创业项目，每个项目给予 10 万元的无偿资助。举办"创响江苏"创业创新大赛、"创业江苏"科技创业大赛，树立高校毕业生创业典型，全年引领大学生创业不少于 2.5 万人。

> **拓展训练**

收集国家或地方政府为扶持创新创业活动出台的政策，并从中筛选出可能对你有用的政策。

项目二
创新思维

> **自我思考**
>
> 　　创新是人类特有的认识能力和实践能力，是实现自我价值的重要方式，是推动民族进步和社会发展的不竭动力。一个人要想取得成就，一个民族要想走在时代前列，就不能没有创新，就一刻也不能停止各种创新。
>
> 　　大学生要想实现创新，就必须培养自身的创新素养。创新素养通常包括创新意识、创新精神、创新思维、创新能力及创新方法等几个方面。作为一名大学生，不仅应加强自己的创新意识，敢于打破常规，发扬创新精神，还应养成良好的思考和学习习惯，努力提高自己的创新能力。同时，坚持不懈地发现问题并找寻解决问题的办法，坚定信念，不断进取。
>
> 　　请同学们想一想：你是否经常人云亦云？是否总是效仿别人的想法、说法、做法？是否提出过创新建议？

〖知识目标〗

1. 了解创新精神的内涵，掌握创新意识的培养方法。
2. 了解创新思维的概念和种类，掌握创新能力的培养方法。
3. 掌握头脑风暴法、奥斯本检核表法、5W2H分析法、组合创造法和分析列举法的要点。

〖能力目标〗

1. 能够结合所学内容激发自己的创新潜能。
2. 能够摆脱习惯性思维的困境，用创新思维解决现实中的问题。
3. 能够在学习和生活中培养自己的创新思维和创新能力。

〖素质目标〗

1. 自觉培养创新意识，树立乐于创新、勇于创新的创新精神。
2. 明确创新思维和创新能力的重要性，树立主动培养创新思维、提升创新能力的意识。

> 【开篇故事】

大疆科技崛起之谜

"The future of possible"(未来无所不能),深圳市大疆创新科技有限公司(以下简称"大疆科技")沿这条主旨成为全球飞行影像系统的先驱。在大众创新、万众创业的今天,大疆科技的成功路径在哪里?其创业的秘诀又是什么?

把无人机应用延伸到民用市场,在全球都没有过多的尝试,因此,在技术上和市场模式上,都没有先例可循。可以说,大疆科技创业可谓举步维艰。然而可贵之处在于,大疆科技敢于沿着既定方向进行执着的探索。从发烧友圈子中走出来,直到民用市场真正启动,大疆科技一直本着原创精神,独家研发出国内外的前沿技术,从而奠定了自己的国际地位。对于"跟风"型企业而言,这种创新能力是不可比拟的。用大疆科技副总裁邵建伙的话说,"创造所带来的利益,会远远大过模仿带来的利益。"坚持独创,这正是大疆科技走向成功的源泉。事实证明,国际高端原创技术,并非初创者无可抵达,关键在于是否有执着的毅力和正确的方向。

在激烈的市场竞争中,企业往往对于市场因素特别敏感,通常情况下,企业往往首先关注市场价格、市场动态、企业利润甚至资本运作。和很多企业不同的是,大疆科技更多的是关注自己的产品。在其"纯粹"文化之下,大疆科技没有过多地为"复杂"因素所干扰,从而得以集中精力攻克技术高地。对于这一点,或许有人会说,只顾埋头赶路,不顾抬头看天并不是企业发展的法则。实际上,大疆科技所开辟的是一条新兴行业领域,竞争态势的不同,促使大疆科技采用了正确的应对策略,即首先以技术占领市场,技术才是制高点。可以说,大疆科技的成功,也是专注的成功。

利润是企业成功与否的验金石,这一点为很多企业推崇,而对于大疆科技来说,这一点并不重要。大疆科技在保持领先地位的同时,更注重整个行业的创新发展。"一个行业形成了完整的创新链条,这个行业才能健康发展。"因此,大疆科技呼吁行业创新,积极加入行业人才培养,以形成良好的行业整体创新环境。

任务一 创新意识与创新精神

名人语录

想象力比知识更重要。因为知识是有限的,而想象力概括着世界上的一切。

——爱因斯坦

对于创新来说,方法就是新的世界,最重要的不是知识,而是思路。

——郎加明

任务导入

创新是社会发展的基础和源泉,而创新需要创新意识作为驱动因素,没有创新意识,创新活动根本无从谈起。创新精神是实现创新活动的保证，它能使人们不受旧事物、旧思想、旧规则的约束，创造性地提出新事物、新想法、新规则。在进行下面的学习之前，请思考以下问题。

（1）什么是创新意识？如何培养创新意识？

（2）什么是创新精神？它在创新活动中起什么作用？

一、创新意识

（一）创新意识的概念

创新意识是指人们根据社会和个体生活发展的需要，引发创造前所未有的事物或观念的动机，并在创造活动中表现出的意向、愿望和设想。它是人们进行创造活动的出发点和内在动力，是创造性思维和创造力的前提。

（二）创新意识的培养

创新意识是可以培养的，大学生可以从以下几个方面培养创新意识，为以后的创业之路做好准备。

1. 打破思维枷锁

束缚大学生思维的枷锁大致有以下五种。

（1）从众型思维枷锁。思维从众倾向比较强烈的人，在认知事物、判断是非时，往往会附和多数人的意见，人云亦云，缺乏主见和独立思考的能力。例如，当你和他人在对某件事情发表看法时，若大家的看法和你的不一样或相反，这时你若怀疑自己的看法，认为自己的看法是错的，并放弃了自己的观点，你的思维方式便是一种从众型的思维方式。在创新的过程中，这种容易受到外界群体言行影响的思维方式是滞后的、没有新意的。

（2）权威型思维枷锁。权威型思维枷锁是指思维中的权威定势。通常，人们习惯于引证权威的观点，不加思考地以权威的观点作为判断是非的标准，这就是权威定势。例如，人是教育的产物，来自教育的权威定势使很多人对"教育权威"的言论不加思考地盲信盲从，缺少"自我思索、冲破权威、勇于创新"的意识。如果一味地盲从"教育权威"，大学生的思维就会被束缚，不再积极主动地思考。

（3）经验型思维枷锁。在生活中，按照前人总结的经验或自己过往的经验处理问题，通常能达到事半功倍的效果，这就导致人们总是过分依赖经验，长此以往，就会形成固定的思维模式，从而制约创新思维能力的发展。此外，经验也具有很大的狭隘性，它会束缚人的思维广度，使人不能正确地完成信息加工的任务，进而形成片面性的结论。创新思维要求大学生必须拓展思路，大胆展开想象，不被以往的条条框框所束缚。

（4）书本型思维枷锁。书本是千百年来人类经验和智慧的结晶，它为人们呈现的是系统化、理论化的知识，能够带给人们无穷多的好处。但如果人们一味地死读书，就会陷入教条主义。大学生不应该成为书本的奴隶，而应该活学活用，读书不为书所累，"睹一事于句中，反三隅于字外"，做书本的主人，善于驾驭知识，理论联系实际，否则，将严重影响自身创新思维的发挥。

（5）自我贬低型思维枷锁。有的人做事没有信心，总认为"我不行，我做不到"，从来不敢去尝试，由此形成恶性循环——因没有自信而不去做，因不做而更加没有自信，最终饱受自我批判、自我贬低的折磨。要想创新，任何时候都不要贬低自己，凡事要持乐观态度，专注自己的长处，勇敢地行动起来。只有积极改变思维和行动的方式，树立自信，才能发现自己的潜力，才能更好地实现创新。

2. 充分激发创新思维潜能

（1）独立思考，敢于质疑。爱因斯坦曾说过："提出一个问题往往比解决一个问题更重要。因为解决问题也许仅是一个数学上或实验上的技能而已，但提出新的问题，却需要有创造性的想象力。"因此，大学生不要盲目地听从他人，而要勇于挑战、敢于质疑，要敢于打破对传统、权威、书本的迷信，走前人没有走过的路，创前人没有开创的新事业。

（2）精通所学，兴趣广泛。放眼人类历史，创新绝不是无本之木、无源之水，其是在常规知识的基础上的综合与提高。唯有打牢基础知识，才有可能实现创新。因此，大学生应精通所学课程，并培养广泛的兴趣爱好，以扎实、系统的专业知识，开阔的视野和丰富的技能，促使自己"灵感乍现"。

（3）留心观察，善于发现。在生活中，只要留心观察，就能从一些细小的地方或平常的事情中获得知识。这些知识如同一粒粒沙子，经过日积月累，就能够堆成一座座沙丘，从而为创新奠定基础。例如：看古装电视剧时，我们可以了解一些历史知识，如古人的习俗、衣着、饮食习惯等；看现代电视剧可以了解当代年轻人所思所想所为等。

（4）刨根问底，坚持不懈。大学生要实现创新，就要将刨根问底、坚持不懈的精神运用到学习和生活中，不断探索各种事物的本源及实质。这种锲而不舍、坚定执着的态度就是创新的推动器，能够帮助大学生实现梦想。

3. 投身社会实践

古人云："读万卷书，行万里路。"唯有与实践相结合，理论才有意义。只有精通理论，才可能去改进实践；只有拥有丰富的实践经验，才可能产生新的理论。

二、创新精神

（一）创新精神的概念

创新精神是指能够综合运用已有的知识、信息、技能和方法，提出新方法、新观点的思维能力，以及进行发明创造、改革、革新的意志、信心、勇气和智慧。

（二）创新精神的内涵

具体来说，创新精神的内涵包含以下两个方面。

1. 推陈出新精神

创新精神是一种勇于抛弃旧思想、旧事物，创立新思想、新事物的精神。例如：不满足已有认识，不断追求新知识；不满足现有的生活生产方式、工具、材料、物品等，根据实际需要或新的情况不断对其进行革新；不墨守成规，敢于打破原有规则，探索新的规律、新的方法；不迷信书本、权威，敢于根据事实和自己的思考，质疑书本和权威；不盲目效仿别人的想法、说法、做法，能够独立思考，坚持说自己的话，走自己的路；不喜欢大众化，追求新颖、独特、与众不同……这些都是创新精神的具体表现。

2. 科学精神

创新精神是科学精神的一个方面。第一，创新精神以敢于摒弃旧事物、旧思想，创立新事物、新思想为特征，同时，创新精神又要以遵循客观规律为前提，只有在符合客观需要和客观规律时，创新精神才能顺利地转化为创新成果；第二，创新精神提倡新颖、独特，同时又要受到一定的道德观、价值观、审美观的制约；第三，创新精神提倡独立思考，不人云亦云，但并不是拒绝倾听别人的意见、孤芳自赏，而是相互交流、团结合作；第四，创新精神提倡大胆尝试，不怕犯错误，但并不是鼓励犯错误，出现错误在科学探究过程中是不可避免的；第五，创新精神提倡不迷信书本、权威，但并不是反对学习前人经验，因为任何创新都是在前人成就的基础上进行的……总之，要用全面、辩证的观点看待创新精神。只有具有创新精神，大学生才能在未来的发展中不断开辟出新的天地。

> **砥节砺行**
>
> 对于大学生而言，思维的枷锁就像一座无形的监狱，只有将守旧观念丢掉，勇于冲破思维的桎梏，才能走进创新的世界。
>
> 大学生不应局限于课堂学习，而应在生活中处处留心，仔细观察，以丰富自己的知识和阅历，从而为实现创新打下扎实的基础。

▶ 案例阅读

"90后"女孩剪纸中创出大事业

王×是杭州××学校的一名"90后"学生，在上学期间，她发明了磁性剪纸专利产品。传统的镂空剪纸比较脆，稍不注意就会被撕破，涂上糨糊之后就更容易破损。磁性剪纸解决了传统剪纸易破、易变色及张贴不方便等问题。另外，由于这种产品使用的是环保材料，还可以循环利用。

提起磁性剪纸的发明过程，王某笑着说："这纯属偶然。"有一次，在帮助亲戚装扮婚车时，王某发现剪纸虽然漂亮，用起来却很不方便。于是，她就和父亲商量，发明一种既不用破坏剪纸的艺术效果，又便于张贴的剪纸。父女二人很快就投入了发明创造中。经过反复试验，王某终于找到了一种特殊的磁性材料来代替传统的剪纸材料。使用这种材料剪出的艺术剪纸可以很容易地吸附在铁质的物体上，此外，借助水还可以轻易地将剪纸粘贴在玻璃等光滑的物体上，并且不易被撕破。

借助此项发明，王某创办了一家磁性剪纸文化创意公司。在不到一年的时间里，她的公司已经发展了10余家加盟商，仅此一项产品的经济收入就达到了30余万元。

拓展训练

如何利用5美元在2小时内赚取更多财富？

活动目的：开发学生的创新思维潜能，使学生认识到思维定式是束缚创新思维的枷锁。

背景资料：斯坦福大学有一个叫作"斯坦福科技创业计划"的项目，在该项目的课堂上，蒂娜·齐莉格教授做了这样一个测试：她把学生分成14个小组，并为每组发放了一个带有"种子基金"的信封，里面有5美元的启动资金。她要求每个小组利用这5美元尽可能地赚到更多的钱，然后在周日晚上将各自的成果整理成文档发给她，并在周一早上用3分钟的时间在全班学生面前进行展示。当学生打开信封时，就代表任务启动。学生有4天的时间去思考如何完成任务。

大多数学生认为：要想完成这项任务，必须最大化地利用这5美元。他们当中比较普遍的方案是先用这5美元去购买材料，然后帮别人洗车或摆一个果汁摊。这些方案确实不错，赚点小钱是没问题的。但有3个小组打破常规，想到了更好的办法。他们认真地构思了多种创意方案，创造出了惊人的财富。他们是如何做到的呢？

第一个小组看到大学城里的某些热门餐馆在周六晚上总是排长队，由此发现了一个商机：他们向餐馆提前预订座位，然后在周六排队等位的时候将每个座位以最高20美元的价格出售给那些不想等待的顾客。同时，他们还发现了一个有趣的现象：小组中的女同学卖出的座位要比男同学卖出的多。他们认为这可能是由于女性更具有亲和力，因此又调整了方案，让男同学负责联系餐馆预订座位，女同学负责销售这些座位的使用权。果然，他们的销量非常好，最终获得了一笔不菲的收入。

第二个小组在学生会旁边摆了一个小摊，为路过的同学测量自行车轮胎气压。如果轮胎气压压力不足，可以花费1美元在他们的摊点充气。事实证明：这个方案虽然很简单，但可行性较高。虽然同学们可以去附近的加油站免费充气，但大部分人都乐于享受他们所提供的服务。此外，为了获得更多收益，这个小组在摆摊1个小时之后，调整了他们的赚钱方式——不再对充气服务收费，而是在充气之后请求同学们支持他们的项目，并为项目进行捐款。就这样，他们的收入骤然增加了！和第一个小组一样，这个小组也是在方案实施的过程中通过观察客户的反应和需求，对方案进行优化，从而大幅提升了收入。

第三个小组认为，他们最宝贵的资源并不是5美元的启动资金，而是他们周一课堂上的3分钟展示。他们意识到：把眼光局限于这5美元会减少很多可能性。于是，他们将眼光投放到这5美元之外，构思了各种"白手起家"的方案。要知道，斯坦福大学可是世界名校，许多公司都想在这儿招聘人才。于是，他们把这3分钟展示时间卖给了一家想在这里招聘的公司，让他们在课堂上播放招聘广告。就这样，这个小组轻松利用3分钟赚取了650美元的利润，使得5美元的平均回报率最高。无疑，这个小组是挣钱最多的，而且他们压根没有用教授给的启动资金。

训练：

（1）结合案例，谈谈你对创新意识的理解。

（2）如果你拥有3 000元的创业资金，你会如何利用它赚更多的钱？请大家结合上述案例，开启自己的实践活动之旅。

任务二 创新思维与创新能力

> **名人语录**
>
> 在创新活动中,只有知识广博、信息灵敏、理论功底深厚、实践经验丰富的人,才容易在多学科、多专业的结合创新中和跳跃的创造性思维中求得较大的突破。
>
> ——朗加明
>
> 有发明之力者虽旧必新,无发明之力者虽新必旧。
>
> ——陶行知

 任务导入

创新需要具备创新思维和创新能力。创新思维是一切创新活动的开始,是创新活动的灵魂和核心,而创新能力则是推动创新活动的关键。在进行下面的学习之前,请思考以下问题。

(1)什么是创新思维?

(2)常见的创新思维有哪些?

(3)什么是创新能力?如何培养创新能力?

 知识链接

一、创新思维

(一)创新思维的概念

创新思维是一种有创见的思维,即人脑对客观事物未知部分进行探索的活动,是人脑发现和提出新问题、设计新方法、开创新途径、解决新问题的活动。

(二)创新思维的种类

1. 逆向思维

逆向思维也称求异思维,是对司空见惯的、似乎已成定论的事物或观点反过来思考的一种思维方式。在日常生活中,常规思维难以解决的问题,通过逆向思维可能会轻松化解。例如,当小伙伴落入水缸急需施救时,常规的思维模式是"救人离水",而少年时期的司马光面对险情,却运用了逆向思维,果断地用石头把缸砸破,"让水离人",从而挽救了小伙伴的性命。

逆向思维的方法主要有以下三种。

(1)反转型逆向思维法:指从常规思路的相反方向进行思考的一种思维方法。

（2）转换型逆向思维法：指由于解决问题的常规手段受阻，而转换成另一种手段或转换思考的角度，使问题得到解决的一种思维方法。

（3）缺点型逆向思维法：指将事物的缺点变为可利用的特点，化被动为主动，化不利为有利的一种思维方法。

2. 发散思维

发散思维又称"辐射思维""放射思维""扩散思维"，是指在对事物或问题的研究中，保持思想活跃和开放状态的一种思维方式。

俗话说，"条条大路通罗马"，人的思维也是一样的，面对一个问题，我们应从多个角度进行思考，提出多个不同的设想，无论方案是否可行，只求多、求新、求独创、求前所未有，以便为随后的集中思维提供尽可能多的解决方案。

发散思维没有固定的方向，也没有固定的范围。其不墨守成规，也不拘于传统。其使得思维从单向思考转为多向思考或立体思考。从一定程度上说，人与人之间创新能力的差别就体现在发散思维的能力上。

要想熟练地运用发散思维，同学们应勤于实践，有意识地训练自己的思维，使自己的思维处于异常活跃的状态。例如，遇到问题时，应当摆脱旧观念的束缚，尽可能地赋予所涉及的人、事、物以新的性质，从多种维度发散自己的思维，如进行"一题多解""一事多写""一物多用"等方式的训练。按照这个方法进行思维训练，往往能够达到触类旁通、推陈出新的效果，不仅使自己逐渐形成从多方位、多角度思考的良好习惯，还会得到丰富多样且有创见的观点或思路。

3. 集中思维

集中思维又称"聚敛思维"，是指在发散思维的基础上，将获得的若干信息或思路重新组织，使之指向一个正确的答案、结论或方案的一种思维方式。具体说来，就是对发散思维提出的多种设想进行整理、分析，再从中选出最有可能、最经济、最有价值的设想，并加以深化和完善，从而获得一个最佳的方案。

集中思维是与发散思维相对而言的，两者具有互补性。从某种程度上来说，创造性思维活动实际上就是发散思维和集中思维有机结合、循环往复而构成的思维活动。教学实践证明：只有既重视大学生发散思维的培养，又重视其集中思维的培养，才能更好地促进其的创新思维发展，提高学生的学习能力，从而培养出高素质的人才。

4. 联想思维

联想思维是指在原先并不相关的事物之间搭起一座桥梁，将其联系起来的一种思维方式。人们常说的"由此及彼""由表及里""举一反三"等就是联想思维的体现。联想思维可以使人们扩展思路、升华认识、把握规律。联想思维能力越强，越能把意义上跨度很大的事物联系起来，从而使思路变得更加开阔。

联想思维一般分为以下几种形式。

（1）接近联想。接近联想是指由一个事物联想到在时间、空间或某种联系上相接近的另一个事物。例如，由"桃花"想到"阳春三月"，由"蝉声"想到"盛暑"，由"大雁南去"想到"秋天到来"，由"北京天安门"想到"人民大会堂"等。

（2）类比联想。类比联想是指由一个事物想到另一个与其在性质、形态上接近或相似的事物。例如，由"大海"想到"海浪""鱼群""轮船""海底电缆""海洋资源的开发和利用"等。

（3）对比联想。对比联想是指由一个事物联想到与其具有相反特点的另一个事物。例如，由"白"想到"黑"，由"高兴"想到"忧伤"，由"自由"想到"禁锢"，由"朋友"想到"敌人"，由"战争"想到"和平"等。对比联想能让人看到事物的对立面，对于深入认识和分析事物具有重要的作用。

5．逻辑思维

逻辑思维又称"抽象思维"，是指人们在认识事物的过程中借助概念、判断、推理等思维形式，能动地反映客观现实的一种思维方式。它是人类认识的高级阶段，即理性认识阶段。只有利用逻辑思维，人们才能把握事物的本质和规律。例如，在运用某种创新思维方法提出多种新的设想后，要先对每种设想进行分析、比较，然后根据可行性和可能产生的社会效益和经济效益进行筛选，这个过程就是逻辑思维的运用过程。

6．灵感思维

灵感思维是指在接触某个事物或思考某个问题的过程中，因受到某种启发而突然涌现某种想法或解决方案的一种思维方式。它是在抽象思维和形象思维的基础上产生的顿悟式思维。灵感思维在科学研究和文艺创作中经常出现或被运用，它具有偶然性、突发性等特点，通常是可遇而不可求的。因此，我们要善于抓住灵感思维，并对其进行深入的思考和研究，以促进新事物的产生或疑难问题的解决。

二、创新能力

（一）创新能力的概念

创新能力又称"创造力"，特指创造者进行创新活动的能力，即产生新想法，创造新事物或新理论的能力。

（二）创新能力的培养

与其他能力一样，创新能力也可以通过不断的学习、练习和实践培养出来。

1．学习

伟人、科学家、发明家、企业家之所以能够获得成功，是因为他们具有独特的思维方式——创新思维。而创新思维可以通过学习获得。因此，大学生应学习并掌握创新思维的种类及方法，了解束缚创新思维的枷锁，并有意识地摆脱固定的思维模式。

2．练习

学习了创新思维之后，下一步就要练习。练习是提高创新能力的必要途径，通过练习，头脑能够变得更加聪明和灵活。练习的内容主要包括想象力、逆向思维能力、发散思维能力、集中思维能力、联想思维能力、逻辑思维能力等的训练。由于创新性的构想往往是从众多的构想中产生的，因此，要先有"量"后有"质"，做到"量"中求"质"。

3．实践

实践就是用创新的思维、创新的方法创造性地解决各类问题。例如，一家售卖柴油机的企业开展了"一日一构想"活动，要求每个员工每年提出100条关于企业更好发展的构想，结果每个员工平均每年提出了300条以上的构想。凭借员工的这些构想，这家企业制订了一系列创新发展计划，每年的经济效益递增20%以上。

4. 坚持

创新贵在坚持。在经济快速发展和科技日新月异的当今社会，只有创新才能促进发展，赢得未来。因此，我们应该把开展创新活动、提高创新能力作为一项长期的任务来抓，不断坚持下去，这样才能取得实质性的进步。

案例阅读

巧使货车过天桥

在通过一座天桥时，由于司机没有看清天桥的高度标记，由其驾驶的货车被卡在了天桥下面。为了让这辆货车顺利通过天桥，司机想了很多办法，如用人力推、卸车上的货物等，但都无济于事。这时，旁边围观的一个小孩子走了过来，笑着说："你们为什么不把车胎的气放点出来呢？这样车身的高度不就变低了。"司机一想，觉得这确实是一个办法，于是便放了一点车胎气，货车的高度果然降了下来。最终，货车顺利地通过了天桥。

这就是逆向思维的奇妙之处，小孩子运用逆向思维，想到了连大人都没有想到的方法，巧妙地解决了问题。

这个故事告诉我们，常规思维有时不但不能解决问题，而且会束缚我们的思路，影响我们的创造性。这时，让思维适时地"转弯"，从相反的方向去思考，往往会引出新的思路，让问题迎刃而解。

砥节砺行

创新能力不是与生俱来的，而是在后天的不断学习和训练中逐步提高和增强的。当代大学生应该继承并发扬中华民族自强不息、艰苦奋斗的精神，通过不懈努力，不断提高自己的创新能力，把提升创新能力作为一种精神去追求。

拓展训练

一、逆向思维训练

1. 哭笑娃娃

（1）游戏目的：训练学生的快速反应能力和逆向思维能力。

（2）游戏玩法：一起玩"石头、剪刀、布"，但要求每局中赢的一方做"哭"的动作，输的一方做"笑"的动作，做错即被淘汰。

2. 反口令

（1）游戏目的：训练学生的快速反应能力和逆向思维能力。

（2）游戏玩法：两人一组，轮流发出"口令"，双方需要根据"口令"做相反的动作。例如：一方说"起立"，对方就要坐着不动；一方说"举左手"，对方就要举右手；一方说

"向前走"，对方就要往后退……总而言之，双方要"反着来"。谁先做错就算谁输。

二、发散思维训练

（1）请在5分钟内尽可能多地写出含有数字一至十的成语，如"一心一意""五颜六色"等，然后与同学比一比，谁写得最多且无误。

（2）绘制一张思维导图，尽可能多地列出冰块或肥皂的用途。

（3）绘制一张思维导图，尽可能多地列出"缓解上班高峰期电梯拥挤"的方法。

（4）写出四种"A能够影响B"的情况，如书籍能够影响人的身心。

（5）用"古怪""台风""一棵树""杂货店""天使"这五个关键词编故事，故事长短不限，关键词先后次序不限，但要求要用到所有的关键词，最后比一比谁的思维最发散，故事编得最好。

三、集中思维训练

（1）从下列两组词中找出与同组的其他词语不同的那个词语。
① 房屋、冰屋、平房、办公室、茅舍；
② 沙丁鱼、鲸鱼、鳕鱼、鲨鱼、鳗鱼。

（2）分别为下面三组题目填上缺失的数字或字母。
① 2　5　8　11　____
② 2　5　7　4　7　5　3　6　____
③ E　H　L　O　S　____

（3）假如你是一家钟表商店的经理，商店门前要挂两个大的钟表模型，你认为时针和分针分别摆在哪个位置最好？请先发散你的思维，设想尽可能多的方案，然后从中选出最佳方案。

四、联想思维训练

（1）请分别列出下列各组中事物之间存在的某种联系，越多越好。
① 桌子和椅子；
② 人才市场和商品市场；
③ 工厂和学校。

（2）如果遇到交通堵塞，车辆排起了长龙，你会产生哪些联想？

（3）看到新生入学的场景，你会联想到哪些相关的事情？

（4）"举头望明月，低头思故乡"是诗人身处异乡触景生情、思念家乡的思维活动。请问，诗人运用了哪些联想思维？

（5）木头和皮球是两个风马牛不相及的物品，但我们可以通过联想，使它们产生联系。例如，木头—树林—田野—足球场—皮球。请同学们想一想下列两组物品之间有什么联系：

①天空和茶；
②钢笔和月亮。

五、逻辑思维训练

（1）在8个同样大小的杯中，有7杯盛的是凉开水，1杯盛的是白糖水。你能否只尝3次，就找出盛白糖水的杯子？

（2）假设有一个池塘和2个空水壶，空水壶的容积分别为5 L和6 L。请问，如何用这2个水壶从池塘里取得3 L的水？

（3）一个人花8元买了一只鸡，9元卖掉了，然后他觉得不划算，花10元又买回来了，11元卖给另外一个人，请问，他赚了多少钱？

（4）假设燃烧1根不均匀的绳子要用1个小时，请问，如何用它来判断30分钟的时间？

项目三
创新的方法

自我思考

为了适应21世纪人才培养的需求，必须更新教育观念，探索教育改革之路，而教育改革的重点是加强学生素质教育和创新能力的培养。在深化教育体制改革、全面推进素质教育的今天，极有必要建立先进的创新人才培养体系，以便培养学生的创新意识，掌握创新设计的基本理论和方法，为提高我国的自主创新能力、加速推进创新型国家的建设提供强有力的人才支撑。

请同学们想一想：你知道哪些创新的方法？你能说说如何运用这些创新方法吗？你身边有没有创新创业成功的例子呢？

〖知识目标〗
1. 了解创新的方法，熟悉创新方法的类型。
2. 熟悉创新过程中创新方法的运用。

〖能力目标〗
1. 能够发现自身能力的不足，并制订合理的学习计划。
2. 具备分析和利用创新方法的能力。

〖素质目标〗
1. 树立正确的学习观念，掌握创新的方法。
2. 树立创新意识，自觉提升创新能力。
3. 培养良好的创新思维模式，为将来创新创业打下良好的基础。

> 【开篇故事】

钱学森的创新

钱学森特别强调创新，他说："我们不能人云亦云，这不是科学精神，科学精神最重要的就是创新。"他强调的创新，就是要敢于突破传统观念和思维定式，敢于研究别人没有研究过的科学前沿问题，不断探索求新。从大学，到美国留学，再到归国后所有工作无不闪耀着他那创新的思维和创新的成果。

由于钱学森立志航空报国，在赴美留学前，他已发表《美国大飞船失事及美国建筑飞船的原因》《飞行的印刷所》《最近飞机炮之发展》《气船与飞机之比较及气船将来发展之途径》《火箭》等五篇航空、火箭方面的论文。其中，1935年7月，他在《浙江青年》杂志第1卷第9期发表《火箭》一文尤为让人赞叹。在文章中他不仅分析了火箭上升的原理、火箭燃料、结构设计、技术性能与安全标准等因素，还提出了三级火箭、火箭飞机、星际航行等在当时尚属科幻方面的前瞻性科学设想，他这些思考为他日后从事火箭导弹研究打下了重要基础，体现了钱学森对未来科技发展丰富的想象力、敏锐的洞察力和敢于开拓未知领域的巨大勇气与创新精神。

在我国导弹、航天事业的创立和发展过程中，作为技术负责人，钱学森提出了一系列有创新思维的理论，特别是现代工程科学技术理念、系统工程管理理论、总体设计部思想等，开创了一套既有中国特色又有普遍科学意义的系统工程管理方法与技术，即航天系统工程。原航天710所副所长于景元研究员总结说："这实际上是在当时的条件下，把科学技术创新、组织管理创新与体制机制创新有机结合起来，实现了综合集成创新，从而走出了一条发展我国航天事业的自主创新道路。"这条道路为今天航天事业的发展奠定了重要的基础，促进我国航天在较短时间内，用较少的投入实现了跨越式发展。

任务一　头脑风暴法实施

名人语录

"创新"将是以知识融合经验，提升制造科技的"核心竞争力"。

——郭台铭

创新是引领进步的灵魂。

——史蒂夫·乔布斯

任务导入

头脑风暴法是一种创造性思维方法，旨在通过集体讨论和创新思维来产生大量的创意和解决方案。在进行下面的学习之前，请思考以下问题。

（1）怎么运用头脑风暴法，它需要哪些规则和原则？

（2）头脑风暴法的实施程序是什么？

一、头脑风暴的概念

头脑风暴最早是精神病理学上的用语，指的是精神病患者的精神错乱状态，后来拓展为无限制的自由联想和讨论，其目的在于产生新创意，激发新设想，或通过找到异想天开的想法来解决问题。头脑风暴法，又称脑力激荡法、智力激励法、BS法、自由思考法、畅谈法、集思法等，由美国 BBDO 广告公司的亚历克斯·奥斯本（Alex Faickney Osborn）于 1939 年首次提出，并于 1953 年正式发表。头脑风暴法是一种集体研讨行为，是快速大量寻求解决问题设想的集体思考方法，是畅所欲言地发表独立见解的一种创造性思维方法。它采用小型会议的组织方式，让所有参加者在自由愉快、畅所欲言的气氛中，利用集体的思考，引导每个与会者围绕中心议题广开言路，自由交换想法并以此激发与会者创意及灵感，使各种设想在相互碰撞中激起脑海的创造性"风暴"。

二、头脑风暴法的程序

（一）确定议题

一个好的头脑风暴法从对问题的准确阐明开始。一般而言，比较具体的议题能使与会者较快产生设想，主持人也较容易掌握；比较抽象和宏观的议题引发设想的时间较长，但设想的创造性可能也较强。

（二）会前准备

为了使头脑风暴畅谈会的效率较高、效果较好，可在会前做一些准备工作。如收集一些资料预先给大家参考，以便与会者了解与议题有关的背景材料和外界动态。就与会者而言，在开会之前，对于待解决的问题一定要有所了解。

（三）确定人选

一般以 8～12 人为宜，也可略有增减（增加或减少 5～10 人）。与会者人数太少不利于交流信息，激发思维。而人数太多则不容易掌握，并且每个人发言的机会相对减少，也会影响会场气氛。

（四）明确分工

要推定 1 名主持人，1～2 名记录员。主持人的作用是在头脑风暴畅谈会开始时重申讨论的议题和纪律，在会议进程中启发引导，掌握进程。如通报会议进展情况，归纳某些发言的核心内容，提出自己的设想，活跃会场气氛，或者让与会者静下来认真思索片刻再组织下一个发言高潮等。记录员应将与会者的所有设想都及时编号，简要记录，最好写在黑板等醒目处，使与会者能够看清楚。记录员也应随时提出自己的设想，切忌持旁观态度。

（五）掌握时间

时间太短，与会者难以畅所欲言，太长则容易产生疲劳感，影响会议效果。经验表明，创造性较强的设想一般要在会议开始 10～15 分钟后逐渐产生。美国创造学家帕内斯指出，会议时间最好安排在 30～45 分钟。倘若需要更长的时间，就应把议题分解成几个小问题分别进行专题讨论。

三、头脑风暴法的要点

一次成功的头脑风暴除在程序上的要求外，更为关键是探讨方式、心态上的转变，概言之，即充分的、非评价性的、无偏见的交流。具体而言，成功的头脑风暴可归纳为以下几点。

（一）自由畅谈

与会者不应该受任何条条框框限制，放松思想，让思维自由驰骋，从不同角度、不同层次、不同方位，大胆地展开想象，尽可能地标新立异，与众不同，提出独创性的想法。

（二）延迟评判

使用头脑风暴法，必须坚持当场不对任何设想作出评价的原则。既不能肯定某个设想，又不能否定某个设想，也不能对某个设想发表评论性的意见。一切评价和判断都要延迟到会议结束以后才能进行。这样做一方面是为了防止评判约束与会者的积极思维，另一方面是为了集中精力先开发设想，避免把应该在后阶段做的工作提前进行，影响创造性设想的大量产生。

（三）禁止批评

绝对禁止批评是头脑风暴法应该遵循的一个重要原则。参加头脑风暴会议的每个人都不得对别人的设想提出批评意见，因为批评对创造性思维无疑会产生抑制作用。

（四）追求数量

头脑风暴会议的目标是获得尽可能多的设想，追求数量是它的首要任务。参加会议的每个人都要抓紧时间多思考，多提设想。至于设想的质量问题，自可留到会后的设想处理阶段去解决。在某种意义上，设想的质量和数量密切相关，产生的设想越多，其中的创造性设想就可能越多。

四、头脑风暴法的好处

群体思维削弱了群体的批判精神和创造力，损害了决策的质量。为了保证群体决策的创造性，提高决策质量，管理上发展了一系列改善群体决策的方法，其中头脑风暴法是较为典型的一个，具体的好处如下：

（1）极易操作执行，具有很强的实用价值。
（2）非常具体地体现了集思广益的价值，体现团队合作的智慧。
（3）每一个人思维都能得到最大限度地开拓，能有效开阔思路，激发灵感。
（4）在科学的时间段内可以批量生产灵感，会有大量意想不到的收获。
（5）几乎不再有任何难题。
（6）面对任何难题，举重若轻。对于熟练掌握头脑风暴法的人来说，再也不必一个人冥思苦想，孤独"求索"了。
（7）因为头脑越用越好用，可以有效锻炼一个人及团队的创造力。
（8）使参加者更加自信，因为他会发现自己居然能如此有"创意"。
（9）可以发现并培养思路开阔、有创造力的人才。
（10）创造良好的平台，提供一个能激发灵感、开阔思路的环境。
（11）因为良好的沟通氛围，有利于增加团队凝聚力，增强团队精神。
（12）可以提高工作效率，能够更快更高效地解决问题。

五、头脑风暴法的应用

头脑风暴可以在短时间内获得大量创意，适用于团队环境。实践经验表明，头脑风暴法可以激发更多的观点和更好的建议，对所讨论问题通过客观、连续的分析，排除折中方案，找到一组切实可行的方案，因而头脑风暴法在各种问题解决场景中得到了较广泛的应用。

使用头脑风暴法产生大量的可选择方案后，就有更好的机会发掘更多的观点来帮助我们解决问题。大到政治和社会问题的解决及尖端科技的创新，中至企业质量管理、项目管理、风险管理、持续改进、问题解决、缺陷分析、成本降低等，小至家庭或个人琐事解决、疑难排除等，都广泛使用头脑风暴法。

任务二 综摄法

> **名人语录**
>
> 我们不能人云亦云，这不是科学精神，科学精神最重要的就是创新。
> ——钱学森
>
> 在读书上，数量并不列于首要，重要的是书的品质与所引起的思索的程度。
> ——富兰克林

任务导入

综摄法通过已知的东西做媒介，将毫无关联的、不相同的知识要素结合起来，以打开"未知世界的门扉"，勾起人们的创造欲望，使潜在的创造力发挥出来，产生众多的创造性设想。在进行下面的学习之前，请思考以下问题。

如何运用综摄法？

知识链接

一、综摄法的定义

综摄法又称类比思考法、比喻法、分合法，是由美国麻省理工学院教授戈登于1944年提出的一种利用外部事物启发思考、开发人的潜在创造力的思考方法。

综摄法是指以外部事物或已有的发明成果为媒介，并将它们分成若干要素，对其中的要素进行讨论研究，综合利用激发出来的灵感来发明新事物或解决问题的方法。

二、综摄法的操作步骤

（一）准备阶段

（1）确定会议场所和会议时间。

（2）选定参加者（10人左右），参加者可以是不同专业职能的研究人员，但须是内行。

（3）会议主持人（培训师）必须掌握使用本方法的一切常识及细节问题，如两大思考原则、四种模拟技巧、实施要点等。

（二）实施阶段

主持人先不公布会议议题，而是从与研究课题有关的或更广泛的资料切入，引导参加者进行更为广泛的讨论，以开阔参加者的思维，激发他们智慧火花的碰撞。

当讨论进一步深入，涉及解决问题时，会议主持人再明确告知参加者会议的议题，并要求他们按照事先介绍的两条原则和四种模拟技巧积极思索解决问题的试行方案，对各种方案进行分析、比较，最后筛选出最佳方案。

（三）两大思考原则

（1）异质同化原则。所谓异质同化，简单来说就是运用熟悉的方法和已有的知识进行分析、比较，以提出新设想，即把看不习惯的陌生事物当成早已习惯的熟悉事物。

（2）同质异化原则。所谓同质异化，则是从新的角度或运用新方法"处理"一些早已习惯的熟悉事物，从而提出新的设想，即把熟悉的事物当成陌生的事物看待。

（四）四种模拟技巧

（1）人格性的模拟。人格性的模拟把研究对象拟人化。首先假设自己已经化身为该事物，再仔细考虑一下那会是什么感觉，该怎样行动，然后构思解决问题的施行方案。

（2）直接性的模拟。直接性的模拟参考模拟的事物，直接对模拟事物进行联想思考，构思处理问题的方案。

（3）想象性的模拟。人类的想象力是无穷的，通过童话、小说、谚语等来激发人类的灵感，从中获得处理问题的方案。

（4）象征性的模拟。象征性的模拟借助具体事物来表达某种抽象的思想与感情：以启发思考，寻找解决问题的方案。

任务三　形态分析法

> **★ 名人语录**
>
> 科学也需要创造，需要幻想，有幻想才能打破传统的束缚，才能发展科学。
> ——郭沫若
>
> 读书要有感受，要有审美感，对他人的金玉良言，要能融会贯通，并使之付诸实现。
> ——巴金

任务导入

创新是民族进步的灵魂,是一个国家兴旺发达的不竭源泉,也是中华民族最深沉的民族禀赋。在进行下面的学习之前,请思考以下问题。

如何实施形态分析法?

 知识链接

一、形态分析法的定义

形态分析法是美国加利福尼亚州理工学院教授兹维基首创的一种方法。兹维基是一位天体物理学家,对形态学有高深的研究。在第二次世界大战中,他参加了美国火箭研制小组。令人惊奇的是,他在一周之内,交出了576种不同的火箭设计方案。这些方案几乎包括了当时所有可能制出的火箭的设计方案。后来才知道,就连美国情报局挖空心思都没能弄到手的德国巡航导弹F-1和F-2的设计方案,也包括在其中了。他的天才受到人们的关注,后来他发表了他的构思技巧——形态分析法。

形态分析法是以系统的观点看待事物,把事物看成几个功能部分的组合,然后把系统拆成几个功能部分,分别找出能够实现每个功能的所有方法,最后将这些方法进行组合。形态分析法是一种以系统搜索观念为指导,在对问题进行系统分析和综合基础上用网络方式集合各因素设想的方法。

二、形态分析法的实施

第一步,明确有待解决的问题。
第二步,因素分析。
第三步,形态分析。
第四步,形态组合。
第五步,筛选最佳设想。

下面以合新型单缸洗衣机的开发为例,介绍这种技法的操作方式。

首先,对洗衣机进行因素分析,即确定完成洗净衣物所必备的基本因素。对洗衣机这类工业产品来说,最好是用功能来代替因素,以利于形象思考。先确定洗衣机的总体功能,再进行功能分解,就可得到若干分功能,这些分功能就是洗衣机的基本因素。如果我们定义洗衣机的总功能有"洗净衣物",那么以此为目的去寻找其手段,便可得到"盛装衣物""洗涤去污""控制洗涤"三项分功能。接着,对各分功能进行形态分析,即确定实现这些功能要求的各种技术手段或功能载体。为此,发明创造者要进行信息检索,广思各种技术手段或方法。对一些新方法还可能进行实验或试验,以了解其应用的适用性和可靠性。在上述三种分功能中,"洗涤去污"是最核心的一项,确定其功能载体时,要针对"分离"二字广思、深思和精思,从机、电、热等技术领域去寻找具有此功能的技术手段。

项目三　创新的方法

任务四　信息交合法

名人语录

创新是一个民族的灵魂，是一个国家兴旺发达的不竭动力。

——江泽民

一些陈旧的、不结合实际的东西，不管那些东西是洋框框，还是土框框，都要大力地把它们打破，大胆地创造新的方法、新的理论，来解决我们的问题。

——李四光

任务导入

信息交合法能把学生天马行空的无序思维转化为有序的联想，经过一定时间的练习可以形成一种合理的逻辑思考习惯。在进行下面的学习之前，请思考以下问题。

什么是信息交合法？

知识链接

一、信息交合法概述

信息交合法是一种创新的思维技法，把物体信息及人类各实践活动相关信息列举成要素，把要素用坐标法连成信息标，两轴垂直相交构成信息反应场。不同轴上的信息可以与另一轴上的信息交合，产生新的信息，最后进行筛选，找到符合的、有价值的信息。

进入21世纪以后，社会发展日新月异，人们对于创新能力与意识的培养越发重视。而创新、发散的思维可以通过合适的思维方式、创新技法进行练习。

信息交合法就是其中一种思维练习方式。它能使人们的思维更富有发散性，应用范围也很广。这种方法有助于人们在发明创造活动中不断地强化理性的、逻辑的思维能力的培养。运用此方法作为教学、思维训练的培训方法可以锻炼学生的创造性思维与发散性思维，对于学生，尤其是富有创造力的学生，尤其适合。它把学生天马行空的无序思维转化为有序的联想，经过一定时间的练习可以形成一种合理的逻辑思考习惯。

二、信息交合法的实施

根据认知发展的规律，学生有较为丰富的想象力，作为一种创新技法，信息交合法适合作为此年龄段的创新思维练习。学生有一定生活阅历，对于生活中事物也有一定理解，应多用生活中常见的物件为载体进行思维练习。训练活动应多进行互动与讨论，调动学生的注意力与

039

积极性。信息交合法最终教会学生一种科学的研究技法，通过这些方法与技法的练习，把他们天马行空的想象变为有逻辑的、有方向的思考，逐步培养学生的发散性思维与创新精神。

信息交合法可以设计成为思维训练课程。课程根据学生情况更加灵活多变，真正地以学生为主体。此课目的是激发学生发散思维与联想能力，理解科学的研究方法并尝试使用此方法进行科学的探究与创新。信息交合法能使人们的联想从无序状态转入有序状态，使思维方法改进为用图表直观表达，帮助人们突破旧的思维定式，推出新构思、新设计、新产品、新选题，进行有效的创造性思维。通过此课程的学习，希望养成学生运用信息交合法进行创新思考的意识，也为后续自己尝试创新打下基础。

任务五　5W2H 法

名人语录

想象力比知识更重要，因为知识是有限的，而想象力概括着世界上的一切，推动着进步，并且是知识进步的源泉。

——爱因斯坦

人生就像打橄榄球一样，不能犯规，也不要闪避球，而应向底线冲过去。

——罗斯福

任务导入

对一个问题追根刨底，才有可能发现新的知识和新的疑问。在进行下面的学习之前，请思考以下问题。

如何发现解决问题的线索？

知识链接

一、5W2H 法概述

5W2H 法也称为七何分析法，是一种简单而有效的思考和问题解决方法。它包括七个基本问题。

What：问题或任务的具体内容或目的。

Why：探究进行某项工作的原因或目的。

Who：确定谁负责执行任务或参与决策。

When：确定进行任务的最佳时间或时机。

Where：指出任务应在何处进行。

How：描述如何执行任务或解决问题的方法。

How Much：涉及任务的数量、质量或成本等度量标准。

这种方法起源于第二次世界大战时期的美国陆军兵器修理部，它不仅适用于企业管理和技术活动，还对决策和执行活动有极大帮助，有助于发现和弥补考虑问题时的疏漏。提出这些问题，可以帮助人们更清晰、全面地理解问题，从而更有效地解决问题或制定决策。

二、5W2H法实施

（一）为什么（Why）

为什么采用这个技术参数？为什么不能有响声？为什么停用？为什么变成红色？为什么要做成这个形状？为什么采用机器代替人力？为什么产品的制造要经过这么多环节？为什么非做不可？

（二）做什么（What）

条件是什么？哪一部分工作要做？目的是什么？重点是什么？与什么有关系？功能是什么？规范是什么？工作对象是什么？

（三）谁（Who）

谁来办最方便？谁会生产？谁可以办？谁是顾客？谁被忽略了？谁是决策人？谁会受益？

（四）何时（When）

何时要完成？何时安装？何时销售？何时是最佳营业时间？何时工作人员容易疲劳？何时产量最高？何时完成最为时宜？

（五）何地（Where）

何地最适宜某物生长？何处生产最经济？从何处买？还有什么地方可以作销售点？安装在什么地方最合适？何地有资源？

（六）怎样（How）

怎样做省力？怎样做最快？怎样做效率最高？怎样改进？怎样得到？怎样避免失败？怎样求发展？怎样增加销路？怎样提高效率？怎样才能使产品更加美观大方？怎样使产品用起来方便？

（七）多少（How much）

功能指标达到多少？销售额和销售量多少？成本多少？输出功率多少？效率多高？尺寸是多少？重量是多少？

如果现行的做法或产品经过七个问题的审核已无懈可击，便可认为这一做法或产品是可取的。如果七个问题中有一个答复不能令人满意，则表示这方面有改进余地。如果哪方面的答复有独创的优点，则可以扩大产品这方面的效用。

以后做任何工作和事都可以采用5W2H方法来思考问题和解决问题,这样有助于我们的思路清晰并有条理,也有助于杜绝盲目做事从而提高工作效率。在工作汇报上也可以使用5W2H方法,这样既能节约写报告时间又能减少看报告的时间。

任务六　奥斯本检核表法

> **名人语录**
>
> 老年时最大的安慰莫过于意识到,已把全部青春的力量都献给了永不衰老的事业。
>
> ——叔本华
>
> 人与人之间的相互关系中对人生的幸福最重要的莫过于真实、诚意和廉洁。
>
> ——富兰克林

任务导入

利用奥斯本检核表法可以产生大量的原始思路和原始创意,它对人们的发散思维有很大的启发作用。在进行下面的学习之前,请思考以下问题。

如何运用奥斯本检核表法?

知识链接

一、奥斯本检核表法概述

奥斯本检核表法是针对某种特定要求制定的检核表,主要用于创新新产品的研制开发。奥斯本检核表法是指以该技法的发明者奥斯本命名、引导主体在创造过程中对照9个方面的问题进行思考,以便启迪思路,开拓思维想象的空间,促进人们产生新设想、新方案的方法,主要面对9个大问题:①有无其他用途;②能否借用;③能否改变;④能否扩大;⑤能否缩小;⑥能否代用;⑦能否重新调整;⑧能否颠倒;⑨能否组合。奥斯本检核表法是一种产生创意的方法。在众多的创造技法中,这种方法是一种效果比较理想的技法。由于它突出的效果,被誉为创造之母。人们运用这种方法,产生了很多杰出的创意,以及大量的发明创造。

利用奥斯本检核表法,可以产生大量的原始思路和原始创意。它对人们的发散思维有很大的启发作用。当然,运用此方法时,还要注意几个问题。它还要和具体的知识经验相结合。奥斯本检核表法只是提示了思考的一般角度和思路,思路发展的具体实施还要依赖人们的具体思考。运用此方法,还要结合改进对象(方案或产品)来进行思考。运用此方法,还可以自行设计大量的问题来提问。提出的问题越新颖,得到的主意越有创意。

奥斯本检核表法的优点很突出,它使思考问题的角度具体化了。但它也有缺点,即它是改进型的创意产生方法,必须先选定一个有待改进的对象,然后在此基础上设法加以改进。它不是原创型的，但有时候也能够产生原创型的创意。比如，把一个产品的原理引入另一个领域，就可能产生原创型的创意。

二、奥斯本检核表法应用

奥斯本检核表法通过9大问题来发散思维，检验创意是否全面。

其基本做法：第一，选定一个要改进的产品或方案；第二，面对一个需要改进的产品或方案，或者面对一个问题，从下列角度提出一系列的问题，并由此产生大量的思路；第三，根据第二步提出的思路，进行筛选和进一步思考、完善。

（1）可以引入吗？是否能够从其他领域、产品、方案中引入新的元素、新的材料、新的造型、新的原理、新的工艺、新的思路，以改进现有的方案或产品？

（2）可以替换吗？是否能够用其他东西替代现有的产品、方案或其中一部分？

（3）可以添加、增加、扩大吗？是否能够增加一些元素，或者使现有元素的数量增加，如新的材料、色彩？

（4）可以减少、缩小吗？是否能够通过缩小某一要素的数值，如长度、体积、大小、容量，或者减少一部分成分来实现改进？

（5）可以引出吗？可以将该产品或方案的原理、结构、材料、成分、思路等用于其他地方吗？

（6）可以改变吗？可以改变该产品的名词、动词、形容词属性和特征，以实现改进吗？

（7）可以逆反吗？能否在程序、结构、方向、方位、上下、左右等方面逆反，以实现更好的效果？

（8）可以组合吗？能否把现有的产品或方案，与其他产品或方案组合起来，以形成新的思路？

（9）可以用于其他领域吗？本产品或方案能否用于其他领域，扩大用途，或者稍作变化后用于其他领域或其他用途？

奥斯本检核表法具体细则共分9大类75个问题。奥斯本的检核表法属于横向思维，以直观、直接的方式激发思维活动，操作十分方便，效果也相当好。

上述九组问题对于任何领域创造性地解决问题都是适用的，这些问题不是奥斯本凭空想象的，而是他在研究和总结大量近代、现代科学发现、发明、创造事例的基础上归纳出来的。

任务七　TRIZ——发明问题解决理论

> **名人语录**
>
> 聪明的年轻人以为，如果承认已经被别人承认过的真理，就会使自己丧失独创性，这是最大的错误。
>
> ——歌德

> 若无某种大胆放肆的猜想，一般是不可能有知识的进展的。
>
> ——爱因斯坦

 任务导入

TRIZ 算法中涉及 40 个原理，这些带有辩证逻辑的思维方式，不仅在技术创新中有效，而且在管理创新中同样有用。在进行下面的学习之前，请思考以下问题。

如何运用 TRIZ 解决创新问题？

 知识链接

TRIZ 理论是由苏联发明家根里奇·阿奇舒勒于 1946 年创立的。他先后分析了全球近 250 万份高水平的发明专利，总结出各种技术发展所遵循的规律模式，以及解决各种技术矛盾和物理矛盾的创新原理和法则，创立了一个由解决技术问题和实现创新开发的各种方法、算法组成的综合理论体系。该理论对研发和解决问题的思路有明确的指导性，即在解决问题之初，确定"解"的方法和位置，有效避免了各种传统创新设计方法中反复进行探索的工作。如今 TRIZ 已在全世界广泛应用，成为最有效的创新问题求解方法和计算机辅助创新的核心。

一、TRIZ 的技术系统八大进化法则

TRIZ 的技术系统八大进化法则分别是提高理想度法则、完备性法则、能量传递法则、协调性法则、子系统的不均衡进化法则、向超系统进化法则、向微观级进化法则、动态性和可控性进化法则。

TRIZ 技术系统的这八大进化法则可以应用于产生市场需求、定性技术预测，产生新技术，专利布局和选择企业战略制定的时机等。它们可以用来解决难题，预测技术系统，产生并加强创造性问题的解决工具。

二、最终理想解

TRIZ 理论在解决问题之初，首先抛开各种客观限制条件。通过理想化来定义问题的最终理想解，以明确理想解所在的方向和位置，保证在问题解决过程中沿着此目标前进并获得最终理想解，从而避免传统创新设计方法中缺乏目标的弊端，提高创新设计的效率。

三、40 个发明原理

通过对大量的专利进行研究、分析和总结，提炼出了 TRIZ 中最重要的、具有普遍用途的 40 个发明原理，分别是分割、抽取、局部质量、非对称、组合、多用性、嵌套、质量补偿、预先反作用、预先作用、预先防范、等势、反向作用、曲面化、动态化、部分超越、维数变化、机械振动、周期性作用、有效作用的连续性、快速、变害为利、反馈、中介物、自服务、复制、廉价替代品、机械系统的替代、气压与波压结构、柔性壳体或薄膜、多孔材料、改变颜色、同质性、抛弃与再生、物理/化学参数变化、相变、热膨胀、加速氧化、性环境、复合材料。

四、39 个工程参数及阿利赫舒列尔矛盾矩阵

在对专利研究过程中，阿利赫舒列尔发现，仅有 39 项工程参数在彼此相对改善和恶化，而这些专利都在不同的领域里解决这些工程参数的冲突与矛盾。这些矛盾不断地出现，又不断地被解决。

由此他总结出了解决冲突和矛盾的 40 个创新原理。之后，他将这些冲突与矛盾解决原理组成一个由 39 个改善参数与 39 个恶化参数构成的矩阵，矩阵的横轴表示希望得到改善的参数，纵轴表示某技术特性改善引起恶化的参数，横纵轴各参数交叉处的数字表示用来解决系统矛盾时所使用创新原理的编号，这就是著名的技术矛盾短阵。阿利赫舒列尔矛盾矩阵为问题解决者提供了一个可以根据系统中产生矛盾的两个工程参数从矩阵表中直接查找化解该矛盾的发明原理。

五、物理矛盾和四大分离原理

（1）物理矛盾。当一个技术系统的同一工程参数具有相反的需求时就出现了物理矛盾，如要求系统的某个参数既要出现又不存在，或既要高又要低，或既要大又要小等。相对于技术矛盾，物理矛盾是一种更尖锐的矛盾，创新中需要加以解决。物理矛盾所存在的子系统就是系统的关键子系统，系统或关键子系统应该具有满足某个需求的参数特性，但另一个需求要求系统或关键子系统又不能具有这样的参数特性。

（2）四大分离原理。分离原理是阿奇舒勒针对物理矛盾的解决而提出的，分离方法共有 11 种，归纳概括为四大分离原理，分别是空间分离、时间分离、条件分离和整体与部分的分离。

六、物 – 场模型分析

阿利赫舒列尔认为，每一个技术系统都可由许多功能不同的子系统组成，因此，每一个系统都有它的子系统，而每个子系统都可以进一步细分，直到分子、原子、质子与电子等微观层次。无论大系统、子系统，还是微观层次都具有功能，所有的功能都可分解为 2 种物质和 1 种场（即二元素组成）。

在物 – 场模型的定义中，物质是指某种物体或过程，可以是整个系统，也可以是系统内的子系统或单个的物体，甚至可以是环境，取决于实际情况。场是指完成某种功能所需的方法或手段，通常是一些能量形式，如磁场、重力场、电能、热能、化学能、机械能、声能、光能等。

物 – 场模型分析是 TRIZ 理论中的一种分析工具，用于建立与已存在的系统或新技术系统的问题相联系的功能模型

七、发明问题的标准解法

标准解法是阿利赫舒列尔于 1985 年创立的，共有 76 个，分成 5 级，各级中解法的先后顺序也反映了技术系统必然的进化过程和进化方向。

标准解法可以将标准问题在一两步中快速进行解决，它是阿奇舒勒后期进行 TRIZ 理论研究的最重要的课题，同时也是 TRIZ 高级理论的精华。

标准解法也是解决非标准问题的基础，非标准问题主要应用 ARIZ 来进行解决，而 ARIZ 的主要思路是将非标准问题通过各种方法进行变化，转化为标准问题，然后应用标准解法来获得解决方案。

八、发明问题解决算法

发明问题解决算法（ARIZ）是 TRIZ 的一种主要工具，是解决发明问题的完整算法，该算法采用一套逻辑过程逐步将初始问题程式化。

该算法特别强调矛盾与理想解的程式化，一方面技术系统向理想解的方向进化，另一方面如果一个技术问题存在矛盾需要克服，该问题就变成一个创新问题。ARIZ 的理论基础由以下三条原则构成。

（1）ARIZ 是通过确定和解决引起问题的技术矛盾以进行发明问题转化的一套连续过程的程序。

（2）问题解决者一旦采用了 ARIZ 来解决问题，其惯性思维因素必须被加以控制。

（3）ARIZ 可以不断地获得广泛的、最新的知识基础的支持。

九、科学效应和现象知识库

科学原理尤其是科学效应和现象的应用对发明问题的解决具有超乎想象的、强有力的帮助。应用科学效应和现象应遵循 6 个步骤（包括问题分析、确定功能、获得相应科学效应和现象的名称、效应取舍、方案验证及最终解决方案），解决发明问题时会经常遇到需要实现的 30 种功能，这些功能的实现经常要用到 100 个科学有趣现象。

TRIZ 理论的核心思想主要体现在三个方面。首先，无论是一个简单产品还是复杂的技术系统，其核心技术都是遵循客观的规律发展演变的，即具有客观的进化规律和模式。其次，各种技术难题、矛盾和矛盾的不断解决是推动这种进化过程的动力。再次，技术系统发展的理想状态是用尽量少的资源实现尽量多的功能。

任务八　六顶思考帽法

名人语录

非经自己努力所得的创新，就不是真正的创新。

———松下幸之助

如果学习只在模仿，那么我们就不会有科学，也不会有技术。

———高尔基

任务导入

六顶思考帽代表的六种思维角色几乎涵盖了思维的整个过程，既可以有效地支持个人的行为，也可以支持团体讨论中的互相激发。在进行下面的学习之前，请思考以下问题。

如何运用六项思考帽法思考问题的模型？

知识链接

六项思考帽是"创新思维学之父"爱德华·德·博诺（Edward de Bono）博士开发的一种思维训练模式，或者说是一个全面思考问题的模型，一经发表便得到学术界和社会各界的广泛认同。1984年首次个人承办奥运会成功并获得1.5亿美元巨额利润的美国商人彼德·尤伯罗斯，将自己的超凡成就归功于水平思考法引发的新观念和新想法，他曾参加过德·博诺博士举办的青年总裁组织（Younger President Organization）六项思考帽培训班。1996年，美国联邦法律大会邀请德·博诺博士讲授六项思考帽，听众是来自52个联邦国家和被邀请国家的2 300多名高级律师、法官和知名人士。美国军方也认识到德·博诺博士以六项思考帽为代表创新思维工具的价值。海军上将Cavy Admiral请其担任顾问，为全球热点政治谈判提供咨询。20名将军在纽波特的罗德岛开会，邀请德·博诺博士参加，用创造性思考工具讨论YZK的结果。他是参加会议的唯一普通公民和外国人，甚至连白宫也在推广德·博诺的水平思维方式。联合国的国际创新中心纽约分部曾邀请德·博诺对其职员进行六项思考帽课程训练，希望能激发新思路、新想法。

六项思考帽提供了"平行思维"的工具，避免将时间浪费在互相争执上。它强调的是"能够成为什么"，而非"本身是什么"，是寻求一条向前发展的路，而不是争论谁对谁错。运用德博诺的六项思考帽，将会使混乱的思考变得更清晰，使团体中无意义的争论变成集思广益的创造，使每个人变得富有创造性。

六项思考帽是指使用六种不同颜色的帽子代表六种不同的思维模式。任何人都有能力使用以下六种基本思维模式。

（1）白色思考帽：白色是中立而客观的。戴上白色思考帽，人们思考的是关注客观的事实和数据。

（2）绿色思考帽：绿色代表茵茵芳草，象征勃勃生机。绿色思考帽寓意创造力和想象力，具有创造性思考、头脑风暴、求异思维等功能。

（3）黄色思考帽：黄色代表价值与肯定。戴上黄色思考帽，人们从正面考虑问题，表达乐观的、满怀希望的、建设性的观点。

（4）黑色思考帽：戴上黑色思考帽，人们可以运用否定、怀疑、质疑的看法，合乎逻辑地进行批判，尽情发表负面的意见，找出逻辑上的错误。

（5）红色思考帽：红色是情感的色彩。戴上红色思考帽，人们可以表现自己的情绪，还可以表达直觉、感受、预感等方面的看法。

（6）蓝色思考帽：蓝色思考帽负责控制和调节思维过程。负责控制各种思考帽的使用顺序，规划和管理整个思考过程，并负责做出结论。

一个人需要考虑某一个任务计划，那么他有两种状况是最不愿面对的，一种情况是头脑空白，他不知道从何开始，另一种情况是头脑混乱，过多的想法交织在一起造成淤塞。六项思考帽可以帮助他设计一个思考提纲，按照一定的次序思考下去。就这个思考工具的实践而言，它会让大多数人感到头脑更加清晰，思维更加敏捷。

项目四
技术创新与创业

自我思考

技术创新是一个重要的主题，它是推动社会进步和经济发展的重要动力。在进行技术创新时，需要注意一些细节和注意事项，需要有良好的科研环境和研发实力，需要有良好的创新文化和创新氛围，还需要有一定的资金支持和资源保障。只有不断地进行技术创新，才能实现社会和经济的可持续发展。

请同学们想一想：你知道哪些技术创新的方法？你能说说如何理解技术创新管理？

《知识目标》
1. 了解技术创新的原理。
2. 熟悉创新过程中创新方法的运用。

《能力目标》
1. 能够发现自身能力的不足，并制订合理的学习计划。
2. 具备分析和利用创新方法的能力。

《素质目标》
1. 培养学生良好的学习习惯。
2. 促进学生创新能力和实践能力的培养。
3. 培养学生终身可持续发展的能力。

▶【开篇故事】

十年科研路　创新不停歇

在传化华洋化工有限公司厂房深处，有一个特别的地方——200 m² 的空间内，有元器件展示、流体实验装置、PLC操作实验台等专业设备，也是在这里，激荡出好多 idea，继而落地成为一个个突破生产难点的技术或工艺。而这个地方，叫杭州市王向阳维修电工大师工作室。核心人物就是一个叫王向阳的"电工师傅"。这十年来，王向阳和他的团队，研发了3项专利。他已经不是一个普通的"电工"了。他是善于思考敢于创新的宝藏师傅。

正是在十年前，王向阳开始思考、研发自己的第一个发明专利。如今这张专利证书也张贴在工作室的墙上，成为一种见证和激励。

表面施胶剂，是 2012 年公司的明星产品，年产量达到 2 万 t。在这个产品的制作中，过滤是非常重要的一个环节。当时车间的过滤是人工操作，需要两名工人不间断配合进行上下抖动以及料仓的开闭。不仅费工，费力，而且由于产品生产时的温度达到了六七十摄氏度，开放式的操作环境对工人而言也很容易产生危险。关注到这样的情况，王向阳动起了脑筋。

如何模拟人工的抖动，如何处理过滤出来的滤渣，如何承受住封闭模式下的压力等都成了需要攻克的难题。模拟人工抖动，他采用了连接气缸和气动杆，同时外端接一气动隔膜泵，用一下大一下小的脉冲输送；处理滤渣，他反向思考，通过外压的方式，改变过滤的形式；面对压力，他和同事一起加固了好几次骨架……最终，改善后的过滤器成功应用到了实际生产中。其核心技术也成功申请了新型发明专利。对王向阳而言，所有的发明、创新就是为了能够解决工作中的问题、难点。在他的带领下，华洋的过滤装置又再次进行了更新换代。"时代在进步，技术的更新层出不穷。"王向阳感叹道，后来一种过滤粉末的装置——振动筛，让他眼前一亮，立马联系了厂家，商量产品改动应用在表面施胶剂等纳米乳液的过滤上的可能性。事实也证明，王向阳的眼光没错。现在改造后的振动筛已经应用到了华洋的厂房里，更好地解决了"抖动过滤"带来的装备磨损问题。

任务一　技术创新的概念与方法

> **名人语录**
>
> 没有不可认识的东西，我们只能说还有尚未被认识的东西。
> ——高尔基
> 距离已经消失，要么创新，要么死亡。
> ——托马斯·彼得斯

技术创新实际上是一种使科学与经济一体化，加快技术应用速度，提高技术应用效率与效益的发展模式，是一个从新产品或新工艺设想的产生到市场应用的完整过程，是以技术为基础与导向的完整过程，是以技术为基础与导向的创新活动。在进行下面的学习之前，请思考以下问题。

什么是技术创新？

 知识链接

一、技术创新的概念

技术创新指生产技术的创新，包括开发新技术，或者将已有的技术进行应用创新。科学是技术之源，技术是产业之源。技术创新建立在科学道理的发现基础之上，而产业创新主要建立在技术创新基础之上。

技术创新和产品创新有密切关系，又有所区别。技术的创新可能带来但未必带来产品的创新，产品的创新可能需要但未必需要技术的创新。一般来说，运用同样的技术可以生产不同的产品，生产同样的产品可以采用不同的技术。产品创新侧重于商业和设计行为，具有成果的特征，因而具有更外在的表现；技术创新具有过程的特征，往往表现得更加内在。产品创新可能包含技术创新的成分，还可能包含商业创新和设计创新的成分。技术创新可能并不会带来产品的改变，而仅仅带来成本的降低、效率的提高，例如，改善生产工艺、优化作业过程从而减少资源消费、能源消耗、人工耗费或者提高作业速度。另外，新技术的诞生，往往可以带来全新的产品，技术研发往往对应于产品或者着眼于产品创新；而新的产品构想，往往需要新的技术才能实现。

技术创新实际上是一种使科学与经济一体化、加速技术应用速度、提高技术应用效率与效益的发展模式，是一个从新产品或新工艺设想的产生到市场应用的完整过程，是以技术为基础与导向的完整过程，是以技术为基础与导向的创新活动。对于创新者而言，技术创新是创新者抓住市场潜在的盈利机会，重新组合生产条件、要素和组织，从而建立效能更强、效率更高和生产费用更低的生产经营系统的活动过程，是技术创新的主体。

创新作为经济学的概念，是美籍奥地利经济学家约瑟夫·熊彼特（Joseph A. Schumpeter）在他的《经济发展理论》（1912）书中提出的。熊彼特认为，创新就是把生产要素和生产条件的新组合引入生产体系，即建立一种新的生产函数。他把创新活动归结为以下五种形式。

（1）生产新产品或提供一种产品的新质量；
（2）采用一种新的生产方法、新技术或新工艺；
（3）开拓新市场；
（4）获得一种原材料或半成品的新的供给来源；
（5）实行新的组织方式或管理方法。

二、技术创新的方法

创新方法是指在创新活动中具有普遍规律性的策略和技巧。它们是通过一个个具体的创新过程，如确定创新题目、提出创新设想、将设想变为现实等，来揭示创新的一般规律和方法。以下介绍三种创新方法。

（一）寻找缺陷法

寻找缺陷法是指从研究现有事物的不足之处入手，寻找创新的突破口，通过改进缺陷的方式，达到创新的目的。在申请专利时，你需要从各个方面入手，如产品造型、功能、技术原理、生产工艺、价值等，寻找影响较大的缺陷或较易进行技术改造的缺陷作为创新目标。同时，要注意深入挖掘隐性缺陷。

（二）组合创新法

组合创新法是指按照一定的技术原理，将两个或多个功能元素合并，形成一种具有新功能的新产品、新工艺、新材料的创新方法。这种创新方法具有以下特点：一是将多个特征组合在一起；二是组合在一起的特征相互支持、相互补充；三是组合后要产生新方法或达到新效果；四是利用现有的技术成果，不需要建立高深的理论基础和开发专门的高级技术。

（三）移植创新法

移植创新法是指将某一领域中已有的原理、技术、方法、结构、功能等移植应用到另一个领域而产生新事物、新观念、新创意的构思方法。这种创新方法应用的必要条件包括：用常规的方法难以找到理想的设计方案或解题设想，或者利用本专业领域的技术知识根本无法找到出路；其他领域存在解决相似或相近问题的方式方法；对移植结果能否保证系统整体的新颖性、先进性和实用性有一个估计或肯定性判断。这三种方法都是非常实用的创新方法，可以帮助你发现创新点并形成完整的创新方案当然，这些方法并不是孤立的，你可以将它们结合起来使用，创造出更加出色的专利成果。

任务二　技术创新的过程

名人语录

处处是创造之地，天天是创造之时，人人是创造之人。

——陶行知

具有丰富知识和经验的人，比只有一种知识和经验的人更容易产生新的联想和独到的见解。

——泰勒

任务导入

技术创新是当今社会的一个重要主题，只有通过不断的技术创新，才能实现社会和经济的可持续发展。在进行下面的学习之前，请思考以下问题。

技术创新的过程主要有哪几个阶段？

知识链接

对技术创新过程的认识和划分，目前国内外学者从不同的角度形成了不同的看法，既然技术创新是一个新产品或新工艺的第一次商业运用，那么技术创新过程也必然是一个从新的产品或工艺创意到真正商业化的过程。结合我国技术创新运行过程的实际情况，可以把技术创新过程划分为以下六个阶段。

一、创意思想的形成阶段

创意思想的形成主要表现在创新思想的来源和创新思想形成环境两个方面。创意思想可能来自科学家或从事某项技术活动的工程师的推测或发现,也可能来自市场营销人员或用户对环境或市场需要或机会的感受,但是这些创意要变成创新还需要很长时间。人造纤维从创意到创新大约用了200年,计算机用了100年,而航天飞机更长。创新思想的形成环境主要包括市场环境、宏观政策环境、经济环境、社会人文环境、政治法律环境等。

二、研究开发阶段

研究开发阶段一般由科学研究(基础研究、应用研究)和技术开发组成,其基本任务是创造新技术。从事研究开发活动的目的是很实际的,那就是开发可以或可能实现实际应用的新技术,即根据技术、经济和市场需要,敏感地捕捉各种技术机会和市场机会,探索应用的可能性,并将这种可能性变为现实。研制出可供利用的新产品和新工艺是研究开发的基本内容。

三、研究试验阶段

研究试验阶段是根据技术、商业、组织等方面的可能条件对创新构思阶段的计划进行检查和修正。有些也可能根据自身的情况购买技术或专利,从而跳过这个阶段。这个阶段的主要任务是完成从技术开发到试生产的全部技术问题,以满足生产需要。小型试验在不同规模上考验技术设计和工艺设计的可行性解决生产中可能出现的技术和工艺问题,是技术创新过程不可缺少的阶段。

四、批量生产阶段

批量生产阶段按商业化规模要求把中试阶段的成果变为现实的生产力,产生出新产品或新工艺,并解决大量的生产组织管理和技术工艺问题。

五、市场营销阶段

市场营销阶段的任务是实现新技术所形成的价值与使用价值,包括试销和正式营销两个阶段。其中,试销具有探索性质,探索市场的可能接受程度,进一步考验其技术的完善程度,并反馈到以上各个阶段,予以不断改进与完善。市场营销阶段实现技术创新所追求的经济效益,完成技术创新过程中质的飞跃。

六、创新技术扩散阶段

在创新技术扩散阶段,创新技术被赋予新的用途,进入新的市场,如雷达设备用于机动车测速,微波技术用于微波炉的制造。

在实际的创新过程中,各阶段的划分不一定十分明确,各个阶段的创新活动也不仅仅是按线性序列递进的,有时存在着过程的多重循环与反馈及多种活动的交叉和并行。下一阶段的问题会反馈到上一阶段以求解决，上一阶段的活动也会从下一阶段所提出的问题及其解决中得到推动、深入和发展。各阶段相互区别又相互联结和促进，形成技术创新的统一过程。

任务三　技术创新管理的概念及其类型

> **名人语录**
>
> 科学到了最后阶段，便遇上了想象。
>
> ——雨果
>
> 在科学研究中，是允许创造任何假说的，而且，如果它说明了大量的、独立的各类事实，它就上升到富有根据的学说的等级。
>
> ——达尔文

任务导入

技术创新管理又称为技术革新，是技术变革中继发明之后的一个技术应用阶段技术创新管理的概念。在进行下面的学习之前，请思考以下问题。

技术创新管理的分类有哪些？

知识链接

一、技术创新管理的概念

技术创新管理又称为技术革新，是技术变革中继发明之后的一个技术应用阶段技术创新管理的概念，提出迄今已有70多年，但至今尚未形成一个严格统一的定义。

熊彼特认为，技术创新管理是生产要素与生产条件的新组合。国际经济合作与发展组织（OECD）给出的定义是，技术创新管理包括新产品与新工艺以及产品与工艺的显著变化。

国内学者认为技术创新管理是在经济活动中引入新产品或新工艺从而实现生产要素的重新组合，并在市场上获得成功的过程。技术创新管理主要是指技术领域或技术意义上的创新管理，在这里把技术创新管理界定在技术或与技术直接相关的范畴，而不涵盖体制、组织、结构、营销等管理创新管理的范畴。

技术创新管理的主要活动由产品创新管理和工艺创新管理两部分组成，包括从新产品、新工艺的设想、设计、研究、开发、生产和市场开发、认同与应用到商业化的完整过程。产品创新管理是为市场提供新产品或新服务、创造一种产品或服务的新质量；工艺创新管理是引入新的生产工艺条件、工艺流程、工艺设备、工艺方法。技术创新管理不仅是把科学技术转化为现实生产力的转化器，而且是科技与经济结合的催化剂。技术创新管理的根本目的是通过满足消费者不断增长和变化的需求来保持和提高竞争优势，从而提高当前和长远的经济效益。为了实现这一根本目的，除了充分重视核心产品的技术创新管理，还必须重视管理创新管理。

如前所述，技术创新管理是指由技术的新构想，经过研究开发或技术组合，到获得实际应用，并产生经济、社会效益的商业化全过程的活动。"技术的新构想"指新产品、新服务、新工艺的新构想；"技术组合"指将现有技术进行新的组合；"实际应用"指生产出新产品，提供新服务，采用新工艺，或对产品、服务、工艺的改进；"经济、社会效益"指近期或未来的利润、市场占有或社会福利等；"商业化"指全部活动出于商业目的；"全过程"则指从新构想产生到获得实际应用的全部过程。

技术创新管理是在一定的技术条件下，为了使各种资源的利用更加合理，整个系统运行更加和谐，局效、生产能力得到更充分有效的发挥而进行的发展战略、管理体制、组织结构、运作方式，以及具体的管理方法与技术及文化氛围等方面的管理。

二、技术创新管理的类型

技术创新管理可以从不同的角度进行分类。一般对于技术创新管理的分类都是从创新管理对象、创新管理程度、创新管理来源等角度来进行考虑的。

（一）按创新管理的对象分类

根据技术创新管理中创新管理对象的不同，技术创新管理可分为产品创新管理和工艺（过程）创新管理。

产品创新管理是指在产品技术变化基础上进行的技术创新管理。按照产品技术变化量的大小，产品创新管理又可细分为全新（重大）的产品创新管理和渐进（改进）的产品创新管理。产品用途及其应用原理有显著变化的可称为全新产品创新管理；渐进的产品创新管理则是指技术原理本身没有重大变化，基于市场需要对现有产品进行功能上的扩展和技术上的改进。

（二）按创新管理程度分类

根据技术创新管理过程中技术变化强度的不同，可将技术创新管理分为渐进性创新管理和根本性创新管理两类。

渐进性创新管理是指对现有技术进行局部性改进所引起的渐进性的技术创新管理。根本性创新管理是指在技术上有重大突破的技术创新管理。

它往往伴随着一系列渐进性的产品创新管理和工艺创新管理，并在一段时间内引起产业结构的变化。

（三）按技术创新管理的来源分类

根据技术创新管理的来源不同，可将技术创新管理分为自主型技术创新管理、模仿型技术创新管理和引进型技术创新管理三类。

自主型技术创新管理是指依靠自我技术力量，进行研究、开发新技术并实现其工程化和商业化生产的技术创新管理。自主型技术创新管理要求须拥有高素质创新管理人才和较雄厚的资金保障。模仿型技术创新管理指通过模仿已有技术成果的核心技术，并根据自我实际情况做进一步改进完善的技术创新管理。

任务四　技术创新管理的重要性和必要性

 名人语录

想出新办法的人在他的办法没有成功以前，人家总说他是异想天开。

——马克·吐温

对新的对象必须创出全新的概念。

——柏格森

 任务导入

技术创新是以创造新技术为目的的创新或以科学技术知识及其创造的资源为基础的创新。在进行下面的学习之前，请思考以下问题。

技术创新管理的重要性有哪些？

知识链接

随着我国改革开放的不断深入，特别是金融危机下，面对激烈的市场竞争，如何加强技术创新管理、提高技术创新管理能力是不得不面对的问题。技术创新管理对经济转型时期的我国而言有着重大的现实意义。

1. 加强技术创新管理是实施科教兴国战略、抢占科技和产业制高点的关键

1995 年 5 月 6 日，中共中央、国务院颁布了《关于加速科学技术进步的决定》，首次正式提出实施科教兴国的战略，引起了国人广泛关注。党的十六大报告中指出，"走新型工业化道路，大力实施科教兴国战略和可持续发展战略"，"走出一条科技含量高、经济效益好、资源消耗低、环境污染少、人力资源优势得到充分发挥的新型工业化路子"。温家宝在第十届全国人民代表大会第二次会议上的政府工作报告中也强调"继续实施科教兴国战略""要推进科技体制改革和机制创新""加快国家创新管理体系和科技基础设施建设，切实加强基础研究"。在深化科技和教育体制改革方面，要充分发挥市场和社会需求对科技进步的导向和推动作用，支持和鼓励从事科研、开发和技术改造，理顺政府、企业、社会各方关系，努力把科技对经济增长的贡献率从现在的 30% 提高到 60% 以上。

2. 加强技术创新管理是转变经济增长方式的重要途径

随着我国经济的不断深入发展，拼资源式的粗放型增长已经很难适应我国现代化建设的要求。现代经济增长更多地依赖于技术创新管理，技术创新管理成为发展的重要基础和动力。实践证明，技术创新管理不仅可以提高经济效益，发展规模经济，实现结构优化，而且有利于节约资源，缓解能源、交通、重要原材料供给等方面的"瓶颈"制约，提高生产要素的质量和使用效率，从而实现经济的可持续发展。

3. 加强企业技术创新管理是振兴和发展我国企业特别是国有企业的必然要求

技术创新管理是提高企业的增长质量和效益，用高新技术改造传统产业的根本途径。国有企业发展正在进入提高增长质量和效益的关键时期，利用高新技术改造传统产业，实现工艺升级、产品换代，其根本途径在于推进科技进步及技术创新管理。同时，技术创新管理是企业实行产业结构调整、大力发展高新技术、增强企业发展后劲的推动器。高新技术产业是国际经济和科技竞争的重要阵地。发展高新技术，实现产业化，是产业结构升级、大幅度提高劳动生产力的驱动器。从一定意义上讲，企业的生命力就在于企业技术创新管理的能力。

任务五　TRIZ 在技术创新中的应用

名人语录

异想天开给生活增加了一分不平凡的色彩，这是每一个青年和善感的人所必需的。

——巴乌斯托夫斯基

既然像螃蟹这样的东西，人们都很爱吃，那么蜘蛛也一定有人吃过，只不过不好吃，所以后人不吃了。

——鲁迅

任务导入

TRIZ 是一种激发创新思维、科学系统解决问题的理论体系。在进行下面的学习之前，请思考以下问题。

TRIZ 有哪些应用？

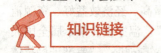

一、TRIZ 的应用

人类需求的质量、数量及对产品实现形式的不断变化，迫使人们不得不根据市场需求变化及实现的可能，增加产品的辅助功能，改变其实现形式，快速有效地开发新产品，这是其在竞争中取胜的重要武器，因此产品处于不断进化之中。在新产品开发决策过程中，需要预测当前产品的技术水平及新一代产品可能的进化方向，TRIZ 的技术系统进化理论为此提供了强有力的工具。

TRIZ 中技术进化理论的主要成果有 S 曲线、产品进化定律及产品进化模式。这些关于产品进化的知识可应用于定性技术预测、产生新技术、市场需求创新、实施专利布局及选择战略制定时机等方面，对于解决发明问题具有重要的指导意义，可以有效提高解决问题的效率。

S 曲线、产品进化定律及产品进化模式可对目前产品提出如下的预测。

（1）对处于婴儿期和成长期的产品，在结构、参数上进行优化，促使其尽快成熟，为此带来利润。同时，应尽快申请专利进行产权保护，以使其在今后的市场竞争中处于有利的地位。

（2）对处于技术成熟期或退出期的产品，应避免大量进行改进设计的投入或避免进入该产品领域，同时，应关注开发新的核心技术以替代已有的技术，推出新一代的产品，保持持续发展。

（3）明确指出符合进化趋势的技术发展方向，避免错误的投入。

（4）指出系统中最需要改进的子系统，以提高整个产品的水平。跨越现系统，从超系统的角度定位产品。

（5）可能的进化模式。

上述 5 条预测将为设计、管理、研发等部门及领导决策提供重要的理论依据，有利于帮助其合理评估现有技术系统的成熟度，从而合理安排研发投入。

二、TRIZ 在技术创新中的应用

TRIZ 是一种激发创新思维、科学系统解决问题的理论体系，运用 TRIZ 可以有效解决技术处理的时间，提高科技创新的动力与效率，进而推动科技创新。作为具有公共服务职能的管理者一定要结合科技创新的需求，积极采取科技创新方法解决技术的创新与发展。

（一）应用 TRIZ 创新案例介绍

在生产过程中需要不断提高产品的科技水平含量来提升在市场中的占有量，而提高科技水平的重要内容就是解决产品的关键技术。下面以逆流冷却干燥机分料系统为例进行介绍。该产品存在减速机电容易损坏的现象，该技术问题一直影响该产品的使用效率，因此，解决该技术成为科技创新的重要技术瓶颈。下面利用 TRIZ 中的问题分析方法对该设备的关键技术进行分析，以此找到切实可行的技术问题解决方案。

1. 技术问题的描述

该机械产品在生产过程中存在物料水分被蒸发的现象，进而造成物料水分过少而对机电的使用寿命构成影响的问题。其工作原理就是，物料进入该机械后，形成物料层，经过系统的分离而进行均匀分布。但是在具体的实施过程中，由于干燥机内的热风与物流是直接接触的，因此其在处理大产量的物料时，往往会存在分配不均的问题，进而会导致减速电机损坏。因此，需要针对该技术问题提出具体的解决措施。

2. 解决方案

对于上述所存在的问题，首先是要形成初步的解决思路，并且对该技术问题进行技术分析，提出具体的解决方案。具体的解决方案是构建技术系统组件模型，对其根据市场要求对系统功能进行分析，找出问题的根源。当该设备的箱体面积比较大时，就会存在分布不均的问题，因此须从该处入手改进分料盘及料靶。

（二）TRIZ在技术创新中的运用机理

1. 构思阶段

在对该机械产品的性能技术进行改进创新之前，需要经过严密的构思阶段，这个阶段需要相关人员经过大量的数据调查，市场需求分析，然后对该设备的性能技术进行改进设计。而TRIZ理论则为构思阶段提供了重要的支撑：首先，TRIZ理论能够培养人的创新思维。TEIZ理论包含的智能小人法、九屏幕法及金鱼法等技巧，对激发人的创新思维、提高他们分析问题的能力具有重要的作用。尤其是TRIZ理论所提供的培训能够让相关人员在较短的时间内掌握该方法的核心，从而将其投入实践中。其次，TRIZ能提高构思效率。市场对该产品的反映会影响到该产品性能的改进与创新，以此保证产品符合市场的要求，而TRIZ理论则可以促进人们不断地进行创新，并且根据市场的变化调整自己的研发技术。该理论所包含的技术进化S曲线、技术进化规律及需求变化规律等都会将市场发展情况等进行综合考虑，进而构思出符合需求的产品。

2. 实践阶段

实践阶段主要是根据对机械产品性能的总体构思思路，根据构思对其进行实践操作，以此生产出具体的实物。在一个机械产品创新生产过程中需要多个部门的共同参与。以农业机械设备性能创新为例，其不仅需要相关设计人员的参与，还需要生产车间工作人员的参与，由此可见实践环节影响因素的增多，需要及时发现有效的信息，进而提供给具体的生产。而TRIZ理论则具备该特点：首先，它能够快速准确地定位问题，并且予以解决。TRIZ理论具有一定的简化特点，其可以将人们遇到的问题进行简单处理，以对复杂问题的分解、细化等方式进行分析，根据矛盾矩阵对焦点问题进行直接分析，以此快速有效地找出具体的解决措施。其次，该理论能帮助合理配置资源。该理论最核心的价值就是尽可能降低资源使用而获得更大的功能，这对于市场竞争而言具有重要的现实意义，而且该理论也与当前构建节能型社会的战略目标是一致的。该理论在研究了大量的专利技术之后进行的总结与归纳，是综合多因素而形成的。因此，它能够有效对资源进行优化配置。最后，它能够提高创新的凝聚力。该理论能够最大限度地提高人的创新能力和激发他们的创新积极性，进而形成浓厚的创新文化氛围。

3. 扩散阶段

在解决了具体的技术问题之后，产品就会快速地投入生产中，并且经过一系列的运输、销售等环节之后流入市场，从而为创造与收获利润提供机会。而TRIZ理论则是保证产品被市场认可的重要依据：TRIZ理论所提供的S曲线技术系统能够准确地对关键技术的解决提供帮助，判断设备是否符合市场技术发展的趋势，能否满足市场需求。另外，通过TRIZ理论还可以对当前技术进行判断，如果该技术领先于同行业的技术，那么就可以扩大生产，相反就需要对关键技术进行改进与创新。

（三）应用TRIZ科技创新的优势

在竞争尤为激烈的当前，各行业要想更好地生存发展，提高核心竞争力，关键在于积极创新。TRIZ理论是实现创新设计的有效方法。与以往的头脑风暴法等相比，TRIZ的优势更为突出，其不但对创新的内在规律做了更深入的分析，而且对发展中出现的各种矛盾尤为重视，强调对矛盾的解决，不再逃避矛盾。另外，其随机性也有所降低，而是在研究技术发展规律的基础上形成一个设计开发的完整过程。大量的实践表明，对 TRIZ 理论加以合理应用，能够对问题情境进行系统分析，尽快触到问题本质，发现存在的矛盾，并确定正确的研究方向，而且有利于突破定式思维的束缚，从多个新的角度分析问题矛盾，并估测其未来趋势，在提升创新速度和产品质量等方面都大有裨益。

（四）推广 TRIZ 理论，提高创新能力的具体措施

1. 创造良好的创新环境

要充分以公共服务平台为依托，积极营造重视应用科技创新方法的氛围：首先要加强舆论引导，通过各种媒体机构开展多种形式的宣传，阐述实施 TRIZ 科技创新的发展意义，在全社会形成相互弘扬科学创新的精神；其次要合理引导技术创新，将技术创新与科技人员的薪酬福利相结合，以先进的技术创新为科技人员创造丰厚的经济利益，从而更好地激发科技人员的工作激情；最后要引导培养先进的创新理念。要帮助树立创新的意识，自觉运用科技创新意识指导技术创新活动，进而提高的自主创新能力。

2. 加大对创新平台的支持力度，不断提高师资团队的理论水平

加强创新人才培养，形成创新方法师资和技术人员梯队。加强人才引进和竞争机制，实现人才的良性竞争和流动，吸引、凝聚和培养一批具有综合交叉能力的创新方法研究与应用高层次科技人才，构建一支知识结构、年龄结构、学历结构、学缘结构、职称结构合理的创新团队，使整体科研水平达到国际先进水平。开创创新服务网站，为创新人才培养，开展境内外创新方法学术研讨、交流、论坛等活动提供平台；建立技术难题解决案例数据库，并进行深化推广扩散工作。

3. 建立创新团队，并对创新方法在应用过程中产生的成果进行专项支持

引导创新团队在内部建立 TRIZ 工作室或工作组。设立创新方法专项资金，用于创新团队建设，并支持开展创新方法过程中产生的专利技术和科技成果的后续开发和应用，推进创新方法应用成果向现实产品的转化，彰显创新方法在应用的显示度。

在迅速发展的经济环境中，培养 TRIZ 带头人，充分应用 TRIZ 资源，建立更广、更健全的 TRIZ 实施环境，以此解决生产过程中的技术问题。

项目五
创业素质认知

> **自我思考**
>
> 　　上海××大学一个宿舍的四名女生,在毕业时突然决定:她们也要创业。那么,她们打算创什么业呢?这四名女生有一个共同的爱好,就是吃火锅。于是她们决定开一家火锅店。
>
> 　　说干就干!她们分别向家长借款5万元,凑齐了20万元的启动资金。开始选门面、装修,在办理各种手续时,由于不懂如何办理,还托了亲戚和家长的朋友帮忙。经过了一个多月的辛苦,火锅店总算风风光光地开张了。
>
> 　　可是火锅店刚刚开张20天,四位小姑娘就一个一个地不见了!家长忙问她们为什么不去店里了?她们几个的回答出奇地一致:开店太累了,要做的事情太多了。
>
> 　　请同学们想一想:她们为什么会创业失败?你认为一个创业者应该具备哪些素质?

〖知识目标〗
1. 了解创业者的概念,熟悉创业者的特性。
2. 了解创业者应具备的素质,掌握成为一个创业者具备的能力。
3. 掌握创业者应树立的价值观,熟悉创业者的基本素质与能力。

〖能力目标〗
1. 能够形成对创业者的理性认识,纠正神化创业者的片面认识。
2. 评估自我创业潜力,理性做出创业选择。

〖素质目标〗
1. 正确认识创业者,自觉提升个人能力,为创业做好准备。
2. 厘清创业动机,树立正确的创业者价值观。

【开篇故事】

小米科技创始人——雷军

雷军，1969年12月出生于湖北省仙桃市，1991年毕业于武汉大学，小米科技有限责任公司（以下简称小米）创始人，也是我国著名的天使投资人。

雷军上学的时候学习成绩很好，1987年以优异的成绩考入武汉大学计算机系。大学期间，雷军仅用两年时间就修完了所有学分，多次获得奖学金，并完成了结业设计。

雷军偶然看到了一本叫《硅谷之火》的书。这本书点燃了他的激情，他深深地被乔布斯的故事所吸引。这也让雷军在心里埋下了一颗创业种子——有一天自己也有可能创办一家世界级公司。

大四那年，雷军和同学创办了三色公司，研发并售卖一种仿制的金山汉卡。该公司在当时的街道还算小有名气。但是有一家规模更大的公司盗版了他们的产品，推出的产品价格更低，出货量更大。

后来，公司经营艰难，在管理上也出了问题，导致每件事都要反复讨论，半年后公司解散，雷军第一次尝试创业以失败告终。

虽然第一次创业失败了，却让雷军获益良多，他认为创业就像跳悬崖，只有5%的人会活下来，没有资源、没有经验的人创业，结果只会被撞得头破血流。

这也成了雷军后来做天使投资人时的投资原则——不投没有经验的创业者。

1991年，在一个计算机展览会上，雷军与求伯君相识。后来在一次晚宴上，求伯君邀请雷军加盟金山，那天晚上雷军一夜没睡，最终决定加入金山软件公司（以下简称金山），成为"金山王国的第六名员工"。

雷军在金山公司展露出了强大的实力和野心，在雷军极力渴求完美的领导下，WPS和金山办公软件进入了一个高速发展的时期。

当时WPS一年的就有几千万的营业额。

然而好景不长，强敌微软的Windows系统和方向的错误，导致公司营业额大幅下降，公司人数从200人下降到20人，一度处在破产的边缘。这段时间，公司没有通过雷军的离职申请，让雷军在家休息了半年。

这半年的时间也让雷军充分反思，他意识到做软件不能只待在办公室里，要更多地考虑市场需求，要真正成为一个营销者、管理者。

1996年11月，雷军回到金山开始收拾残局。1997年，新版WPS面世。1998年，联想又以450万美元注资金山，这才又把金山救活。雷军的职位在金山公司中一路攀升，从一个部门的经理到整个公司的总经理，并在1999年获得"中国IT十大风云人物"的殊荣。

2007年，金山历经了互联网泡沫、金融危机等众多因素影响，在第5次的上市计划中成功上市。

2011年，金山软件董事会提名委员会提名雷军出任董事长一职，董事会成员一致通过，雷军正式接掌金山软件。

2020年3月25日，金山办公召开第二届董事会第六次会议，审议通过《关于聘任公司名誉董事长的议案》，同意聘任雷军为公司名誉董事长。

2020年6月30日，北京金山软件有限公司发生多项变更，雷军卸任执行董事职位，由邹涛接任。

离开金山后，雷军当起了天使投资人，虽然每天都在看项目，但总觉得落寞，不知道自己该做什么，一度陷入迷茫。当百度、腾讯、阿里巴巴的市值比金山都要高得多时，雷军一度开始反思自己以往做软件开发是否正确。

终于，在2009年，为了实现大学时创办一家世界级伟大公司的梦想，雷军决定再次创业，瞄准了一个大市场——手机。

为了创立一家世界级别的公司，雷军恶补了很多知识，不断拜访一些成功的企业。他向同仁堂学习做产品要货真价实，向海底捞学习口碑营销，向沃尔玛、Costco学习低毛利、高效率，向无印良品（MUJI）学设计。

当感觉自身能力差不多了的时候，雷军开始找人组建自己的团队，找来了林斌（原Google中国工程研究院副院长）、周光平（原摩托罗拉北京研发中心高级总监）、刘德（原北京科技大学工业设计系主任）、洪峰（原Google中国高级产品经理）等6人，并于2011年8月公布其自有品牌手机——小米手机。

"小"代表升斗小民；"米"是中国人最重要的粮食，也是普通人生活的必需品。所以合起来"小米"的意思就是：普通人生活中必不可少的东西！

现在小米手机已经是世界第三大智能手机生产商了。

随着小米电视、小米路由器、小米移动电源、小米耳机、小米手环等产品的推出，小米已经成为国内首屈一指的生态链企业。

砥节砺行

雷军，这个在中国鼎鼎有名的企业家，很多崇拜者称他为"雷布斯"，也有很多人朋友说雷军是"劳模"，还有很多人认为雷军是个"段子手"。但雷军是个难得的学习样本，他有志向，有毅力，外圆内方，坚韧不拔，谦虚低调，他凭借自己的努力坐上了金山总裁的位置，凭借自己的准确判断，把小米公司做成了世界500强企业。

任务一　创业者

名人语录

人们眼中的天才之所以卓越非凡，并非天资超人一等，而是付出了持续不断的努力。

——格拉德威尔

企业发展就是要发展一批狼。狼有三大特性：一是敏锐的嗅觉；二是不屈不挠、奋不顾身的进攻精神；三是群体奋斗的意识。

——任正非

任务导入

汉高祖刘邦说过："运筹帷幄之中，决胜千里之外，吾不如张良；连百万之众，战必克，攻必取，吾不如韩信；抚百姓，筹军饷，不绝粮道者，吾不如萧何。吾能用之，所以得天下。"在进行下面的学习之前，请思考以下问题。

（1）什么是创业者？你身边有哪些创业者？

（2）作为一名创业者，应该具备哪些特质？

知识链接

一、创业者的概念

创业者是指某个人发现某种信息、资源、机会或掌握某种技术，利用或借用相应的平台或载体，将其发现的信息、资源、机会或掌握的技术，以一定的方式，转化、创造成更多的财富、价值，并实现某种追求或目标的过程的人。

创业者一词由法国经济学家坎迪隆（Cantillon）于1755年首次引入经济学。1800年，法国经济学家萨伊（Say）首次给出了创业者的定义，他将创业者描述为将经济资源从生产率较低的区域转移到生产率较高区域的人，并认为创业者是经济活动过程中的代理人。著名经济学家熊彼特则认为，创业者应为创新者。这样，创业者概念中又加了一条，即具有发现和引入新的更好的能赚钱的产品、服务和过程的能力。

当前国内外学者将创业者定义为，组织、管理一个生意或企业并承担其风险的人。它有广义和狭义之分。广义的创业者是指参与创业活动的全部人员；狭义的创业者是指参与创业活动的核心人员。

二、创业者的类型

在国家政策扶持下，创业者大量涌现，为我国经济发展做出了贡献。在我国，创业者创业类型有哪些？这些类型分别是什么？

（一）生存型创业者

生存型创业者大多为下岗工人、失去土地或因为种种原因不愿困守乡村的农民，以及刚刚毕业找不到工作的大学生。这是我国数量最大的一拨创业人群。

清华大学的调查报告显示，这一类型的创业者占中国创业者总数的90%。其创业范围一般局限于商业贸易，少量从事实业且基本是小型加工业。

（二）主动型创业者

主动型创业者又可以分为两种，一种是盲动型创业者，另一种是冷静型创业者。盲动型创业者大多极为自信，做事冲动。这种类型的创业者大多是博彩爱好者，喜欢买彩票，喜欢赌，而不太喜欢检讨成功概率。这样的创业者很容易失败，但一旦成功，往往会成就一番大事业。冷静型创业者是创业者中的精英，其特点是谋定而后动，不打无准备之仗，他们或掌握资源，或拥有技术，一旦行动，成功概率通常很高。

（三）赚钱型创业者

赚钱型创业者除了赚钱，没有什么明确的目标。他们就是喜欢创业，喜欢做老板的感觉。

他们不计较自己能做什么、会做什么。他们可能在做着这样一件事的同时，还在做着那样一件事，做的事情之间可以完全不相干。甚至其中有一些人，连对赚钱都没有明显的兴趣，也从来不考虑自己创业的成败得失。奇怪的是，这一类创业者中赚钱的并不少，创业失败的概率也并不比那些兢兢业业、勤勤恳恳的创业者高。而且，这一类创业者大多过得很快乐。

（四）专家型创业者

专家型创业者是一群在特定领域内拥有深厚专业知识和经验，并能够将其通过创新企业转化为实际应用的人。他们不仅具备专业知识，还拥有企业家精神，将知识转化为实际应用，创造出新的商业价值。

这类创业者在进入市场时通常拥有高度专业化的知识，这使他们能够洞察先机，抓住市场机会。他们具备创新思维，能提出与众不同的解决方案，颠覆传统市场。专家型创业者擅长将复杂的技术问题转化为简单的解决方案，让消费者享受到科技带来的便利。

三、常见的创业者特性

（1）创新。既然创业精神主要包括创新精神，那创业者趋向于那些具有创新精神的人就不足为奇了。换句话说，他们会创造新的方法迎接不同的挑战。

（2）成就导向。创业者几乎都是目标导向型人士。他们很自然地设定个人目标并且确保成长以完成这些目标。

（3）独立。创业者普遍独立自主。他们大多数高度地自我依赖，并且他们中的许多人很自然地偏向于独立工作来完成他们的目标。

（4）掌控命运的意识。创业者很少把自己看作环境的受害者，他们认为自己掌控自己的命运。这可能是由于他们把消极的环境看成机会而不是威胁。

（5）低风险厌恶。虽然没有证据证明任何理性人——包括创业者为了风险带来的利益而去寻找风险，但是有证据表明，创业者对风险有更多的包容性并且在找到方法减轻风险方面更具有创造性。

（6）对不确定性的包容。创业者对待动态变化且不是特别明确的情况总是比其他人更加适应。

◆ 案例阅读

"饿了么"创始人张旭豪

2009年，上海交通大学研一学生张旭豪来到了上海市觉群创业基金的评审会上，给创业导师李肖鸣等三位评委递交了他的创业计划书。李老师接过张旭豪的创业计划书一看就笑了："饿了么？怎么叫这个名字？"张旭豪说，他和同学几个人一起打游戏，到了半夜时，突然感觉肚子饿了。他于是就问大家："你饿了吗？"大家你看看我，我看看你，都说："是啊！"确实肚子饿了。

于是，大家翻出口袋里那些餐馆的名片，开始打电话，想看看哪家餐馆还在营业。奇怪的是一个电话也打不通。这时张旭豪头脑里萌生了一个创业想法：我们能不能做个送外卖的工具？这个想法一说出口，大家顿时不感觉饿了，一起讨论到了凌晨五点。经过一段时间的市场调研，他发现"送餐软件"还是个空白市场。他们很快写出了创业计划书，并且得到了上海市学生事务中心主管的"上海觉群创业基金"的资助，终于如愿以偿开办了自己的公司。

接下来的创业并没有他想象中那么容易。为了让创业计划尽快变成现实，团队中一位学习计算机专业的大四学生，不得不休学一年来完成这个点餐平台的产品设计。2017年8月，"饿了么"订餐平台兼并了它的主要竞争对手百度外卖，2018年4月被阿里巴巴以95亿美元全资收购，成为外卖行业的超级独角兽，张旭豪也成了一名创业成功的企业家。

孤勇者，从儿童营养口服液和经销商开始

娃哈哈创始人、董事长宗庆后于1945年12月出生，浙江杭州人，于2024年2月25日10时30分逝世，享年79岁。

1987年，宗庆后承包了杭州某小学校办经销部，开始自主生产销售娃哈哈儿童营养口服液，1991年，成立了娃哈哈食品集团公司。

他因娃哈哈三次问鼎中国首富，成为中国改革开放40年来杰出民营企业家的代表。

年近耄耋的宗庆后依旧没有停下工作的脚步。每天他第一个去办公室，最后一个离开公司，每天6点起床上班，晚上11点下班，经常住在办公室。

2022年，77岁的宗庆后在接受谈话节目《君品谈》时表示，他依然坚持6点上班且基本不休假（图5-1）。在他看来，人没事干的话寿命就会变短。

图 5-1　《君品谈》截图

在宗庆后办公室的书柜里，最多的就是地图。早些年的宗庆后，一年有200多天都在全国各地跑，奔波在市场一线，和经销商们见面。从省、自治区、直辖市到高速公路、城乡公路网，宗庆后的脚步一直未曾停下。头发斑白后，宗庆后出差的频率才减少了一些，而减少后一年也有一半的时间出差在外面。

宗庆后是为数不多的到70多岁的年纪还坚持一线工作的企业家。这样的坚持或许已成为习惯，这与他这一生的创业历程密不可分。

1987年，一个闷热的下午，一阵又一阵的蝉鸣催得人昏昏欲睡，杭州的小巷子一个人影也没有。不久后，一个男人兜里揣着借来的14万元，骑着一辆自行车疾速而过。或许谁也不知道，这样一个平凡的下午，街上这样一个不起眼的骑车的男人，会建立一个饮品帝国，在中国改革开放的洪流中沉浮起落。

他就是宗庆后。

在日后回忆起这一天时，宗庆后还是会用"冒险的事情"来形容。他用14万元接手了一个连年亏损的校办经销部。他甚至连未来要做什么都不知道,就勇敢地去做了。

这一切,可以从1978年开始说起。这一年,33岁的宗庆后上山下乡回城后,在一所小学办的纸箱厂做了一名糊纸箱的工人,但他并不满足于此,主动申请转岗做了供销员。

20世纪80年代,随着政策的开放,宗庆后先后在厂里面办过两个"厂中厂"——组装电度表,卖电风扇,走南闯北跑供销的宗庆后积累了不少销售经验。

直到1987年,杭州上城区文教局改革决定将校办企业的经销部交由私人来承包,但有一个前提条件:承包者必须承诺完成年产值40万元,上缴利润4万元。4万元是什么概念呢?那个时候,钱还是按分算,作业本、橡皮只需要几分钱,4万元甚至可以买一套房子。即便是有如此高的要求,宗庆后依然下定决心,借款14万元把经销部承包了下来。机缘巧合之下,宗庆后带领经销部开始自主生产销售口服液。

当时,市面上已经有其他品牌的口服液崭露头角,如蜂王浆。如何能够让一个全新的品牌从中脱颖而出呢?宗庆后观察发现,市面上的口服液几乎适用于所有年龄段的人,却没有为特定人群而生产的口服液。于是,宗庆后将受众定位在了"祖国未来的花朵",推出了"娃哈哈儿童营养口服液"(图5-2)。

图 5-2　娃哈哈儿童营养液问世
(来源:娃哈哈供图)

相信在不少"80后""90后"的记忆里,隐约会记得当时随处可见的广告词——"喝了娃哈哈,吃饭就是香。"就这样,凭借着差异化的定位+直击人心的广告,娃哈哈在全国各地风靡一时。

在"娃哈哈营养口服液"推出后的第4年,娃哈哈就已经达到了年销量4亿元、利润7 000多万元的规模。

营养口服液爆火的同时,也带来了新的问题:供不应求,急需增加生产线,扩大生产规模。此时,在宗庆后面前出现了两条路:一是按传统发展思路走,立项、征地、搞基建,但如此下来需要两三年的时间,可能会错过黄金市场;二是兼并有产线但衰微的国有企业,可以迅速扩产,不过在私营企业兼并国有企业,并没有完全开放的环境背景。

1991年,当时的娃哈哈仅有几百平方米的生产地,140名员工,却以8 000万元的价格兼并了有2 200名职工(其中有近600名退休职工)、亏损挤压产品达600万元、厂房占地6万多平方米、资不抵债的国营老厂——杭州罐头食品厂。

这一举动在全国引起了不小的轰动，成了当时"小鱼吃大鱼"的改革经典案例。娃哈哈带着产品、资金，以及供不应求的市场，仅花了3个月的时间就重新盘活了罐头厂，使其扭亏为盈。兼并罐头厂当年，娃哈哈就实现了2.17亿元的产值。而扩产后的娃哈哈，在第二年营收、利润增长了一倍多。

娃哈哈的传奇历史，自此拉开了帷幕。

拓展训练

你适合做一名创业者吗？

1. 你更追求什么？
   A. 安稳　　　　　　　　B. 自由
2. 哪一种情况对你来说更可怕？
   A. 不知道明天怎么样　　B. 每天都一样
3. 于你而言，人生更重要的是？
   A. 挫折少　　　　　　　B. 经历多
4. 哪一种情况会让你更有安全感？
   A. 有人可依赖　　　　　B. 独立
5. 面对未知的难题，你通常会选择：
   A. 看别人怎么做　　　　B. 自己试一试
6. 于你而言，哪种情况更容易做到？
   A. 遵守别人的规则　　　B. 自己制定规则
7. 当你遇到问题时，更倾向于说：
   A. 这不是我的责任　　　B. 我承担全部责任
8. 你更愿意思考什么类型的问题？
   A. 有标准答案的　　　　B. 没有标准答案的
9. 哪一种情况会让你更有优越感？
   A. 做得比别人好　　　　B. 做别人没做过的事
10. 你更喜欢哪个头衔？
    A. 大公司高管　　　　　B. 小公司老板

结论：综合选项，创业者基本更倾向于B选项。

任务二　创业者素质

名人语录

> 我认为做企业要有这些素质，特别在中国市场上，那就是：诗人的想象力、科学家的敏锐、哲学家的头脑、战略家的本领。
>
> ——宗庆后

> 创业者应当脚踏实地，认真学习对自身真正有用的知识。
>
> ——柳传志

 任务导入

有人认为人人可以成为创业者，你同意吗？你认为成为创业者应具备哪些素质？

 知识链接

一、素质的概念

素质是人的素养、资质和品质。美国哈佛大学教授麦克兰德（David·C. McClelland）于1973年在其发表的《测量素质而非智力》一文中指出，决定人们工作绩效高低方面的因素，一个人的行为品质和特征比智商更为有效，不仅要拥有工作所必需的知识技能，而且一个人深藏在大脑中独特的人格特质等是决定一个人在工作上能否取得大的成就的更为重要的因素。素质的内涵是指个体本身所具有的，能够形成创业公司管理能力和影响创业企业管理能力和影响创业企业经营绩效的基本因素。

管理界将对素质的认识被归结成著名的冰山模型，可以帮助我们正确认识素质。素质冰山模型（图5-3）由麦克利兰（D. C. McClelland）于1973年提出，这一模型具有划时代的意义。

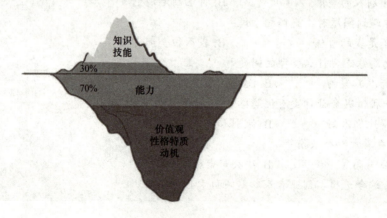

图5-3 冰山模型

二、素质的构成

创业者到底应该具备什么样的素质？世界各国由于市场环境和文化背景的不完全相同给出了不同的答案。答案没有系统性，判断的答案标准也总是随着时间随着经济的发展在变化着。目前，学者们对于创业者素质研究，主要从身体素质、心理素质、知识素质和道德素质四个维度来界定。

（一）身体素质

身体素质是指身体健康、体力充沛、精力旺盛、思路敏捷。现代小企业的创业与经营是艰苦而复杂的，创业者工作繁忙，时间长，压力大，如果身体不好，必然力不从心，难以承受创业重任。

（二）心理素质

心理素质是指创业者的心理条件，包括自我意识、性格、气质、情感等心理构成要素。

1. 独立自主

独立自主主要体现在如下几个方面：

（1）自主抉择，即在选择人生道路、创业目标时，有自己的见解和主张；

（2）自主行为，在行动上很少受他人影响和支配，能按照自己的主张和决策贯彻到底；

（3）行为独创，即能够开拓创新，不因循守旧、步人后尘。

2. 坚定信心

坚定信心是创业者对自身所从事的活动或事业深信不疑的性格特征。

3. 敢于冒险

在市场经济的大潮中，机会与风险共存。只有冒险才可能把握稍纵即逝的市场机遇，但是冒险不意味着冒进。冒进是指不顾具体条件和实际情形而冒昧进行。

4. 顽强执着

创业者需要有百折不挠、坚持不懈的毅力和意志。

（三）知识素质

创业者的知识素质对创业起着举足轻重的作用。在知识大爆炸、竞争日益激烈的今天，单凭热情、勇气、经验或只有单一专业知识，要想成功创业是很困难的。创业者要想进行创造性思维，以及作出正确决策，就必须掌握广博知识，具有一专多能的知识结构。具体来说，创业者应该具有以下几方面的知识：①熟悉党和国家的方针政策和有关的法律、法规，做到用足、用活政策，依法行事，用法律维护自己的合法权益；②了解科学的经营管理知识和方法，提高管理水平；③掌握与本行业本企业相关的科学技术知识，依靠科技进步增强竞争能力；④具备市场经济方面的知识，如财务会计、市场营销、国际贸易、国际金融等；⑤具备有关世界历史、世界地理、社会生活、文学、艺术等方面的知识。

（四）道德素质

1. 诚信为本

诚信就是"诚实无欺，信守诺言，言行相符，表里如一"。

2. 责任心强

责任心是指一个人具有的对自己、家庭、组织及社会等主动担负责任的意识，是创业成功的基础。

3. 守法律己

守法律己是指创业者要严格依据法律法规创办和经营企业，不从事违法活动，不搞与法律相对抗的行为。

4. 勤劳节俭

"勤能补拙""勤劳致富""成由节俭败由奢"等至理名言，都是我们人生和创业成功的不二法门。

> **砥节砺行**
>
> 创业不是"会当凌绝顶"，而是不断"山重水复"的过程。从创业的第一天起，就意味着面对困难和失败，我们要打败很多迷茫、委屈、懒惰、软弱，随时要给自己打气加油，管住那个想退缩的自己。不逃避，不放弃，终有一天会"柳暗花明"。

◆ 案例阅读

乡村振兴带头人——独臂女孩回乡卖花的故事

90后女孩李敏幼年失去左小臂，大学毕业后，她回到江苏老家开网店，将家乡的花木、盆景销往全国，最高年销售额超百万。在她的带动下，村里创立了公益直播基地，电商增加到400多户。作为党的二十大代表，李敏说"一路走来，我受到很多人帮助，想尽自己的能力回馈他们"。

李敏出生于1990年，7岁时遭遇命运重击，因为车祸，她失去了左小臂，挤牙膏、拧毛巾都得从零学起。在父母的鼓励下，李敏考入大学，学习服装设计专业。2012年大学毕业后，李敏决定回乡创业，开网店卖花木，主要售卖百合、绿萝等花卉绿植。她说："沭阳是全国闻名的花木之乡，也是花木电商创业者的摇篮，我为什么不回去试试？"单手打包花卉，对李敏来说是个挑战。月季花上面全是刺，右手五个手指头经常被扎破，残疾的左臂也都是血淋淋的伤口。尽管困难重重，但性格坚毅的李敏不愿放弃，经过反复的摸索和练习，现在，李敏手嘴并用打包一盆绿植只需要两三分钟。

爱动脑的李敏，还在琢磨如何将网店做得更好。创新营销模式，借助直播卖花木，李敏的网店从刚开始几个月才接一单，到后来人气越来越旺，最高年销售额达到了100多万元。她说："通过电商养活自己之后，让自己认可了自己，觉得我还行，还挺好。"

李敏回乡创业的励志故事，打动了很多人。她想通过努力带动更多乡亲致富，2017年，她考取了"返乡兴村"新村干，成为沭阳县新河镇双荡村的党总支副书记。为了更好地带动村民增收致富，她在村里设立了电商扶贫驿站，定期邀请专业老师、电商从业者、现场开设直播教学、图片拍摄技巧、店铺运营等课程。在李敏的带动下，村里的电商由原来的200户增加到400多户。2021年，李敏还创办了公益直播基地，带领更多人通过直播方式增收致富。

"全国巾帼建功标兵""江苏省劳动模范"，返乡创业十年，李敏从初出茅庐的大学毕业生成为屡获殊荣的村干部。她既见证着自己的华丽蜕变，也见证着村子里的巨变。李敏说："这个身份是认可也是责任，我会继续做好乡村振兴带头人，带领更多村民增收致富，让大家的生活一年更比一年好。"

拓展训练

寻找你的创业英雄

选择你最想了解的 1~2 位创业者和企业，可以是你心目中的典范或仰慕的榜样，也可以是你所知甚少但非常想了解的人物，以小组为单位，撰写一篇访问的专题报告（约 1 000 字）。

内容包括访谈时间、地点、被访问者姓名、年龄、性别、创业的动机、经历、如何发现商机、成功的关键因素、创业中遇到的困难及解决对策、特有的个性和品质、获得的外部帮助有哪些，重点是创业者的经验、体会、教训等。

各组学生在进行采访时要与创业者合影，并把采访的最深感受与心得制作成 PPT 在课堂中与大家分享。

任务三　创业者能力

名人语录

> 如果你教一个人如何为他人工作，只能养活他一年；如果你教他如何成为创业者，将能养活他一生。
>
> ——杰弗里·蒂蒙斯

任务导入

"工欲善其事，必先利其器"。对于创业者而言，自身的能力才是创业成功的前提。因此，在创业前，创业者首先应该不断培养和提升自己的各项能力，来应对在创业过程中可能遇到的各种困难。大学生投身创新创业实践，走好创业第一步，既重要，也非常必要。在进行下面的学习之前，请思考以下问题。

（1）一个成功创业者，应该具备哪些能力？
（2）作为大学生，我们应如何提升创业能力？

知识链接

一、专业方面的能力

创业并非单纯依靠一腔热情就可以成功的，也不是具备良好的心理素质就可以成功的，还需要具备踏实的技能才可以，这包括营销能力、管理能力、运营能力、财务能力。

(一)营销能力

当下已经不是"酒香不怕巷子深"的时代,再好的产品都需要通过销售传递给消费者。对创业者来说,需要面临的第一项考验就是营销能力。因此想创业的人,首先要让自己成为销售的能手,而不是对销售一窍不通。很多创业者失败就是这个原因造成的。

(二)管理能力

创业者说白了就是从被管理者到管理者角色的转换。一个不懂管理的人,很难组建一支有竞争力的团队,很多创业型公司稍有业绩,内部就分崩离析,创业者不善于管理最终只能使好的项目夭折或被扼杀,由此可见管理对创业者很重要。

(三)运营能力

"运筹帷幄之中,决胜千里之外"是对管理者深刻的描述。在创业的过程中,很多时候都需要作决定、做战略。如何能让战略变成战术落地执行,这就要求创业者必须懂得如何运营,一个不懂运营的人充其量就是某模块的专家,也很难带领团队走向成功。运营技巧是创业的核心和模式。

(四)财务能力

对很多创业者来说,刚开始创业没有钱,没有资源,没有好的团队。好钢要用在刀刃上,创业者要合理运用手中的每一分钱,才能让效能最大化,而当下很多创业者对钱没有概念,更不懂财务,造成企业要么运营成本过大,要么出现资金链断裂的风险,最终成为企业失败的导火索。因此,创业者必须懂财务,才不会被欺骗。

二、其他方面的能力

(一)懂得取舍的能力

没有一个创业项目能够长盛不衰,在蓝海的时候,要迎难而上,在红海的时候,要知难而退。对于该坚守的,要有客观的评断,用尽一切力气坚守。对于需要放弃的项目,要懂得适时割舍,要有壮士断腕的决心,将损失降到最低,避免陷得更深,最后无法自拔。将有限的资金和人力等资源用在能够盈利的项目上。

(二)适应社会变革的能力

社会发展太快,每个行业的窗口期都很短。如何在最短时间内,识别新的创业机会,对于创业者而言,是个难题。这就要求创业者要保持时刻接受新鲜事物的态度,对于新的事物,不抱有排斥的态度,多接触、多融合、多学习,发掘新的机会来帮助自己的项目更好地发展,甚至开发出新的项目。

创业本身就是一个"九死一生"的行为,传统行业是,新兴行业也是。对于任何一个创业者而言,面对激烈的竞争环境,都应该迎难而上,不断充实自我,争取在激烈的创业环境中占有一席之地。在"大众创新、万众创业"的时候,创业的竞争环境只会更加激烈,对于创业者而言，要不断吸收新的知识、培养新的能力来应对即将到来的各种挑战。

三、创业者能力的训练与培养

许多成功的创业者强调，虽然创业者要有首创精神并担负责任，还要有恒心和较高的适应能力，但是，这些并不是他们的个性使然，而是他们后天努力的结果。

创业教育可以为学生设定一个理想的框架，让他们可以考虑一些长远问题，这些问题有关他们的自身定位、目标、期望同社会的关系、思想与行动的差距等（表5-1）。

表 5-1　创业教育框架设计

创业教育的目标	重要性排序
增加对新创事业创建与管理过程的认知与了解	1
增加学生职业生涯发展中的创业选项	2
了解创业活动与职能管理活动间的关系	3
了解创业所需的特殊技能	4
了解新创企业在经济与社会发展中的作用和功能	5

砥节砺行

玛丽·凯·阿什是美国历史上著名的女企业家，她创立了自己的化妆品品牌。然而，她的成功并非一蹴而就，而是经过多年的准备和积累。在遇到机遇时，她凭借过硬的能力将其转化为现实中的成功。她曾说过："机会不会留给没有准备的人。"她用亲身经历告诉我们，只有在平日里不断积累和锤炼自己，才能在机会来临时迅速采取行动。

案例阅读

一个温州"花痴"坎坷且疯狂的创业故事

如果你有一个创业机会，而这个创业机会只是一家面条店，你会怎么做？好，忘了面条店吧，现在给你一家鲜花店，你又能把它做成什么样？

这两个问题就是潘晓听这十几年在温州城的奋斗历程。他的人生轨迹充满了各种奇妙的变数，这些变数衍生出大量创业法则，值得每个人细细品味。

人生有时候就是两个字：崩溃！

潘晓听有一个富庶的童年。那时他家中做皮革，20世纪90年代初期，潘晓听就穿1 000多元一件的皮衣，在学校里"摆阔"。所谓的"摆阔"就是请同学吃吃喝喝，但凡有点钱，就喜欢资助身边的人，这样的处事风格一直保留至今。

突然某一天，他家发生了变故，初中都没读完的潘晓听跑到成都为亲戚打工，每天从8:00干到24:00点，最终还是因为各种原因离开了成都。

接连的打击让潘晓听给了自己一个当混混的理由，最后是母亲的眼泪感悟了他。他跑到温州，在阿姨的面条店帮忙，没过多久，阿姨把面条店盘给了他。在熙熙攘攘的双井头菜场，潘晓听披着一头文艺青年的长发与俊朗的外形卖面。如果那时网络如今天这样发达，说不定他也能成为"面条男神"这样的网红。

双井头的对面，正是学院路花店扎堆的区域，潘晓听想：卖面条脏兮兮的，开花店多有档次。于是，木栖地就这么开了起来。当时没想到，其实卖花一点都没比卖面条干净多少。

当时店里请了一个花艺师，剩下的进货、送货、理货、打扫都是潘晓听自己一个人打理。第一天开店，人家来买满天星，他连什么是满天星都不知道。有时为了赚一束花钱，最远送花送到永强。让潘晓听印象深刻的是，每当店里忙不过来的时候，那些开企业的少年伙伴，甚至开着自己的豪车来为花店送花。

第一桶金的疯狂与挫败

有那么几年，温州经济好到不行，鲜花市场空前热闹。赚钱赚到让人有疯狂的感觉。然而，有一年情人节，媒体突然出了一篇《送花太俗》的报道。潘晓听花费50 000元进的鲜花，居然因此卖不出去了！

潘晓听傻眼了！一瞬间关门的心思都有了。还是一位朋友站了出来，说："死也死得干脆！卖完为止！"——那一天，木栖地的花瞎卖，150元太贵？那就100元！50元！10元！免费送你！拿走吧！！！下次请务必照顾我们生意！！！

50 000元的花，最后卖了6 000元。但是，第二年，木栖地的生意迎来了又一拨的火爆。很多人都念了这份情。或许这场瞎卖只是一个赌气的念头，但是却实实在在地砸钱做了一次神奇的口碑营销。

又有一年情人节，卖玫瑰卖到疯狂的潘晓听忙了三天三夜，回到住处，发现自己彻底忘了在住处摆放的50 000元钱百合，三天没浇水，百合全部报废！在当时，这笔钱还能付房子的首付了！打开房门的一刹那，潘晓听全身如过电一般失去知觉，抽了自己两个巴掌才回过神来。

就这样，潘晓听磕磕碰碰地开始了自己的鲜花之旅。

三年悄无声息地过去，木栖地成了温州最成功的花店之一。

潘晓听喜欢用"玩"来形容自己的事业。很多东西都是他最先玩的。譬如用礼盒装鲜花，譬如把玩偶包装成花束。一旦别人开始模仿，他又转去玩别的新花样。

让温州人印象最深刻的莫过于知名蛋糕店桂新园的"买蛋糕送鲜花"，在木栖地是"买鲜花送蛋糕"。一年之内，订单达到7 000多份。随之而来的是桂新园全面拓展了遍布温州的分店，木栖地开始往中高端花艺市场发展。

木栖地开始为大企业、大商场、房产公司、政府部门提供各种花艺服务，宗旨只有一个：服务好！

潘晓听觉得，有些生意不单单是生意，更是一个向顶尖人士学习的机会，大家共赢，互相提升，构筑起坚固而长久的合作模式。

一家小小的鲜花店，调动了温州城各种高端资源，让潘晓听玩出了水平与格调。但是潘晓听始终觉得，自己就是一个普通的花工。做什么都离不开做人，人做好了，就什么都做好了。把自己的角色放到最低，也没什么不好。

梦想完成的那一刻，其实是蛮心酸的。

在经营了三年花店之后，潘晓听为自己的事业规划了未来：他要有一家花艺生活馆，一家花艺培训学校、一家装饰鲜花店、一家园艺店。自己想想都挺美的！

十年之后，所有的这些都有了，代价是投入了大把的资金。

现在，潘晓听是温州插花协会的会长，他的梦想变成了带着温州花艺行业一起发展。在他看来，如今的温州商人，不缺经商头脑，也不缺胆量，但是缺乏彼此间的信任感。一场经济危机，多少人因为别人犯错而受牵连。重塑信心首要重塑信任，大家抱团生存才能渡过难关。应将行业间的价格竞争都放一边，大家一起资源共享，把一个行业做好。这就算对社会最大的贡献了。

"掉进花里，就变成花痴了。有时候明知道实现梦想会有一个残酷的过程，实现了之后也并非当初想的那么美滋滋的。但还是会忍不住去做一些自己觉得很好玩的事情。"

拓展训练

人人都想发财，假如有一天，你中了五千万的大奖，你会如何计划花这笔钱呢？

A. 不工作了，尽情享受生活
B. 把它全部存起来，每个月拿利息也可以生活的很好
C. 拿来投资股票、基金或买房
D. 环游世界
E. 捐部分钱出去做慈善
F. 开公司

测评标准：

A. 与其让你创业，还不如叫你好好工作，你对事业欲望不强，不适合创业。虽然如此，也不代表工作能力不如别人，你只是想做自己喜欢的事，为什么要艰苦创业？但你必须有一技之长，万一公司裁员或倒闭，也不会使你穷途末路。

B. 你比较保守，对于前途会比较茫然，因此会早早计划好下半生。你不会做大风险的投资和买卖，由于胆量缘故，你不适合创业，固定的工作模式更适合你。有时人生的机会在于尝试，如果你肯多踏出一步，也许人生就有另一个机会在等你。

C. 你对自己非常有信心，别人不敢做的事，只要你认定，你会勇于实践，越是有难度的事情，你越是有兴趣，也可以说，你具有不怕输的性格，即使跌倒了，依然会爬起来。创业对你来说，没有难度，不过要谨记一句话：创业容易，守业难。

D. 你对事业野心不大，欠缺行动力，你喜欢清闲的日子，每天都想过退休的日子，你也讨厌尔虞我诈的社会，但人生并不是你想的那么如意，如果想往后日子过得好些，必须先把今天的事情做好。至于能不能创业，这就要看你的实际行动了

E. 你心地善良、乐于助人，不计较付出。在工作中，你有良好的工作态度，会比别人付出更多，从不计较的你，会留给领导一个好印象。如果你要创业，也一定会有很多人来帮你。

F. 你做事情非常有计划，不会轻举妄动，做每件事都会经过周密部署，不会让事情有差错。以你的能力，绝对适合创业，不过你事事认真，不肯一刻放松，这样会令你生活过得很辛苦。

任务四 创业价值观与创业态度

> **名人语录**
>
> 一定要有向前看两年的眼光。跟风、赶潮流，你吃到的很可能只是残羹冷炙。
>
> ——李彦宏
>
> 从事一项事情，先要决定志向，志向决定之后就要全力以赴毫不犹豫地去实行。
>
> ——富兰克林

任务导入

罗敏是谁？人称"校园贷鼻祖"，其创办的"趣店"，早在 2014 年，就在国内高校开始给学生放贷，当时这个公司的名字更简单粗暴，叫趣分期。大学生想换手机预算不足？找罗老板；想买包？还是找罗老板……

然而，问题是，由于学生本身没有贷款的偿还能力，在校园贷盛行的那几年，一度出现因暴力催债自杀、跳楼、裸贷的事件。在进行下面的学习之前，请思考以下问题。

罗敏的创业价值观是什么？你是否赞同？

知识链接

一、价值观及其类型

（一）价值观

价值观代表一系列基本信念和看法。从个体或社会的角度来看，某种具体的行为类型或存在状态比与之相反或不同的行为类型或存在状态更可取。

（二）价值观的类型

1. 奥尔波特的价值观分类

（1）经济的价值：强调有效和实用；

（2）社会的价值：强调对人的热爱；

（3）审美的价值：重视外形和谐匀称的价值；

（4）理论的价值：重视以批判和理性的方法寻求真理；

（5）政治的价值：重视拥有权力和影响力；

（6）宗教的价值：关心对宇宙整体的理解和体验的融合。

2. 罗克奇的工具与终极价值观

罗克奇的工具与终极价值观见表 5-2。

表 5-2　罗克奇的工具与终极价值观

终极价值观	工具价值观
舒适的生活（富足的生活）	雄心勃勃（辛勤工作，奋发向上）
振奋的生活（刺激的、积极的生活）	心胸开阔（开放）
成就感（持续的贡献）	能干（有能力，有效率）
自由（独立、自主选择）	自我控制（自律的、约束的）
幸福（满足）	富于想象（大胆，有创造性）
平等（兄弟情谊、机会均等）	勇敢（坚持自己的信仰）
家庭安全（照顾自己所爱的人）	智慧（有知识的，善于思考的）
和平的世界（没有冲突和战争）	助人为乐（为他人的福利工作）
美丽的世界（艺术与自然的爱）	正直（真挚，诚实）
内在和谐（没有内心冲突）	清洁（卫生，整洁）
成熟的爱（性和精神上的亲密）	独立（自力更生，自给自足）
国家的安全（免遭攻击）	宽容（谅解他人）
快乐（快乐的、闲暇的生活）	符合逻辑（理性的）
救世（救世的、永恒的生活）	博爱（温情的、温柔的）
自尊（自重）	顺从（有责任感、尊重的）
社会承认（尊重，赞赏）	礼貌（有礼的，性情好）
真挚的友谊（亲密关系）	负责（可靠的）
睿智（对生活有成熟的理解）	欢乐（轻松愉快）

3. 格雷夫斯价值观的等级类型

格雷夫斯价值观的等级类型见表 5-3。

表 5-3　格雷夫斯价值观的等级类型

级别	类型	特点
第一级	反应型	没有意识到自己和周围的人是作为人类而存在的，总是照着自己基本的生理需要做出反应，而不顾其他任何条件。这种人非常少见，实际等同于婴儿
第二级	部落型	依赖性，服从于传统习惯和权势
第三级	自我中心型	信仰冷酷的个人主义，爱挑衅，比较自私，主要服从于权力
第四级	坚持己见型	对模棱两可的意见不能容忍，难以接受不同的价值观，希望别人接受自己的价值观
第五级	玩弄权术型	通过戏弄别人，篡改事实来达到个人目的，积极争取地位和社会影响
第六级	社交中心型	把被人喜爱和与人善处看作自己的发展核心，受现实主义、权力主义和坚持己见者的排斥
第七级	存在主义型	能高度容忍模糊不清的意见和不同观点，对制度和方针的僵化、空挂的职位以及权力的强制使用，敢于直言

4. 霍夫斯泰德的民族文化价值观维度

（1）权力距离：某一社会中地位低的人对于权力在社会或组织中不平等分配的接受程度。

（2）不确定性规避：一个社会受到不确定的事件和非常规的环境威胁时是否通过正式的渠道来避免和控制不确定性。

（3）个人主义/集体主义维度：用来衡量某一社会总体是关注个人的利益还是关注集体的利益。

（4）男性化与女性化维度：主要看某一社会代表男性的品质如竞争性、独断性更多，还是代表女性的品质如谦虚、关爱他人更多，以及对男性和女性职能的界定。

（5）长期取向和短期取向维度：某一文化中的成员对延迟其物质、情感、社会需求的满足所能接受的程度。

二、创业价值观的概念及其体现

（一）创业价值观的概念

创业价值观是指创业者在创业目标的认识、创业手段选择以及创业评价上所反映的价值倾向。

企业价值观示例如下：

迪士尼——健康而富有生命力。

索尼——提高国民文化和地位，成为行业先锋而非随波逐流，向不可能挑战。

路透社——准确，独立，可靠和开放；及时，创新，以客户为本。

宜家——创新，人性化，朴实，追求大多数顾客的利益。

阿里巴巴——客户第一，员工第二，股东第三；因为信任，所以简单；唯一不变的是变化；认真工作，快乐生活。

（二）创业价值观的体现

1. 创业价值目标

常见创业价值目标：经济利益、个人发展、帮助他人、挑战自我等。

2. 创业价值手段

主要创业价值手段：自主经营；寻找合作伙伴或建立非合伙性合作关系；寻求政府政策扶持或寻求亲朋好友帮助；投机操作，游走于"潜规则"边缘；积极学习。

3. 创业价值评价

创业价值评价是指创业者对创业价值的评定，是对"创业有何种价值""怎样创业才最有意义"等问题在认知基础上的评价。

三、创业态度的概念与影响因素

（一）创业态度的概念

创业态度指人们对创业的认识程度和喜好程度。它包括对独立、挑战、成就、权力、财富和社会认可等的态度，也包括提升自己地位和威望的态度，检验自己的创意和想法、解决个人就业、促进国家经济发展、为社会做贡献等方面的态度。

（二）创业态度的影响因素

（1）积极进取精神。具有积极进取精神的创业者重视价值的实现，越是感知到竞争环境的激烈，其创业态度的倾向性就越明显。

（2）取得成功的愿望。创业态度受到创业业绩的影响，成功的创业者会受到尊重，其态度的倾向性就越强。

（3）社会地位和权力。重视权力和地位的创业者，得到的评价越高，创业的倾向性也越明显。

（三）成功创业者应有的态度

（1）成功的创业者展示出"一直对现状不满足"的进取态度。
（2）创业者必须要有"耐得住孤独"的独处态度。
（3）成功的创业者清楚自己所擅长的事情，并保有专注的态度。
（4）关注细节的精益求精态度。
（5）成熟的创业者必须能够容忍模糊性和不确定性。

四、大学生的创业价值观

（一）大学生创业价值观现状

1. 多元价值取向导致在创业过程中信念不坚

当前多元价值观的存在已是不争的事实。我们承认多元价值观，是对历史和现实的科学把握。面对社会存在，大学生的价值选择也更加自由化和多样化，社会上的多种价值观为大学生形成多种价值取向提供了条件。开展创业教育需要大学生的接受和认同。转变大学生传统的就业观念，让创业成为大学生就业前的首选，并让创业教育进一步内化成大学生人生的一种信念并为之而不懈奋斗。然而这种教育目标在现实中收效不大，使得大学生在创业教育过程中对创业教育的实效性持怀疑和观望态度。

2. 特殊的年龄结构导致在创业过程中自信心不足

大学生正处于人生观、价值观和世界观形成的关键时期，他们求新意识强，最易接受新事物、新观点，他们迫切希望通过自身的努力来改变现状。许多大学生的自我创业意愿十分强烈，但他们在创业实践过程中不能够坚持到最后，其中一个重要的原因就在于他们心理承受能力较差，创业自信心不足。同时，他们大部分时间在校学习基本理论知识，缺少必要的社会实践和创业经验，在经受创业挫折后，大部分人选择放弃创业，这又大大削弱了大学生创业的自信心。

3. 复杂的社会背景导致在创业过程中职业观模糊

大学生这一特殊群体的社会背景较为复杂，他们来自不同地区、不同生活环境，加之社会现实因素的影响，导致他们的职业观比较模糊，对于自身将要从事何种职业和为何选择这种职业没有一个较为清晰和理性的认识。有的选择职业时只从利益出发，认为只要工资高、福利好就行，对于社会需求度和岗位适合度则考虑较少。

4. 严峻的社会现实导致在创业过程中缺乏企业家精神

德鲁克认为，企业家精神就是一种革新行为，是一种社会创新精神，他把这种精神提高到了社会进步的杠杆作用的地位。而对企业家精神的重视是进行创业教育必不可少的。学校创业教育的基本目标"不是教给学生有关创业的一些显性知识技能，教导学生去开办一个企业，培养学生成为企业家、商人、老板；而是教会学生具有创业精神，具有企业家的思维方式。"但是在严峻的社会现实面前，就业成为大学生面临的首要问题，大学生首要考虑的是如何就业，而不是如何创业。同时，大学生对创业教育的理解往往会陷入偏颇，认为创业教育就是要去创办企业，成为企业家，成为商人老板。对创业认知的偏差，使得学生在创业教育过程中忽视了企业家精神的培养，将目光局限于实践层面，而缺乏对意识层面的关注。

（二）汲取优秀中华传统文化，促进大学生树立正确创业价值观

1. 加强教育引导，坚定创业信念

创业教育是不同于传统教育理念的新理念。作为一种新的教育理念，其巨大的优势不仅在于教学模式的突破，而且在于通过创业教育培养了大批具有创业意识和创业能力的优秀人才，对社会经济的发展做出了重要的贡献。这一点在欧美等创业教育发展比较成熟的国家显露无遗。由于我国目前对创业教育的研究还不完善，高校开展创业教育也停留在试点阶段，还没有形成区域优势。因此，我们要加强正面教育与引导，让大学生在创业教育过程中学习的不仅仅是创业教育的课程，更重要的是让学生接受并认同这一新的教学理念，在创业教育过程中不断地内化为创业的信念，在信念的指导下积极尝试创业，在实践过程中更加坚定创业信念，这正是开展创业教育的思想保障。

2. 理论联系实际，增强创业自信心

大学生的学习生涯为其提供了丰富的知识储备，使其不缺乏科学理论的学习和积累。但是长期的学习生活又使大学生缺乏必要的实践锻炼，学习内容只是课本固有的知识。要转变学生那种重理论轻实践的传统观念，要更加注重创业意识和创业能力的双重提高。在创业教育过程中，教师要积极引导学生主动将所学理论应用到具体的社会实践中，主动去发现现实生活中的问题，在解决现实问题中发现创业机会，进行创业实践，在实践中不断地积累创业经验，从而增强自身的创业自信心。这是开展创业教育的实践基础。

3. 关注大学生自身差异性，开展职业观教育

大学生大都来自不同的群体，身处不同境况，对待新事物拥有不同的价值取向。开展创业教育就是要积极关注大学生的这种差异性，探索大学生价值观的发展规律，对其进行价值观的引导。特别是在当前严峻的就业形势下，在创业教育过程中对大学生进行价值观的引导，有意识、有目的地开展职业观教育，培养学生自我分析问题、自我选择的能力，使大学生对人生有一个较为明晰的规划蓝图。这对于大学生就业和人生的发展都有重要的作用。

4. 优化社会环境，注重榜样示范

外因是事物变化发展的条件。在创业教育过程中，大学生价值观的转变也离不开社会环境。这种环境的营造不仅体现在国家政治经济文化的大环境，而且也体现在家庭和学校的小环境。一方面，在政治上营造一种公正透明，在经济上大力提倡公平竞争，在文化上积极推进先进文化建设，对一些先进事迹和先进人物进行报道和宣传，有利于学生形成积极健康向上的价值观；另一方面，高校在开展创业教育过程中，要积极引导大学生参与社会实践，实现知与行的统一。同时，在创业教育过程中，不时邀请一些创业成功人士开展创业经验交流会，充分发

挥榜样的示范作用，引导学生培养企业家精神，在创业实践中树立正确的创业观。

砥节砺行

安迪·格鲁夫曾说过，"只有偏执狂才能生存"，他是英特尔公司的创始人之一，在企业面临困境时依旧保持对技术的执着追求和坚定信念，最终引领英特尔成为全球芯片产业的领导者。在竞争激烈的市场环境中，我们只有对事业充满执着的追求和坚定的信念，才能获得生存和发展。成功的创业者必须具备坚定的意志和毫不动摇的决心。

▶ 案例阅读

从打工仔到公司董事长——于都人肖日辉的创业故事

29年前，他身背行囊辗转于南粤大地打工谋生，在骄阳下挥汗如雨；29年后，他登上2023中国服装科技大会的颁奖舞台，在聚光灯下手捧年度科技创新人物证书，神采奕奕。他就是江西仔衣库服饰有限公司董事长——肖日辉。

2023年11月8日，记者来到于都工业园采访，倾听肖日辉从一名打工仔蜕变成为企业掌舵人的创业故事。

见到肖日辉时，他正在车间里查看刚刚下线的牛仔裤的各项参数。只见他时而翻看针脚的密度，时而在纸上做着记录，动作娴熟，一丝不苟。他壮实的身材，憨厚的笑容，初次见面就给人一种亲切与踏实感。

"年轻的时候不懂事，一直以为外面的世界很精彩，实际却是很无奈。"简单的寒暄后，肖日辉打开了话匣子。

肖日辉是于都县段屋乡人，父母都是老师，因而其家庭条件和学习环境都要优于其他人。自小，父母便对他寄予厚望。然而，肖日辉却无心上学，觉得山外的世界很精彩，尤其是看了一些港台影视剧后，脑海中总是幻想着沿海城市的美好生活。1994年，正读高中的肖日辉不顾家人劝阻，背上行囊和村中几名同龄人一道登上了南下的班车。到达广州后他才发现，到处都是来自五湖四海的打工仔、打工妹。在一个举目无亲的异地他乡，四处找工作碰壁后，身上的钱也所剩无几，肖日辉终于领悟了父母常说的"在家千日好，出门一日难"这句话的含义。

"如果就这样灰溜溜地回家，一定会遭人嘲笑！"一向要强的肖日辉最终被广州市郊的一个建筑工地接纳做小工。当晚，和一大帮工人同睡在简易的工棚里，他彻夜难眠。第二天清早，肖日辉被安排给砌墙的师傅抛砖。师傅给他做了几个示范动作后，肖日辉自认简单，便学着师傅的样子将砖头用力往空中抛去。谁料，砖头在空中几个翻转后直线下降，不偏不倚砸在他自己头上，他一阵昏眩，一屁股坐在地上，所幸戴了安全帽。包工头顿时吓出一身冷汗。休息了一天，肖日辉就被包工头安排去拌砂浆、背水泥、挑砖头。

"干一天活下来，腰酸背痛，还经常划破手指头，吃饭的时候连筷子都拿不稳。"说到动情处，肖日辉伸出双手，至今十指上的伤痕依然清晰可见。

在工地上做小工，日晒雨淋、早出晚归却收入微薄，肖日辉后悔当初没有听从父母的劝阻。过年回到家中，他不敢向父母透露半句辛酸，还要强颜欢笑。次年正月，肖日辉再次南下打工又四处碰壁，尝到了露宿街头、忍饥挨饿的滋味。为了省钱，他跟杂货店的老板讨价还价，以最低的价格买来方便面碎末充饥。"没知识，没技术，只能受苦受累。"肖日辉感叹道。

饱尝了谋生艰辛的肖日辉不再执着于打工赚钱了，1996年，他去南昌报名参加了某大型培训学校的服装培训班。有了前车之鉴的他比任何人都更刻苦，他虚心向老师请教，埋头扎进书堆里，一心扑在实验中……1999年，取得了纺织服装大专学历的肖日辉再次南下，很快被广州一家服装厂聘为组长助理。

时代眷顾奋楫者，星光不负赶路人。这句话用在肖日辉身上恰如其分。

就在肖日辉成为组长助理后不久，他所在的服装厂遇到了一个难题：一名港商发来的1万条牛仔裤订单，由于贴后袋工序烦琐而厂里技术力度不够，以致返工数量过多，出产率极低。眼看交货日期一天天临近，港商和工厂老板都急得团团转。

为如期交货完成订单，身为组长助理的肖日辉索性吃住在生产车间，绞尽脑汁思考、试验着如何解决这一难题。最终，经过无数次的失败，肖日辉提出了将传统的手工叠制改为扫粉标记制作。这个方法不仅将烦琐的工序简单化，还大大提高了生产效率。"日辉，要不是你想办法，厂里就摊上大事了。"准时交货那天，服装厂老板高兴地对肖日辉说。

机遇总是垂青勇于竞争、善于创新的人。不久，肖日辉被老板提升为组长，2001年又被委任为厂长。随着工厂规模的扩大，他后来又当上了生产经理。

"肖经理，你懂得服装设计，又懂得生产管理，何不自己办厂当老板，难道你甘心当一辈子打工仔吗？"2004年，在那位港商的点拨和支持下，肖日辉放弃高薪，辞掉了服装厂经理的职务，在增城市（现为广州市增城区）新塘镇创办了鸿腾服装加工厂。加工厂开业后，肖日辉和妻子既当老板又当工人，他们每天和20多名员工吃住在一起。为了节约每一笔开支，他每天早早上班，出货时自己开着三轮车来回跑。有时候送完货回到家里，天都快亮了。

经过多年的不懈努力，肖日辉的加工厂订单越来越多，生意越来越好，他注册成立了鸿腾服饰有限公司，自任公司董事长，工人也增加到了上百人。身份变了，可肖日辉为人处事的风格没变，他对待员工如兄弟姐妹，大家也都亲切地称他为辉哥。

"我是于都人，于都是我家。"当问起为什么要选择在于都投资办厂时，肖日辉如是回答。

工厂越做越大，肖日辉又把目光瞄向了科技创新领域。2015年，肖日辉在当时的于都楂林工业园租了2 000平方米的厂房，注册成立了江西仔衣库服饰有限公司。他采用与高等院校合作的方式，成立了研发团队，引进了智能生产设备，开始了他的纺织服装"新长征"。江西仔衣库服饰有限公司先后获评于都县、赣州市名牌产品企业。

2019年，在于都县"三免两减半"等惠企政策的助力下，当地政府为仔衣库在上欧工业园争取到了1万平方米的标准厂房。规模上去了，肖日辉加大了科技创新的力度。近年来，江西仔衣库服饰有限公司先后与武汉纺织大学等相关院校合作，相继成为江西理工大学实训基地、于都首家江西专精特新小巨人企业，获得多项国家发明专利。在被聘为江西服装学院讲师后，2023年7月，肖日辉又被评为2023中国服装行业年度科技创新人物。

事业成功不忘反哺家乡。落户于都以来，肖日辉除了开辟残疾人就业岗，还积极为困境中的学子提供帮助。"肖总每个月准时汇给我生活费，让我得以顺利读完四年大学。"家住禾丰镇的赖桂莲就是肖日辉资助的一名大学生，她在江西师范大学毕业后，进入于都中学任教，成了一名光荣的人民教师。

"看，前面就是我在建的新厂房。"采访中，肖日辉站到窗前，指向远方正在施工的工地对记者说。2023年上半年，为了帮助仔衣库服饰有限公司快速发展，于都县提供了15亩[①]的建

---

① 1亩=666.67平方米。

设用地,为该公司新建3万平方米的新厂房创造了条件。"再过几天,新厂房就要竣工了。正式投入使用后,我将继续壮大研发队伍,打造行业一流、国内领先的牛仔创新制造产业园,为服装行业注入科技动力。"展望未来,肖日辉信心满满。

从一名普通打工仔成长为知名服装企业的创始人、领头羊,肖日辉的人生经历说明了爱拼才会赢,知识改变命运。

坚持永远比选择更重要!

有句话说,卡车是属于男人的浪漫。有数据显示,100个卡车司机里,只有4个是女性。卡车女司机少,而卖卡车的女性就更少了。

今天要给大家介绍的主人公是一位卡车行业的女企业家,从一无所有到集重卡整车销售、售后服务、配件仓储、事故车维修于一体的五星级重卡服务企业,她的不易,只有她自己知道。她叫陈玉华,是荆门玉华汽车维修服务有限公司的创始人。历经三次创业,她的成功绝非偶然。

"我的青春都献给了卡车行业"

陈玉华第一次接触卡车行业是在1997年,那时候的她刚满19岁。"原来我和丈夫一起经营一家小门店,主要是做汽车美容。"陈玉华慢慢说道。

2003年偶然的一次机会,一辆福田欧曼重卡的后视镜严重受损需要更换,通过朋友介绍,车主找到了陈玉华,一向货源充沛的店铺却找不出来一个适用的型号,这可让陈玉华犯了难。

既然是朋友介绍的,就要尽力做好。陈玉华通过各种方式联系匹配的货源,几经周转之下,他们拨打位于北京福田欧曼总部的电话,得知武昌那里才有相应的配件。

这让陈玉华萌生了二次创业的想法,让自己的汽车美容小店转型为一个具备专业性和品牌性的店铺。于是,陈玉华在不认识任何人的情况下向公司交了10万元的加盟费,成为福田欧曼的配件经销商,而这一干就是十年。

"创业不只是简单的说说而已"

从汽车美容到维修配件,一切从零开始。一辆重卡有3万多个零部件,以及难以计数的线路,同时还要具备专业的英语知识和电路知识,这些对于没有多少文化的陈玉华来说是一个大难题。

"既然不会,那就从头开始学。"陈玉华和丈夫每天都会拿着说明书,钻到重卡下面去跟图纸对比,并记录下每辆重卡的型号、零部件位置、所遇到的问题以及解决办法,久而久之,记录的笔记本已经堆满了几个纸箱。

随身携带的手机也是24小时处于开机状态,保证"1分钟响应,2小时到达,3小时修复"。

苍天不负有心人,陈玉华和丈夫对于重卡的熟悉程度得到了质的提升,也为第三次创业——成立荆门玉华汽车维修服务有限公司奠定了良好的基础。

"学习是一辈子的事情"

"如果只是做配件经销商是远远不够的,社会在发展,我们也得进步。"只要有时间,陈玉华都会奔赴全国各地学习交流经验。经过大量的市场分析调研,她注意到在当时的湖北没有多少家具备规模的4S店,她知道第三次创业契机来了。

说干就干,2014年11月28日,她和丈夫成立了荆门玉华汽车维修服务有限公司——一家集整车销售、售后维修、配件销售为一体的规范化、现代化重型卡车服务企业。

点亮未来——创新创业基础

她负责销售，丈夫负责售后，协同配合下保证了公司的平稳运行发展，就算在市场经济不好的2023年，荆门玉华汽车维修服务有限公司也一直处于盈利状态，陈玉华因此被总公司授予了"杰出总经理"奖项。

就算如此，陈玉华每天工作时都会随身带一个小本子，一方面是为了提醒自己容易忘记的事情，另一方面是为了记录下客户提出的问题，在晚上睡觉之前思考如何进行销售话术的调整。

时代在变，环境在变。每一次变化对于陈玉华来说，既是挑战也是机遇。从1997年到2024年，从一个店面到一家公司，回首前尘，陈玉华感叹前行不易，贵在坚持，也感慨幸有欧曼始终相伴，助她一臂之力奔向美丽未来。

拓展训练

陈年："我们重新认识一下吧"

"凡客不是已经死了吗？"几个朋友在看到记者与陈年合影的照片之后这样回复。其实，记者也一直在想，凡客诚品（简称凡客）在经过"劫难"之后是归于平庸，湮没在了纷繁复杂的行业浪潮当中，还是在新的契机之下，重获新生了呢？

带着疑问，《中国信息化周报》记者来到了凡客位于亦庄开发区的办公地点。这里远离城市中心，没有喧嚣和嘈杂，一切归于平静。不由得使我体会到了陈年当初那颗壮士断腕的决绝之心。然而，决绝之后是后悔还是意想不到的惊喜，似乎又成了记者需要探究的另一个疑问。

由于前一天晚上熬夜写作，陈年没有在预约的时间内到达公司，采访只好稍稍推迟。在这个间隙，记者还当了一次模特，试穿了凡客即将上市的文化体恤，并在摄影棚里拍了几张"定妆照"。之后，凡客的品牌中心总监刘亿林也亲自上阵，拍了几张照片。从他的表情和动作中，记者似乎感受到了他对这份事业的喜爱和热情。这使得记者对陈年的采访又多了一份期待。

疑问丛生又期待满满，与陈年的交流就在这样一种心情当中开始了。

谈及前一天晚上写作的事情，陈年说自己已经有十年的时间没有这么沉下心来写一写文章了。昨天也是情绪所致，才临时决定将写了两个多月的穆旦小传最终定稿。写作是需要情绪的，也需要一个人真正地放松下来。陈年自己也说"写穆旦小传的时候觉得特别自由，从来没有过的自由。"

有人不禁要问："到底是什么让曾经濒临绝境的陈年找到了自由的感觉呢？"

用他的话说，就是回到了自己的真本事。"以前觉得会融资、会做企业、会挣钱，是我的本事。现在想来，那都不是本事，而是机缘巧合。其实，我的真本事一直就是阅读，还有就是我二十多岁的时候打下的那个写作底子。"陈年感慨地说道。

当他回到真本事的时候，信心和热情自然而然就回来了，因为这是他最有把握的事情。

其实，陈年回归真本事的过程，也是凡客找寻品牌个性的过程。陈年觉得品牌就是正确的自我表达，而自我表达的原点对于陈年来说当然就是文学和阅读。这是他赖以生存的土壤，需要紧紧地扎根于此。

以前，令陈年比较纠结的一件事是，为什么凡客卖了这么多件衬衫，还会经常听到用户说出为什么要买中国品牌衬衫的话，这不是对自己和凡客极大的讽刺吗？"说白了，还是凡客的品牌建设和产品品质没有立住，没有在用户心中建立起品牌信任的基础。这个时候就应该重新考虑凡客的品牌个性。"经过思考，陈年得出这样的结论。

T恤作为凡客销售量最多的产品，成为凡客品牌个性的着力点再合适不过。为此，凡客从去年开始就和来自全球的二十几位艺术家合作。虽然这样做的效果很好，凡客也会在今年选择和更多的全球艺术家来合作完成这件事，但在陈年看来，要想更强烈地体现凡客的品牌个性，仅仅做到这些是完全不够的。"凡客的品牌个性必须是正确的自我表达。"陈年冷静地说道。而自我表达的爆发点，是因为在一个下雨天和在那个场景当中想起的一句话，真正与陈年的内心实现了契合。

2015年12月中旬，身处上海的陈年坐在前往火车站的出租车上，透过车窗看到外面被滴滴雨水挂满的天空，此情此景，使得陈年不由得想起了张爱玲《小团圆》当中的一段话："雨声潺潺，像住在溪边。宁愿天天下雨，以为你是因为下雨不来。""我当时就在想如何把这句话表现出来呢？当我看到艺术家画出这样一幅图的时候，我真的特别感动。"陈年动情地说道。他觉得，这句话是他真正找到自我表达爆发点的源头，而这个爆发点就是文学和艺术，进而在T恤上实现两者完美的融合。2015年12月中下旬，陈年和他的团队开始做这件事。经过讨论之后，他们选定张爱玲、马尔克斯和穆旦作为新一期文化T恤的主题。然后让艺术家根据自己对文学作品的理解去创作。

陈年说："凡客做T恤已经六年了，我们从来还没有像现在这么激动过。"另外，除了这三位文学家，陈年还特别想做李白的诗。他甚至跟他的团队成员们说，如果你们没有时间和精力做完所有李白的诗，能不能先做几首。结果，他的团队成员们当时正一头扎进穆旦里边出不来，不能跟他们说这件事，因为他们对别的事根本听不进去。

对此，没有谁比陈年更清楚，这就是文学的魅力所在。

在他的理解当中，当凡客推出以张爱玲、马尔克斯及穆旦为主题的文化T恤之后，用户会期待凡客下一个主题系列的文化T恤。这样才能感到一个品牌的连续性，品牌的生命应该有连续性。

这一期的文化T恤，凡客会在2016年4月上旬正式推出。文学和艺术完美融合所带来的震撼力相信一定会"吓"到你的。走得慢一点，在一个崇尚唯快不破的时代里，让自己慢下来似乎并不容易，然而只有当真正体会了快之后，才能真正体会慢下来的意味。

十几亿的库存、六十几亿的销售额、几十亿的欠债、一万三千人的员工及两个月时间在全国建立起来的三十多个仓库都是快的结果。"那个时候每天都有新念头，什么都想要，什么品类都想做。"陈年回忆道。

现在的凡客只有180多名员工，三个仓库。对此，陈年显得并不着急。因为在他看来，此时的凡客正处在一个很好的节奏上。

此外，在做文化T恤的过程中，有的艺术家曾建议陈年今年再做一个西游记的系列，一个佛的系列。还有就是在工厂里看到样衣的时候，大家都非常激动，都想把它买走。对此，陈年第一时间的反应并不是兴奋，而是有所警惕。因为陈年觉得大家一高兴就想做快。

"我已经彻底体会到了什么是快，现在关键是怎么慢下来。我思索的过程的确比较慢，想了两三个月才最后决定做文化T恤这件事情。如果我没想明白，瞎干的话，没准又会干出一堆麻烦。那一段时间，我觉得自己有点故意让自己慢下来。"陈年调侃地说道。除此之外，慢下来的另一个原因是陈年想让凡客慢慢地沉淀和打磨产品品质。他始终觉得，产品质量不过关是导致曾经的凡客走入困境的一个重要因素。

有一个例子很好地说明了陈年和他的团队对极致品质的追求。陈年他们经过多次讨论之后，一致认为繁体字印在T恤上的效果会比简体字要好。另外，一次偶然的发现让陈年觉得，标点的不同位置和文字的不同排列也会影响美观。他提出问题之后，他的团队成员就开始找各种版本的书来看、选、比，最后奋战了两周终于找到了最好的版本，然后一版一版地改，硬是改了七版。

"当时我都有点后悔，我为什么要提出这个问题，凑合一下不是也行吗，不就是个字吗？用户看明白不就行了。"陈年的后悔是因为心疼他的团队成员，并不是后悔做这件事，因为这也是他想做的。

2016年初，极少发微信朋友圈的陈年，更新了一条状态："最近两天，有机会回望凡客重置这两年，心里最想说的话是：让我们重新认识一下吧……然后，重归于好。只有上帝知道我有多爱你。"

这样的一段话，陈年是说给凡客旧部、过往用户抑或凡客自己。凡客在身处困境的那一段时间，由于负面新闻的狂轰滥炸，陈年的心情也有所情绪化，使得他说了一些在今天看来很决绝，也特别狠心的话。陈年解释道："那时候，因为我不可能跟每个人做很好的沟通和交流，所以大家可能会认为陈年这个人很坏。当时我想，既然做错了，就应该有勇于承担错误的决心和勇气。我觉得我能够做到，你们也应该做到。现在想想，觉得当时还是对他们太严厉了，使他们难以接受，从而伤害了一些人。"然而，从那段时间走出来，情绪也有所缓和的陈年发现，很多已经离开凡客的人仍然对凡客有着非常浓烈的感情，这令他非常感慨。

问题讨论：
（1）根据创业价值观和态度的相关理论，对陈年拯救凡客所采取的行动进行分析。
（2）陈年的创业反思对我们有什么启发？

项目六
创业项目与资源分析

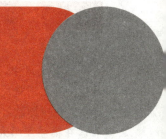

自我思考

在考虑创业时，选择一个有潜力的项目是至关重要的。同样重要的是，要对项目的资源需求有深入的了解。资源不仅仅是资金，还包括人力、技术、设备、市场渠道等。对资源的合理利用和调配，将直接影响创业的成败。首先，从项目本身出发，要对自己想要从事的领域有充足的了解。这包括但不限于行业趋势、竞争对手分析、目标客户群等。其次，对所需资源进行细致的分析。然后，要对资源的获取进行规划。有些资源创业者可以自给自足，如时间和精力，有些则需要从外部获取，如资金和设备。最后，要保持灵活性。

总体来说，对创业项目与资源的深入思考和合理规划，是成功创业的重要一环。

〖知识目标〗
1. 了解创业项目的核心要素。
2. 了解创业资源分类与识别。
3. 了解资源需求分析。
4. 了解创业项目的执行与监控。

〖能力目标〗
1. 能够敏锐地捕捉市场动态，准确判断市场需求，从而选择具有潜力的创业项目。
2. 能够根据项目需求，制订合理的资源计划，包括资源的配置、调度和优化，确保项目的顺利进行。
3. 能够有效地整合内外部资源，最大化资源利用效率，降低成本，提高竞争力。
4. 能够在资源分析过程中发现新的机会和挑战，提出创新的解决方案。

〖素质目标〗
1. 培养创新思维、冒险精神和求知欲，这是创业者的基本素质。
2. 培养战略思维，以便在面对挑战时做出明智的决策。
3. 培养强烈的责任感和担当精神，在面对困难时不轻易放弃。
4. 培养团队合作精神，学会在创业资源分析中发挥每个人的优势。
5. 理解如何在追求商业利益的同时保持诚信与道德。

【开篇故事】

聚美优品 CEO 陈欧的故事

在别人眼中,他是幸运儿,创业仅仅 4 年的聚美优品已经在纽交所成功上市,年纪轻轻的他一夜之间就成了亿万富豪。他却是这样总结自己的创业之路:要想成功,先要迈过失败那道坎。他叫陈欧,是"我为自己代言"的聚美优品 CEO。

在南洋理工大学读书期间,他第一次尝到失败的滋味。大四那年,仅仅凭着一台笔记本电脑,他就创立了一款在线游戏平台,迅速风靡世界,短时间内吸引了数量庞大的游戏玩家。当游戏平台发展得不错时,陈欧要去斯坦福大学读 MBA,他找来一个职业经理人打理公司,还从 90% 的占股比例中分文未取地自愿让出 40% 给对方。随着职业经理人引进其他天使投资人,对方所控制的股权比例已经超过 50%,而陈欧只剩约 30%,而且他发现公司已经改了名称。在毫不知情的情况下,他失去了对公司的控制,也失去了话语权。做了两三年的企业白白送人之后,连名字都被改了,这个跟头栽得有点大。失败是痛苦的,但认输更加痛苦,陈欧显然不想做这个痛苦的人。

第二次创业,陈欧选择的还是游戏行业。他成立了公司,创业项目是在社交游戏中内置广告。当时这个东西在美国很火,但他很快发现,他们搬来的国外模式在中国行不通。当初意气风发的年轻人被现实泼了一桶冰水,剩下的是无助和焦虑。折腾了数月之后,陈欧发现,方向、资源、团队,这些创业的基本要素他几乎一无所有,转型的方向也不明确,他再次尝到了失败的滋味。失败不可怕,关键是要知道失败的原因,还要从失败中找到商机。

2010 年 3 月,陈欧、戴雨森联合创立聚美优品,以团购模式切入化妆品电商行业。生意火得一塌糊涂,但很快遭遇"301"滑铁卢。所谓的"301"就是聚美的三周年大促,在团队欢庆的时刻,2013 年 3 月 1 日凌晨时分,网站出现了崩溃的迹象,凌晨 2 点,聚美网站还是处于崩溃状态。早上 6 点,潮水般的用户冲向聚美,新一轮大瘫痪再次上演,无奈之下,技术人员开始往外踢用户。随后,坏消息接踵而至,真正压垮陈欧和聚美的不是服务器崩掉,而是严重的爆仓。堆积成山的货品发不出去,客服电话被打爆,几十万用户十几天收不到货,也联系不到聚美。陈欧被网民谩骂,连微博都不太敢发。公司面临严重的信任危机,品牌受到极大的伤害。从云端直接跌进谷底,这更是极大的挫折。

失败不可避免,失败是挫折,是痛苦,更可能是灾难。人人都不想失败,害怕失败,但一定会有失败的时刻。所以,失败需要学习,需要适应,更需要奋进和努力。他很庆幸,每次都没有被失败压倒,每次都能从失败中昂起头来,从失败中学习,努力尝试不输,把失败变成成功。

大学创业失败的经历让他明白,一个公司没有健康的股权组织架构,只是凭借对人单纯的信任,很难保证未来不出问题,于是,他选择了重新开始。

第二次创业让他认识到单纯照搬国外的模式是不行的,于是他积极转型,开始调研国内化妆品市场。

聚美"301"遭遇滑铁卢让他认识到,网站崩溃意味着技术的系统架构代码质量存在问题,至于爆仓,则是发单能力远落后预期。于是,他冷静下来,正视公司发展中拔苗助长的过程,开始重视整个团队的发展。

陈欧就是这样一个人,他知道输、如何输、如何不输、如何从输到赢。

当时,聚美优品已经成为中国最大的化妆品限时折扣网站,于 2014 年 5 月 16 日在纽交所成功上市，陈欧也成了人人羡慕的亿万富豪。在聚美优品的广告中，陈欧为自己代言，他一番励志的话语激励了更多正在创业的年轻人。他说："也许会失败，但人生很短，千万不能让自己后悔。哪怕遍体鳞伤，也要活得漂亮。要想成功，先要迈过失败那道坎。"

砥节砺行

面对强大的竞争压力，很多人会选择自主创业，通过自主创业改善生活条件，但又谈何容易呢？1/3想创业的人在选择适合自己的项目上就遇到了难题，所以创业前一定要三思而后行。对于创业者来说，选择一个好的创业项目很重要。若最初没选择好的话，会影响以后的发展。应怎样选择适合自己的创业项目呢？首先，要看准所选项目或产品的市场前景，所发展项目要有直观的利润。有些产品需求很大，但成本高，利润低，忙活一阵只赚个吆喝的大有人在。其次，要选择适合自己的项目。俗话说："隔行如隔山"。应尽量选择与自己的专业、经验、兴趣、特长能挂得上钩的项目。最后，要从实际出发，不贪大求全。当瞄准某个项目时最好适量介入，先以较少的投资来了解认识市场，等到自认为有把握时，再大量投入，放手一搏。不要嫌投入太少而利润小。"船小好调头"，即使出现失误，也有挽回的机会。

任务一　创业项目的选择

★ 名人语录

对于做企业来说，思路决定出路，布局决定结局。

——牛根生

 任务导入

创业者在创业之前必须选择好项目才能进行下一步的创业之路。创业项目是机会的具体化，是将创意转化为市场所需产品的实际表现。对创业机会进行识别和评估之后，创业者还需要结合自身条件，进一步评估机会的可行性；然后将创业机会进一步细化到产品中，最终选择合适的创业项目。在进行下面的学习之前，请思考以下问题。

（1）如果你要创业，你会如何选择创业项目？
（2）你拥有什么技能或技术？
（3）你能用这些技能或技术抓住商机吗？

知识链接

一、选择项目应遵循的基本原则

（一）做自己熟悉的

创业是一项风险极高的活动，大学生的初次创业更是如此。创业者应尽量选择自己熟悉的行业和项目，充分利用自己的优势资源，如专有技术、行业从业经验、经营管理能力、个人社会关系等。这样既可以较好地控制风险，又能够发挥自己的特长，形成自己的经营特色，同时也更容易看清市场变化，在将来的市场竞争中占据主动地位。我国许多老字号品牌如"北京烤鸭""山西老陈醋"等能够历经百年而长盛不衰，与这些品牌商家在最初创业时开发并有效利用自己的专有技术有着密切的关系。

（二）做自己感兴趣的

兴趣是最好的老师。如果创业者选择自己感兴趣的创业项目，那么创业活动一般比较容易获得成功，并且活动的开展会事半功倍；如果创业者自己对所选择的创业项目并不感兴趣，只是为了挣钱，那么，创业者一般不太容易将创业项目做好，即使最后做好了，往往也是事倍功半。因此，正在艰难选择项目的创业者，最好选择自己感兴趣的行业和项目。

（三）做自己可以掌控的

初次创业的创业者普遍缺乏企业管理经验，资金和社会关系等资源相对匮乏，这些不足使他们极易遭遇创业的"初始危险期"。因此，创业者必须清楚地衡量自己的资源，量力而行，把风险置于自己可以掌控的范围之内；在同等条件下，应优先考虑那些"短、平、快"的项目。这样，一方面可以迅速收回投资，降低投资风险；另一方面，即便项目后期成长性不佳，创业者也可以选择维持经营或主动退出，然后利用挖到的"第一桶金"另寻出路。在现实生活中，不少成功的企业家当前所经营的产业与当初创业时的选择大相径庭，就说明了这一点。

（四）做市场需要的（产品）

产品生产要以市场为导向。创业者在选定项目之前，一定要做好充分的市场调研，获取市场的产品需求信息。创业需要灵感，但灵感不能建立在虚幻之上，不做市场调研，就不能知晓市场真正的需求，更无法预测市场的未来走势，从而导致生产出来的产品脱离市场需求。创业者可以通过问卷、访谈、实地考察、试验等多种方式进行市场调研，获取市场需求的第一手资料。创业者尤其要注意对市场空白进行研究，因为有空白就意味着可能存在巨大的消费需求，而这就是商机，就是最好的创业项目。

温州有一个拥有千万资产的老板叫叶建林，他创业成功的秘诀就是"生意一火就转行，哪行没人做就做哪行"。他先后做过酒楼、鞋革厂、大排档、火锅店等生意。每一次他都创当地行业之先河，而且盈利颇丰，原因就在于他能敏锐地发现和抓住市场空白，捷足先登。

(五) 做可持续发展的

选择创业项目时，创业者应该有一个长远的眼光，把可持续发展作为创建企业的一个重要目标，思想有多远，路就有多远，如果创业者只考虑眼前利益，那么创业企业离淘汰也就不远了。例如，以前曾经出现过的玩具"飞来飞去器"、健身器材"呼啦圈"等，这些产品的畅销就像是一阵风，这阵风吹过之后市场就饱和了。因此，创业者应该选择市场需求源源不断的创业项目，以确保该项目能向市场提供反复消费的商品。只有选择这样的项目，才能让创业企业实现可持续发展。

(六) 做符合政策导向的

成功的创业者一定会时刻关注国家政策的变化。政策对于不同产业的导向，反映了国家对于不同产业的态度和这些产业未来可预见的前景。国家扶持的产业往往是国家重点发展的项目，而这正是创业者所需要的商机。相当一部分成功的民营企业家，就是在我国改革开放初期，借助国家政策的变化，找到了创业机会，实现了创业梦想。随着改革开放的不断深化，越来越多的商机将不断涌现。

需要注意的是，创业者一定要在国家允许进入的行业和领域选择创业项目。国家对于某些活动是明令禁止的，如制毒贩毒、生产和经营军火、传销等；有些领域是有限制条件的，如制药、烟草等；有些行业是有资质要求的，如大型建筑工程建造、矿山开采等。面向普通大众的民用商品领域绝大部分是没有限制的，创业者只需要守法经营和依法纳税即可。总之，创业者所选择的项目及经营活动要符合法律的规定，否则创业终归是要失败的。

二、创业项目的选择策略

(一) 基于解决他人困难选定创业项目

创业者可以从各种社会困难现象和他人的实际困难中找出当前尚未被满足而又被消费者广泛渴望的需求，即"痛点"，从中发掘能够产生系列连锁反应的机会。"别人的困难往往就是企业成功的机会。"解决别人的实际困难，或者挖掘别人（即潜在的目标客户、用户）的"痛点"，可谓创业最好的出发点和切入点之一，很多创业者或创业团队的起步都是从自己的"痛点"或身边人的"痛点"做起的。例如，城市交通拥堵，打车难是"痛点"，各种打车软件便应运而生；餐馆多，难甄别是"痛点"，餐饮点评网站便应时而现；一些大学生对学校食堂饭菜不甚满意或懒于走动等是"痛点"，各种做外卖的网站则横空出世；出门在外，手机没电而又急需使用是"痛点"，充电宝即破土而出。

(二) 通过分析已有商品存在的问题选定创业项目

市场上销售的商品总会存在这样或那样的问题，如有的样式单调，有的颜色单一，有的功能和性能不够完善，有的结构不合理等。创业者可以通过调查分析，针对这些商品存在的问题，对商品进行改进和完善，在解决问题的过程中选定创业项目。按照此类策略选定的创业项目的成功率往往很高。

(三)通过透视热销商品或社会热点现象背后隐藏的商机选定创业项目

创业者可以以热销商品或社会热点为导向，认真分析热销商品或社会热点现象背后隐藏的商机，通过为那些"赶潮"的人提供创新型商品或服务来选定创业项目，并进行经营实践。例如，当看到智能手机热销时，有人分析了智能手机背后隐藏的商机：一是手机贴膜应运而生，二是手机阅读架悄然而起，三是手机自拍杆顺势而出，四是手机充电宝备受青睐，五是各类手机App犹如雨后春笋般涌现。又如，旅游热背后隐藏的商机——旅游产品的开发，网购商品热点现象背后隐藏的商机——物流快递业的发展等。

(四)基于市场供求差异分析选定创业项目

从宏观上看，任何产品或服务的市场需求总量和市场供给总量之间往往都存在一定的差距。通过调查分析，若发现某种产品或服务的市场供给不足，就可以从中找到创业机会，选定创业项目。市场需求不仅是多样化的，而且是不断变化的。因此，即使有时市场供求总量平衡，但供求结构不一定平衡。创业者通过分析供需结构差异，也可以从中发现创业机会，选定创业项目。例如，1983年，时任广东三水酒厂厂长的李经纬在创业时发现，虽然我国饮料市场的供求状况从总体上看是供过于求的，但他在供过于求的市场状态中，通过分析供需结构差异发现了创业机会，开发出运动保健饮料，起名"健力宝"，一举打开市场，进而使健力宝公司不断发展壮大并广为人知。

(五)利用市场细分选定创业项目

所谓市场细分，就是根据整体市场上消费者需求的差异性，以影响消费者需求和欲望的某些因素为依据，把某种商品的整体市场划分为若干个消费者群体（子市场）的一种市场分类方法。通过研究子市场，创业者可以找出某类消费者的共同特点，然后针对这些特点进行产品研发，进而发现创业机会。

(六)根据自身的喜好或特长选定创业项目

自己喜爱或擅长的事情通常都比较容易做好。创业者可以结合自身的专业特长，认真分析市场需求和自身情况，进而选定创业项目。这样往往能最大限度地激发自身的创新创业激情，并提高创新创业实践的成功率。

> **案例阅读**

按特长选择的创业项目

加拿大Spin Master玩具公司的创始人是三位年轻人：28岁的拉比、27岁的哈拉里和29岁的瓦拉迪。学绘画专业的哈拉里和拉比，在招贴画创作上非常有创意。在一次校园活动中，他们共同创作的一张招贴画卖了5美元。数目虽小，却让两人意识到，自己除了有艺术创作能力外，还具有一定的商业能力。大学毕业后，他们用卖招贴画所挣的1万美元开了一家玩具公司，并推出一种独特的玻璃头饰。该产品一上市，就大受欢迎，仅1个月销售额就达数十万美元。后来，学国际贸易的瓦拉迪加入创业团队，让玩具公司如虎添翼，接连推出的多种产品都风靡欧美。如今，这家靠 1 万美元起步的小公司，年销售额达到了 420 万美元。

拓展训练

请结合下面的案例，与小组成员讨论问题出现的原因及改善状况的思路。

刘芳的邻居开了一家食品便利店，经营得一直非常好。刘芳看着眼热，便决定自己当老板，也开一家食品便利店，并把这一想法告诉了亲戚、朋友和邻居。刘芳家有一间房临街，特别适合用来开食品便利店。于是，她的丈夫便帮她做了一个柜台和一些搁板，以便她开店。刘芳拿出自己的积蓄，加上从亲戚那里借来的钱，开始进货。当她申请到营业执照后，她的食品便利店就开业了。开业后不久，刘芳就遇到了问题：她商店里的顾客比邻居店里的少很多，同时，她的孩子告诉她，邻居店铺现在的经营状况也不怎么好。

任务二　创业风险分析

名人语录

在创业过程中，如果说压力，我认为选择什么不做是非常大的压力。因为在这个过程中受到的诱惑太多了，每一个新的概念都可以做很大的东西。在商业上的策略不是决定做什么，而是决定不做什么。

——黄明明

任务导入

创业虽有风险，但可以对其进行有效的规避和防范。风险规避和防范的第一步就是要正确、全面地识别可能面临的各种潜在风险。在进行下面的学习之前，请思考以下问题。

（1）创业存在哪些风险？
（2）如何才能识别创业风险？
（3）创业者应如何防范创业风险？

知识链接

一、创业风险的概念

创业风险是指在创业过程中，由创业环境的不确定性，创业机会与企业运营的复杂性，以及创业者、创业团队能力的局限性所导致的创业活动偏离预期目标的可能性及后果。

二、创业风险的来源

（一）资金风险

资金风险是指各种难以预料或无法控制的因素使创业企业的实际营收小于预期营收的可能性及后果。对创业所需资金估计不足、创业资金筹措不及时、财务结构不合理、融资不当、现金流管理不力等，都可能导致创业企业实际营收不及预期，从而引发一定的资金风险。一旦流动资金不足，企业就会遇到运营困难，甚至会破产倒闭。

（二）竞争风险

一旦选择创业，创业者就应深入思考如何参与竞争的问题。如果创业者选择的是一个竞争异常激烈的领域，那么创业企业极有可能受到同行的强烈排挤。例如，一些大企业为了吞并或挤垮小企业，通常会采用低价销售的手段展开竞争。对大企业来说，由于规模较大，实力雄厚，短时间的降价并不会对其造成致命的伤害，而对创业企业而言，竞争对手的低价销售策略则可能是灭顶之灾。

（三）技术风险

技术风险是指技术方面的因素及其变化的不确定性所导致的创业失败的可能性。技术研发、技术前景、技术寿命、技术效果和技术成果转化的不确定性等，都可能带来技术风险。

（四）市场风险

市场风险是指市场情况的不确定性所导致的创业者失败的可能性。市场供给和需求的变化、市场对产品的接受度和接受时间的不确定性、产品价格变化、市场战略失误等都可能给创业活动带来一定的市场风险。

（五）团队风险

现代企业越来越重视团队的力量。创业团队能通过协同合作使创业企业发展壮大，但是，一旦创业团队的核心成员在决策问题和协作问题上产生分歧，企业发展就可能受到强烈的冲击。此外，当创业团队在股权、利润分配等相关问题上不能达成一致时，企业发展也容易受到冲击。

（六）财务风险

财务风险是指公司财务结构不合理、融资不当使企业可能丧失偿债能力而导致投资者预期收益下降的风险。企业财务风险产生的原因很多，既有企业外部的原因，也有其自身的原因，而且不同的财务风险形成的具体原因也不尽相同。

三、创业风险的管理

（一）风险识别

风险识别是指在风险事件发生之前，风险管理人员在搜集资料和调查研究的基础上，运用各种方法对尚未发生的潜在风险进行系统归类和全面识别的过程。其任务是查明各种不确定性因素和风险来源，预估各种风险事件的可能后果，确定哪些因素对创业构成威胁，哪些因素可能带来机会，从而为风险管理做好准备。

风险识别的具体方法主要有以下几种：

（1）业务流程法。按创业企业经营过程的内在逻辑制作流程图，并针对流程中的关键环节和薄弱环节进行调查分析，找出可能存在的风险，进而分析该风险存在的原因和可能造成的损失。

（2）咨询法。委托咨询公司或保险代理人对创业企业进行风险调查和识别，由其提出风险管理方案，供创业者参考。

（3）现场观察法。通过直接观察创业企业的各种生产经营设施和具体业务活动，了解和掌握企业面临的各种风险。

（4）财务报表法。通过分析资产负债表、损益表和现金流量表等报表中的每一个会计科目，来确定创业企业在何种情况下会有何种潜在损失及其成因。由于每个企业的经营活动最终都要涉及商品和资金，而财务报表可集中反映商品和资金的流转情况，所以，用财务报表法分析企业风险比较客观、准确。

（二）风险评估

风险评估是指在风险识别的基础上，对可能发生的某类风险的预计、度量等。在这一阶段，创业者可先按照相关风险的发生概率，评估出大概率风险、一般风险和小概率风险，同时对风险事件可能带来的损失规模进行分析，以使风险分析科学化；然后，综合考虑风险事件的发生概率、损失程度与其他综合因素，并比较风险管理所需支付的费用，进而决定是否需要采取风险控制措施，以及控制措施实施到什么程度，从而为风险决策提供可靠的依据。

（三）风险防范

创业者评估风险后，若认为某类风险会给企业带来较大的损失，就可以针对该类风险采取相应的防范措施。

（1）财务风险的防范。创业者可通过以下措施来防范财务风险：①对创业所需资金进行合理估计，避免筹资问题影响企业的健康成长和后续发展；②为创业企业建立信用，以提高成功筹集资金的概率；③正确权衡企业的长远发展和当前利益，搭建合理的财务体系框架，从恰当的渠道获得资金；④妥善管理现金流，避免现金断流，进而造成财务拮据甚至破产清算的局面。

（2）竞争风险的防范。创业者可通过以下措施防范竞争风险：①回归到产品本身，提高产品质量，丰富产品种类；②关注竞争对手的动向和用户需求，找到竞争对手的弱点，据此找到市场竞争的突破口，进而为用户提供独一无二的产品。

（3）技术风险的防范。创业者可通过以下措施防范技术风险：①加强技术创新方案的可行性论证，减少技术选择与技术开发的盲目性，并通过建立灵敏的信息预警系统，及时预防技术风险；②通过组建技术联合开发体或建立创新联盟等方式，减少技术风险发生的可能性；③高度重视专利申请、技术标准申请等，通过法律手段降低技术风险出现的可能性。

（4）市场风险的防范。创业者可通过以下措施防范市场风险：①以市场为导向，以消费者的需求为出发点，有针对性地组织生产；②时刻关注市场变化，及时规避市场不利因素的影响；广泛收集市场信息，并加以分析比较，进而制定有效的市场营销策略；③摸清竞争对手的底细，分析其营销思路并找出其弱点，据此调整自己的营销思路，规避市场风险；④对各种成本精打细算，杜绝不必要的开销；建立健全符合自身产品特点的销售网络；以良好的售后服务赢得消费者的青睐。

（5）团队风险的防范。创业者可通过以下措施防范团队风险：①谨慎选择创业团队成员；②构建团队的共同价值观和愿景，让所有团队成员就"创业使命""共同目标"等关键命题达成共识，并用这些共识去指导团队成员的言行；③制定团队管理制度，规范团队纪律，用良好的制度和纪律来约束团队成员。

砥节砺行

大学生要创新创业就一定要在风险和收益之间进行抉择和权衡，既不能为了收益而不顾风险的大小，也不能因害怕风险而错失良机，而是要在争取实现目标的前提下，管理风险，控制风险，规避风险，这才是大学生创新创业者对待风险的正确态度。

▶ 案例阅读

尽量避免风险，保住本金

股神巴菲特是一个善于规避风险的高手。1956年，26岁的巴菲特靠亲朋凑来的10万美元白手起家。52年后，《福布斯》最新全球富豪排行榜显示，巴菲特的身价已位居全球首位。如今看来，巴菲特的故事无异于神话。但仔细分析巴菲特的成长历程后会发现，他并非那种善于制造轰动效应的人，而是一个脚踏实地的平凡人。

在巴菲特的投资名言中，最著名的无疑是这一条："成功的秘诀有三条。第一，尽量避免风险，保住本金；第二，尽量避免风险，保住本金；第三，坚决牢记第一、第二条。"为了保证资金安全，巴菲特总是在市场最亢奋、投资人最贪婪的时刻保持清醒的头脑而急流勇退。1968年5月，当美国股市一片狂热的时候，巴菲特却认为再也找不到有投资价值的股票了，他几乎卖出了所有的股票并解散了公司。果然，在1969年6月，股市大跌，渐渐演变成了股灾。到1970年5月，每种股票都比上年初下跌了50%，甚至更多。

巴菲特的稳健投资，绝不干"没有把握的事情"的策略使他躲过一次次股灾，也使他所掌握的资本在机会来临时迅速增值。

拓展训练

请结合下面的案例，与小组成员讨论问题出现的原因及改善状况的思路。

无论在什么行业，创业都存在风险。这些风险从开始创业时就潜伏在创业者的身边，有的创业者能很好地预测风险，所以能巧妙地避开。在创业过程中，一般会存在资金风险、竞争风险、技术风险、市场风险和团队风险。除上述风险外，还存在其他风险吗？请运用头脑风暴法，探索其他可能存在的创业风险，并想一想：你认为的最大的创业风险是什么？应该如何规避？学生每3～6人为一组，就上述问题展开讨论，并记录讨论的结果。讨论结束后，每组选一个代表说一说讨论的结果，然后由师生一起评比出观点最合理、方法最实用的讨论结果。

任务三　创业资源需求分析

> **名人语录**
>
> 创业要找最合适的人,不一定要找最成功的人!
>
> ——马云

任务导入

创业不是引"无源之水"、栽"无本之木"。创业需要资源,每个创业者都必须拥有一定的资源才能开始创业。但是,很多创业者在创业初期都会面临资源不足的问题,因此,如何获取资源就成为他们亟待解决的问题之一。在进行下面的学习之前,请思考以下问题。

(1) 创业资源包括哪些?
(2) 怎样获取创业资源?

一、创业资源的概念

创业资源是指企业在创立及成长的过程中所需要的各种生产要素和支撑条件,是创业企业在创造价值的过程中所需要的特定资产。

对于创业者来说,只要是对其创业项目和创业企业的发展有所帮助的要素,都可以归入创业资源的范畴。创业者既要善于积累个人资源,也要善于创造性地整合外部资源,从而为创业创造良好的条件。

二、创业资源的种类

(一) 人力资源

人力资源包括创业者及其创业团队成员的知识、技能、经验、视野和愿景等,以及创业者本身的人际关系网络。创业者是创业企业最重要的人力资源,其价值观念和信念是创业企业的基石,其所拥有的人际关系网络还能使企业获取大量的外部资源。由于企业之间的竞争主要是人才的竞争,因此,高素质人才的获取和开发成为创业企业可持续发展的关键因素。

(二) 资金资源

资金资源既包括创办企业所需要的启动资金,也包括企业转型或发展所需要的资金等。一一般来说，在创业初期及时筹集到足够的资金，是企业成功创办和顺利经营的前提条件。

（三）信息资源

信息资源是指创业企业在经营管理过程中所需要的一切文件、数据等信息，如行业概要、项目交易数据、供求信息、调研报告、经济数据、相关科研数据等。

（四）技术资源

技术资源包括关键技术、制造流程、生产工艺等。技术资源一般与物质资源结合使用，部分技术资源还会形成企业的无形资产。创业企业可以通过法律手段保护其技术资源。

（五）物质资源

物质资源是指创业企业经营所需要的各种有形资源，如场地、设施、机器设备、原材料等。在某些情况下，一些自然资源（如矿山、森林等）也可能会成为创业企业的物质资源。

（六）组织资源

组织资源主要是指企业的组织架构、生产机制、决策体系、管理体系，以及正式或非正式的计划体系等。

三、创业资源的来源

创业资源主要有两个来源：一是来自内部积累，这类资源被称为自有资源；二是来自外部的机会，这类资源被称为外部资源。自有资源是创业者自身所拥有的可用于创业的资源，如自有资金、自有技术、自己获得的创业机会信息、自建的营销网络、自己控制的物质资源等。外部资源包括其他企业的资源和公共资源。

四、创业资源的获取

获取创业资源的途径分为市场途径和非市场途径两大类。当创业所需资源有活跃的市场时，创业者可以采用市场途径获取，其他情况下则可以采用非市场途径获取。

（一）通过市场途径获取创业资源

通过市场途径获取创业资源的方式包括购买和联盟两种。

（1）购买。购买是指利用资金资源通过市场购入的方式获取资源。这种途径可用于获取厂房、设备等物质资源，关键技术、专利等技术资源，聘请有经验的员工等。需要注意的是，某些知识，尤其是隐性知识可能会附着在物质资源上，此时可通过购买物质资源（如机器设备）而获取。

（2）联盟。联盟是指通过联合其他组织，对一些难以自行开发的资源进行共同开发，从而获取资源。联盟的前提是联盟双方的资源和能力互补且有共同的利益，并能够对资源的价值和使用达成共识。

(二)通过非市场途径获取创业资源

通过非市场途径获取创业资源的方式包括资源吸引、资源积累等。

(1)资源吸引。资源吸引是指发挥无形资源的杠杆作用,利用创业企业的创业计划和创业团队的声誉,通过对创业前景的描述来获得或吸引物质资源、技术资源、人力资源和资金资源等。

(2)资源积累。资源积累是指利用企业现有资源,在企业内部通过建造、开发、培训等方式形成所需资源。其主要包括自建厂房、设施,在企业内部开发新技术,通过培训来增加员工的知识和技能,通过企业的自主经营获取资金等。

> **案例阅读**

坚持不懈就能成功

桑德斯上校退休后拥有的所有财产只是一家靠在高速公路旁的小饭店。饭店虽小,但颇具特色,与众不同。可最受欢迎的,也是客人最爱吃的一道菜就是他发明烹制的香酥可口的炸鸡,仅此就给他带来了一笔可观的财富。多年来,他的客人一直对他烹制的炸鸡赞赏有加。可是令他万万没想到的是,由于高速公路改道别处,饭店的生意突然间也一落千丈,最后只好关门歇业。被逼无奈,桑德斯上校决定向其他饭店出售他制作炸鸡的配方,以换取微薄的回报。

在推销的过程中,没有一家饭店愿意购买他的配方,并且还不时地嘲笑他。一个人在任何年龄被人嘲笑都不是一件令人愉快的事,更何况到了退休的年龄还被人嘲笑,这就更令人难以接受了。而这恰恰发生在了桑德斯上校身上。他不但被人嘲笑并且接连不断地被人拒绝,可见这些经历对他的影响有多么巨大。但他始终没有放弃,在没有找到买主之前,他开着车走遍了全国,吃住都在车上,就在被别人拒绝了1 009次后,才有人终于同意采纳他的想法,购买他的配方。从此后他的连锁店遍布全世界,也被载入了商业史册。这就是肯德基的由来。

人们为了纪念这位桑德斯上校,就在所有的肯德基店前树立一尊他的塑像,以此作为肯德基的形象品牌。俗话说:"神枪手是一枪一枪打出来的!"缺乏坚持不懈的毅力或认为自己不能得到自己想要的东西,这两者都是阻碍大多数人勇于改变的关键原因。如果你能够紧紧抓住自己的目标不放并坚持不懈,那么很快你就会超过大多数人。记住,是你掌握着自己的生活。如果你一心想达到一个目标,就一定会有办法取得成功。

> **拓展训练**

一、案例分析

上网查阅2~3个创业失败的案例,分析他们创业失败的原因,重点分析他们在创业资源方面存在的问题。

二、能力训练

假设你是一名即将毕业的学生,准备毕业后自主创业。请根据你选择的创业项目,分析以下问题:
(1) 对所选创业项目进行详细分析,从市场、资源、效益等角度论证其可行性。
(2) 写出创业所需的资源,并列明其中需要持续获取的资源。
(3) 写出拟采用的获取资源的途径和方法。

任务四 创业项目的资源整合

名人语录

创业等于发现机会和调动资源。

——斯蒂芬·P.罗宾斯

创业者在企业成长的各个阶段都会努力争取用尽量少的资源来推进企业的发展,他们需要的不是拥有,而是控制这些资源。

——霍华德·史蒂文森

任务导入

创业资源的开发和整合伴随着整个创业过程。在企业创业初期,创业资源多是零散的,因此,创业者需要整合各种创业资源,以使它们发挥最大的价值。在进行下面的学习之前,请思考以下问题。
(1) 创业者应如何有效地开发和整合人力、技术、财务等资源?
(2) 创业者应如何创造性地整合外部资源?

知识链接

一、创业资源的开发和整合

创业者需要开发与整合的资源包括人力资源、信息资源、资金资源、技术资源等。

(一) 人力资源

人才是创新之源,是企业最核心的竞争力。现代企业的竞争,归根结底是人才的竞争。而要吸引、留住人才,就必须在尊重人才的价值上下功夫。因此,企业应根据自身发展情况,建立合适的人力资源管理体系,具体内容如下:

（1）建立完善的企业薪酬制度，以吸引和激励人才。
（2）建立培训机制，使人才发挥最大的潜能。
（3）善待员工，既要给予其物质上的激励，也要给予其精神上的鼓励。
（4）要用人所长，将人才安排在最合适的岗位上。
（5）各部门的分工应尽可能明确，避免出现交叉。

（二）信息资源

在当今社会，信息资源对于很多创业者来说非常重要，创业者应当像管理其他创业资源一样对信息资源加以整合。创业者在做决策时，要充分利用整合后的信息资源，综合考虑政府、行业、竞争对手、合作伙伴等各方面的信息。

（三）资金资源

创业离不开资金的支持。创业者除要合理评估和利用自身资金资源外，还要学会借力，通过不同的渠道筹集资金。需要注意的是，创业者在接受外部投资时，要先对投资者的基本情况（如资质、业绩等）有所掌握，再根据企业的实际情况在众多投资者中进行选择。

（四）技术资源

在创业初期，技术是最关键的资源，是决定企业产品市场竞争力和企业获利能力的根本因素。企业成功的基础是要有好的产品，好的产品一般都具有一定的专业性，而产品的专业性通常来源于企业所掌握的先进技术。

企业的先进技术既可以自己研发，也可以合作研发，如与科研院所或拥有领先技术的公司合作等。

二、创业资源的整合过程

企业资源在未整合之前大多是零碎的、低效的，要使这些资源发挥出最大使用价值、产生最佳效益，就必须运用科学的方法对各种类型的资源进行整合，使它们有机地融合起来。

创业资源的整合是一个复杂的过程，通常可分为资源扫描、资源控制、资源利用和资源拓展四个步骤。

（一）资源扫描

所谓资源扫描，就是对企业所拥有的资源进行全面梳理。根据资源的不同类型，资源扫描又可分为自有资源扫描和外部资源扫描。

（1）自有资源扫描。自有资源扫描是指创业者对企业自身所拥有的资源进行全面梳理，并能找到自己的资源优势和不足，认清哪些属于战略性资源，哪些属于一般性资源。同时，要确定资源的数量、质量、使用时间及使用顺序等，以便更好地进行资源整合。

（2）外部资源扫描。外部资源扫描是指创业者对外部环境进行全面梳理，及时发现其所需资源的过程。同时，创业者还应了解获取这些资源的渠道，并对获取各种资源的难易程度进行排序，按先易后难的顺序对相关资源的所有者进行深度分析。再将这些资源与自己所拥有的资源进行比较，找到自己与资源所有者的利益契合点，拿出双赢的合作方案，从而获取所需资源。这通常需要创业者具有一定的行业知识和社会经验。

(二) 资源控制

资源控制是指创业者对各种资源的掌握程度。资源控制力越强,创业企业在利用资源时越得心应手,同时,还能规避资源灭失而产生的风险。

(三) 资源利用

在获取和控制了大量资源后,创业企业必须对这些资源进行恰当的配置,以充分发挥它们的价值。在整合资源时,创业者需要协调各种资源之间的关系,以使资源之间的联系更加紧密,从而形成"1+1>2"的局面。

(四) 资源拓展

资源拓展是指借助已有资源,进一步为企业开发潜在的资源,从而推动企业的持续发展,并不断形成新的优势。

❯ 案例阅读

蒙牛借力

牛根生和他的创业团队把一个一无奶源、二无工厂、三无市场的"三无企业"发展成一个在中国排名靠前的乳制品企业,其成功的核心因素之一就是借力。

对于乳制品企业而言,奶源的重要作用不言而喻。但在蒙牛创立初期,奶源已被各大企业瓜分殆尽,蒙牛若要自建奶源基地和工厂,不仅费时费力,还可能会落个"出师未捷身先死"的下场,面对这种困境,蒙牛创业团队创造性地提出了"先建市场,后建工厂"的战略,他们通过与其他经营不善的液体奶公司合作,借来奶源,借出技术、管理人员等资源,将别人的工厂变成了"自有车间",实现了真正意义上的双赢。

此外,蒙牛还通过"虚拟联合"战略,将传统的"体内循环"变为"体外循环"。公司内部只专注于自己最擅长的事,如销售、管理等。奶站基地、运输车辆等都外包给其他更为专业、更有效率的外部主体去运营。这种资源外取的战略,通过整合大量的外部资源,既强化了蒙牛的核心业务,又补足了其短板,进一步促进了企业的快速发展。

牛根生和他的创业团队就是这样用别人的钱干自己的事,用智慧及灵活的战略和战术创造了奶制品世界的神话。

拓展训练

一、案例分析

空手变出油轮的图德拉

委内瑞拉有位名叫图德拉的工程师,他既无关系,又无资金,却想转行做石油生意,最后居然做得很成功,他是怎样做到的呢?当时,图德拉了解到阿根廷牛肉生产过剩,但石油制品比较紧缺。于是,他便来到阿根廷,同有关贸易公司洽谈业务。

"我愿意购买2 000万美元的牛肉,"图德拉说,"条件是,你们向我购进2 000万美元的丁烷。"

因为图德拉知道阿根廷正需要2 000万美元的丁烷,双方的买卖很顺利地确定了下来。

接着,图德拉又来到西班牙,对一个造船厂提出条件,他说:"我愿意向贵厂订购一艘2 000万美元的超级油轮。"那家造船厂正为没有人订货而发愁,当然非常欢迎他。图德拉又话头一转:"条件是,你们购买我2 000万美元的阿根廷牛肉。"牛肉是西班牙居民的日常消费品,况且阿根廷正是世界各地牛肉的主要供应地,造船厂何乐而不为呢?于是双方签订了买卖意向书。

然后,图德拉又到中东地区找到一家石油公司提出条件,他说:"我愿意购买2 000万美元的丁烷。"石油公司见有一笔大生意可做,当然非常愿意。图德拉又话锋一转:"条件是,你们的石油必须通过我在西班牙购买的超级油轮运输。"在中东地区,石油价格是比较低廉的,贵就贵在运输费上,难就难在找不到运输工具,所以石油公司也满口答应,彼此也签订了买卖意向书。

在图德拉的周旋下,阿根廷、西班牙和中东国家不仅得到了自己需要的东西,还出售了自己亟待销售的产品,图德拉也从中获取了巨额利润。

三笔生意全部完成后,这艘油轮便归图德拉所有,有了油轮的图德拉终于可以大做石油生意,实现了自己的梦想。

思考:你能从这则故事中受到什么启发?请结合故事谈一谈资源整合在创业中的重要作用。

二、探索活动

资源整合

活动目的:能够评估自身拥有的资源,发现并有效整合外部资源。

活动内容:创业是一个评估自有资源、整合外部资源的过程。如何创造性地整合外部资源是一名优秀创业者应具备的关键技能之一。请同学们按下列步骤进行资源整合训练。

(1)资源识别与评估。
1)列出已经拥有的资源,包括资金、技能、知识、网络关系、设备等。
2)评估这些资源的质量和可用性,确定哪些是优势资源,哪些可能需要改进或增强。
(2)需求分析。
1)明确创业项目的目标和需求,确定为了实现这些目标需要哪些额外资源。
2)分析市场和行业趋势,了解潜在的机会和威胁。
(3)资源搜索与筛选。
1)寻找外部资源,包括潜在的合作伙伴、投资者、顾问、供应商等。
2)筛选和评估这些资源的相关性、可靠性和成本效益。
(4)创造性思维训练。
1)通过案例研究、头脑风暴和角色扮演等活动,培养创造性思维能力。

2）思考非传统的资源整合方式，比如共享经济模式、众包、联盟营销等。
（5）谈判与合作。
1）了解谈判技巧，以便他们能够有效地与他人协商资源交换条件。
2）强调团队合作的重要性，以及如何建立和维护良好的合作关系。
（6）资源整合计划制定。
1）制订详细的资源整合计划，包括时间表、责任分配、预算和风险管理。
2）考虑不同情景下的应对策略，以应对可能出现的挑战和变化。
（7）实施与监控。
1）将计划付诸实践，并监控资源整合的过程和结果。
2）定期检查进度，调整策略以应对实际情况的变化。
（8）反思与学习。
1）反思整个资源整合的过程，总结经验教训。
2）分享经验和学习，以便其他学生也能从中受益。
通过这些步骤的训练，可以提高大家的资源整合能力，这对于未来的创业活动将是极其宝贵的。

任务五　创业项目资源的创造性利用

 名人语录

创新就是创造一种资源。

——彼得·杜拉克

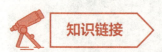 **任务导入**

在市场竞争中，企业的优势不仅来源于独特的资源，也来源于对这些资源的合理开发。企业合理地对资源进行开发能够为顾客创造更大的价值，也能为企业带来财富。在进行下面的学习之前，请思考以下问题。

（1）是否明确自己再创业期间已有的资源？
（2）如何利用已有的资源创造新的创意？

知识链接

一、不同类型资源的开发

初创企业应善于开发人力资源、社会资本技术资源、资金资源和信息资源等不同类型的资源，将创业资源转化为企业的绩效，实现价值创造的功能。

（一）根据事物产生、发展及改变的过程分类

企业一般应具有善于管理、决策果断、勇于开拓的管理者，精于核算与理财的会计人员，喜欢交际、会公关的销售人员，具有过硬的技术、擅长研发的技术人员，从事外向型经济的专业人员。要拥有这样一批高素质的员工，企业应根据发展的需要，制订一套人力资源规划方案，以人才战略作为企业发展的重点。人力资源的开发可以分为两种方式：一种是在企业内部培养，另一种是从企业外部引进。

1. 企业内部培养

在企业内部培养人才可以提升员工的有关专业技能，同时能够激发员工的工作积极性。一般来说，企业内部可以开设专业培训讲座，有目地让员工获得更多的岗位知识，也可以通过岗位变换的方式，让员工在不同的工作岗位上得到实际的锻炼，提高工作素质。此外，企业还可以进一步完善激励机制，从精神上、物质上激发员工的最大潜能，使人力资源得到充分的开发。

2. 企业外部引进

企业内部人才培养的周期一般较长，见效较慢。因此，除企业内部培养、委托培养外，还可以通过外部的人才市场招聘，引进中级、高级的专业人才，以及中级、高级技工。企业可以利用吸引人的薪酬制度求才，用事业发展吸纳高科技人才，用各种奖励和激励制度留住骨干人才。

（二）社会资本的开发

企业的社会资本和物质资本、人力资源一样，既有先天的成分，也有后天的获致性的特点。随着经济活动的频繁开展，人们后天获致性的社会关系在企业日常运作中日益凸现。企业利用好自己所控制的显在的和潜在的社会网络并加以开发，有利于实现企业的经营目标。

1. 长期投资

社会资本的形成需要花费很多时间和精力，需要长期投资。企业在日常工作中要注意社会资本的积累，不要有需要帮忙的事情时才去找别人。此外，在业务来往过程中，企业要注意积累可能的客户资源，开发社会资本。

2. 经常维护与开拓

社会资本可以通过合作、交流、拜访、帮助、友情等进行维护，只有经常性地进行维护，社会资本才会不断巩固，才会不断地开拓出新的社会资本。

3. 充分利用社会网络关系

社会网络关系具有辐射性，每个人一生中所认识的人包括老师、同学、亲戚、同事、朋友、客户等，是非常有限的。所以，创业者应该好好珍惜，充分利用现有的社会网络关系。

（三）技术资源的开发

技术资源是决定产品市场竞争力和获利能力的关键要素。例如，美国的微软公司和苹果公司在创业初期的资本都不过几千美元，团队成员也只有几人，它们能够发展壮大及取得成功依靠的就是其独特的技术资源。成功的企业要有好的产品，好的产品必须达到专业化、专一化，且技术上在同行业领域内一直领先。

技术资源的开发首先要对其进行整合，既要整合企业内部的技术资源，还要吸收企业外

部的有价值的技术资源。技术资源整合的目的是对技术不断创新，通过技术的开发，自主研制新的产品，获取自主的知识产权，使企业在市场中保持技术领先地位。

（四）资金资源的开发

资金资源开发的目的是解决企业资金来源的问题。在新企业的发展过程中，资金资源开发主要体现为选择新的战略投资者加入。由于新的投资者自身具有一定的资质、业绩成效等，他们的加入必定带来新的资金来源，同时，还会为企业带来其他资源，如政府关系、行业资历、市场驱动力、营销支持等。新企业在选择战略投资者时要考虑他们是否与企业当前所处阶段的发展目标相吻合，能否提供其他增值服务，要结合创业项目的发展空间、经营计划，确定新投资者的出资数额与股份比例，明确投资者的人员构成及各方所担任的职务，做好风险的控制等问题。

（五）信息资源的开发

企业的外部环境在不断地变化，企业必须掌握及时、准确的信息，对环境的变化进行预测和分析，进而做出科学合理的决策。信息资源的开发有利于企业抓住难得的成功机会，争取更多的生产要素资源，为创业者制定研发、采购、生产、销售的决策提供参考。信息资源的开发分为企业内部信息资源的开发和企业外部信息资源的开发两个方面。

1. 企业内部信息资源的开发

企业要管理好内部的信息资源，就需要对信息资源进行规划，建立企业信息资源管理标准，建立集成化信息系统的功能模型、数据模型和结构模型，实施系统化的企业信息化解决方案，在企业内部建立高效率、高水平的现代信息网络系统。

2. 企业外部信息资源的开发

企业外部及时、有效的信息是新企业健康、快速发展的重要保障。创业活动需要相应的政策扶持和行业指导，只有在政策允许和鼓励的条件下，企业才能获得更多的国内外人才、海内外投资、各种服务与优惠等。企业充分开发外部信息资源，享受政府的扶持，得到行业的帮助，可以使创业活动少走弯路，达到事半功倍之效。

企业应安排专人负责收集有关政策信息、行业动态，掌握行业内各种关系网，如竞争对手、供货商、经销商、管理部门等。通过信息资源开发，企业能够与大客户合作，并能够在第一时间了解客户的需求。此外，创业者对于科技研发机构、行业协会、行业展会、专业书刊等资源都需要加以关注和开发，发掘其价值，为企业的成长服务。

二、有限资源的创造性利用

资源是企业构建竞争优势的重要基础，在企业创建之初，其所拥有的各种资源都是非常匮乏的，新企业应该在有限资源的约束下，通过创造性地构建独特的能力，对现有资源加以有效利用。在创业过程中，在不同的情况下，有限的资源都可以被创造性地利用。

（一）人力资源与社会资本的利用

初创时期，新企业面临的创业机会很多，但所拥有的资源却相对不足。在这种情况下，新企业应该发挥团队的作用，利用团队的力量充分协调创业机会与创业资源之间的关系。

在企业还没有完成注册登记、产品营销模式还没有确定下来、创业资金还没落实的情况下，广泛而有效的社会关系将成为企业创立的有力工具。创业者需要调动自己社会资本中的一切有利因素，活用社会资本，顺利完成注册登记，并为企业筹集足够的资金。社会资本的公共特性和互惠特性使创业者在使用有形的物质资源的同时，可以创造性地开发并使用一种新的资源，即社会关系网络资源。这些资源是可以共生和再生的，可以成为共享资源，而且这种资源不会因为人们的使用而减少。

企业内部无法获得所需的资源时，从外部获取资源就显得十分必要，尤其是在企业的创立和早期成长阶段。企业并不需要所有资源，而是要拥有资源的使用权。通过各种各样的关系与其他社会成员发生联系，构成一个连环交错的社会网络，能够为企业接触并控制外部资源提供一个很好的途径。

（二）利用初始资源撬动其他资源

初始资源是指企业在初创时所拥有的特定资源和能力的总和。初始资源具有一定的价值性、稀缺性、难以模仿性等特点。初始资源可以是资金资源、物质资源、技术资源、个人信誉资源、人力资源等。初始资源可以作为工具性资源用来撬动企业所需的其他资源。创业者需要利用自身具备的初始资源与其他合作者、供应者、顾客等建立联系，运用初始资源开发其他资源。新企业可以在初始资源的基础上构建新的社会网络关系以获取新的资源。例如，企业与科研机构、金融机构、中介机构、关联企业等建立良好的网络联系获取新企业所需要的资源，通过组织网络企业能够从大学及其他科研机构获得核心人力资源、技术资源及有价值的商业性科技成果，从金融机构获得资金资源，从中介机构获得廉价的人力及物质资源，从而节省从外部购买的成本，也能够节省搜寻资源的时间。

（三）企业能力与资源的结合

资源利用是指企业经过资源整合过程形成独特的能力结构，将企业的外部资源与企业的内部资源进行有效的组合和配置，以形成企业的战略，最终为企业创造价值。有限资源的创造性利用包括两个方面：一方面是创业者或创业团队利用个人资源禀赋获取外部资源，从而创造价值；另一方面是创业者或创业团队利用已整合的资源获取外部资源并创造价值。因此，企业能力的发挥与企业的资源是密不可分的，能力需要与资源进行互动。能力作用于资源，资源要与能力相适应，两者相辅相成。在有限的资源条件下，企业应分析当前拥有哪些能力，如何利用自身的能力抓住市场机会，如何制定发展战略，如何对现有的资源加以利用。发挥能力的过程也就是高效地利用有限资源的过程，能力越大，越能充分地将资源的潜在价值挖掘出来，实现有限资源的创造性利用。

能力发挥的重点在资源的有效利用上，如果资源不能被有效利用，就会逐步散失。新企业在内部通过对能力进行整合，能够让企业的最大能力与资源的最大功效结合在一起，凭借市场的利好机会，为企业赢得发展中一个又一个的胜利。

（四）对异质性资源的利用

对异质性资源的利用主要是指利用资源的差异性和互补性，充分发挥整体资源的优势作用。拥有异质性资源是企业形成竞争优势、创造价值的一个必要条件。研究发现，最优资源组合的构建取决于创业者对各类型资源的整合与重组，企业拥有的异质性资源越多，资源整合的

作用越大。

(五) 有效的资源整合

面对有限的创业资源，企业可以采用不同的资源整合方式，结合创业团队的资源情况，分析企业资源储备的规模，提出吸纳外界资源的方案，积极地寻找和整合所有能够利用的内部和外部资源，发挥资源的最大效用。在创业的过程中，创业者应定期考察创业资源的情况，并及时加以整合。对于经常出现的人力资源短缺现象，企业可以采取以老带新的方式来保持人员梯队，对于新加入的人员，可以先进行短期专项培训，然后在参与项目运作中不断加以辅导，使他们在实践中成长。资源有限的新企业更加迫切需要对资源进行有效的整合。在技术不断变革、环境不断变化的条件下提高资源整合效率已经成为形成企业竞争优势的重要来源。各个企业资源整合效率不同是它们拥有相似资源而产出却有较大差异的主要原因。

三、创业资源开发的技巧和策略

(一) 创业资源开发的技巧

开发创业资源的技巧，其关键在于对资源的识别及调整企业内外部关系两个方面。

1. 对资源的识别

每种资源都能产生一定的作用，与企业发展目标相匹配的资源能够促进新企业的发展，而不相匹配的资源则会为企业带来负面影响，造成企业资源的浪费。创业者由于缺乏企业管理经验，缺少忠诚的客户作为基础，不能通过无形的声誉带来业绩，因此，更要好好地把握现有的创业资源，掌握资源识别的技巧。创业者要学会有意识地识别企业的资源需求，确定潜在资源的来源渠道，分辨哪些资源对于企业的创建和早期成长是必要的和关键的。创业者只有掌握了资源识别的技巧才能更好地开发资源。

2. 调整企业内外部关系

资源开发既包括对新资源的发现，也包括对原有资源的创造性利用，往往要与企业各职能部门经常交流与沟通，从而引起企业内部结构关系的调整，带动外部关系资源的流动与重新组合。在对内外部关系的调整中配置资源，可提升企业整体能力，使企业内外部关系相互作用、相互推动。在资源开发中，企业应发挥重要资源的作用，实现各职能部门的协调合作，调整内外部关系的资源配置，让整个项目更好地运作起来。在资源开发中，还涉及对资源的补充、资源的积累和资源的调动等行为，企业应关注重要的资源，拥有核心的资源，积累异质性资源，更新核心技术，重置关键设备，拓展市场资源，培养合适的专业人才。企业要重视内外部关系的构建与管理，实现其内部与外部的共同协作，在关系的调整中积累更多的创业资源。

(二) 创业资源开发的策略

1. 以创业资源为基础进行开发

资源整合对于创业过程的促进作用是通过创业战略的制定和实施来实现的。对于高科技企业来说，战略定位不清晰、核心竞争力不明确是其发展的主要障碍，因此有效的资源整合能够帮助创业者重新认识企业的竞争优势，制订切实可行的战略规划，为新企业的成长打下良好的基础。一方面，战略的制定和实施需要一定的资源支持，只有拥有充分的资源，战略才有制定和实施的基础，新企业所拥有的创业资源越丰富，创业战略就越有保障；另一方面，创业资源还可以适当矫正企业的战略方向，帮助新企业选择正确的创业战略。因此，创业资源开发的策略要以创业资源的状况为基础，企业获取的创业资源越多创业战略的实施也越有利。

2. 利用利益战略联盟进行开发

创业过程充满许多不确定性和风险，因此，新企业仅仅依靠自身的能力开发资源是不够的。创业者可以通过利益关系网络的资源来整合，与其他企业建立战略联盟，这样可以大大降低创业的不确定性和风险。此外，利益战略联盟容易产生知识的外溢，员工的非正式交流和频繁流动能够使每个联盟的企业从中获取新的管理方式和新产品的研发、生产运作及营销推广的技能。企业可以利用这些技能对创业资源进行有效的整合与开发。

3. 集中资源进行开发

在资源开发时，创业者应立足于经济效益的角度对创业资源的开发进行思考，确保资源的有序利用、集中开发，即要掌握各类资源的存量、特征、优势等方面的情况，坚持集约性开发原则，利用重点资源，开发关键资源。创业者通过对资源的集中开发，可提高每一单位资源的开发力度，提高创业项目的投入产出效益。需要注意的是，在集中资源开发中还要将资源节约放在首要位置，在资源保护中开发，在开发中保护资源。

4. 以构建创新体系为目标进行开发

在创业阶段，新企业的规模相较对小，其核心产品的自主知识产权比率很低。从长远发展来看，新企业在未来的一段时期内，应投入大量资源重点开发一批属于企业自身的、拥有自主知识产权的核心技术。创业者应当及时把握国内外最前沿的科研动态，了解国际最新的技术和科研成果，着力于高新技术、实用技术的应用开发，将高技术含量的资源与其他创业资源融合在一起，以高科技作为产品的内涵，以高科技打造产品的竞争力，凭借高端技术提高企业的经济效益，以高科技赢得市场、占领市场。

5. 在动态发展中进行开发

在一定时期内，企业所拥有的资源是企业发展的一个必要条件，在现有的资源条件下开发资源、提高资源的利用效率是非常重要的。企业资源开发的目的是促进企业的可持续、稳定发展，因此资源的开发应该是动态的开发。一方面，企业要解决资源的合理配置问题，优化自身的生产结构，提高生产效益；另一方面要考虑资源存量与流量的变化，不能为了追求当前的经济效益目标而过度浪费资源，造成资源耗竭，影响企业以后的进一步发展。

> **案例阅读**

对接客户的需求

王先生开了一家体控理疗店。起初由于人们对新生事物的不了解，生怕上当受骗，因此生意一直很冷清。体控理疗是什么？其实很多人都是第一次听说。体控理疗就是一种集保健、美容、治疗于一体的新型理疗方法，效果非常不错。为了尽快拓展市场，王先生开展了许多促销活动，如散发名片、开展免费体验、价格优惠等，但收效甚微。

有一天，王先生突然想起了不久前的一件事。一个朋友给了他一张"合理膳食"的科普宣传图，上面图文并茂地印有"40种不能搭配同吃的食物""不同疾病征候人群食物"。随着生活水平不断提高，人们的健康意识越来越强，"合理膳食"正是人人所需求的。

于是，为了便于保存、携带和查阅，王先生将这张宣传图改编成了小册子。小册子设计得非常漂亮，封面上方是三口之家的人物图片，下方印着"合理膳食，均衡营养"8个醒目大字，封底印有居家服务常备电话，如清洁公司、搬家公司、计算机维修公司、理疗服务等。当客户将有价值的资料保存下来后，就有了为对方服务的机会，自然也会赚到钱。

拓展训练

请结合下面的两个案例，与小组成员讨论成功或问题出现的原因及改善状况的思路。

案例1：1987年，中国台湾宏碁电脑公司收购了美国生产微型电脑的康点公司，但此后3年累积亏损5亿美元。到1989年，宏碁公司只好以撤资告终。其失败的真正原因就是"人力资源整合策略"出现了问题。无论收购前后，康点公司均发生了人才断层危机，而宏碁公司又缺乏国际企业管理人才，无法派人员填补此缺口，康点公司研究人员流失严重，宏碁电脑公司无奈之下被迫宣告并购失败。

案例2：1998年9月，合肥荣事达集团公司正式兼并重庆洗衣机总厂。经过不到两年的经营，在重庆地区，两家的"荣事达"与"三峡"品牌市场占有率由40%上升至70%以上，平均毛利率比上年同期增长82.57%。探究其成功之路，无不得益于兼并后荣事达集团的有效人力资源整合管理。兼并之初，集团不减人员，不动班子，承担全部员工，保留原厂级领导职位，集团只派3人出任公司副总经理、总工程师和财务总监助理。荣事达还决定把当年利润用于增加员工工资和奖励管理者。一段时期后，组建了新班子，并由新班子对公司进行管理和机构改革，新机构将原来的16个处室、3个车间调整为6处1室、4个车间，精减中层和机关管理人员63人。这些措施将荣事达引上了成功之路。

项目七
创业团队的组建

自我思考

创业如同拔河比赛，人心齐，泰山移。"宁要一流的人才和二流的项目，也不要一流的项目和二流的人才"是风险投资家的箴言。可以说，创业浪潮中的"项目秀""个人秀"的时代正在结束，团队的力量逐渐被越来越多的人所看好。尤其是创业的起步阶段，如果没有一个高素质的团队，再完美的创业计划也会失败。由于团队所具有的协作能力和灵活机动的运作模式，在很多公司内部，团队形式成为新的组织模式。因此，在创业过程中，不仅要求创业者本身具有一定的创业能力，对于团队成员的整体协同作战能力也提出了很高的要求。创业过程实际上就是团队不断成长成熟的过程。

请同学们想一想：你准备如何识别和吸引具有互补能力的成员？当团队成员之间出现分歧时，又应该如何调解，以确保团队的和谐与协作？在保证团队和谐的基础上，又该如何进一步激发团队成员的创新潜力，推动团队不断发展？

〖知识目标〗
1. 了解创业团队的组成元素及分工。
2. 了解创业团队的发展过程。
3. 熟悉高校大学生创业团队培养模式。
4. 掌握创业团队的组建程序。
5. 掌握创业团队的管理技巧。

〖技能目标〗
1. 能够发现团队能力的不足，并制订科学的能力提升计划。
2. 能够对团队进行创建与管理。

〖素养目标〗
1. 树立团队意识，领会创业过程中团队协作的重要意义。
2. 树立大局观意识，积极协调团队冲突和正确认识创业者困境。

【开篇故事】

为什么MySpace会惨败给Facebook？

2003年夏天，克里斯·德沃菲（以下简称德沃菲）和汤姆·安德森（以下简称安德森）注意到一炮而红的社交软件Friendster，用户可以在上面创建自己的个人主页，上传照片，介绍自己的兴趣、爱好，邀请朋友加为好友，上线后短短几个月就收割了数百万用户。于是，2003年8月15日，德沃菲和安德森共同创立的MySpace上线，相比Friendster的20秒加载时间，MySpace能做到将时间缩短至2秒以内，而且MySpace迭代更新非常快，从音乐播放、照片评分到群组功能，相比Friendster的毫无变化和不佳的体验感，用户纷纷从Friendster来到MySpace。MySpace自上线起，仅用了半年时间，就超过了Friendster，一举成为世界上最大的社交网站。

就在MySpace赶超Friendster的同时，2004年2月，Facebook在哈佛的一间宿舍里上线。然而，MySpace的创始人丝毫没有把新生的Facebook放在眼里。

2004年，传媒大亨鲁伯特·默多克（以下简称默多克）收购MySpace的母公司Intermix。被收购后，MySpace很快达到了顶峰，但是好景不长，因为默多克的新闻集团并不了解像MySpace这样的网络技术公司，从而使德沃菲和安德森受到了母公司的限制，再未推出创新性的功能。之后MySpace就像失控的过山车一般，快速滑入谷底。

此时，Facebook凭借团队的专业实力和超强的执行力，不断进行技术创新，更新产品，持续从使用者的反馈中求进步、求成长。2006年9月5日，Facebook新功能NewsFeed上线，正式推出信息流算法，使用户体验感有了质的飞跃。

就这样，经过近两年的发展，2008年5月，Facebook全球独立访问用户超过了MySpace，次年美国访问用户超过MySpace。而MySpace开始陷入新一轮的管理层斗争，德沃菲和安德森出局。2012年5月，Facebook在纳斯达克上市，成为当时史上融资规模最大的IPO，开盘当日市值就高达1 152亿美元。在移动互联网时代长大的年轻用户，纷纷成为Facebook的忠实用户，谁还会记得当年红极一时的MySpace呢？

砥节砺行

Facebook的成功带给我们以下启示。

（1）团队能把所有成员的人力、物力、财力整合在一起，达到"1+1>2"的效果。这样的整体优势在资金筹集、产品销售、渠道拓展、企业提质中都会体现出来。

（2）面对危机，团队作战更加灵活有效。当企业运营中遇到难题或瓶颈时，相较于个人，团队能够更为快捷地搜寻信息，集思广益，提出应对方案。

（3）团队协作，更容易形成团结合作的组织文化，从而保证企业的长期运营。团结合作的组织文化，能够使团队成员愿意为了实现团队的共同目标而一起工作，并且为了团队的业绩成果而相互充分信任。这种令人满意的心理环境支持创造了团队的业绩，也因团队的优异业绩而得以延续。

任务一 创业团队概述

> **名人语录**
>
> 我不如起个磨刀石的作用，能使钢刀锋利，虽然它自己切不动什么。
>
> ——贺拉斯

任务导入

即使在最大最稳定的公司里，组建小团队也需要用一段时间来解决团队成员之间的性格冲突、等级不平衡及观点不一致等问题。但是在创业公司，想要组建一个稳定的团队，并使团队成员斗志昂扬、专心致志的工作，同样也存在着其他的风险。当一家公司只有五六个人时，招聘过程中错一小步就可能导致整个公司全盘覆灭。在进行下面的学习之前，请思考以下问题。

与成熟企业相比，创业公司组建团队有什么关键的不同？

一、创业团队的概念

不同的学者从不同的角度界定了创业团队的定义。

1990年，卡姆（Kamm）、舒曼（Shuman）、西格（Seeger）和纽里克（Nurick）认为，创业团队是指两个或两个以上的个人参与创立一个事业，并有相应的财务利益（Equity Or Financial Interest），这些个人出现在公司启动之前的阶段，即在实际开始制造其产品或在市场上提供其服务之前的时期。沃森（Watson）等（1995年）定义创业团队：两个或更多的个体联合团队成立一个企业或事业，同时又一起运作。维亚卡曼（Vyakamam）、雅各布斯（Jacobs）和汉德尔伯格（Handelberg）（1997年）定义创业团队：在企业的启动阶段，两个或更多的人，他们共同努力同时投入个人资源以达到目标，他们对企业的创立和管理负责。盖伦（Gaylen）、钱德勒（Chandler）和汉克斯（Hanks）（1998年）认为，创业团队指的是当公司成立时对公司有其功能执掌的人或是在营运前两年加入的成员，对于公司没有所有权的雇员并不算在内。

除上面比较有代表性的定义外，综合其他文献，认为现实情况下，作为创业团队要满足以下几个条件：①在企业创立的较早阶段就加入；②拥有企业股份；③在企业内承担相应的管理工作或其他任务，不是纯粹的投资人。创业团队是创业企业的高层管理团队，所以，其具有高层管理团队与其他类型团队相区别的关键特征，即：①它在企业中位于高层，对企业的创立和发展等具有关键作用；②它面临的环境相对于其他类型团队（如自我管理团队）更为复杂和多变；③它面临的任务也是最多，包括各职能领域和企业内外的各种复杂任务；④它要求的能力和经验等是分布式的，是多种多样的。

二、创业团队的组成元素

1. 目标（Purpose）

创业团队的存在使得创业活动中的各项事务依靠团队来运作而不是依靠个人英雄。创业团队应该有一个既定的创业目标，该创业目标应成为团队的共同奋斗理想。

2. 人（People）

创业团队的构成是人，在新创企业中，人力资源是所有创业资源中最活跃、最重要的资源。创业的共同目标是通过人来实现的，不同的人通过分工共同完成创业团队的目标。所以，人员的选择是创业团队建设中非常重要的一个部分，创业者应当充分考虑团队成员的能力、性格等方面的因素。

3. 定位（Place）

定位指的是创业团队中的具体成员在创业活动中扮演什么样的角色，也就是创业团队的分工定位问题。定位问题关系到每一个成员是否对自身的优劣有清醒的认识。创业活动的成功推进，不仅需要整个企业能够寻找合适的商机，同时需要整个创业团队能够各司其职，并且形成一种良好的合力。因此，每个创业团队成员都应当明确自身在团队中的正确定位，并且根据正中定位充分发挥主观能动性，推进企业成长。

4. 权利（Power）

为了实现创业团队成员的良好合作，赋予每个成员一定的权利是有必要的。事实上，团队成员对于控制力的追求也是他们参与创业的一个重要原因。为了满足这一要求，需要分配权限给他们，以达到激励的效果。对于创业活动来说，所面临的是更为动态多变的环境，管理事务也比较复杂，创业团队中的每个成员都需要承担较多的管理事务，客观上也需要创业团队成员有一定的权力，能够在特定的条件下进行决策。因此，权力的分配也有利于团队的运作效率。

5. 计划（Plan）

计划是创业团队未来的发展规划，也是目标和定位的具体体现。在计划的帮助下，创业者能够有效制订创业团队短期目标和长期目标，能够提出目标的有效实施方案，以及实施过程的控制和调整措施。这里所讨论的计划可能尚未达到商业计划书那种复杂程度，但是，从团队的组建和发展过程来看，计划的指导作用自始至终都是存在的。

因此，为了充分推进创业过程，创业伙伴必须不断磨合，才能形成一个拥有共同目标、人员配置得当、定位清晰、权限分明、计划充分的团队。实际上，很多团队组建的时候，甚至存在一个试用期来体验团队成员之间能否形成必要的默契，这在很大程度上降低了团队组建的风险。

三、创业团队的分工

为了实现团队的共同目标，需要创业团队实施各种各样的功能。这些功能往往难以依靠创业者个人完成。因此，创业团队虽小，但是应当"五脏俱全"。优秀的创业团队必须能够实现有效的分工，形成优势互补，相得益彰。

首先，创业团队成员必须有一个核心的创业者作为团队的领导者。这一领导者并不是单单依靠资金、技术、专利等因素决定的，他的领导地位往往来自创业伙伴在同窗或共事过程中发自内心的认可。在创业中，开始提出创业设想，并且组织起团队的初始创业者，有可能成为核心领导者，但是随着创业活动的进一步深入，如果他的素质无法跟上创业活动的发展，也有可能出现新的取代者。

其次，创业团队中还需要能够有效进行内部整合的人。这个人能够将创业团队的战略规划往下推行。作为即将创立或者刚刚创立的企业，其内部往往缺乏规范的组织制度和章程，因此，在员工的招募和管理、企业内部的生产和经营等方面，缺乏明确的规章制度予以指导。这种情况下，往往需要一个团队成员专门从事企业内部管理。这样能够形成较好的协调机制。

再次，在创业团队中，应当拥有一个专门从事市场营销、对外联系的成员。这些工作尤其需要独特的沟通联系能力，因此应当有专门的主管人员。为了有效推进市场开拓，该团队成员应当拥有相关领域的经验，因为市场开拓能力很大程度上与过去的工作经历和社会阅历相关。新创企业能否快速打开市场，也与企业所能拥有的社会关系密切相关，因此，创业团队应当积极吸收拥有丰富工作经验和广泛社会关系的市场开发管理人员。

如果创业者所要建立的是一个技术类的创业公司，那么还应该有一个技术研发主管人员。对于高技术创业来说，创业者往往自身就是技术领域的佼佼者，他的创业活动往往基于自己在实验室中开发的项目。但是，很多情况下，核心创业领导者不能兼任技术管理工作，因为核心领导者所关注的是更多企业战略层面的问题，而技术研发的问题更需要一个专业人士来专门管理。

当然，如果条件允许，这个创业团队还需要有人掌握必要的财务、法律、审计等方面的专业知识，从事这些方面的管理工作。虽然创业团队可以求助于外部的支持机构来完成财务、法律、审计等方面的管理事务，但是在很多情况下，创业团队需要自行处理这些问题，特别是涉及企业内部一些机密的时候。因此，创业者也要有意识地吸收这方面的创业伙伴。

另外，在一个创业团队中，不能出现两个核心成员位置重复的情况。因为只要优势重复、职位重复，那么以后必然会有各种矛盾出现，最终可能导致整个创业团队散伙。

案例阅读

唐僧团队

有人说，唐僧之所以能完成取经"大业"，是因为他有一个理想的团队。"唐僧团队"中有4种角色：德者、能者、智者、劳者。德者领导团队，能者攻克难关，智者出谋划策，劳者执行有力。因此，"唐僧团队"虽然历经九九八十一难，但最终修成了正果。

（1）德者居上。唐僧具备三大领导素质：第一，目标明确，确定愿景；第二，手握紧箍咒，以权制人；第三，以情感人，以德化人。领导一定要学会进行情感投资，要多与下属交流、沟通，关心其衣食住行，营造和谐融洽的团队氛围。

（2）能者居前。孙悟空可称得上是领导最喜欢的职业经理人，他有个性、有想法、执行力强，也很敬业，重感情，懂得知恩图报，是非常优秀的人才。

（3）智者在侧。之所以说猪八戒是智者，完全是站在当今社会的角度。当今社会，任何行业的从业人员都要具备自己的生存哲学，才能在一定的工作压力下保持乐天、乐观、圆融的处世之态。对于一个团队来说，这样的成员也能充当团队的"润滑剂"和"外交官"，保持团队内部与外部的融洽与和谐。

（4）劳者居下。沙僧是很好的团队"管家"。他会站在孙悟空的立场说服唐僧，也会站在唐僧的立场劝说孙悟空。他是团队中最吃苦耐劳的人，对团队也忠心耿耿。

四、创业团队的形成

1993年，卡姆（Kamm）和纽里克（Nurick）认为，创业团队的形成类型通常有两种。一种是，某个人已经拥有可以成为未来创业所用的想法或概念，这种想法或概念可能是一种新产品或是一种新服务，接着他开始组建所需的团队。另一种是，已经拥有创业团队，这些创业团队成员聚在一起讨论思考新创事业的概念与构想。

无论是先有概念再有团队，还是先有团队再有概念都可以以人际吸引理论（Bird，1989）来解释。吸引可以看成是报酬和成本的交换。人们会被有相似信念及兴趣、拥有特别能力、有令人推崇的特质、令人喜欢的人所吸引。也就是说，吸引其实是一个有相当多构面的现象，决不仅止于喜欢。先有团队再有概念是因为团队成员有共同的爱好、兴趣等相吸引而一起创业。先有概念再有团队表示创业团队成员因为彼此不同的专业能力而互相吸引，而这些能力是开创新事业所需要的。管理技巧、决策风格、经验甚至资金都可以成为加入或成立创业团队的吸引条件。

究竟哪一种方式比较好，卡姆（Kamm）和纽里克（Nurick）（1993年）认为，团队成员的平衡和异质可能是一个不错的选择创业团队成员的标准。一个更重要的标准是团队成员共同的兴趣或是成员创业背后的个人驱动力，这些兴趣或驱动力若能与企业的使命相结合，企业较容易创业成功。

整体而言，很少团队一开始就考虑成员间管理职能上的互补性，更注重的是共同的兴趣以及对企业有高成长机会的认同。

> **案例阅读**

腾讯五虎将：难得的创业黄金团队

在我国，腾讯公司因为其著名的产品QQ而家喻户晓，但也许很少有人知道这个公司的创业团队是怎样组建的。

1998年深秋，马化腾与他的同学张志东合伙注册了深圳腾讯计算机系统有限公司。之后，公司又吸纳了曾李青、许晨晔、陈一丹3位股东。

为避免彼此争夺权力，马化腾在创立腾讯之初就和4个伙伴约定清楚，各展所长，各管一摊：马化腾是CEO（首席执行官），张志东是CTO（首席技术官），曾李青是COO（首席运营官），许晨晔是CIO（首席信息官），陈一丹是CAO（首席行政官）。

之所以将创业5兄弟称为"难得"，是因为直到2005年的时候，这5人的创始团队还基本保持这样的合作阵形，不离不弃。直到现如今的帝国局面，其中4个还在公司一线，只有COO曾李青挂着终身顾问的虚职一直到退休。

都说一山不容二虎，尤其是在企业迅速壮大的过程中，要保持创始人团队的稳定合作尤其不容易。在这背后，工程师出身的马化腾从一开始对于合作框架的理性设计功不可没。

从股份构成上来看，创业之初，5个人一共凑了50万元。其中：马化腾出了23.75万元，占47.5%的股份；张志东出了10万元，占20%；曾李青出了6.25万元，占12.5%的股份；其他两人各出5万元，各占10%的股份。

虽然主要资金都由马化腾所出，他却自愿把所占的股份降到50%以下，即47.5%。"要他们的总和比我多一点点，不要形成一种垄断、独裁的局面。"而同时，他自己又一定要出主要的资金，占大股。"如果没有一个主心骨，股份大家平分，到时候也肯定会出问题，同样完蛋。"

保持稳定的另一个关键因素就在于搭档之间的"合理组合"。

马化腾非常聪明，但也非常固执，他注重用户体验，愿意从普通用户的角度去看产品。张志东是脑袋非常活跃，对技术很沉迷的一个人。马化腾技术上也非常好，但是他的长处是能够把很多事情简单化，而张志东更多的是把一件事情做得完美。

许晨晔和马化腾、张志东同为深圳大学计算机系的同学，他是一个非常随和而有自己的观点但不轻易表达的人，是有名的"好好先生"。而陈一丹是马化腾在深圳中学时的同学，后来也就读深圳大学，他是一个十分严谨同时又非常张扬的人，他能在不同的状态下激起大家的激情。

如果说，其他几位合作者都只是"搭档级人物"，只有曾李青是5个创始人中最好玩、最开放、最具激情和感召力的一个。与温和的马化腾、爱好技术的张志东相比，曾李青是另一种类型。其大开大合的性格，也比马化腾更具攻击性，更像拿主意的人。不过或许正是这一点，也导致他最早脱离团队，单独创业。

后来，马化腾在接受多家媒体的联合采访时承认，他最开始也考虑过和张志东、曾李青3个人均分股份，但最后还是采取了5人创业团队，根据分工占据不同的股份结构的策略。后来有人想加钱，占更大的股份，马化腾说不行，"根据我对你能力的判断，你不适合拿更多的股份"。因为在马化腾看来，合伙人未来的潜力要和应有的股份匹配，不匹配就要出问题。如果拿大股的不干事，干事的股份又少，矛盾就会发生。

五、高校学生创业团队培养模式

自1999年以来，我国高校招生规模不断扩大，高等教育已经进入了大众化阶段。我国大学生的待业现象已经日渐突出。大学生不应该仅仅满足于等待用人单位给予就业机会，而应该通过自身的努力积极尝试创业。对大学生加强创业教育不仅成为世界教育发展和改革的新趋势，也是我国高等教育和社会经济发展的需要。高校创业教育必须加强学生创业团队培养。对高校学生创业团队培养模式进行探讨和实践成为创业教育的重要内容。

1. 建立学生创业团队，直接参与企业创新的商业平台

高校的专业设置与社会企业的需求结合越来越紧密。高校由于具备科研与服务社会的功能，所以与企业有紧密的联系。学校应该积极有效合理地引导学生组建自己的创业团队。学校应该建立由相关部门和校内外专家组成的创业指导机构。创业团队的组建要与学生社团、课程兴趣小组及优秀生的培养结合起来。创业团队组建完成以后，应该制订初步的创业计划，这个计划的制订应该尽可能地遵循市场规律，具备较强的可操作性。

高校的创业指导机构一方面要引导学生组建创业团队、制订创业计划，另一方面要根据本校的办学特色和学生特点积极寻求那些需要外部合作，尤其是高校学生创新合作的企业。在这一过程中，学生创业团队要参与到与企业的双向选择合作的过程中。在学生创业团队与企业的初步磨合过程中，学生创业团队可以通过考察企业的需求，适当地调整团队的创业计划。与此同时，学生创业团队一定要保持自身的独立性，以"模拟法人"的身份与企业合作。经过学校就业指导机构的组织协调，学生创业团队与企业达成一定的共识，即可建立一个有合同保证的关系。以学生创业团队为主体，由企业、高校及学生共同参与的创业创新合作平台由此而建立。

2. 成立以企业管理人员为主的导师组，指导学生创业团队的创业活动

教育部虽然一贯重视大中专院校创业教育师资体系的建设，但我国大部分高校的创业教育师资体系建设并不尽如人意。首先是很多高校没有建立专门的创业教育（指导）机构，其次是创业教育指导教师缺乏实践经验。

由于大学生创业团队的创业活动是直接面向企业的准商业行为，因而有必要引入以企业管理人员为主的导师组对创业团队的创业过程提供指导和帮助。对于所要引入的企业管理人员有一定的要求：

（1）尽量选用企业的中层以上的管理人员。

（2）要有指导大学生的兴趣和热情。

（3）拥有创业意识，最好拥有创业的成功经验或者失败的教训。

（4）尽量避免引入导师组的企业人员所在企业与大学生创业团队有竞争性。同时，导师组应该包含若干专职的高校创业教育指导教师，与来自企业的成员组成一个有机的整体。高校的创业指导机构对学生创业团队的导师组实行评价和考核，以便导师组能够更好地发挥作用。

3. 合理有效地管理学生创业团队

高校创业指导机构在创业团队成立伊始就要对其进行有效合理的管理，从而使创业团队能够健康地成长，使创业教育能够取得较好的效果。

（1）在组建团队时，要把具有共同价值目标并且专业特长各不相同的大学生凝聚到团队中来，并且给他们营造良好的创业氛围。要积极引导创业团队尽快确定团队架构及团队目标。

（2）在校大学生往往缺少企业经营经验，然而创业活动必须遵循企业的经营管理规律和市场规律。创业指导机构应该引导大学生创业团队从创业之初就实行企业化运作与管理。

（3）作为大学生创业团队的主要支持机构，高校创业指导机构应该建立一个对大学生创业团队进行考评和目标管理的机制。

▶ 案例阅读

从参与社团到创业实践　一步步解锁青年科创"密码"

从怀揣兴趣加入科创类学生社团，到组建创业团队，再到成立公司，短短几年间，山东建筑大学研一学生王元昊的科创"火苗"就这样一步步被点燃。

"最初我只是对科创比较感兴趣，学校提供了一定的环境和平台，就想做些事情来充实大学生活，不虚度光阴，之前从没想过有一天会拥有自己的公司。"谈起创业历程，王元昊露出了腼腆的笑容。

保持热爱，激发"原动力"

王元昊本科就读于海南大学。大一入学后，王元昊也像其他同学一样，选择加入社团丰富课余生活，"大学里自由支配的时间增加了，我想多去尝试一些未曾接触的事物。"面对种类繁多的社团，他没有盲目跟风，而是结合个人兴趣和爱好，加入了科创类社团。就这样，定期参与社团活动，学习创新创业知识，成了王元昊大学生活的一部分。

在那里，他结识了一群志同道合的朋友，并组建了人生中第一支创业团队。"我们因为有着共同目标走到一起，相互配合，相互信任，经常会围绕一个项目、一个想法讨论半天，上演一次次激烈的'头脑风暴'。当然，碰到难题时也会共同思考解决方案，这就是团队的力量。"王元昊说。

有了一定的理论知识储备，在老师的指导下，王元昊和团队开始尝试将理论应用于实践，他们把"为用户提供一个智能、友好、个性化的语音交互服务"定为项目目标，帮助用户完成查询信息、预订服务、娱乐休闲等各种任务。

经过需求分析、技术选型、模型训练、功能测试等一系列阶段，"一个基于人工智能的智能语音助手"的原型系统初步实现，得到了老师与同学的认可。

在山东建筑大学材料科学与工程学院就读研究生后，王元昊的实战能力得以持续提升。学院非常注重保护学生的科创热情，以"挑战杯"等竞赛为龙头，完善科创项目孵化体系构建，从出台激励措施、设计课程体系、建设众创空间、配备指导教师、邀请专家点评等诸多维度为大学生创新创业活动提供全方位支持。

抓住机会，瞄准"小切口"

"一个好的项目一定来源于生活，并且服务于生活。"王元昊对指导老师经常提到的这句话印象深刻，并且一直将其作为灵感来源挖掘项目。

一次与加拿大留学的朋友聊天时，他发现赴加留学生可能会受语言、文化、物流等因素的影响，购买生活物品时出现消费成本高、选择范围小等问题。王元昊很快意识到，如果有一个专门为加拿大留学的中国学生设计的二手交易平台，不仅能够提高交易的便利性，也能够扩大留学生社群交际圈，满足解决问题和服务生活的双重需要。

将项目创意与老师沟通后，老师给出了具体指导意见，鼓励王元昊大胆创新，并建议将其作为"挑战杯"参赛作品，通过竞赛不断打磨促进项目形成。

王元昊开始招募创业团队，在深入调研和分析二手交易市场的基础上，撰写详细的创业计划书，最终形成一个较为完善的项目，具备实际价值、可操作性和可持续性。

在学校的支持下，这支年轻的团队筹集到了创业资金，开发出一款具有发布、浏览、搜索、出售、评价等功能的微信小程序，为用户提供智能推荐与匹配服务。在测试阶段，团队邀请加拿大留学生参与，通过收集反馈意见，进一步优化和改进产品，解决了部分技术上的 bug，提升了用户的体验和满意度。

该产品正式上线后，通过宣传推广，用户量和交易量都有了显著增长，也得到了用户的好评和推荐，目前仍在稳步运行中。

在山东建筑大学，创新创业教育已融入第二课堂教育教学中，"双创"人才培养与实践育人得以深度融合。通过完善学科竞赛体系，该校将大赛项目转化为专业课程和实践课程，帮助学生提升创新创业思维，实现以赛促学、以赛促教、以赛促改、以赛促建。

迎难而上，勇当"实干家"

大学毕业季，在多数学生为升学或求职而忙碌的时候，王元昊决定边读书边创业。不同于本科期间的"小试牛刀"，王元昊对首个创业项目的选择十分慎重。在参与科创竞赛过程中，他深入了解材料类科创项目，对"电镀"的重要性有了进一步认识。

"电镀的原理和技术在我看来并不枯燥,用电镀的方法把普通的金属变成光亮、耐用、美观的产品,这是一种神奇的魔法。"他希望将所学知识与经济社会发展紧密结合,最终将目光投向实业——创办电镀厂,用电镀的技术和专业知识为社会带来更多的效益和价值。

企业选址最终锁定为自己的家乡——江苏省仪征市。在王元昊看来,自己非常了解当地的文化、市场需求和商业环境,有助于自己更好地制定商业策略和适应市场变化,同时,可以利用现有的人际关系网络降低创业风险,"更重要的一点是,在家乡创业可以为当地带来税收,创造就业机会,为家乡的发展做出贡献,提升我自己的社会责任感"。

王元昊介绍,电镀厂主要提供阳极氧化和硬质氧化等表面处理相关的服务,为各种金属产品提供优质的表面处理,提高金属的性能和寿命,同时也满足美观和环保的要求。

这条创业之路并非一帆风顺。创业之初就面临了如客户少、订单少、收入低、成本高、压力大等一系列问题,学校、学院和导师帮助他们联系专家学者,熟悉相关政策,分析市场需求,走访参观企业,了解最新技术并及时更新,主动与客户联系,经过不懈努力终于争取到第一笔订单,虽然利润只有几千元,但这意味着企业终于迈出了最艰难的第一步,让王元昊的创业团队看到了曙光。

在团队共同努力下,企业经营逐渐有了起色。他们以客户需求和满意度为中心,不断改进技术手段,用热情、专业和创新赢得了客户的信任与支持,建立了良好的口碑和品牌,获得了更多的客户和订单。

经过长期的坚持与奋斗,电镀厂的业务范围现已覆盖了汽车、航空、航天、船舶等多个领域,收益和利润也超过了预期,2023年的营业收入超过600万元。

"我们将继续脚踏实地,服务于国民经济和社会发展。我们相信,只要有梦想、有行动、有创新、有合作,就能够实现目标,创造属于我们的未来。"王元昊说。

(来源:https://news.youth.cn/sh/202405/t20240505_15235191.htm)

拓展训练

请结合下面的案例,与小组成员讨论创业团队组成元素中"人"的重要性。

唐太宗选人

唐太宗在选人用人上采取"因职择人,量才而用"的原则。他了解每个大臣的长处和短处,把他们任用到最合适的位置上。他曾点评众臣说,长孙无忌善避嫌疑,对待事物反应敏锐,决断事理,古人不及,而带兵攻战,就不是他的长处了。高士廉涉猎古今,心术明达,临难不改其节,当官无朋党,但缺乏的是不能直言进谏。唐俭言辞犀利敏捷,善解人意。杨师道品行纯和,严于律己,但性格却有些懦弱,缓急不可得力。岑文本性敦厚,很有文采,引经据典,无人能及。马周见事敏速,性格忠贞,品论人物,直道而言,治理政事,多能称意……

在了解了这些大臣的优缺点后,唐太宗做到了知人善用:高士廉公正无私,不结朋党,唐太宗便任其为礼部尚书;岑文本长于文章,供职于中书省;杨师道平和忠诚,被奉为侍中,随传左右;刘洎秉性坚贞,热心公益之事,即授工部尚书;马周治吏颇有心得,才堪大用,遂破格提拔,十多年间,从一介布衣提升至宰相;魏徵以其性直充当诤谏之臣;李靖以其骁勇执掌军事。唐太宗的人事安排非常恰当,即使有人没有被授予职务,也毫无怨言,认为该位置上的官员的相关能力的确比自己强。

任务二　创业团队的组建程序及发展过程

名人语录

一个人要帮助弱者，应当自己成为强者，而不是和他们一样变成弱者。

——罗曼·罗兰

在许多问题上我的说法跟前人大不相同，但是我的知识得归功于他们，也得归功于那些最先为这门学说开辟道路的人。

——哥白尼

任务导入

创业过程是一个充满了变数的过程，创业者之所以寻求团队合作，其目的就在于弥补创业目标与自身能力之间的差距。只有当团队成员相互间在知识、技能、经验等方面实现互补时才有可能通过相互协作发挥整体优势。因此，在组建创业团队时，应注意保持团队的动态性和开放性，使完全与要求匹配的人被吸纳到创业团队中来。在进行下面的学习之前，请思考以下问题。

创业团队的组建程序包括哪几个部分？

知识链接

一、创业团队的组建程序

1. 明确创业方向和目标

创业团队成员需要明确创业的方向和目标，这有助于团队成员在后续的工作中更加明确自己的职责和任务。

2. 招募团队成员

创业团队需要根据方向和目标招募各类人才，包括技术、市场、运营等方面的人才。招募团队成员时需要考虑团队成员的能力、性格、经验等因素。

知识拓展

创业团队成员的角色及其描述见表 7-1。

表 7-1　创业团队成员的角色及其描述

角色	角色描述
创新者	解决问题，富有创造力和想象力，突破常规
联络者	外向，热情，健谈，发掘机会，增进联系，公共支持
协调者	成熟自信，获得认可，支持目标，促进合作
完美主义者	充满活力，不惧压力，追求效果，较理想主义
监督者	冷静，有战略眼光和识别力，对选择和判断有理智比较
凝聚者	感觉敏锐，沉稳老练，善于倾听，常处于团队核心位置
推进者	纪律性强，善于把想法变为行动，执行力强
实干者	勤勤恳恳，尽职尽责，积极投入，完成任务
专家	目标转移，提供专门的知识与经验，较不可替代

某科技企业的创业团队组成见表 7-2。

表 7-2　某科技企业的创业团队组成

职位	英文缩写
总裁	CEO（Chief Executive Officer）
总经理	COO（Chief Operating Officer）
财务主管	CFO（Chief Financial Officer）
技术主管	CTO（Chief Technology Officer）
市场总监	CMO（Chief Marketing Officer）
行政主管	CAO（Chief Administrative Officer）

3. 确定团队组织结构

根据团队成员的能力和任务确定团队的组织结构。可以选择平坦型、层级型等组织结构。

4. 制订创业计划和策略

创业团队需要制订创业计划和策略，包括市场调研、产品设计、销售渠道等方面的内容。

5. 确定团队运营方式

创业团队需要确定运营方式，包括团队协作方式、工作流程等，以确保团队高效运作。

6. 建立团队文化

创业团队需要建立团队文化，以使团队成员有共同的价值观和目标，提高团队凝聚力和执行力。

二、创业团队的发展过程

根据经典的 Tuckman 团队发展过程理论，以往的文献往往将创业团队的发展分为四个阶段，指出每个阶段的团队标志特征及典型行为。

（一）启动阶段

启动阶段的显著标志是，一方面团队缺乏一起创业的经验，另一方面对诱人机会在未来可能的成功带来的高回报的憧憬。此时，创业团队最主要的任务是减少不确定性，在团队内部相互考验和评价，培育一起工作的经验。同时发展能够帮助他们的外部社会网络。

（二）成长导向阶段

在成长导向阶段，创业团队是以集体成长导向为标志的，但是相互之间不知道如何获得成长且不清楚企业未来的发展方向。在这个阶段中，创业团队对外开始聚焦于发展资源、知识和技能以便在市场上有效竞争，对内共同应对可能碰到的各种事件，并对将来的发展和当前的业务进行思考。

（三）愿景阶段

在愿景阶段，创业团队已经形成一个共享的清晰的商业愿景。一方面，创业团队要把愿景分解成一系列可达成的目标，并且考虑实施方案；另一方面，创业团队需要澄清团队成员的任务与角色，界定其职责。同时深入了解团队成员的个体差异，以及这些差异对团队行为和团队过程可能的影响。

（四）制度化阶段

制度化阶段的特征是创业团队成员从对新创企业的创立者的忠诚转变为对当前事业及其未来发展方向的关心，即不是关心创业主导者个人的雄心和价值观而是关心整个组织。

但是在启动阶段和成长导向阶段中，可能因为处于磨合期，创业团队比较容易出现的导致发展障碍的功能失调问题，包括人际关系和决策冲突等。瑟斯顿（Thurston）（1986年）指出：在企业的发展过程中，团队中的内讧（例如，彼此不喜欢、不信任甚至憎恨）通常能威胁到企业的存亡。弗兰西斯（Francis）和桑德伯格（Sandberg）（2000年）进一步指出：内讧可能起自某个合伙人的绩效不佳，但是背后可能是恶劣的人际关系。同时沃森（Watson），篷蒂厄（Ponthieu）和菲特利（Cfitelli）（1995年）证实，团队合作中成员间人际作用过程的质量（尤其是团队领导和团队承诺），往往和团队主观感知到的成败相关。所以，对于这方面的障碍在发展过程和团队建设方面应予以足够的重视。

拓展训练

请结合下面的案例与小组成员讨论，张强挑选团队成员的标准是什么？为什么张强的创业团队能越做越大？

在某大学商学院，有一个由8名大学生组成的创业团队，领头人是大四的学生，名叫张强。张强对团队成员的挑选非常严格，他要求所有成员必须获得过二等及二等以上奖学金的奖励，最后，他带领7个人成立了一家语言培训服务企业。

在创业初期，由于缺乏经验，他们只开展一些小语种培训。当缺乏师资力量时，他们就邀请老师和朋友帮忙，还聘用留学生授课。到了后期，随着专业能力的提升，他们又开办了一些专业培训班，对有相关考证需求的学员进行培训和辅导。因为学员考证的通过率较高，所以，找他们培训的人也越来越多。在即将毕业时，团队成员都在为继续留守还是就业而踌躇，最终大多数人都选择留下来。3年后，这个团队越做越大，在当地小有名气。

能力测评：
1. 贝尔宾团队角色测试

剑桥产业培训研究部前主任贝尔宾博士和他的同事经过多年在澳大利亚和英国的研究，提出了著名的贝尔宾团队角色理论，即一支结构合理的团队应该由八种角色组成。贝尔宾团队角色理论认为，高效的团队工作有赖于默契的协作。团队成员必须清楚其他人所扮演的角色，了解如何相互弥补不足，发挥优势。成功的团队协作可以提高生产力，鼓舞士气，激励创新。

理论内容：利用个人的行为优势创造一个和谐的团队，可以极大地提升团队和个人绩效。没有完美的个人，但有完美的团队。

2. 贝尔宾团队角色问卷

说明：对下列问题的回答，可能在不同程度上描绘了您的行为。每题有8句话，请将总分10分分配给每题的八个句子（看到描述马上给分，不要有过多的分析）。分配的原则：最体现您行为的句子分最高，以此类推。最极端的情况也可能是10分全部分配给其中的某一句话。请根据您的实际情况把分数填入后面的表7-3中。

（1）我认为我能为团队做出的贡献是（　　）。

A. 我能很快地发现并把握住新的机遇

B. 我能与各种类型的人一起合作共事

C. 我生来就爱出主意

D. 一旦发现某些对实现集体目标很有价值的人，我就及时把他们推荐出来

E. 我能把事情办成，这主要靠我个人的实力

F. 如果最终能带来有益的结果，我愿面对暂时的冷遇

G. 我通常能意识到什么是现实的，什么是可能的

H. 在选择行动方案时，我能不带倾向性，也不带偏见地提出一个合理的替代方案

（2）在团队中，我可能有的弱点是（　　）。

A. 如果会议没有得到很好的组织、控制和主持，我会感到不痛快

B. 我容易对那些有高见而又没有适当地发表出来的人表现得过于宽容

C. 只要集体在讨论新的观点，我总是说得太多

D. 我的客观看法，使我很难与同事打成一片

E. 在一定要把事情办成的情况下，我有时使人感到特别强硬以至专断

F. 可能由于我过分重视集体的气氛，我发现自己很难与众不同

G. 我易陷入突发的想象之中，而忘了正在进行的事情

H. 我的同事认为我过分注意细节，总有不必要的担心，怕把事情搞糟

（3）当我与其他人共同进行一项工作时，（　　）。

A. 我有在不施加任何压力的情况下去影响其他人的能力

B. 我随时注意防止粗心和工作中的疏忽

C. 我愿意施加压力以换取行动，确保会议不是在浪费时间或离题太远

D. 在提出独到见解方面，我是数一数二的

E. 对于与大家共同利益有关的积极建议我总是乐于支持的

F. 我热衷寻求最新的思想和新的发展

G. 我相信自己的判断能力有助于做出正确的决策
H. 我能使人放心的是，对那些最基本的工作，我都能组织得井井有条

(4) 我在工作团队中的特点是（　　）。
A. 我有兴趣更多地了解我的同事
B. 我经常向别人的见解进行挑战或坚持自己的意见
C. 在辩论中，我通常能找到论据去推翻那些不甚有理的主张
D. 我认为，只要计划必须开始执行，我就有推动工作运转的才能
E. 我有意避免使自己太突出或出人意料
F. 对承担的任何工作，我都能做到尽善尽美
G. 我乐于与工作团队以外的人进行联系
H. 尽管我对所有的观点都感兴趣，但这并不影响我在必要的时候下决心

(5) 在工作中，我得到满足，因为（　　）。
A. 我喜欢分析情况，权衡所有可能的选择
B. 我对寻找解决问题的可行方案感兴趣
C. 我感到，我在促进良好的工作关系
D. 我能对决策有强烈的影响
E. 我能适应那些有新意的人
F. 我能使人们在某项必要的行动上达成一致意见
G. 我感到我的身上有一种能使我全身心地投入工作中去的气质
H. 我很高兴能找到一片可以发挥我想象力的天地

(6) 如果突然给我一件困难的工作，而且时间有限，人员不熟，（　　）。
A. 在有新方案之前，我宁愿先躲进角落，拟订出一个摆脱困境的方案
B. 我比较愿意与那些表现出积极态度的人一起工作
C. 我会设想通过用人所长的方法来减轻工作负担
D. 我天生的紧迫感将有助于我们不会落在计划后面
E. 我认为我能保持头脑冷静，富有条理地思考问题
F. 尽管困难重重，我也能保证目标始终如一
G. 如果集体工作没有进展，我会采取积极措施去加以推动
H. 我愿意展开广泛的讨论，意在激发新思想，推动工作

(7) 对于那些在团队工作中或与周围人共事时所遇到的问题，（　　）。
A. 我很容易对那些阻碍前进的人表现出不耐烦
B. 别人可能批评我太重分析而缺少直觉
C. 我有做好工作的愿望，能确保工作的持续进展
D. 我常常容易产生厌烦感，需要一两个有激情的人使我振作起来
E. 如果目标不明确，让我起步是很困难的
F. 对于遇到的复杂问题，我有时不善于加以解释和澄清
G. 对于那些自己做不到的事，我有意识地求助于他人
H. 当我与真正的对立面发生冲突时，我没有把握使对方理解我的观点

3. 贝尔宾团队角色自测

贝尔宾团队角色自测表见表7-3。

表 7-3 贝尔宾团队角色自测表

题号	CW	CO	SH	PL	RI	ME	TW	FI
1	G	D	F	C	A	H	B	E
2	A	B	E	G	C	D	F	H
3	H	A	C	D	F	G	E	B
4	D	H	B	E	G	C	A	F
5	B	F	D	H	E	A	C	G
6	F	C	E	A	G	B	H	D
7	E	G	A	F	D	B	H	C
合计								

4. 贝尔宾团队角色分析

贝尔宾团队角色自测结果分析见表 7-4。

表 7-4 贝尔宾团队角色自测结果分析表

项目	团队角色							
	实干家 CW	协调者 CO	推进者 SH	开拓者 PL	外交家 RI	监督者 ME	凝聚者 TW	完美主义者 FI
典型特征	保守，顺从，务实可靠	沉着，自信，有控制局面的能力	思维敏捷，开朗，主动探索	有个性，思想深刻，不拘一格	性格外向，热情、好奇，联系广泛，消息灵通	清醒，理智，谨慎	擅长人际交往，温和，敏感	勤奋有序，认真，有紧迫感
积极特性	有组织能力、实践经验；工作勤奋；有自我约束力	对各种有价值的意见不带偏见地兼容并蓄，看问题比较客观	有干劲，随时准备向传统、低效率、自满自足挑战	才华横溢，富有想象力，有智慧，知识面广	有广泛联系人的能力，不断探索新的事物，勇于迎接新的挑战	判断力强，分辨力强，讲求实际	有适应周围环境及人的能力，能促进团队的合作	理想主义者，追求完美，持之以恒
能容忍的弱点	缺乏灵活性；对没有把握的主意不感兴趣	在智能以及创造力方面并非超常	好激起争端，爱冲动，易急躁	高高在上，不重细节，不拘礼仪	事过境迁，兴趣马上转移	缺乏鼓动和激发他人的能力，自己也不容易被别人鼓动和激发	在危急时刻往往优柔寡断	常常拘泥于细节，容易焦虑，不洒脱
团队中的作用	1. 被谈话与建议转换为实际步骤。 2. 考虑什么是行得通的，什么是行不通的。 3. 整理建议，使之与已经取得一致意见的计划和已有的系统相配合	1. 明确团队的目标和方向。 2. 选择需要决策的问题，并明确它们的先后顺序。 3. 帮助确定团队中的角色分工、责任和工作界限。 4. 总结团队的感受和成就，综合团队的建议	1. 寻找和发现团队讨论中可能的方案。 2. 使团队内的任务和目标成形。 3. 推动团队达成一致意见，并朝向决策行动	1. 提供建议。 2. 提出批评并有助于引出相反意见。 3. 对已经形成的行动方案提出新的看法	1. 提出建议，并引入外部信息。 2. 接触持有其他观点的个体或群体。 3. 参加磋商性质的活动	1. 分析问题和情景。 2. 对繁杂的材料予以简化，并澄清模糊不清的问题。 3. 对他人的判断和作用做出评价	1. 给予他人支持，并帮助别人。 2. 打破讨论中的沉默。 3. 采取行动扭转或客服团队中的分歧	1. 强调任务的目标要求和活动日程表。 2. 刺激其他人参加活动，并促使团队成员产生时间紧迫的感觉

注：值得注意的是，有些人可能在两三个角色上的得分一样多，这是允许的

任务三　创业团队的管理技巧和策略

> **名人语录**
>
> 用人不在于如何减少人的短处，而在于如何发挥人的长处。
> ——彼得·杜拉克
>
> 一个公司要发展迅速，得力于聘用好的人才，尤其是需要聪明的人才。
> ——比尔·盖茨

任务导入

创业公司应该确立明确的团队目标，招聘优秀人才，建立激励和奖励计划，建立有效的沟通和协作机制，以及培养灵活性和创新能力。通过这些策略的实施，创业公司可以建立一个强大的团队，实现公司的长久经营。在进行下面的学习之前，请同学们思考以下问题。

创业团队的管理技巧和策略有哪些？

知识链接

一、明确共同目标

明确共同目标是创业团队管理的首要任务。一个清晰的共同目标可以让创业团队成员更好地理解他们的使命和共同的方向，从而激发他们的动力和创造力。创业团队需要将公司的愿景和使命细化为可操作的具体目标，并将这些目标传达给每个团队成员，确保他们理解并认同这些目标。只有当团队成员都明确了自己的工作目标，才能保证团队目标的实现。

二、建立信任关系

建立信任关系是创业团队管理的基础。团队成员之间需要相互信任，以便更好地合作和发挥创造力。创业团队需要注重培养团队成员之间的信任关系，鼓励他们相互支持和尊重。良好的信任关系可以增强团队的凝聚力和向心力，从而提高工作效率和质量。

> **知识拓展**
>
> 一个公式告诉你，创业公司的合伙人/团队成员如何建立信任
>
> 信任 =（信誉度 + 可靠性 + 真实性）/ 自我利益感
>
> 如果"信任"可以量化，你可以这样去定义"信任"：在某件事上，对方的信誉度，

加上他能被证明的可靠度,再加上你认为的真实性,三项之和除以你认为对方在多大程度上是为了自身利益。

当双方缺乏深入了解的时候,这个公式就能派上用场。比如,对于创业公司来说,联合创始人之间的信任十分重要,如果他们之间彼此怀疑,对于该公司的成长将会是致命的打击。

1. 信誉度

在特定职位上,创业者需要找到一些有专业知识、相关经验、熟悉这个行业和业务的人。大家普遍认为,有经验的"老人"能为你提供独到的见解。

如何识别他们是不是"老人"呢?信誉是关键因素。

创业公司会遇到这些问题:当人们扮演新角色时,他们需要做一些以前从未做过的事;当一个工程师、设计师、营销人员突然被提拔为管理人员时,他们是否拥有领导才能和处理人事问题的能力?

这类有关"信誉"的问题应该如何解决呢?一个非常重要的点在于:你需要知道你周围的人把什么看得最重要,他们想如何与你合作,对你有什么期望,想让什么成为现实。

比如,现在你需要管理一个团队,你可以尝试着了解团队成员想要获得哪些成长,目前存在哪些差距,希望看到什么变化,如果你想要领导团队朝着一个新的方向前进,那就必须保持透明,开门见山地告诉他们:"我成为这个团队的管理者,是为了让团队可以用一种不同的方式达到某个里程碑,而我拥有相关的专业知识。"

2. 可靠性

如果一个人说到做到,当事情出错时,他们也会对此负责,并从错误中吸取教训,改正错误。这样的人就符合"可靠"这个词的定义。

相反,有些人可能非常聪明,知识渊博,经常能让身边的人感觉到快乐,但如果他们不能按时完成任务或达到预期标准,就会失去信任,因为他们不够"可靠"。

对于一家创业公司来说,也是类似的道理:管理者不一定有时间去反复检查大家的工作,每个人都需要有独立做出正确决定的能力。如果某件事处理不当,可能会对一家创业公司的成败产生重大影响。在大公司,"可靠"往往意味着还有缓冲的余地,因为就算你没做到,可能会有身边的人来帮你,但小团队没有这个机会。

那么,如何解决"可靠"的问题呢?一般来说,如果出了问题,立即解决问题是十分重要的举动。

站在管理者的角度,你可以这么做,找来相关责任人和他谈话:首先,确定你的期望和最初的目标;其次,告诉他失职对团队/目标的影响;最后,和他一起思考下一次应该以怎样的方式做事。当然,在整个过程中不要出现过多的指责。

在谈话过程中,你可能会发现更大的障碍或系统性问题——也许这并不是某个人的错,而是有流程性的问题需要解决。

如果是在招聘阶段检验对方的可靠性,你还可以选择这样以下方法:

(1)你可以问一些关于他过去经历的问题,以此理解面试者的行为,而不是听他们讲可能会怎么做。例如,"告诉我你上一次错过最后期限的经历,以及你是如何处理这种情况的。"

(2)布置作业。比如,让他对一封推荐信进行分析,然后做简短的陈述。如果面试者认真对待这个角色,并表现出最好的一面,你会从中看到对方的"可靠性"。

如果你是新入职的员工,想要快速建立自己在别人眼中的"可靠性",你还可以做更多的事情。比如,问问哪些是其他人想要完成但又没有时间完成的简单任务,然后帮他们迅速做好。

总体来说,"可靠性"这件事对每个人来说都不一样。重点在于,如果你是新来的,需要不断寻找机会,把工作做得又快又好,以建立你的"可靠性"。

3. 真实性

对于创业公司来说,普遍遇到的问题可能是失败。有的人在此之后不愿承认自己失败或犯了错,因为这会损害他们的信誉。还有人会试图表现出自信,即使他们缺乏经验。甚至有公司不允许内部人员有真实的愤怒、不满的表达。这些行为会严重损害创业团队人员彼此之间的信任,而问题的根源都出在真实性上。

如何解决"真实性"的问题呢?想一想你的同事是不是可以轻易地了解你。当然,这不是说让他们了解你的全部私人生活,也不等于你必须告诉他们关于你的一切。而是要观察你对外的方式是否与内心真实的想法一致。

如果你觉得有人对你不真实,应该和他们谈谈。你不必直接指责他们,而应该敞开自己,对他们更诚实,分享你在公司的收获和不足。作为回报,他们很可能会对你更加真实。

最典型的例子是,创始人为了维持董事会和投资者的信任,按照计划每周发送公司的最新情况和材料(在会议之前)和总结(在会议之后),这就非常有利于提高其作为管理者的真实性。

此外,在客户服务方面,真实性对创业公司也非常重要。你与客户开始了沟通,那么结果就是,要么彼此建立起长久信任,要么彼此永远失去信任。

4. 自我利益感

不少人的眼里似乎只有自己。事实上,自我利益感越强,人与人之间的信任度就越低。或者反过来说,如果你的眼里不只有自己,还有团队、用户和更高的目标,你就更容易让别人对你产生信任。

如何解决关于"自我利益感"的问题呢?你应该首先意识到这个问题的重要性,然后积极主动地(以真诚的方式)给予他人帮助,使用如"我们""咱们"这样的集体语言来表明你在考虑团队,并重复共同目标和优先级,如用户体验会更好等。

此外,面试过程中剔除自我利益感也是一种有效的方式。比如,当你问面试者过去的成就时,要注意他是用"我"还是"我们",他是利用这个机会谈论个人成就还是团队荣耀。问问他还有谁参与了过去的大型项目,听听他们是如何谈论这些人的——是在夸赞他们,还是在贬低别人。

5. 警惕信任缺失

为了修复信任,你必须理解信任是如何被破坏的。这时候你需要花点时间思考我们所提到的公式中的每一个变量,究竟是哪一个变量削弱了信任。

一般来说,出现信任裂痕的迹象有:①两个人避免在一起,减少接触;②尽管意见不一致,还是保持沉默;③普遍缺乏热情;对已给出的指示执行缓慢;④以前亲密的关系已经开始偏离轨道。

很多时候,人们会以非常具体的方式抱怨同事——X、Y 或 Z 做错了。但是大家没有意识到,信任的缺失才是更大的问题。

6. 如何修复信任

当你意识到有什么东西阻碍了你和另一个人相处的时候,第一步就是梳理一下这段关系对你有多重要。

盘点所有你会以合作的方式来完成的工作。想象一下，如果在接下来的 5～10 年里一直和这个人一起工作，不信任会导致哪些时间和精力的浪费。这将确保你在谈话中保持观点正确。然后，在我们所提到的那个公式中找出那个你想要讨论的变量。

注意方式，当面讲话是一种很好的方式，不要发一封又长又烦人的电子邮件。如果可能的话，离开办公室，换个更私密的场景。

最重要的是，不要通过与老板或同事交谈来规避直面对方。你应该尝试着直接解决这个问题。

7. 如何建立信任

对于那些事业刚刚起步的人，如刚从学校毕业的新人，或者是刚到了一家新公司的人来说，我们上文所提及的信任公式将会帮助你做出更加正确的决定，建立更加健康的人际关系。

以下是根据公式来建立信任的一些建议：

（1）当你开始一个新的角色时，全面考虑你的信誉度、可靠性和真实性。你的目标应该是尽快提高这些项目的分数。

（2）参考公式来解决冲突。你不需要为每个人都喜欢你而努力，但你需要培养信任来建立良好的工作关系。不信任是几乎所有冲突的罪魁祸首。

（3）对未来的雇主进行尽职调查。你可能会对一份可能的工作感到非常兴奋，但重要的是你要信任你的老板和同事。判断他们是否足够有信誉、可靠、真实。

（4）当你犯错误时，想想你违反了公式中的哪个变量，然后修复它。

（5）在谈话中淡化自身利益。利己主义当然是必要的，但是有一些方法可以让你的论点更有说服力。比如，更有说服力的加薪对话是这样的："我想承担更多的责任——以下是我认为团队在未来 6 个月或 12 个月里可以做的事情，以及我能够做出哪些独特的贡献。"当你列出你要做什么来证明加薪是值得的时候，想想你怎样才能让团队到达一个更大的目标。

8. 总结

信任是所有关系的根源。最重要的是，它定义了你是否会喜欢一个人，或者是否能够和他们一起做富有成效的工作。信任是一个基本到经常被忽视的词，如果你能理解它在每一次人际互动中的重要性，那就是一个很大的收获。

砥节砺行

公式"信任=（信誉度+可靠性+真实性）/自我利益感"为我们提供了在创业公司或团队中建立信任的策略。上述内容的核心启示在于，信任的建立需要团队成员具备专业知识和经验（信誉度），能够履行承诺并在出错时负责（可靠性），以及在任何情况下都能保持真实和透明（真实性）。此外，减少个人利益的追求，更多地考虑团队和共同目标，可以显著提升他人的信任。上述内容还提醒我们，当信任受损时，应警惕其迹象并采取行动修复，如直接沟通和避免通过第三方传达。对于新加入的成员，文章建议他们通过提升信誉度、可靠性和真实性来快速建立信任，并在解决冲突时考虑信任公式中的变量。上述内容最终强调，信任是团队成功的基石，理解并实践如何建立和维护信任对于推动团队向成功迈进至关重要。通过这些具体的行动和态度，团队成员可以有效地增强团队的凝聚力和效率，从而在竞争激烈的市场中取得成功。

三、有效沟通交流

有效沟通交流是创业团队管理的关键环节。在创业过程中,团队成员需要保持及时、准确、全面的沟通。这有助于提高工作效率,避免信息不对称和误解所带来的问题。创业团队需要建立一套有效的沟通机制,包括定期的会议、工作汇报、问题反馈等。同时,创业团队需要充分利用现代信息技术手段,如即时通信工具、在线协作平台等,以便更好地进行远程沟通。

四、合理分配任务

合理分配任务是创业团队管理的重要环节。在创业过程中,由于资源有限,团队成员需要承担不同的角色和职责。因此,创业团队需要根据每个成员的专长和特长进行合理分工,并给予相应的授权。这不仅可以提高工作效率,还可以增强团队的凝聚力。创业团队需要根据项目需求设定不同的岗位和职责,然后根据每个成员的能力进行分工。同时,创业团队需要给予每个成员相应的授权,以便他们能够更好地发挥自己的作用。

五、提供培训支持

提供培训支持是创业团队管理的重要手段之一。一种合理的激励机制可以激发团队成员的积极性和创造力,从而提高工作效率和质量。创业团队需要了解每个成员的需求和期望,并根据这些需求和期望制订相应的激励措施。这些措施可以包括物质激励(如奖金、股权等)和精神激励(如荣誉、认可等)。同时,创业团队需要注重培养每个成员的职业素养和团队合作精神,以便更好地实现团队目标。

六、鼓励创新思维

鼓励创新思维是创业团队管理的核心要素之一。积极向上的团队文化可以增强团队的凝聚力和向心力,从而提高工作效率和质量。创业团队需要建立一种开放、包容、创新的团队氛围,鼓励团队成员积极发表自己的意见和建议。同时,创业团队需要注重培养每个成员的创新意识和能力,以便更好地应对市场变化和竞争挑战。

七、制订激励机制

制订激励机制是创业团队管理的重要环节之一。一套合理的激励机制可以激发团队成员的积极性和创造力,从而提高工作效率和质量。创业团队需要建立一套公平、透明的绩效考核机制,以便对每个成员进行合理的评价和激励。同时,创业团队需要不断关注团队成员的需求和发展,并及时调整激励机制,以保证其有效性。

八、注重团队建设

注重团队建设是创业团队管理的关键要素之一。一个紧密的团队结构可以增强团队的凝聚力和向心力，从而提高工作效率和质量。创业团队需要注重培养团队成员之间的合作精神和信任关系。这可以通过组织一些团队活动、培训等来实现。同时，创业团队需要注重培养每个成员的职业素养和团队合作精神，以便更好地实现团队目标。

九、培养领导力

培养领导力是创业团队管理的关键要素之一。杰出的领导力可以带领创业团队更好地应对市场变化和竞争挑战。创业团队需要培养具有领导力和管理能力的成员作为团队的领导者和管理者。这些领导者和管理者需要具备良好的沟通协调能力、决策能力和执行力等能力素质。同时，创业团队需要注重培养每个成员的领导力和管理能力，以便更好地实现个人和团队的共同目标。

十、保持灵活适应能力

保持灵活适应能力是创业团队管理的关键要素之一。在当今竞争激烈的市场环境下，市场变化和竞争挑战是常态的。因此，创业团队需要保持灵活适应的能力素质以应对市场变化和竞争挑战。同时，创业团队需要注重培养每个成员的应变能力和创新能力等能力素质，以更好地适应市场变化和竞争挑战的要求。

总之，在当今竞争激烈的市场环境下，创业团队的管理者必须重视创业期科技企业的特点及对创新人才的需求，采用适合的方法有效地引导并激发这些创新型人才的聪明才智，相信这类企业一定会创造出更多的奇迹，推动社会的进步和发展。

拓展训练

请结合下面的故事，与小组成员讨论有效沟通交流的重要性。

故事一： 有一日，锁对钥匙埋怨道："我每天辛苦为主人看门，而主人喜欢的却是你，每天只把你带在身边。"而钥匙也很不满："你每天待在家里，舒舒服服的，多安逸啊！我才辛苦呢，每天跟着主人东奔西走，日晒雨淋的！"

一次，钥匙也想过安逸的生活，于是偷偷藏了起来。主人回家时，找不到钥匙，情急之下，就把锁给砸了，并将其扔进了垃圾堆。

主人进屋后，看到了那把钥匙，气愤地说："锁也砸了，现在留着你也没用了！"说完，把钥匙也扔进了垃圾堆。

在垃圾堆里相遇的锁和钥匙感叹道："今天我们落得如此可悲的下场，都是因为过去我们不相互配合，而是相互妒忌和猜疑啊！"

故事二： 狮子和老虎之间爆发了一场激烈的战争，到最后两败俱伤。狮子快要断气的时候对老虎说："如果不是你非要抢我的地盘，我们也不会弄成现在这样。"老虎吃惊地说："我从未想过要抢你的地盘，我一直以为是你要侵略我！"

从以上两个故事可以看出，沟通是维系同事、领导之间关系的一个关键要素。话不要憋在肚子里，多和同事、员工交流，也让他人多了解自己，这样可以避免许多误会和矛盾。

任务四　创业团队常见的问题与解决方法

> **名人语录**
>
> 共同的事业，共同的斗争，可以使人们产生忍受一切的力量。
> ——奥斯特洛夫斯基
>
> 一堆沙子是松散的，可是它和水泥、石子、水混合后，比花岗岩还坚韧。
> ——王杰

任务导入

创业是一段充满风险与机遇的旅程，它既可能带来丰厚的回报，也可能面临重重困难。在这个过程中，创业者需要应对各种挑战和问题。有些问题是创业者在创业过程中常常遇到的，如果能够及时发现并妥善解决，就能避免或减少。在进行下面的学习之前，请思考以下问题。

创业团队常见的问题与解决方法有哪些？

知识链接

一、创业团队常见的问题

（1）创业团队前期磨合不够。团队成员之间没有充分的了解，最初可能就是为了创业而走到一起，一起创业之后很快发现彼此的价值观有冲突。对于初创公司来说，如果业绩增长很快，这些问题还可以容忍，如果业绩不是很理想，很快就会导致团队瓦解。

（2）团队缺少共同的精神信仰。团队成员各打自己的小算盘，都想当领导，导致团队没有向心力，不要说创业期很艰难，就是成熟的公司让这样的团队来做，也一定会失败。地球上原来有5支人种，我们属于智人，而智人能够战胜尼安德特人的最主要原因就是信仰。论力气、论智商、论身体，智人都没有优势，但是只有智人有信仰，所以才能形成大的组织。

（3）人才类型趋同。发起人是什么样的人，往往也就吸引什么样的人，组织同质化严重，那么这个组织的决策一定是片面的，不能全面地反映市场的需求。

（4）单中心驱动。有的创业者容易陷入一人独大专制的误区，甚至就是在自己至高无上的幻想之中开始创业的，这样的人注定会失败。其实，还有一种模式，那就是多中心创业模式，如游击战，它没有一个统一的指挥下达命令，但是大家都有一个共同的理想，至于什么时候行动，怎么行动完全由这个游击队的队长根据当时的情况做出决定。

在创业中，创业者是不是也可以学习这种方式呢？乔布斯这么做成功了，阿里巴巴这么做成功了，腾讯这么做成功了，华为也是这样做的。

（5）团队成员留恋过去的成功幻觉，忘记了现在不是他原来所在的大公司，不处在他创业成功时刻，现在是整理行囊再出发，要能保持饥饿感，能放下身段做具体的事。不然就会出现这样的情况：开会的时候大家都很有建树，制订了目标、方法、步骤，也分解了任务责任到人，但是会议结束也就一切都结束了，没有人去执行，没有人愿意踏踏实实地做基础工作。这不是在创业，是在打着创业的幌子，努力不让自己从过去的梦里醒来。

◆ 案例阅读

创业团队如何摆脱"毕业即散伙"魔咒

武汉一高校大学生创业者李军（化名）曾在身边看到过"毕业即散伙"的例子：在公司隔壁，一位同城"985"高校大学生创业者带着团队打拼了3年，从创业孵化器搬到了光谷大厦，公司已有了10余名员工。

临近毕业时，创始人接到了一家世界百强企业的年薪60万元的邀请，决定离开公司。主心骨一走，公司不到一个月就解散了。隔壁办公室到现在还堆着他们未拿走的杂物。

记者采访了多位创业导师，他们都近乎一致地认为："创业大学生毕业散伙的现象极为普遍。这些诞生于象牙塔里的学生创业团队，在'大鱼吃小鱼'的市场竞争中难以扎根成长，毕业季成为压垮他们的最后一根稻草。"

创业热潮在校园涌动，创业追梦背后更需冷静思考：中国大学生合伙人如何实现从校园到社会的"生死跨越"，从而在社会上站稳脚跟？

"立足专业领域，各司其职"

华中科技大学计算机博士生范小虎花了3年时间，终于啃下了武汉智能家居行业的"硬骨头"。

2011年，范小虎考入华中科技大学计算机学院，结识了谢屈波等3位年龄相仿、志趣相投的博士生同学，上课之余，大家一起吃饭、唱歌、聊技术、聊人生，成了无话不谈的好朋友。

3年后，一则谷歌高价收购某智能家居公司的消息让他们深受启发，"这不正是我们的研究领域吗？"经过多次商议论证，4人决定针对老年群体打造一款智能家居系统，并成立武汉博虎科技有限公司。

"博虎"是公司两位主创——谢屈波和范小虎名字的组合。主创团队4个人各有所长。谢屈波曾将一个创业公司做到了上市；另外两人在国外做博士后，掌握行业领域前沿动态；而范小虎自称为"刘备"，能将一帮"大将"聚在一起战斗。

范小虎认为，项目能稳定地运行下去，主要原因在于他们立足专业领域，各司其职，做团队每个人最擅长的事情。"这个行业的水有多深，我们4个人都已经摸透了。"

经过3年的发展，博虎科技逐步确定以年轻人、大型医院、养老院企业为目标客户群体，年收入突破百万元。范小虎也被评为"2017年武汉创业十佳大学生"，入选"3551光谷人才计划"。

武汉科技大学2011级建筑学专业的郭广欣在选择创业项目时，同样考虑到了专业匹配的问题。

2015年，郭广欣组建了3人团队，成立武汉众果科技有限公司。他负责软件开发与设计，另外两人一人擅长运营，一人主管销售。

他们的创业项目是自助式摄影室。上大四时，郭广欣结合自身的专业背景，开发出单反相机声控拍照感应模块设备，只需摆好姿势，喊出命令，显示屏便出现对应的照片。

这一技术改进极大地"解决了行业痛点"。原本需要遥控器控制拍摄，非常影响照片美观性，如今双手从遥控器中解放出来。"凭借专业能力，我们要在同行中做最有技术优势的。"郭广欣说。

2018年11月，公司新场地装修完成，团队也获得了全国创业大赛银奖，公司则被评为武汉2018年度科技"小巨人"企业。

在华中师范大学2012级动漫专业的黄子豪看来，"团队要走得远，不仅要立足于专业，更要注意瞄准市场"。上大四时，黄子豪组建了动画制作团队，之后成立木子岚文化传播有限公司。因动画制作成本高，学校师生很难消费得起，但公司起初扎根学校，一旦脱离这个群体便难以生存。因此，有老师找他们做动画时，他们干脆不收钱。

市场调研显示，大多数画师喜欢画人物，但实际上人物岗位是饱和的，真正的市场缺口是场景制作，"我们主打技术过硬的美术外包"，这正是木子岚团队的强项。

"很多大学生创业团队没能在一个细分领域中提高市场竞争力。"黄子豪说，"就我们公司而言，外面很多做动画的公司综合实力很强，但在场景制作这个细分领域我们可能比他们强。这就是我们的创业公司的立足点。"

木子岚以动漫美术为主营业务，参与多个动漫游戏项目艺术制作。在中国最大的动漫类美术外包平台"米花师"上，木子岚已经做到全国第二。

"找合伙人比找对象更重要"

"做社团和创业有很多相通的地方。"范小虎把自己的创业渊源追溯到了读本科时创建学生社团的经历。

大二那年，自幼爱好跆拳道的范小虎创办了山东大学跆拳道协会，发展到7个学校，从社团管理、业务拓展、校外参赛，范小虎觉得"就像拓展分公司一样"。他曾带领这个新生社团在全校400多个学生社团中脱颖而出，获得十佳社团称号。

一次事件让范小虎第一次体会到合伙人的重要性。在跆拳道比赛前一天，黑带二段的他不慎腿骨骨折，无法参加比赛。祸不单行，由于他在医院休养，无法按时与赞助商家签约，一项社团赞助费也因此泡了汤。

"大学期间的这些小跟头还是要扛得起的。"他决定在骨折37天后的学校迎新活动中登台表演，腿上缠着绷带，朋友帮忙搀扶着去表演现场。在台上，合作的伙伴悄悄地扶住他，演出取得了意外的成功。

"创业比办跆拳道社团更加复杂，未来可能遇到的意外也会更多。"范小虎记得，有一次，在签融资合同的前一天，对方公司破产，投资项目瞬间泡汤；年前公司账面上一分钱也没有，几个合伙人从家里拿钱，才勉强发了员工工资。

"有时候一个人单打独斗未必就好，有一群跟你一起打拼的伙伴，在遇到困难时才不会孤立无援。"范小虎一开始就明白得找个靠谱的伙伴一起创业。

选择创业合伙人时，他邀请了相熟的同学，4个人的专业能力、为人处事都互相了解。他认为,"找到逆境时出现的朋友"才是创业合伙人的最佳选择。

他算了笔账:每天早上出门前和女朋友说不了1个小时的话,晚上9点多下班后又不到两个小时,中间有8个多小时要和合伙人待在一起。

"找创业合伙人比找对象都重要。"他笑道。

"志同道合"也是郭广欣寻找合伙人的标准。"三个学建筑的伙伴"性格上合得来,都明白合伙人的重要性,郭广欣记得,有位合伙人曾说过:"如果一个人开个小公司,那拿100%股权也没太大意义,但如果合伙人齐心协力把公司做大做强,即便自己占有少量股份,也够多了。"

在股份问题上,郭广欣占有公司最大股份,其他两人毫无异议。"一个人再厉害,毕竟能力是有限的,大家一起发力就可以把公司推到更高的级别。"郭广欣说。

权责明确规避纠纷

范小虎在合伙人的股权分配上有自己的一套办法:"首先合伙人之间的权责利益一定要明确,白纸黑字红章都要有,并且有动态适应调节机制。"例如,4位股东虽然股权平分,但都有相应的销售任务,完成每单业务都可以单独拿提成,遵循多劳多得的原则。"合伙人之间的利益,只要股份、利润分得合情合理,大家一起合作都会愉快。"

这一点,与郭广欣不谋而合。

成立公司前,郭广欣对如何分配股权并没有一个明确的概念,他查阅了大量相关资料,咨询了同校获得千万元融资的创业学长,最终将股份分为 1:2:7。

他知道,大学生创业公司起步常遇到的问题是:一味地讲哥们义气,合伙人之间平分股权,缺乏主要决策人,致使到公司发展后期因意见不合而一拍两散的事情非常普遍。郭广欣认为,在决策中有一个能拍板的人至关重要。

公司刚成立不久,郭广欣想招人扩充业务,但其他两位股东觉得业务还不成熟,可以节省新员工的费用,让每个人多承担部分工作。郭广欣把股东聚在一起,给大家算了笔账,"一个中级业务员8个小时工作可以带来2 000元,一旦我们增加了他的工作量,既要做业务,又要负责低级推广,业务收益为1 000元,而低级推广只能带来100元收益,那为什么不花500元再雇一个人呢?"用理论和模型数据分析,郭广欣最终拍板为公司招聘了7人。

为了规避利益纠纷,黄子豪创业至今一直是个人独资,"我一个人摊风险,赚了钱是公司的,亏了钱我照样给大家发工资"。他认为,在巨大的社会压力面前,创业之初的热情是极容易消散的,因此没有把股份搞得太复杂。

华中师范大学创业导师丁玉斌发现,大学生创业团队合伙人大多是同学、朋友,这些原本很亲密的关系有的后来反而成为矛盾的导火线。在项目发展阶段,有些人能不要酬劳地一起奋斗,但有了一定成绩后却散伙了。

他介绍,曾有一个3人的创业装修团队,在公司拿到80万元的单子后,一个负责现场施工的合伙人提出分钱,拿走了20万元现金,保留了部分股份分红,离开了公司。

武汉理工大学创业学院院长赵北平建议,大学生创业要事前定好规则。在股权、表决权设计上制定相应的规章制度,确定核心人物,把握企业管理的规律,形成较成熟的企业架构,从而维系创业团队的运转。

在大陆、台湾两岸高校创新创业论坛中,台湾中华大学创新育成中心资深经理许文川曾说:"鼓励大学生创新创业并不是鼓励大学生一个人创业。如果大学生一个人创新创业非常辛苦,那么要鼓励团队创业,尤其是鼓励学生跨系、跨学院组建团队,提高创新创业资源互补性与抗挫折能力。"

他举了个例子,在某高校的创新创业团队中,有人是学商业管理的,对财务比较敏感,有人是机电学院的学生,对技术比较精通,还有人来自管理学院、人文学院等,要让每一个学生的专业能力在创新创业中得到充分发挥。在一个创业团队中,只有每个大学生都明确自己的长处与短处是什么,所有的短处才有可能变成长处。

那么在团队作战中,如何增强大学生创业合伙人的凝聚力?

丁玉斌认为,其关键在于主创大学生的管理智慧。这要求大学生管理者既要具备较强的领导能力,还要有团队建设能力。掌舵人需具备的业务能力、财务能力及社交能力是书本上学不到的,需要创业大学生拥有足够的信心,社会也有足够的宽容,让大学生创业者在试错中摸索与学习,与团队合伙人共同成长。

(来源:http://zqb.cyol.com/html/2019-08/02/nw.D110000zgqnb_20190802_1-08.htm)

二、解决办法

(1)大家要有一个共同的理想、目标,并且都愿意为此付出。
(2)明确目标,设置节点,分解到人,并有监督机制。
(3)采取淘汰机制,对于不能胜任或者不愿意胜任的人要予以淘汰。
(4)游击思维,多中心爆破。
(5)搞清楚为什么创业,互相支持。
(6)共同赛跑,谁的成功都是团队的成功。

拓展训练

请在互联网上收集创业团队问题解决实例,并与小组成员讨论问题解决的有效方法。

项目八
财务与投资

自我思考

财务管理是创业公司的核心竞争力之一。面对资金融资和成本控制等挑战，企业需采取多渠道融资、严格成本控制和规范财务管理等策略。同时，借鉴成功案例的经验，不断完善财务管理体系，以提高企业的竞争力和市场地位。为了更好地支持初创企业，政府和社会各界也应提供更多的资金和政策支持，共同推动创业公司发展壮大。对于创业者而言，应充分认识到财务管理的重要性，尽早建立规范的财务管理体系，并通过不断学习和实践提高自身的财务管理能力，为企业的发展保驾护航。同时，要与其他创业者、投资者和行业专家保持密切联系，共同探讨解决财务困境的方法和途径，实现企业与行业的共同成长。

请同学们想一想：创业公司如何有效融资？创业公司如何对成本进行管控？财务管理过程中的问题如何应对？如何对创业公司进行估值？如何吸引投资，确保创业公司上市。

〖知识目标〗
1. 了解创业企业融资的基本条件。
2. 了解创业公司的估值。
3. 熟悉财务管理的功能。
4. 熟悉吸引投资的措施。
5. 掌握创业融资的来源与渠道。
6. 掌握成本管理与控制。
7. 掌握财务管理问题及对策。

〖知识目标〗
1. 能够对创业公司进行成本管控。
2. 能够熟知创业公司的上市流程。

〖知识目标〗
树立创新金融意识，提高财务与筹资能力。

【开篇故事】

刚刚，一年卖出 10 亿杯的茶百道，IPO 了

先恭喜奶茶消费者们，再一次将一杯奶茶喝进了 IPO。

2024 年 4 月 23 日，茶百道港交所成功上市。茶百道发行价 17.5 港元/股，共发行 1.48 亿股股票，共集资 25.86 亿港元，是今年截至目前港股募资最大规模 IPO。截至发稿前股价 12.5 港元/股，市值 184.7 亿港元。

近一年来，已经有不少茶饮品牌宣布计划 IPO。光是 2024 年，沪上阿姨、古茗、蜜雪冰城都向港交所递交了招股书，新茶饮赛道迎来了一波上市潮。不过，递交招股书只能算是叩响了二级市场的大门而已，离真正迈入资本市场还有一段距离，但这次茶百道终于正式打开了这扇大门。

"80 后"夫妻创业，门店逼近 8 000 家

爱喝奶茶的朋友应该很熟悉茶百道的名字，一年能卖出 10 亿杯，不少门店甚至全天候 24 小时营业。

茶百道的发展史也是一个很浪漫的创业故事。创始人王霄锟据说出身成都茶商世家，大学毕业后就成为一名茶艺师，其妻子刘洧宏对茶饮也颇有研究，两位"80 后"看到了现制茶饮的商机，于是 2008 年他们在成都温江二中附近开了茶百道的第一家门店，以学生为主要消费群体。

当年的茶百道无疑是名副其实的"夫妻店"，而现在茶百道开遍全国，离"万店"数量也相差不远。再加上今天完成 IPO，继奈雪的茶这位"新茶饮第一股"后，它还是在一众同行的激烈竞争下夺下了"新茶饮第二股"的头衔。

在新茶饮赛道，奶茶品牌层出不穷，哪怕是前辈们已经打响了自己的知名度，依然有新玩家不惧残酷涌入这条赛道。不过品牌多是多，茶百道还是名副其实的行业老三。

这位行业老三，在 2023 年里卖出了 10.16 亿杯奶茶，门店总零售额达 169 亿元。根据弗若斯特沙利文的报告，按 2023 年零售额计，茶百道在中国现制茶饮店市场中排名第三，市场份额达到 6.8%。

第二名古茗的市场份额为 7.8%，行业老大蜜雪冰城占市场份额的 17.8%，五大市场参与者（蜜雪冰城、古茗、茶百道、沪上阿姨 4.2%、书亦烧仙草 3.4%）总共占据 40.0% 的市场份额。说句题外话，这一看，新茶饮赛道卷归卷，剩下的 60% 市场份额足够吸引新的玩家豪情壮志了。

茶百道能够拿下行业老三的位置，还要归功于它强悍的开店能力。根据招股书，截止到 2024 年 2 月 18 日，茶百道在国内共有 7 927 家门店，逼近 8 000 家。这其中有 99% 是加盟店，直营店只有 6 家。因此从加盟中获得收入，也是茶百道的主要收入来源。

茶百道的加盟速度有多快？2019 年，茶百道加盟店差不多有 600 家，2020 年突破了 2 200 家，2021 年开了 2 835 家，较 2016 年的 100 家跃增了 70 倍不止。根据招股书，茶百道从加盟商身上拿走了高达总营收 95% 的销货收益，以及占比 4.1% 的特许权使用费和加盟费。

按经营分部划分的话，茶百道的各分部收入都在增长，但其中销售货品及设备业务的收入提升最为明显，占比从 2021 年的 83.6% 提升至 2023 年的 90.5%。

从门店分布的城市来看，茶百道在新一线城市数量仍占最大比例，占比为 26.9%。四线及以下城市数量占比明显上升，从 2022 年年末的 19.7% 升至 22.2%。

在各大赛道，加盟店越多，关店数量也越多是常见的现象，但茶百道是个例外，它虽然不断地在扩张门店，其闭店率却不高。根据弗若斯特沙利文报告，2021年至2023年茶百道的闭店率分别为0.2%、1.1%及2.3%，远低于行业平均水平。

这说明茶百道已经形成了自己的护城河，在消费者体验中稳定了消费者心智，这在卷出天际的新茶饮赛道实属不易。

门店的增长带来了营收的增长。根据招股书，2021年至2023年，茶百道分别实现营收36.45亿元、42.33亿元和57.06亿元；同期净利润分别为7.56亿元、9.54亿元和11.39亿元；同期的毛利率分别占35.7%、34.4%及34.4%。

在收入比例中，2021年至2023年，茶百道外卖订单零售额从61.14亿元增长到99.815亿元，线上销售占比为59.03%，近60%收益来源于外卖，"茶百道会员计划"积累了超过6 600万名注册会员。

茶百道的闭店率低于行业平均水平，它的净利率也位于行业顶尖水平，近三年均高于20%，同期分别为7.8亿元、9.6亿元及11.5亿元，复合年均增长21.6%。

首轮公开融资9.7亿元，估值近180亿元

茶百道的"百亿独角兽"称号来得猝不及防，因为2023年6月它才开启了首轮融资，也是它的Pre-IPO融资，2个月后茶百道就向港交所递交了招股书。

不过茶百道在圈里一直是个香饽饽，2021年还传出在新一轮融资中遭遇投资人疯抢份额的消息。

2023年5月，兰馨亚洲、正心谷资本、草根知本和番茄资本共拿出9.5亿元，成了茶百道的股东。次月，该公司又获得独家保荐人中金公司旗下中金资本的0.2亿元融资。此时，茶百道的估值约为176亿元。

这是茶百道创立15年来的第一笔公开融资，也是2023年茶饮行业的第一笔大额融资。

关于这轮融资的动机，招股书里有蛛丝马迹可循。截至2023年3月月底，茶百道的现金及现金等价物仅为0.32亿元，现金吃紧，融资则迫在眉睫。也多亏了这轮资金的入驻，茶百道的银行结余及现金快速上升，2024年1月31日达到11.7亿元；流动资产净值也从2021年的3.2亿元增至2024年1月31日的16.8亿元。

招股书中，茶百道表示，它们拥有充足的资金来应对未来12个月的需求。

上市前，王霄锟和刘洧宏共持股约81.21%，兰馨亚洲持股约4.56%，正心谷资本持股约0.4%，草根知本持股约0.28%，番茄资本持股约0.17%，中金资本持股约0.11%。

以上市前估值176亿元来算的话，王霄锟夫妇身家超过了140亿元，百亿富豪榜上已然能见到两位的身影。

新茶饮卷着上市

新茶饮有多卷，大家都有目共睹。曾经走高端价位的品牌纷纷走下神坛，降价杀入20元及20元以下市场，大家都在"卷价格"说明了一点：活着，已经是一件不容易的事情。

此外，大家都还在卷要上市。

很多知名的新茶饮赛道都挤在相同的时间段公开上市计划。比如，早在2023年7月，就有消息称蜜雪冰城、茶百道、沪上阿姨、霸王茶姬、新时沏、古茗等新茶饮企业准备上市。与大部分企业一样，茶百道当时也是"不予置评"，但次月便选择赴港上市。

但新茶饮企业只有奈雪的茶在2021年成功上市。蜜雪冰城曾在2022年申请A股上市，但近一年还没有新的进展，因此有报道称该计划已被"搁置"。

高调表示要上市的茶饮企业有很多,但真正能够上市的却凤毛麟角。曾有投资人私下痛苦不堪地表示,他们迫切希望基金下的被投新茶饮企业能够尽快上市,LP催促着要退出,这位投资人所投的正是估值奇高的那家品牌。

也有很多投资人已经不奢望能从他们所投的新茶饮企业中获得高倍回报,只求能通过上市退出,"退一点是一点",上述投资人这么说。

但不管怎么说,终于有一家新茶饮真能上市了,这足以称得上是个好消息。新茶饮第二股来了,第三股、第四股或许也就不远了。

(来源:https://36kr.com/p/2745432422808328)

砥节砺行

茶百道的 IPO 案例从资金和融资角度提供了以下思路:

(1)资金筹集。通过 IPO,茶百道成功筹集了 25.86 亿港元,这反映了其品牌在市场上的吸引力和投资者对其未来发展的信心。

(2)筹资规模。作为当年港股募资规模最大的 IPO 之一,茶百道的上市显示了其在行业中的领导地位。

(3)加盟模式。加盟模式为茶百道带来了快速的门店扩张和稳定的现金流,这是其资金流的重要组成部分。

(4)融资时机。茶百道在现金紧张时进行了 Pre-IPO 融资,这为其上市和后续扩张提供了资金支持。

(5)投资者期望。投资者对茶百道的上市有较高的期望,这反映了他们对快速回报的追求。

(6)市场竞争。茶百道的上市可能会激发其他新茶饮品牌加快上市步伐,以获得资金支持。

(7)估值与资金用途。上市前后的估值变化显示了市场对茶百道未来增长潜力的评估。筹集的资金将用于战略扩张和品牌建设。

(8)股东结构。创始人夫妇保持了较高的持股比例,这保证了他们在企业决策中的主导权。

茶百道的 IPO 案例展示了创业企业如何通过有效的资金筹集和市场策略在竞争激烈的市场中获得成功。

任务一　创业融资的内涵

> 勇者可能不会永生，但谨慎者根本没有生活。
>
> ——理查德·布兰森
>
> 感受恐惧，并且无论如何都去做。
>
> ——苏珊·杰弗斯

　任务导入

创业融资对于初创公司的重要性在于它能够提供必要的资金支持，以推动企业的成长、扩张和创新，确保企业在竞争激烈的市场中存活并取得成功。在进行下面的学习之前，请思考以下问题。

创业融资的基本条件有哪些？

　知识链接

一、融资的概念

融资是指企业运用各种方式向金融机构或金融中介机构筹集资金的一种业务活动。

从广义上讲，融资就是货币资金的融通，是当事人通过各种方式到金融市场上筹措或贷放资金的行为。企业的发展离不开金融的支持，因此，企业需要全面地了解金融知识、金融机构和金融市场。

从狭义上讲，融资即一个企业资金筹建的行为与过程。也就是企业根据自身的生产经营状况、资金拥有状况及企业未来经营发展的需要，通过科学的预测和决策，采用一定的方式，从一定的渠道向企业的投资者和债权人筹集资金，组织资金的供应，以保证企业正常生产需要、经营管理活动需要的理财行为。

企业筹集资金的动机应该遵循一定的原则，通过一定的渠道和一定的方式进行。企业筹集资金主要有三大目的：企业扩张、企业还债及混合动机（扩张与还债混合的动机）。

▶ 知识拓展

什么是创业板市场

创业板市场，各国的称呼不一，有些国家称其为二板市场，有些称其为第二交易系统、创业板市场等。它是指交易所主板市场以外的另一个证券市场，其主要目的是为新兴公司提供集资途径，助其发展和扩展业务。在创业板市场上市的公司大多从事高科技业务，具有较高的成长性，但往往成立时间较短，规模较小，业绩也不突出。

创业板市场主要服务于新兴产业尤其是高新技术产业，在促进高新技术产业的发展和进步方面起到了至关重要的作用。美国的Nasdaq是创业板市场的典型，素有"高科技企业摇篮"之称，培育了美国的一大批高科技巨人，如微软、英特尔、苹果、思科等，对美国以计算机信息为代表的高科技产业的发展，以及美国近年来经济的持续增长起到了十分重要的作用。在Nasdaq巨大的示范作用下，世界各大资本市场也开始设立自己的创业板市场。1995年6月，伦敦交易所设立了创业板市场Aim；1996年2月14日，法国设立了新市场Le Nouveau March；1999年11月，香港创业板正式成立。

从国外的情况看，创业板市场与主板市场的主要区别：不设立最低盈利的规定，以免高成长的公司因盈利低而不能挂牌；提高对公众最低持股量的要求，以保证公司有充裕的资金周转；设定主要股东的最低持股量及出售股份的限制，如两年内不得出售名下的股份等，以使公司管理层在发展业务方面保持对股东的承诺。此外，创业板使用公告板作为交易途径，无论公司在何地注册成立，只要符合要求即可获准上市。

有些投资者担心创业板市场的设立会对主板市场形成资金分流，其实这种担心是多余的。从理论上讲，证券市场上的投资品种如果不能持续在广度和深度上取得突破，则证券市场的进一步发展将会陷入停滞。因此，只看到市场扩容，看不到它给市场注入了全新的概念和题材，是一种短视行为。实际上，创业板市场和主板市场的投资对象和风险承受能力是不相同的，在通常情况下，两者不会相互影响。

（来源：http://news.cctv.com/china/20080117/106128.shtml）

二、融资的基本条件

对很多创业者而言，一旦真的参与了企业的创立、经营，就会有大量、不可控制的资金需求，因此，如果大学生创业时没有足够的资金支持，就需要创业融资。但并不是任何人都可以进行创业融资的，一般来说，创业融资需要具备以下基本条件。

（1）项目本身已经经过政府部门批准。
（2）项目可行性研究报告和项目设计预算已经得到政府有关部门的审查批准。
（3）引进的国外技术、设备、专利等已经得到政府经贸部门批准，并办妥相关手续。
（4）项目产品的技术、设备先进实用，配套完整，有明确的技术保证，生产规模合理。
（5）项目产品经预测有良好的市场前景和发展潜力，有较好的经济效益和社会效益。
（6）项目投资的成本及各项费用预测较为合理，生产所需的原材料有稳定的来源，并且已经签订供货合同或意向书。
（7）项目建设地点及建设用地已经落实，生产所需的水、电、通信等配套设施已经落实，与项目有关的其他建设条件也已落实到位。

企业只有在具备以上基本条件后，才能更好、更容易地进行创业融资。

三、融资的地位

创业融资是获取创业资源这个阶段中的一项重要内容。

机会识别阶段需要创业者进行一定的调查和对机会风险的评估，也需要一定的资金支持；创业计划书的撰写阶段虽然不依赖于资金，但需要资金支持解决具体撰写过程中的基本资料、分析工具和用具的开支等问题；而管理新创企业阶段毫无疑问需要大量的资金投入；在获取创业资源阶段，就社会资源、资金资源、技术资源和人才资源的关系而言，资金资源是使技术转化为生产力创造经济价值的基础，也是形成和提升社会资源、获取人才资源的必要手段。因此，资金资源是确保创业资源有效发挥作用的重要条件。

综上所述，创业融资确保了资金资源的获取，既为其他资源的有效整合和功效提升提供了有力的物质条件，也为创业管理各阶段工作的开展提供了物质保障，是创业管理的关键内容。

拓展训练

请在互联网上搜索较为著名的创业企业（如拼多多、抖音、阿里巴巴等），探究这些创业企业起初为何能获得投资者的青睐，它们分别具备融资的哪些基本条件。

任务二　创业融资的渠道与技巧

名人语录

停泊在港口的船是安全的，但船不是为此而造的。

——约翰·A.谢德

最大的风险是不冒任何风险，在一个变化迅速的世界里，唯一保证失败的策略就是不冒险。

——马克·扎克伯格

任务导入

如果你想组建一个创业团队，想注册一家公司，那就要考虑一个至关重要的问题——创业的第一桶金从哪里来？长期以来，这个问题困扰着无数的创业者。或许对于部分起点高的人而言，他们能够通过各种渠道迅速找到创业的突破口，挣得第一桶金，但对于仅凭满腔热血创业的普通创业者来说，赚取第一桶金几乎难如登天。正如古戏所唱："一文钱买鸡蛋，蛋变鸡，鸡变蛋，能变个没完。"而大多数人其实就差那一文的买蛋钱。当然，钱是有的，关键是到哪里去找。在进行下面的学习之前，请思考以下问题。

创业融资的渠道有哪些？

 知识链接

一、创业融资的渠道

1. 自我融资

自我融资也称为自筹资金，是指创业者使用个人储蓄、资产或收入来为创业活动提供资金的方式。这种方式的优势在于它不涉及外部投资者，因此，创业者可以保留对企业的完全控制权。然而，它也存在风险，特别是如果企业未能立即盈利，创业者可能会面临财务压力。

2. 亲友融资

亲友融资是指创业者从家人、朋友或其他个人关系中筹集资金。这种方式通常在企业初创阶段较为常见，因为它相对容易操作，且不需要复杂的法律文件或审批流程。亲友融资的优势在于它通常涉及较低的融资成本和更灵活的还款条件。不过，它可能会给个人关系带来压力，特别是在财务出现问题时。

3. 风险融资

风险融资或称风险投资，是指专业的风险投资公司向具有高增长潜力的创业公司提供资金。风险投资者不仅提供资金，还可能提供管理和战略指导。这种方式适合那些有清晰商业模式和快速增长前景的企业。风险融资的优势在于它能够提供大量资金，帮助企业快速成长；但缺点是创业者可能需要放弃公司的股份和部分控制权。

4. 天使融资

天使融资是指富有的个人，即所谓的天使投资人向创业公司提供资金。天使投资人通常在企业的早期阶段投资，并可能提供除资金以外的其他资源，如行业经验或人脉。天使融资的优势在于它提供了相对快速的资金来源，且条款通常比风险融资更为灵活。然而，创业者需要仔细选择天使投资者，以确保他们的期望与企业的目标相符。

5. 商业银行贷款

商业银行贷款是传统的融资方式，它涉及银行向企业提供贷款，企业需按约定的利率和时间表偿还贷款。这种方式适合那些有稳定现金流和良好信用记录的企业。商业银行贷款的优势在于它提供了可预测的资金来源，且不会稀释企业的所有权。然而，获得贷款可能需要企业提供抵押或担保，且审批过程可能较为严格。

6. 担保机构融资

担保机构融资是指通过政府支持的担保机构来获得贷款，这些机构为银行贷款提供担保，降低银行的风险。这种方式适合那些可能无法单独获得银行贷款的小型企业。担保机构融资的优势在于它为创业者提供了更多的贷款机会，且条件可能更为宽松。然而，企业仍需偿还贷款，并且可能需要支付担保费用。

7. 政府创业扶持基金融资

政府创业扶持基金是政府设立的基金，旨在支持创业和创新活动。这些基金可以提供无息或低息贷款，或者以补助金的形式提供资金。政府基金融资的优势在于它可以提供无需偿还的资金，且通常附带较少的附加条件。然而，这些基金往往有严格的申请条件和审批流程，且可能需要企业符合特定的行业或地区要求。

每个融资渠道都有其特定的优势和限制，创业者需要根据自己的企业状况、资金需求、风险承受能力和长期目标来选择最合适的融资方式。

> **案例阅读**

兰州大成自动化工程有限公司创新基金

兰州大成自动化工程有限公司运行一年来，主要进行产品开发，几乎没有收入，虽然技术的开发有了很大的进展，但资金短缺的问题越来越突出。当时正值科技型中小企业技术创新基金启动，企业得知后非常振奋，选择具有国际先进水平的"铁路车站全电子智能化控制系列模块的研究开发与转化"项目申报创新基金。为此，他们进一步加快了研发的速度，于1999年12月通过了铁道部的技术审查，取得了阶段性的成果。正因为企业有良好的技术基础，于2000年得到了创新基金100万元的资助，这不仅是雪中送炭，而且发挥了引导资金的作用。同年，该项目又得到了甘肃省科技厅50万元的重大成果转化基金，教育部"高等学校骨干教师资助计划"12万元的基础研究经费。2001年，针对青藏铁路建设的技术需求，该项目被列入甘肃省重点攻关计划，支持科技三项费用30万元。

二、创业融资的技巧

小企业贷款难已是一个无法回避的事实，即使是一个好的投资项目，银行也不一定会予以照顾，在机会均等和其他条件相同的情况下，大中型企业会优先贷到款项。所以，投融资专家认为，贷款技巧对小企业融资来说更为重要。企业融资包括以下技巧。

1. 建立良好的银企关系

（1）企业要讲信誉。企业在与银行的交往中，要让银行对贷款的安全性绝对放心。

（2）企业要有耐心。在争取贷款时要充分理解和体谅银行的难处，避免一时冲动伤了和气，以致得不偿失。

（3）要积极、主动、热情地配合银行开展各项工作。例如，积极配合银行开展各种调查，认真填写和报送企业财务报表，贷款到期要主动按时履行还款或延期手续，以取得银行对企业的信任等。

2. 写好投资项目可行性研究报告

投资项目可行性研究报告对于争取项目贷款具有十分重要的作用。企业在撰写报告时，要注意解决好以下几个问题：

（1）报告的项目需要符合国家的相关政策，如重点论证其技术的先进性、经济的合理性及实际的可行性等问题。

（2）要把重要问题讲清楚，对有关问题做出有力的论证。例如，在论证产品销路时，必须将市场对该产品的需求、当前社会的生产能力及将来的趋势等做出分析和论证。

（3）将经济效益作为可行性的出发点和落脚点。

3. 突出项目的特点

不同的项目有各自内在的特点，银行贷款也有相应的要求，报告中需要特别讲清这些特点，并且让其符合银行贷款的要求。

4. 选择合适的贷款时机

申请贷款的时机要注意，不但要有利于所需资金及时到位，还要方便银行调剂安排信贷资金、调度信贷规模。一般来说，小企业如要申请较大数额的贷款，不宜安排在年末和季末。

5. 争取小企业担保机构的支持

小企业因为自有资金少、经营规模小，很难提供银行需要的抵押、质押物，也难以取得第三方的信用担保，因而要取得银行的贷款非常困难。这些固然是不利条件，但如果能和各方面搞好关系，将融资工作提前做到位，得到小企业担保机构的支持，向商业银行贷款就会顺利很多。

拓展训练

收集国家或地方政府为扶持创新创业活动出台的融资政策，并从中筛选出可能对你有用的政策。

任务三　财务管理的要点

名人语录

如果你没有不时的失败，那表明你没有做任何非常创新的事情。

——伍迪·艾伦

最大的冒险是未来所带来的。

——赫尔曼·梅尔维尔

任务导入

在企业财务管理的领域中，成本管理与控制的策略，以及对财务问题的应对措施，构成了企业稳健运营的基石。本节内容旨在深入剖析这两大核心议题，为大学生提供一套系统的财务管理知识框架，以助于在波诡云谲的商业环境中做出明智的决策。在进行下面的学习之前，请思考以下问题。

（1）成本管理与控制的要点有哪些？

（2）如何应对财务管理中的问题？

知识链接

一、财务管理的功能

财务管理作为企业管理的重要组成部分，其作用的发挥是以其功能为基础的。具体而言，财务管理具有资金管理功能、成本控制功能和管理监督功能。

1. 资金管理功能

资金对企业发展至关重要，如果将企业比作人的话，那么，资金就是人身体中的血液。可以说，资金是企业经营和发展必不可少的条件。所有企业的生存与发展必须基于一定的资金。企业财务管理具备了资金管理这一最为基本的功能。财务管理人员与企业管理人员基于对市场和企业发展的分析，综合各方面的信息数据，来支配企业的资金，从而利用有限的资金投入带来最大的产出，促进企业经济效益的提升。这就是财务管理中的资金管理功能。

2. 成本控制功能

财务管理人员运用科学的方法，在保障企业正常运转的前提下，严格控制企业中不合理的支出，从而降低企业生产成本，增加企业的利润，提高企业的经济效益。因此，财务管理具有成本控制功能。

3. 管理监督功能

企业的正常运转，需要一整套完善的管理监督体系。财务管理中的管理监督体系使得企业在生产经营过程中步步为营，确保企业始终朝着正确的方向前行。不仅如此，在完善的监督体系下，企业能有效利用各种资源，最大限度地挖掘自身产能，优化企业的经营与管理，从而能够以较小的成本投入获得较大的经济效益。这就是财务管理中的管理监督功能。

二、成本管理与控制

对于新创企业而言，资金是稀缺资源。许多新创企业一味追逐"开源"，即销售，而忽略了"节流"，即对企业成本的管理和控制，导致企业成本失控、利润微薄，难以在激烈的市场竞争中占据优势地位。不合理的成本管理将严重损害企业的经济效益，企业需要合理掌控成本，在确保企业正常经营的前提下尽可能降低成本。

企业成本的组成要素很多，大致可归纳为生产成本和非生产成本两部分。生产成本是指企业为生产产品或提供劳务而发生的各项生产费用，包括直接材料费用、直接人工费用和制造费用。非生产成本包括销售费用、管理费用和财务费用。

1. 直接材料成本管理与控制

直接材料，即企业在生产产品和提供劳务过程中所消耗的、直接用于产品生产、构成产品实体的各种原料、外购的半成品，以及有助于产品生产的辅助材料、设备配件、包装物和其他直接材料等。由于成本意识薄弱、对原材料盲目选购或控制力度不够、生产设备陈旧、生产技术落后等原因，一些企业可能在生产产品时耗费大量的原材料，导致原材料成本较高。生产设备陈旧、员工技术能力不足可能造成企业只注意产品的生产数量和速度，而忽略了产品的质量，导致产品的次品率和废品率高。此外，有些企业可能出于打造高档产品的意图而进行高端包装，但如果与企业和产品自身的定位不匹配，最终会导致包装物成本在产品价格中占比过高，反而对销售产生负面影响。

创业企业及其管理者应该对直接材料成本中的各个项目的消耗和采购进行合理规划。一是建立严格的采购制度，可以与其他中小企业组成战略联盟进行联合采购，提高采购量，进而提高原材料采购议价能力，以较低的价格购买优质的原材料；二是制定规范的材料库存管理办法，减少人为造成的损失，降低材料在存储期间发生的非必要损耗；三是对生产过程中使用的原材料制定目标成本计划，加强定额管理，有效提高材料的合理使用效率；四是严格制定生产标准，加强对生产人员的技术和生产培训，严把生产质量关。

2. 直接人工成本管理与控制

直接人工成本指企业在生产产品和劳务过程中，直接从事产品生产的工人工资、补贴和社保福利费等人工成本。一方面，创业企业对人才的吸引力相对较弱，因此在招聘员工时往往提供较高的薪水，直接造成了人工成本的攀升；另一方面，高薪聘请的员工可能并不能为企业提供较高的生产率，即员工的能力与其工资水平不匹配。这种高成本、低效率的现象会给企业带来一定的利益损失。初创期企业尤其需要注意，建立之初由于生产、管理、运营等都尚未完全步入正轨，很可能产生各职能部门人员配置不协调的现象，人员冗余会直接导致企业的成本增加。

企业可以积极利用人才网站或人才服务公司等渠道进行招聘，减少招聘成本。对人才配置进行认真规划，根据自身需求设置职能部门、所需的员工类型、人数和工资标准。制定相关制度使工资的标准与员工业绩相挂钩，使员工与企业利益保持一致。对于在企业初创期有卓越表现的员工给予一定的股权激励，提高员工的工作热情和工作效率。

3. 制造费用成本管理与控制

制造费用指企业为生产产品和提供劳务而发生的各项间接成本，如企业生产车间的水电费、固定资产折旧、无形资产摊销、管理人员的薪酬、劳动保护费、国家规定的环保相关费用、季节性和修理期间的停工损失等。制造费用一般需要在多个产品之间进行分摊，具有一定的模糊性，往往不受管理者的重视。但是，制造费用管理不完善将给企业利益带来巨大损害。例如，机器设备闲置、保养不当、维修不及时等都会导致机器生产效率下降、生产速度放缓。设备的折旧费分摊到产品成本中，会提高产品成本，削弱企业产品成本竞争优势。此外，企业及其员工缺乏资源节约观念，造成生产车间的水电浪费，也会加重企业成本负担。

企业应合理安排机器的使用时间，减少机器闲置带来的额外成本；加强设备的日常维护与科学使用，保障生产设备的有效运转，降低机器损坏造成的停工风险；分析机器设备的损耗程度与折旧年限，合理计提折旧费用，使设备使用成本不给企业造成太多负担。由于制造费用包括各类间接费用，企业应实行成本管理责任制，明确企业生产中心管理人员的管理责任。对于生产车间部门的水电费、取暖费等费用，可以采用定额目标管理制度，及时、准确地进行核算。

4. 非生产成本管理与控制

非生产成本在企业成本中占据很大比重，主要包括销售费用、管理费用和财务费用。

（1）销售费用：指企业在销售产品、自制半成品和工业性劳务过程中发生的各项费用，以及为销售产品而专设销售机构的各项费用，包括广告费、运输费、装卸费、保险费、展览费、销售服务费，以及专设销售机构的职工工资、福利费、固定资产折旧费等。

（2）管理费用：指企业行政管理部门为组织和管理生产经营活动而发生的各项费用，包括工会经费、待业保险费、董事会费、聘请中介机构费、咨询费、诉讼费、业务招待费、差旅费、管理人员工资及福利等。

（3）财务费用：指企业为筹集生产经营活动所需的资金而发生的各项费用，包括利息支出、汇兑损失、金融机构手续费、现金折扣等。

由于这三类费用下有许多小的费用成本项目，费用归属不明将导致许多问题。企业应树立控制非生产成本尤其是管理费用的整体概念，编制企业的管理费用、销售费用和财务费用预算和控制计划，制定相关制度政策，加强费用审核监督，减少不必要费用的产生。例如，对管理者进行教育培训，向他们灌输节约理念，加强对资金使用权限的控制。在差旅费用方面，对报销事项和标准做出合理的规定。在广告费用方面，提前做好市场调研，评估广告效应的大小，合理设计广告营销。尽可能使用低成本负债方式，做好资金计划管理。若有进出口业务，则要合理选择结算货币，及时根据汇率走势提前或推迟结算。

> **案例阅读**

日本丰田汽车精益生产的分析

20世纪40年代，日本投降后，经济衰弱，许多企业都倒闭了。此时的丰田汽车，每月生产1 000辆汽车，但因为销售不出去，无法回收资金，也濒临倒闭。

丰田汽车的副总裁大野耐一综合了单件生产和批量生产的特点及优点，提出了"在必要的时候做必要的产品"，即准时生产（Just In Time，简称JIT），JIT以准时生产为出发点，达到降低成本、简化计划和提高控制的目的。首先清楚地指出生产太多所造成的浪费，然后对设备和人员等进行淘汰、调整。

JIT生产方式的核心是看板管理。看板管理就是将传统生产过程中前道工序向后道工序送货，改为后道工序根据看板向前道工序取货。比如，根据汽车种类的不同，写明发动机的数量，也可以通知生产车间生产。这既可以满足供需双方的要求，也解决了库存的问题。丰田汽车采用了精益生产的方式，精益生产是指及时制造、消灭故障、消除一切浪费，向零缺陷、零库存进军的生产方式。

JIT生产方式的基本思想是"只在需要的时候，按需要的量，生产所需的产品"，即经济学原理中所讲的"以需定产"或"需求决定供给"的市场法则。丰田汽车依靠这种管理方式，大大降低了成本，在经济惨淡的市场上扭亏为盈，实现了增收。

三、财务管理问题及对策

大学生创业企业在财务管理方面可能会遇到一系列问题，这些问题可能会影响企业的健康运营和长期发展。以下是一些常见的问题及相应的应对措施。

（一）存在的问题

1. 公私财产不分

这是大学生创业企业常见的问题，创业者会将个人资金与企业资金混用，导致财务管理混乱。

2. 缺乏财务知识

大学生创业者缺乏必要的财务知识和经验，难以有效管理企业的财务状况。

3. 资金管理不善

这包括资金筹集困难、资金使用效率低下、缺乏有效的资金监控机制等。

4. 预算制定不科学

预算制定缺乏合理性，导致企业运营资金分配不均，影响企业的正常运作。

5. 税务处理不当

由于大学生创业者缺乏税务知识，可能会导致税务申报错误，增加企业的税务风险。

6. 财务报告不规范

财务报告的编制不符合相关财务报告标准，影响企业的信誉和外部投资者的信心。

(二) 对应的应对措施

1. 建立明确的财务管理制度

针对公私财产不分的问题，企业应建立严格的财务管理制度，确保个人和企业的资金分开管理。

2. 加强财务知识培训

定期为创业者和财务人员提供财务知识培训，提高他们的财务管理能力。

3. 建立资金管理机制

制订合理的资金筹集和使用计划，建立有效的资金监控和审计机制。

4. 科学制定预算

根据企业的实际运营情况和市场变化，科学合理地制订预算，确保资金的有效利用。

5. 聘请专业税务顾问

为了正确处理税务问题，可以聘请专业的税务顾问或会计师，确保税务申报的准确性。

6. 规范财务报告

按照国家财务报告标准，规范企业财务报告的编制，提高财务报告的透明度和可信度。

7. 使用财务管理软件

利用现代财务管理软件，提高财务管理的效率和准确性。

8. 建立风险预警机制

通过财务分析，建立风险预警机制，及时发现并解决潜在的财务问题。

9. 定期财务审计

定期进行财务审计，确保财务数据的准确性，增强企业的财务透明度。

10. 培养财务团队

建立一支专业的财务团队，负责企业的日常财务管理工作。

通过这些措施，大学生创业者可以有效地解决财务管理中存在的问题，促进企业的健康发展。

拓展训练

利用互联网搜集初创企业因财务问题导致创业失败的案例，与小组成员讨论初创企业具体的财务管理问题以及应对措施。

任务四　投资估值与吸引投资

名人语录

成为你可能成为的人，永远都不嫌晚。

——乔治·艾略特

勇气是对恐惧的抵抗，对恐惧的掌控，而不是没有恐惧。

——马克·吐温

任务导入

估值是投资中的难点，连巴菲特在股东大会上都是欲言又止，从来没有给"巴迷"们一个明确的交代。尽管内在价值难估，但总有线索是可以跟踪的。而核心是，我们不能完全凭借简单的几个指标去评断一家公司的内在价值，需要结合定性与定量的多重验证，多走访、多调研，才是试图正确评估一家企业价值的正确做法。在进行下面的学习之前，请思考以下问题。

（1）创业公司的估值方法有哪些？在什么时候应该用什么估值方法？

（2）创业公司如何才能吸引投资？

知识链接

一、创业公司估值

在创业企业早期，估值取决于创业公司需要多少资金，估值并未反映公司的真正价值，它只体现投资者用投资交换的公司股权。首先，风险投资企业会搞清楚创业公司需要多少钱才能成长到业务显著增长的阶段，从而可以开始下一轮融资；其次，会分析创业企业发展到一个成熟企业（也可以认为是能够通过 DO 或并购实现风险投资退出的时期）期间需要多少轮融资，以及每轮融资的溢价倍数；最后，估算经过多轮融资后，目前所占的股份会在成熟企业中被稀释为占比多少，将成熟企业的价值乘以这个股份比例就是退出时能回收的投资。

目前，国内评估风险投资的项目，仍然习惯于运用现金流贴现模型（DCF）进行估值，即对未来若干年的现金流进行预测，然后通过贴现率得到评估值。其采用的收益法模型与传统企业的评估方法没有区别。开始投资后，根据企业每年的现金流情况进行折现，通过一个合理的贴现率来对未来产生的现金流进行贴现，最后加总所得即为公司价值。在该过程中，通常需要根据公司所处行业前景、竞争对手、产品周期、成本波动等因素将现金流分为若干阶段再贴现。但估值过程中变量较多，容易对估值结果造成影响。针对非公开招股的公司，公司价值的估算方法还有重置成本法。该法通过在现实条件下将评估对象（即创业公司）重新购置或营建一个全新状态时所需总成本减去应计提损耗，以所得差值来确定公司价值。该法以公司初创时支出的现金作为基础进行折算，从而确定公司市值的最低值。但是其缺少对于公司运营过程所产生的相关的无形价值及其预期收益增长价值的估算，从而低估公司价值，在估值谈判中将对公司产生不利影响。市场法也是常用方法，是依据一些基本的财务指标如现金流、利润、业务收入及账面价值等，再以可比近期业务和可比公司为参照物，根据比拟不同来确定其定价乘数。之后将公司的各项指标代入而得到其估值。市场法虽然操作简单，但难点在于找寻参照物及大量实际数据。对可比上市公司与创业公司、可比近期交易与标的交易的差异性评价及其对应的修正也是难点。特殊创业公司及其附属的无形资产的估值涉及复杂的会计准则，因此现实中的估值也会有所出入。市场法根据不同的定价乘数可分为市盈率 P/E 系数法、市净率 P/B 系数法、市销率 P/S 系数法、市现率 P/CF 系数法。

此外，创业公司还可采用以下估值方法：股利贴现法，该法根据戈登模型（Gordon Model）对未来股利进行贴现；自由现金流贴现估值法（FCF），该法适用于公司的股利分发与利润增长率无显著相关性，但公司有历史现金流且未来现金流与盈利显著相关，能够预测的情形；剩余收益贴现估值法（RI），该法把公司目前的价值分为当前股权账面价值与预期未来收益，通过对后者进行贴现再与前项加总即为公司价值，其模型适用于未发放股利的创业公司，且当期和可预期的时期内会产生稳定现金流。

> **案例阅读**

创新创业不只是论"估值"

近几天，一条有关瑞幸咖啡原董事长陆正耀的"财经新闻"在网络平台上刷屏：《陆正耀的"趣小面"凭什么值 10 个亿？》，讲的是陆正耀的餐饮项目"趣小面"正在寻求 1 亿元融资，而相应地，"趣小面"项目估值 10 亿元。

"趣小面"要专门卖一种小面，价格是 20 多元到 30 多元一碗，目前已在北京、上海、深圳、成都、武汉等 15 座城市开业，共有店面 25 家。以 10 亿元估值计算，"趣小面"单店估值为 4 000 万元。有店长坦承，她基本上看不到流水，"很多顾客反映整体味道一般，复购的可能性不大"。

大家看到这里就应该明白了，这是陆正耀继瑞幸咖啡之后的又一个创业项目，主打以小面为主的快餐概念，开店不是目的，而是像瑞幸咖啡一样奔着上市而去，最终目的是股市变现。

卖面成为创新创业项目，本来是好事一桩。随着中国经济高速发展，城市上班一族对快餐的需要堪称"刚需"。以前美国品牌麦当劳、肯德基在中国风光一时，现在干脆被我们的国企并购，收入囊中。但中国快餐市场之大，大家都不难想象。所以光是卖面的，近年来就冒出了一大堆，像马记永、陈香贵、遇见小面、和府捞面等品牌，已经在很多城市布局开店。

但透过现象，我们必须看到本质。各种品牌都在走一条开店—估值—融资—再估值—再融资的道路，这个模式暗含一个终点，那就是项目上市，创新创业者变现。

创业者变现不是坏事，不怕创业者变现，就怕留下一地鸡毛。我们不难发现，这样的创新创业与传统的、负责任的创业活动有巨大的不同：华为引领世界 5G 技术，但它拒绝上市，就是要凭领先性技术和产品赚全球的钱。

中国是一个朝气蓬勃的经济体，代表着全球经济发展的未来，其中注定要涌出大批优秀的甚至伟大的企业。创业应当立足于把企业做好，打造过硬的技术和产品。如果创业者只想着"估值""变现"，那终将是行之不远的，市场恐怕也未必允许。

（来源：https://www.xuexi.cn/local/normalTemplate.html？itemId=15739069205287797160）

二、估值方法的选择

在互联网行业，常用的估值方法有 P/E（市盈率）、P/S（市销率）、P/GMV（市值交易流水）、P/订单量、P/用户数等。到底在什么时候应该用什么估值方法，一直是业界争论不休的问题。从企业发展阶段看，各阶段的投资人不同，其进入、退出情况也不同。疑问是：①到底在什么时候应该用什么估值方法？②为什么发展得好好的公司会"B 轮死""C 轮死"？③不同的经济周期、市场环境、政策环境，有何不同的影响？按时间顺序倒着来讲。

上市后，公众资本市场给了公司 50 倍市盈率。细心而专业的读者会立即反应过来，这个公司的股票投资价值不大了，PEG（市盈率/增长）>1，看来最好的投资时点还是在私募阶段，钱都被 VC（风险投资）和 PE（私募股权投资）挣了。

在 C 轮的时候，不同的投资机构给了公司不同的估值，有的是 50 倍 PE，有的是 10 倍 P/S，有的是单个月活跃用户估值 100 元人民币，但最终估值都是 30 亿元。大家可以算算，每种估值方法都很有逻辑，一个拟上创业板的公司给 50 倍市盈率；一个典型的互联网公司给 10 倍市销率，这在美国很流行；或者一个用户给 15～20 美元的估值，看看 Facebook、Twitter 等公司的估值，再打点折扣。

在 B 轮的时候，不同的投资机构给了不同的估值方法，分歧开始产生了。某个机构只会按 P/E 估值，它给了公司 50 倍市盈率，但公司没有利润，所以公司估值为 0；某个机构按 P/S 估值，它给了公司 10 倍市销率，所以公司估值 10×0.75 亿元 =7.5 亿元；某个机构按 P/MAU 估值，它给每个 MAU100 元人民币，所以公司估值达 100 元 / 人 ×1 500 万人 =15 亿元。不同的估值方法，差异居然这么大！看来，此时 P/E 估值方法已经失效了。P/S、P/MAU 继续适用，但估算出来的价格整整差了一倍。假设公司最终在 7.5 亿～15 亿元之间选了一个中间值 10 亿元，接受了 VC 的投资。

在 A 轮的时候，P/E、P/S 都失效了，但如果继续按每个用户 100 元估值，公司还能有 5 亿元（=100 元 / 人 ×500 万人）估值。此时能看懂公司的 VC 比较少，大多数 VC 顾虑都很多，但公司选择了一个水平很高、敢按 P/MAU 估值、坚信公司未来会产生收入的 VC，按 5 亿元估值接受了投资。

在天使轮的时候，公司没有用户、收入、利润，P/E、P/S、P/MAU 都失效了，这时怎么估值呢？公司需要几百万元启动资金，由于创始人是著名创业者，所以 VC 都多投了一些，那就投 2 000 万元吧，再随便谈一个适中的比例——20%，最后按 1 亿元估值成交。

总结一下：这个互联网公司天使轮的估值方法全凭投资人主观决策；A 轮的估值方法 P/MAU；B 轮的估值方法是 P/MAU、P/S；C 轮的估值方法是 P/MAU、P/S、P/E。也许上市若干年后，互联网公司变成传统公司，大家还会按 P/B（市净率）估值。

三、估值体系的影响

对互联网公司来说，P/MAU 估值体系的覆盖范围是最广的，P/E 估值体系的覆盖范围是最窄的。在此，我们姑且把这种覆盖体系叫作估值体系的阶数。P/MAU 是低阶估值体系，容忍度最高；P/E 是高阶估值体系，对公司的要求最高。

我们来看一个公式：净利润（E）= 收入（S）- 成本费用 = 用户数（MAU）× 单用户贡献（ARPU）- 成本费用。一般来说，如果企业没有 E，还可以投 S；如果没有 S，还可以投 MAU。但最终还是期待流量能转换为收入，收入能转换成利润。不同的创业企业处于不同的阶段，有的处于拼命扩大用户量的阶段，有的处于绞尽脑汁让流量变现的阶段，有的处于每天琢磨怎么实现盈利的阶段。然而，最终大家是要按盈利来考察公司的，那时候不同阶段的估值方法是殊途同归的。

为什么发展得好好的公司会"B 轮死""C 轮死"？有的公司用户基数很大，但总是转换不成收入，如果在融下一轮的时候（假设是 B 轮），投资人坚决要按高阶估值体系 P/E 估值，那么公司的估值算下来是 0，融不到资，所以会出现 B 轮死；有的公司收入规模不错，但老是看不到盈利的希望，如果在融下一轮的时候（假设是 C 轮），面对的是只按净利润估值的 PE 机构，公司 P/E 估值为 0，融不到资，因此会出现 C 轮死。

不同的经济周期，估值体系的使用范围会平移。在牛市，估值体系会往后移，这就解释为什么过去两年很多一直没有净利润的公司都获得了 C 轮、D 轮，甚至 E 轮融资，而且来自传统的 PE 机构，因为它们降阶了，开始使用 P/S 这个低阶工具了；在熊市，估值体系会往前移，这能解释为什么 2023 年下半年以来，一些收入和用户数发展良好的公司都融不到资，甚至只能合并来抱团取暖，因为连很多 VC 都要求利润了，大家把低阶的估值体系雪藏了。我国一直缺少人民币 VC 的部分原因是，中国的公众资本市场只认 P/E 这个高阶估值体系。我们看看创业板的发行规则："（1）连续两年连续盈利，累计净利润不少于 1 000 万元……或（2）最近一年净利润不少于 500 万元，营业收入不少于 5 000 万元……"必须要有这么多的利润，才能上市，才能在二级市场具有价值，这个估值体系要求实在太高了。当企业只有用户数，只有收入规模时，哪怕用户数是 10 亿人，收入规模有 100 亿元，只要没有利润，估值为 0。人民币 VC 很少，因为它们只能用市 PIE 这个工具，否则没有退出渠道。但美股、港股都有 P/S 的测试指标，只要达到一定规模就可以成为公众公司上市。如果公司在上市后相当长的一段时间内都可以只按 P/S 估值（最终可能还是要按 P/E 估值），就会打通大多数公司的发展阶段，让每一轮的估值都变得顺畅起来。

四、吸引投资的措施

1. 创新与差异化

大学生创业企业应聚焦于创新，无论是产品、服务还是商业模式。通过提供独特的价值主张，可以吸引投资者和客户的兴趣。创新也是企业在竞争激烈的市场中获得优势的关键。

2. 团队建设与领导力

构建一个具有多元背景和互补技能的团队。强大的领导力和团队合作精神能够提升企业的执行力和创新能力，这对于吸引投资和人才至关重要。

3. 市场调研与定位

深入进行市场调研，准确把握目标客户群体的需求和偏好。基于调研结果，精准定位产品或服务，确保能够满足市场需求，提高市场接受度。

4. 财务透明度与规划

保持财务的透明度，制订详尽的财务规划和预算。这不仅能够建立投资者的信任，也是企业稳健运营的基石。

5. 品牌建设与营销

通过有效的品牌建设和营销策略提升企业的知名度和影响力。利用社交媒体、网络广告和公关活动来吸引目标客户群体。

6. 政策利用与网络扩展

充分利用政府提供的创业支持政策，如税收减免、创业基金等。同时，积极扩展社会网络，包括校友资源、行业协会等，以获取更多的合作机会和市场信息。

拓展训练

1. 估值方法模拟演练

（1）任务：学生分组，每组选择一个虚构或真实的创业公司案例。

（2）步骤：
①分析公司所处阶段（天使轮、A轮、B轮等）。
②根据所学知识，讨论并决定适用于该阶段的估值方法（如P/E、P/S、P/MAU等）。
③收集必要的财务和市场数据，进行估值计算。

2. 估值方法选择讨论
（1）任务：每组展示其估值过程和结果，并解释选择该估值方法的原因。
（2）步骤：
①展示估值过程，包括所采用的财务模型和假设。
②讨论不同估值方法的适用性和局限性。
③接受其他组的提问和建议。

3. 吸引投资策略规划
（1）任务：基于估值结果，每组制定一套吸引投资的策略。
（2）步骤：
①根据公司的业务特点和市场定位，确定吸引投资者的关键点。
②制定品牌建设、市场推广、财务透明度等策略。
③准备一份投资者演示文稿，突出公司的投资价值。

训练总结：
（1）教师点评：教师对每组的表现进行点评，强调估值方法选择的重要性和吸引投资策略的有效性。
（2）学生反思：学生撰写实训报告，反思实训过程中的学习点和改进空间。

任务五　创业公司的成长

名人语录

今天很残酷，明天更残酷，后天很美好，但绝大多数人都死在明天晚上。

——马云

当其他人在抱怨时，你应该看到一个机会。

——埃隆·马斯克

任务导入

创业公司的发展战略不是一成不变的。创业公司需要切实评估每个阶段的可用资源，以及适合每个阶段的不同发展战略。对于早期的创业公司，创业者应通过不断完善传递客户价值的方法，投资企业发展。在第二阶段，通过强化内在优势，建立良性的增长循环，宣传发展理念。在第三阶段，创业者要加大发展力度，明智地采取一些风险计划。在进行下面的学习之前，请思考以下问题。

创业公司从创业到上市要经历哪几个阶段？

知识链接

创业公司从创立到上市一般会经历几个关键的发展阶段，每个阶段都有其特定的目标和挑战。

1. 创立阶段（Seed Stage）

在创业公司的创立阶段，创始人通常会有一个商业构想，并开始进行初步的市场调研和产品开发。这个阶段的关键任务是验证市场需求，构建最小可行产品（MVP），并开始建立初步的商业模式。资金通常来自创始人的自有资金、家人朋友或天使投资者。在这个阶段，团队需要集中精力解决产品市场适配问题，即确保产品能够满足市场的需求。

2. 启动阶段（Startup Stage）

一旦MVP得到市场的初步认可，创业公司即进入启动阶段。在这个阶段，公司会开始扩大产品线，增强产品功能，同时加大市场营销力度以吸引更多用户。资金来源可能包括种子轮融资、政府补助或风险投资。此阶段的目标是实现产品与市场的契合，增加用户基数，提高品牌知名度，并逐步建立起收入流。

3. 成长阶段（Growth Stage）

在成长阶段，创业公司已经在市场上占有一席之地，开始寻求快速扩张。这个阶段的重点是扩大市场份额、优化产品和服务、提高运营效率。公司可能会进行多轮融资，以支持其增长战略。在这个阶段，创业公司需要建立更完善的管理体系，包括财务管理、人力资源管理等，同时，要开始关注盈利模式和可持续性发展。

4. 成熟阶段（Maturity Stage）

成熟阶段的创业公司已经具有稳定的市场地位和收入来源。在这个阶段，该创业公司可能会通过新产品开发、市场扩张或并购来寻求新的增长点。此阶段的挑战在于如何持续创新，避免业务停滞，同时保持对市场变化的敏感性。资金筹集可能通过更大规模的私募融资或公开发行股票来实现。

5. 上市准备阶段（Pre-IPO Stage）

上市准备阶段是创业公司发展的关键转折点。在这个阶段，公司需要满足一系列法律法规要求，包括财务报告、公司治理和信息披露等。此外，还需要准备一系列的上市文件，并与投资银行、律师和会计师等专业机构合作。这个阶段的目标是确保公司符合公开市场的上市标准，并吸引投资者的兴趣。

6. 上市阶段（IPO Stage）

上市是创业公司发展的一个里程碑，意味着公司的股票将在公开市场交易，能够吸引更广泛的投资者群体。然而，上市也带来了新的挑战和责任，包括更高的透明度要求、对股东的责任及市场的压力。

上市可以为公司带来大量资金，提高品牌知名度，增强公司的信誉和市场地位。同时，上市公司的股票可以作为收购其他公司的货币，有助于公司扩张。然而，上市后，公司将面临更严格的监管要求，包括定期的财务报告和更高的透明度。此外，股价的波动可能会分散管理层的注意力，且对短期业绩的压力可能会影响公司的长期战略规划。

综上所述，每个阶段都有其特定的挑战和机遇，创业公司需要根据自身的发展情况和市场环境，制订合适的战略和计划。

> **知识拓展**

基本覆盖不同行业、不同类型、不同成长阶段企业——
资本市场有力支持科技创新

近期召开的中央金融工作会议提出，优化资金供给结构，把更多金融资源用于促进科技创新、先进制造、绿色发展和中小微企业。在近日举办的 2023 年金融街论坛年会上，如何进一步健全资本市场服务科技创新的支持机制，引导资源向科技创新领域集聚，成为与会专家普遍关注的问题。

股权投资"先锋队"作用显著

股权投资是科技创新产业发展的重要推动力。近年来，我国私募基金不断提升服务实体经济、支持国家战略和重点领域创新发展、推动高水平科技自立自强等方面的能力。

"私募基金是支持科技创新最活跃最基础的力量之一，成为初创科技型企业、高新技术企业、专精特新企业的重要'孵化器''助推器'，充分体现了资本市场对科技创新的包容性和适配性。"中国证监会市场二部主任王建平表示，股票发行注册制改革以来，90% 科创板和北交所上市公司、60% 创业板上市公司曾获得过私募股权投资。截至 2023 年 6 月，在投项目 9.8 万个，在投本金 4.48 万亿元。

同时，区域性股权市场建设也在不断健全。截至 2023 年 9 月，区域性股权市场共服务企业近 18 万家；累计实现各类融资 2.33 万亿元；累计培育上市公司和新三板挂牌公司 910 家。

专家认为，区域性股权市场和私募股权基金是服务未上市企业的重要力量。区域性股权市场作为私募股权市场，具有非标、大宗、低频、私密等私募特点，在权益登记和投后赋能等方面能为私募基金提供一定支持。私募基金在发掘投资标的和投后服务等方面可以更好地对接区域性股权市场。

王建平表示，证监会将加强部际央地协同，不断优化私募基金发展环境，不断提升区域性股权市场的服务能力，支持私募基金与区域性股权市场共同发展，提升资本市场支持实体经济和科技创新的效能。

如何推动私募基金更好赋能科创企业？中国证券投资基金业协会会长何艳春表示：要促进创投基金投早、投小、投长、投科技，发挥"无形之手"的价值发现效能，筛选出最具成长性、竞争力的项目；推动引导基金投资先导性行业、硬科技领域，发挥"政府之手"的战略引导功能；推动资本市场加大长期资金供给，完善激励约束，培育和壮大优质科创企业；推动创新链产业链资金链人才链深度融合。

服务上市公司科创能力提升

今年以来，科创板、创业板和北交所 IPO 公司数量和募资总额，均超过全部 IPO 公司的八成，显示出资本市场对科技创新企业发展的巨大支持。

中国上市公司协会会长宋志平介绍，今年前三季度，上市公司研发支出 1.05 万亿元，同比增长 10.79%。科创板、创业板、北交所上市公司前三季度研发支出分别增长 20.50%、15.86% 和 12.14%。三季度末，上市公司共拥有发明授权 26.56 万件。

北京证券交易所是服务创新型中小企业重要阵地。"北交所将精准服务高水平科技自立自强、新型工业化建设等国家战略，加强对专精特新企业以及新科技、新赛道等领域企业的支持，着力引进一批创新成色足、成长性强、投资者认可的优质标的。"北交所董事长周贵华说。

上市公司如何提升创新效能？宋志平建议，企业创新要注重进行有目的、有质量、有效益、有价值的创新，减少盲目创新，要把技术创新、产品创新、市场创新、组织创新、机制创新结合起来；要研究自主创新、集成创新、持续性创新、颠覆性创新、商业模式创新不同创新的特点，选择适合自己的创新；既要重视高科技创新，也要重视中科技和低科技创新的作用。

完善全周期金融服务机制

"科创企业持续发展需要大量资本支持，从科学研究、基础技术开发、产品和工艺开发，到市场化导入，每个阶段都需要企业进行大规模、长周期的资本投入，处于不同阶段的创新企业都需要资本市场给予支持。"前海方舟资产管理有限公司董事长靳海涛表示。

近年来，中国多层次资本市场体系日臻完善，从区域性股权市场到新三板再到交易所，基本覆盖不同行业、不同类型、不同成长阶段的企业，提供经营发展所需资金。

特别是注册制改革的推出，资本市场对实体经济、科技创新的服务功能进一步提升，各板块"错位发展"的市场格局更趋优化，科创企业更易获得资金支持。

"对于创新药物公司来说，从立项到最后产品上市基本上要花10年时间。"海创药业创始人陈元伟说，科创板允许未盈利的企业上市，给了海创药业深化发展的机会。去年4月份，海创药业在最早试点注册制的科创板实现上市。

2023年8月，新三板和区域性股权市场制度对接迎来破题。全国股转公司发布《全国中小企业股份转让系统股票公开转让并挂牌审核指引—区域性股权市场创新型企业申报与审核（试行）》，明确了四板企业申请新三板挂牌两种便利机制：一是开通绿色通道，二是实施公示审核，为以"专精特新"为代表的创新型企业进入资本市场提供了更加丰富、便捷的路径。

周贵华表示，北交所将发挥资本市场枢纽功能，做到与服务国家战略联动，与区域性股权市场联动，与新三板、沪深交易所联动，与私募创投市场联动的"四个联动"，推动形成全方位、全链条、全生命周期支持中小企业创新发展的服务体系。

（来源：https://www.xuexi.cn/lgpage/detail/index.html?id=4144320565584699990&item_id=4144320565584699990）

拓展训练

收集国家或地方政府为扶持创业企业上市出台的政策，并从中筛选出可能对你有用的政策。

项目九
商业模式与产品

自我思考

美国、日本均经历过经济高速发展之后的经济停顿阶段,留下的大企业都是经过商业模式调整闯出新路的。在竞争日益加剧的今天,商业模式是关系到企业生死存亡、兴衰成败的大事。企业要想获得成功就必须从制定成功的商业模式开始。每位大学生都应该认真思考这个问题。

请同学们想一想:你是如何理解商业模式的?你能列举一例说说它的商业模式的发展前景吗?你认为它的商业模式是成功的还是失败的?

〖知识目标〗
1. 了解主要的商业模式类型及其发展,掌握商业模式的构成。
2. 了解并能运用商业模式创新步骤进行商业模式创新设计。
3. 了解商业模式创新思维。

〖能力目标〗
1. 能够撰写规范的商业计划书。
2. 具备风险规避和危机处理能力,以及人际沟通和表达能力。

〖素质目标〗
1. 培养学生发现需求、识别商机的能力。
2. 培养学生的创新意识、创业精神和企业家思维方式,具备全局观念。
3. 养成良好职业素养,具备积极进取的精神,具备开拓创新的企业家精神。

▶【开篇故事】

大学生创业之路

刘凯槟,云南省曲靖市陆良县马街镇杜旗堡村人,2015 年大学毕业后返乡创业,发展玫瑰种植产业。如今,刘凯槟的逸禾花卉专业种植合作社种植面积 500 余亩,带动种植户 30 余户,为周边 200 余户农民提供就业岗位。

刘凯槟在大学毕业后返乡创业,发展鲜花种植产业,经过几年的摸爬滚打,他慢慢成了种植行家。如今，鲜花销售做得有声有色，刘凯槟又转型从事农业服务，在实现个人发展的同时，为周边农户提供就业岗位，带动乡亲邻里共同致富。

车行至云南省曲靖市陆良县马街镇杜旗堡村，村旁十几个集中连片的温室格外醒目。眼下，棚内十几种颜色的玫瑰争奇斗艳，工人们正忙着采收。其实以前杜旗堡村从未种过鲜花，这些温室才建起来几年。也难怪，鲜花种植基地的经营者"90后"刘凯槟，回乡创业也才6年。他摸爬滚打成为种植行家，又转型从事农业服务；不仅自己做出了一番事业，还带动周边农户致富。在返乡创业这条路上，刘凯槟的努力从未停止。

"我要创业！"2015年，即将大学毕业的刘凯槟，一门心思想创业。"昆明人才集聚，在这里创业未必有竞争优势。回到家乡，我倒是信心满满。"大学生儿子返乡创业，父母不太乐意，刘凯槟给出了自己的判断："农村资源丰富，就看怎么盘活这些资源。我回来创业，说不定能干出一番比在城里更大的事业。"见儿子铆足了劲儿，父母索性让他先试试。说干就干，刘凯槟先去昆明市呈贡区斗南花卉市场转了转，又软磨硬泡找父母借了20多万元，加上跟亲友借的十来万元，刘凯槟算是正式创业了。

起早贪黑干了半年，眼见着小苗开花，刘凯槟心里也乐开了花。可是，直到花开了一地，也无人上门收购。他摘了些样品送到斗南花市，却被告知：花品质一般不说，还开过了头。第一年创业，不仅没赚到钱，还亏了不少。

怎么办？他走出基地，找专家，跑公司，转市场。花了半年时间调研，结论不太乐观：别说大公司，当年就连普通花农都赚钱了。"不是市场不好，而是自己不行。连最基本的压枝打杈都不知道，不懂种植，更不懂市场。"

到石林鲜花产地参观时，刘凯槟刚进花卉产业园，几百亩玫瑰映入眼帘：橙的、紫的、蓝的，五颜六色的玫瑰竞相绽放。"物以稀为贵。传统玫瑰品种市场已经饱和，橙色、紫色、蓝色这样的小众品种虽然风险大，但价格高。要是我能试种成功，找好销路，盈利空间很大！"心里这么一盘算，刘凯槟从产业园购买了5万株拿回去试种。

第二轮种花，刘凯槟更是一心扑在花房里，不敢大意。压枝打杈、采摘包装都亲自参与。为了节约成本，他开车把花送到斗南花市，深夜两三点回到基地是常态。2016年，刘凯槟赶上了好行情：传统玫瑰一元多一枝，自己的小众玫瑰卖到了七八元一枝，每亩净利润近3万元，赚到了第一桶金。还清了外债不说，他还升级了硬件：告别低端大棚，用起了自动化温室。

虽说第二年赚了不少，但一个顾虑浮上刘凯槟心头："价格涨了自然好，可若价格暴跌、鲜花滞销呢？"他深知，玫瑰种植技术并不复杂，难点不在种，而在销售。"对标国际市场，大型花卉企业早已实现定价销售、订单生产。我们能不能采取线上定价销售？"刘凯槟解释，在定价模式下，假设一枝鲜花的生产成本是0.6元，目标利润率是50%，那么生产商可以按照1.2元的价格提前跟经销商签订单，这样生产商可以提前锁定利润，专注于控制生产成本，经销商则可以提前锁定成本，专注于开拓市场。

不过，相比那些有几十年客户积累的大企业，一家初创企业想要实现订单生产，最缺的便是稳定的客户。靠着前期小众玫瑰销售时积累的客户，刘凯槟开始了最初的尝试。

第一次自主销售，刘凯槟尝试与省外客户对接。但他没什么经验，几千枝小众玫瑰经陆运到上海，经销商刚开箱验货，就给刘凯槟发来一张图。图片中，玫瑰花头小了不少，有一部分玫瑰的外层花瓣脱水变蔫了，还有些花瓣边缘已经残缺变黑。看到图片，虽有些惊讶，刘凯槟还是有一些心理准备的，"鲜花这东西，刚采摘下来时是最好的，长途运输过程中出现一些损耗也在意料之中。"刘凯槟说，那一次，自己花了几千元赔偿经销商，买了一个教训。

然而，教训并非一个，而是一堆。"第一个月，卖出10枝花就要被退回3枝。""为了干事业，必须坚持。"明知转型不易，刘凯槟没有放弃。一方面，他和团队不断完善采摘、包装环节，减少货品损耗，运输方式也从陆运改成了空运，运输时间大幅缩短；另一方面，也在逐渐筛选客户。"个别客户反复成箱退货，无奈只能停止供货。"连续吃亏长经验，刘凯槟终于让退货率降了下来。

如今，近七成玫瑰还长在基地时就已经确定了买家，已经有超过200家批发商、2 000家花店和刘凯槟的逸禾玫瑰产生了业务联系。而剩下的三成玫瑰，则用来拓展新客户、试种新产品。"利润锁定后，可以更加专注于种植。"公司的水肥一体化设施，自动为玫瑰提供最佳比例的肥料；智能环控系统自动调节最适合玫瑰生长的温度、湿度、光照；智慧农业一体化管理系统实现了一花一码，将鲜花错漏配损失从每月5万枝降低到了3 000枝以内。

从2017年开始，眼看着刘凯槟种植玫瑰赚到了钱，先是亲戚朋友，后是周围邻居，马街镇不少农户跟着他种起了玫瑰。一天，马街镇四堡村村民李明到基地来找刘凯槟。"一亩地要投资多少钱？""一年产多少支，收入咋样？""对种植技术的要求高不高？"李明也想种玫瑰，一见到刘凯槟，便迫不及待地问了起来。刘凯槟愿意带动农户一起种，一一耐心解答。"万一我种出来卖不出去怎么办？""这个您不用担心。您只管种，我们以保底价从您这儿收购！"刘凯槟的回答打消了李明的顾虑。

第一年，李明买了3万株种苗回去种，长势不错，赚了10多万元。从那以后，李明年年都在扩大规模，今年已经种了20亩。随着自己的基地越来越大，带动的农户逐渐增多，刘凯槟却发现越来越难招到工人。恰好村里希望他解决建档立卡贫困户就业岗位，双方一拍即合。

最终，杜旗堡村以100万元产业扶贫资金入股刘凯槟的玫瑰基地，每年村里能拿到20多万元分红，其中六成给到建档立卡贫困户。现如今，既帮花农销售玫瑰，又提供就业岗位，刘凯槟的公司逐渐和周围村庄群众的收入绑在一起。

杜旗堡村村民李老德掰着手指给记者算了3笔账：一是土地流转金，两亩地一年收入3 000元；二是产业扶贫资金分红，一年将近2 000元；最高的是在基地务工，一年近3万元。有了玫瑰基地，李老德一家的日子越过越红火。眼看玫瑰产业越做越大，刘凯槟又开始琢磨推进企业的再一次转型。现在，在杜旗堡村流转360亩土地后，刘凯槟吸引了一些投资者，由投资者出资建设大棚，自己的团队负责提供田间管理、采摘、物流、销售等运营服务。"以前我们做的是农业种植，今后我们希望做农业社会化服务！"

砥节砺行

要想创业成功，先得选对产业。初次创业者，资金、经验等都不太够，最好不要选择前期投入过大、回报周期过长的产业。基于这个考虑，我从原计划养牛转向了花卉产业。选好了产业，下一步应考虑如何在这一行业中脱颖而出。关键还是靠技术和市场——有技术，能生产好产品；懂市场，好产品才卖得出去。二者缺一不可。

——刘凯槟

任务一　商业模式构建

> **名人语录**
>
> 做企业要讲竞合环境。此刻全世界的环境也是一个竞合的环境。得意不可忘形，失意不可丢失信念。
>
> ——杨宁
>
> 一个创业者最重要的，也是你最大的财富，就是你的诚信。
>
> ——马云

任务导入

在进行下面的学习之前，请思考以下问题。
（1）商业模式的概念是什么？
（2）商业模式的逻辑是什么？

知识链接

一、商业模式的概念

有关初始商业模式的看法基于一系列假设，与其说是企业的商业模式，还不如说是创业者的一种创意，是没有实现的构想。哈默（Gray Hamel）认为，经营模式就是已经付诸实践的经营理念，经营理念则是存在于经营者头脑中的关于如何经营、如何满足顾客需求的想法或概念。

无论如何称呼（如创意、商业概念或经营理念），商业创意都来自机会的丰富和逻辑化，并最终演变为商业模式。创意终归是机会被识别以后的合理化、逻辑化产物，而创意被差异化以后便成为商业模式。

从创业研究的视角来看，机会是经由创造性资源组合传递更高价值来满足市场需求的性能（约瑟夫·阿洛伊斯·熊彼得，伊斯雷尔·柯兹纳）。换言之，机会主要指"不明确的市场需求，或者未被利用的资源或能力"。随着市场需求日益清晰以及资源日益得到准确界定，机会将超脱其基本形式，逐渐演变成商业概念（Business Concept），包括如何满足市场需求或如何配置资源等核心计划。

随着商业概念自身的提升，它变得更加复杂，包括产品/服务概念（即提供什么），市场概念（即向谁提供），供应链/营销/运作概念（如何将产品/服务推向市场）（Cardozo，1986）。进而，这个准确并差异化的商业概念逐渐成熟，最终演变为完善的商业模式（Business Model），将市场需求与资源结合起来。

商业模式的定义演变见表9-1。

表9-1　商业模式的定义演变

最初定义	蒂蒙斯定义
早在20世纪50年代就有人提出"商业模式"的概念，但直到40年后（20世纪90年代）才流行起来	指一个完整的产品、服务和信息流体系，包括每个参与者及其起到的作用，以及每个参与者的潜在利益与相应的收益来源和方式
多种定义的共同关注点	国内代表性专家学者的定义
在分析商业模式的过程中，主要关注一类企业在市场中与用户、供应商、其他合作方的关系。尤其是彼此间的物流、信息流和资金流	清华大学雷家骕教授概括出的商业模式定义为：一个企业如何利用自身资源，在一个特定的包含了物流、信息流和资金流的商业流程中，将最终的商品和服务提供给客户，并回收投资获取利润的解决方案

商业模式是一个涉及经济收入、营运流程和企业战略等不同管理内容的复杂系统。它并非从天而降。商业模式源于创业者的商业创意和对商业机会的丰富和逻辑化。创业者面对没有被满足的市场需求时，创业精神驱动其研究和分析市场机会，并创造性地开始商业设计，通过市场调查和小规模销售，不断接近真实的消费者需求，形成更加清晰的商业概念；随着商业概念的提炼，它变得复杂和完善，包括向市场提供什么产品或服务、向谁提供、如何通过价值链运用和渠道设计将产品和服务推向目标消费群体等。创业者发现商业机会，形成商业创意，并不断通过整合资源满足不断变化的市场需求，在商业概念逻辑化、合理化、差异化的演进过程中，最终形成相对稳定、成熟的商业模式。

二、商业模式的逻辑

商业模式的逻辑是指企业整合资源和能力，进行战略规划，以充分开发创业机会，实现利润目标的内在逻辑。

"商业模式"一词于1957年首次出现在论文中。1998年，蒂蒙斯对商业模式的概念进行了系统定义。他认为，商业模式可以作为产品、服务和信息流的框架，其基本要素包括产品、服务、信息、商业参与者、价值及收入来源等。

从本质上看，商业模式描述企业如何运作。好的商业模式可以回答，谁是顾客，顾客珍视什么，管理者如何通过商业活动赚钱，如何以合适的成本向顾客提供价值。商业模式的逻辑如图9-1所示。

图9-1　商业模式的逻辑

1. 价值发现

价值发现明确了价值创造的来源，这是对机会识别的延伸。通过可行性分析，可发现创业者所认定的创新性产品和技术只是创建新企业的手段，企业最终盈利与否取决于它是否拥有顾客。创业者在识别创新产品和技术的基础上，进一步明确和细化顾客价值所在，确定价值命题，是商业模式核心逻辑的起点。

2. 价值匹配

价值匹配就是寻找合作伙伴，整合社会资源，以实现价值创造。创业者发现了新的商业机会，然而新企业不可能拥有满足顾客需要的所有资源和能力，即便新企业愿意亲自去打造和构建客户需要的所有功能，也常常面临很大的成本和风险。因此，为了在机会窗口内取得先发优势，最大限度地控制机会开发的风险，几乎所有的新企业都要与其他企业形成合作关系，整合价值网络资源，以使其商业模式有效运行。

3. 价值创造

价值创造包括制定竞争策略、享有创新价值，这是价值创造的目标，是新企业能够生存下来并获取竞争优势的关键，因此价值创建是商业模式的核心逻辑之一。许多创业企业是新技术或新产品的开拓者，却不是创新利益的占有者。这种现象发生的根本原因在于这些企业忽视了对创新价值的获取。

总体来看，价值发现、价值匹配和价值创造是商业模式的三个逻辑性原则，在其开发过程中，每一项都不能忽略。新企业只有认真遵循这些原则，才能真正开发出同时为顾客、企业及合作伙伴创造经济价值的商业模式。

▶ 案例阅读

海底捞，提供星级服务

海底捞是从街边麻辣烫创业起步的。1994 年，张勇在四川省简阳市开设了第一家海底捞火锅店。2007 年 4 月，四川省简阳市海底捞餐饮有限责任公司正式成立。目前，海底捞在全国拥有 1 万余名员工、50 家直营分店，连续多年保持快速增长的态势。

海底捞产品并无高科技含量，也极易被模仿，然而消费者却对海底捞趋之若鹜。

深层次、全方位满足顾客潜在的需求是其快速发展的根本原因。餐厅排队等候，原本是一个令人难耐的过程，海底捞却把它变成一种愉悦。持号码等待就餐的顾客可以一边关注屏幕上的座位信息，一边享受免费的水果、饮料、零食，不会饿肚子，如果是一大帮朋友在等待，服务员还会主动送上扑克牌、跳棋之类的桌面游戏供大家打发时间；可以趁等候的时间到餐厅上网区浏览网页；还可以享受免费的美甲、擦皮鞋等服务。待客人坐定点餐时，围裙、热毛巾已经一一奉送到眼前。服务员还会细心地为长发的女士递上皮筋和发夹，以免头发垂落到食物里；戴眼镜的客人则会得到擦镜布，以免热气模糊镜片；服务员看到你把手机放在台面上，会不声不响地拿来小塑料袋装好，以防手机沾到油渍。这就是海底捞的顾客所享受的"以便宜的价格买到星级的服务"的全过程。

毫无疑问，这样贴身又贴心的超值服务，让人流连忘返。商家在为消费者创造超额价值的同时也获得了丰厚的回报。

一个成功的企业能找到一种为客户创造价值的方法，即帮助客户完成一件重要的工作。客户价值主张有独特的、可测量的、可持续的特征，正确地构建和传递客户价值主张能为企业绩效做出重要的贡献。价值创造的水平取决于目标客户对新任务、新产品或者新服务的新颖性和专有性的主观评价，即价值创造以客户价值主张为基础。对企业来说，价值创造过程也是企业商业模式的重要组成部分。

企业的主要目的是创造和实现价值，而客户是价值的决断者，因此，客户价值主张、价值创造、价值实现构成了企业商业模式的核心内容。

三、商业模式的构成要素

一个好的商业模式至少要包含十个基本要素中的前七个（图9-2）。

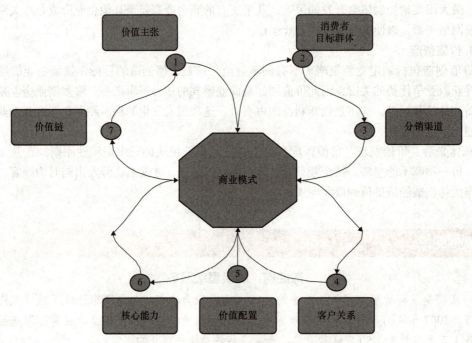

图9-2　商业模式至少应包含的七大要素

商业模式包括以下关键要素：

（1）价值主张（Value Proposition）：即企业通过其产品和服务所能向消费者提供的价值。价值主张确认了企业对消费者的实用意义。

（2）消费者目标群体（Target Customer Segments）：即所瞄准的消费者群体。这些群体具有某些共性，使企业能够（利用这些共性）创造价值。定义消费者群体的过程称为市场细分（Market Segmentation）。

（3）分销渠道（Distribution Channels）：即企业用来接触消费者的各种途径，阐述企业如何开拓市场，涉及企业的市场和分销策略。

（4）客户关系（Customer Relationships）：即企业与其消费者群体之间所建立的联系。所谓的客户关系管理（Customer Relationship Management）即与此相关。

（5）价值配置（Value Configurations）：即资源和活动的配置。

（6）核心能力（Core Capabilities）：即企业执行其商业模式所需的能力和资格。

（7）价值链（Value Chain）：即向客户提供产品和服务的价值，相互之间具有关联性的支持性活动。

（8）成本结构（Cost Structrure）：即所使用的工具和方法的货币描述。

（9）收入模型（Revenue Model）：即企业通过各种收入流（Revenue Flow）来创造财富的途径。

（10）裂变模式（Business Name Consumer）：即 BNC 模式，企业商业模式转变的方式、转变的方向。这些要素共同构成了企业的商业模式，它们相互作用，决定了企业的盈利能力和市场竞争力。商业模式是任何企业，无论大小，都需要考虑的问题。它不仅关乎企业的盈利方式，还涉及如何创造价值、如何传递价值以及如何获取价值。

商业模式一般包括九个模块：

（1）客户细分：无论企业选择做什么，都不可能把所有人变成自己的客户；如果这样做了，只能是把企业做成一个巨无霸，浪费资金，反而赚不到钱。学界公认的二八定律说明：80% 的利润是 20% 的客户创造的。客户细分就是找到产品或服务所精准对应的 20% 的客户。

（2）价值主张：指解决客户的哪些问题和满足客户的哪些需求。滴滴打车是要解决打车难的问题；阿里巴巴开始时是要解决小企业没有渠道而卖货难的问题；月子会所是要解决现在的年轻人不懂得照顾孩子的问题。

（3）渠道通路：指提供的产品或服务，怎样传递给客户。

（4）客户关系：即以什么样的方式建立与维护你和客户的关系。客户成交不是结束，而是开始。某客户买了产品或服务后，满不满意、会不会重复消费、会不会把你的产品介绍给朋友，这是要考虑的问题。很多人不赚钱的原因就是成交了就完了，不再关心客户的满意度。好在现在有了微信群，可是客户是不是喜欢你通过微信群来联系他，这也是需要考虑的方面，不是要你方便，而是要客户方便且乐于接受你的沟通渠道。客户之所以愿意传播无非出于：一是他获得了荣誉或者快乐，愿意分享；二是他得到了好处，乐意分享。

（5）收入来源：即赚钱的方式。也是提供的产品或服务，客户买单，便赚钱。但这也是要非常注意的一点，很多企业最终倒闭就是因为自己清楚自己的收入来源。比如，世界养生大会，即一个为养生企业提供平台的组织，起先设计的收入来源是发展分委员会，通过向委员会输出资源获取回报。听上去不错，可操作起来不是那么回事。想赚钱，必须首先保证你输出的资源值钱，能给委员会提供帮助，不然他们为什么要买单。如果把收入来源设计成免费为终端消费者提供养生咨询服务，提供经过组织验证的切实有效的养生保健产品购买渠道，从而获取大批量粉丝，就有了流量，再交给养生企业流量变现，消费者自然愿意交费。再比如，有一家洗车店，交 300 元成为会员，全年免费洗车。稍微有点经济头脑的人都可以算出来洗车店肯定是亏损的，因为连工人工资都不够。不过还有一点要求，保险必须在店里买，且保证价格不高于保险公司。如果是你，你愿意吗？不用多花钱，当然愿意。洗车店的收入来源就在这里。当然这只是其中一点，掌握了高端客户群，只要找对路，很容易就能完成客户变现。

（6）核心资源：完成以上五点所必需的资源。阿里巴巴的核心资源是人才；若准备开一家理发店，那么核心资源就是技术。要明白自己最重要的资源是什么，如何把这些资源用好。

（7）关键业务：把产品或服务卖给客户，从宣传到咨询—接待—服务—成交—售后等流程。

（8）重要伙伴：不可能对所有的东西都精通，一部分活动需要外包，另一部分资源则需要从别人那里获得。只做自己最精通的。比如，很多公司都不会成立市场调研部门，因为不够专业，而且花费资金达不到预期结果，所以委托商业调查公司是最好的选择。如果优势是销售，那么没有必要成立自己的工厂，因为成立工厂是最耗费精力和资金的事情，你可以成立销售公司，委托别人生产产品。如果想创业，就要考虑自己最精通什么、有哪些是完全可以委托给别人做的，你要做的是找到他们并且维护好他们的关系。

（9）成本结构：就是成本构成。成本是否合理，取决于以上的八点内容。如上面说，如果只是擅长销售，却成立了一个自己的生产工厂，那么成本将会很高，因为不精通将会在生产环节产生很多不必要的支出。

四、商业模式要解决的核心问题

商业模式是价值创造的转换器，把技术性投入与社会性产出连接起来。例如，建立什么样的产品价值链、可以成功实现产品的商业化、新企业将扮演什么角色、哪些合作伙伴需要加入、其获利点在哪里等问题都是开发商业模式所要回答的。

（一）如何做到注重顾客利益

首先，企业的核心战略要充分显示企业为顾客服务的意图。其次，在构建顾客服务与支持系统以及进行产品定价的时候，也一定考察这些是否与企业核心战略一致。

（二）如何解决企业边界问题

企业边界是连接企业战略资源与伙伴网络的界面，其内涵在于企业要根据所掌控的核心能力和关键资源来确定自身在整个价值链中的角色。尤其是新企业，创建之初往往面临较大的资源与能力的约束，集中于自己所长，是竞争成功的关键。

（三）客户价值的实现因素

成功的商业模式根本上源于客户价值的实现与创造逻辑，客户价值有三个要素：客户需求、价值主张、性价比。

对于企业而言，要实现客户价值，必须搞清楚以下几个问题：谁是我的客户；谁应该是我的客户；客户的偏好如何变化；怎样才能为客户增加价值；如何让客户首先选择我。

（四）提升客户价值的方法

能否为客户增加产品的附加值，已成为影响企业竞争力的关键。现在产品的实物质量差距已不大，因为许多企业都引进了先进设备和技术，基本的技术水平都可以达到。因此，提高附加值是当务之急，其基本路径主要不是在产品之中，而是在产品之上，甚至是企业之外，即在设计、文化、服务等方面提高附加值，并重视附件附加值。

提高产品附加值是一个不断创新的过程，要根据客户的需求，在价值链上不断寻找创新的机会。企业不可能满足消费者的所有价值，因此要区别消费者，为不同的消费者提供不同的价值。

（五）成功商业模式内涵

为实现客户价值最大化，把能使企业运行的内外各要素整合起来，形成一个完整的、内部化的、利益相关的、高效率的具有独特核心竞争力的运行系统，并通过最优实现形式满足客户需求，实现客户价值，同时使系统达成持续盈利目标的整体解决方案。

五、商业模式的组成和分类

我们把"如何获得资本"的方法称为融资模式；把"做什么""给谁做""做了卖给谁"，即如何赚钱的方案称为盈利模式；把能使整个系统高效率地运作起来的方法称为管理模式；把"怎么做"称为生产模式；把"做什么"（产品），（产品）"卖给谁"，如何卖的方法称为营销模式。

六、商业模式的历史发展

1. 店铺式

服务业的商业模式要比制造业和零售业的商业模式更复杂。最古老也是最基本的商业模式就是"店铺模式"，具体点说，就是在具有潜在消费者群的地方开设店铺并展示其产品或服务。

2. "饵与钩"模式

随着时代的进步，商业模式也变得越来越精巧，出现了"饵与钩"模式，也称为剃刀与刀片模式（出现在20世纪早期年代）。

在这种模式里，基本产品的出售价格极低，通常处于亏损状态，而与之相关的消耗品或服务的价格则十分高，如剃须刀（饵）和刀片（钩）、手机（饵）和通话时间（钩）、打印机（饵）和墨盒（钩）、相机（饵）和照片（钩）等。

这个模式还有一个很有趣的变形：软件开发者免费发放他们的文本阅读器，但是其文本编辑器的定价却高达几百美元。

3. 其他模式

在20世纪50年代，新的商业模式是由麦当劳和丰田汽车创造的；20世纪60年代的创新者则是沃尔玛和混合式超市（指超市和仓储式销售合二为一的超级商场）；到了20世纪70年代，新的商业模式则出现在联邦快递和ToysRUS（玩具反斗城公司）玩具商店的经营里；20世纪80年代是家得宝公司（全球最大的家具建材零售商），英特尔和戴尔；20世纪90年代则是西南航空、eBay、亚马逊公司和星巴克咖啡。

每一次商业模式的革新都能给公司带来一定时间内的竞争优势。但是随着时间的改变，公司必须不断地重新思考它的商业设计。随着（消费者的）价值取向从一个工业转移到另一个工业公司，必须不断改变它们的商业模式，一个公司的成功与否最终取决于它的商业产品设计是否符合消费者的优先需求。

> **案例阅读**

诺基亚的衰落

你说App多，
诺基亚说我们扛摔；
你说屏幕华丽，
诺基亚说我们扛摔；
你说设计优雅，
诺基亚说我们扛摔；

你说滚动流畅，
诺基亚说我们扛摔。
你一激动把 iPhone 摔地上了，
诺基亚笑道，
你看，摔坏了吧！
2013 年 9 月，微软宣布，将以 72 亿美元收购诺基亚手机业务。

苹果的崛起

迄今为止，
三个苹果改变了世界：
一个诱惑了夏娃，
一个砸醒了牛顿，
一个握在乔布斯手里。
这三个苹果代表了三个阶段：
性欲、求知和商业，
是人类进步的阶梯。

诺基亚的衰落与苹果的崛起

诺基亚的衰落与它自身的商业模式密不可分。不可否认，诺基亚曾拥有很强的优势。但在当前手机互联网时代里，当苹果依靠卖软件卖出一个苹果王朝的时候，诺基亚却依旧坚守自己的价值主张——靠卖硬件挣钱。后来，诺基亚吃痛醒悟，发现了软件的重要性，急忙行动，想转型为互联网服务企业，这个价值主张却显得泛泛而谈。

苹果公司的获利途径是一个完整的商业模式，而不是通常意义上的单纯依靠某几款产品。它通过 iTunes 和 App store 平台开创了一个全新的商业模式——"酷终端＋用户体验＋内容"。它很好地实现了客户体验、商业模式和技术三者之间的平衡，并能持久盈利，独特到别人几乎不能复制。事实证明，苹果模式对其他厂商形成了致命的、毁灭性的打击。

有专家对创业企业案例中的数百家企业进行统计，得到了这样一组数据：

在创业企业中，因为战略原因而失败的只有 23%，因为执行原因而夭折的也只不过 28%，但因为没有找到正确的商业模式而走上绝路的却高达 49%。

拓展训练

请与小组成员讨论，根据表 9-2 谈谈你对迪士尼的商业模式看法。

表 9-2 迪士尼商业模式

要素	1984 年	1990 年	1996 年
客户选择	儿童	儿童＋成人	儿童＋成人＋家庭
价值主张	儿童娱乐	家庭娱乐	提供娱乐解决方案
利润获取	电影销售特许权	卖座大片 主题公园里的销售饭店、零售	卖座大片 利润乘数模式

续表

要素	1984年	1990年	1996年
核心优势	版权	版权	版权+销售+品牌
业务范围	电影制作 主题公园 衍生消费品特许权	主题公园 卖座大片 衍生消费品零售录像带	卖座大片 迪士尼体系 主题公园 零售 电视 运动队

任务二　通用工具：商业模式画布

名人语录

不论从事什么事业，都能打破现状，安于现状就是退步，自以为现状已经很好，就无法再突破；不求发展，明日就会失败，必须不断破坏现状，尔后才能创出新的天地。

——坪内寿夫

成功主要条件是：一个可辨认和有容纳力的市场、充分的资本、一个能力组合均衡的领导团队、不屈不挠精神，以及深思熟虑的时机。

——史蒂文布兰德

任务导入

在进行下面的学习之前，请思考以下问题。
（1）商业画布的概念是什么？
（2）商业画布的各个组成要素有哪些？其相互关系是怎样的？

知识链接

一、商业画布的概念

斯坦福大学创业中心的亚历山大·奥斯特瓦德建议将商业环境大体分为四个主要领域，即市场影响因素、行业影响因素、重要趋势、宏观经济影响因素。通过假设市场力量、行业因素、关键趋势和宏观经济影响力的发展轨迹，获得设计未来商业模式选项和原型的"设计空间"，即商业模式画布，如图9-3所示。

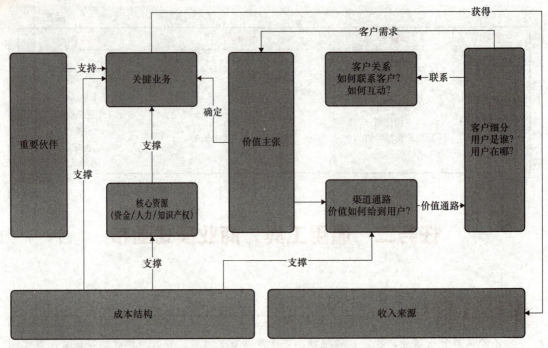

图 9-3 商业模式画布

二、板块展示

1. 客户细分

客户细分（Customer Segments，CS）是用来描绘一个企业想要接触和服务的不同人群或组织。客户构成了商业模式的核心。没有（可获益的）客户，企业就无法长久生存。企业可将客户分成不同的细分类别，每个细分类别中的客户都具有共同的需求、共同的行为和其他共同的属性。到底该服务哪些客户细分群体，该忽略哪些客户细分群体，一旦企业做出决议就可以凭借对特定客户群体需求的深刻理解，仔细设计相应的商业模式。初创企业，要学会抵御诱惑，千万不要想去做所有人的生意。

2. 客户关系

客户关系（Customer Relationships，CR）用来描绘公司与特定客户细分群体建立的关系类型，企业应该弄清楚其希望和每个客户细分群体建立的关系类型。它可以被以下几个动机所驱动：客户获取、客户维系、提升销售额（追加销售）。例如，不少移动网络运营商的客户关系是由积极的客户获取策略所驱动的，包括入网赠送免费移动电话或者进行补贴。当市场饱和后，运营商转而聚焦客户保留以及提升单客户的平均贡献度（ARPU 值）

3. 渠道通路

渠道构成了公司相对于客户的接口界面。渠道通路（Channels，CH）包含以下功能：提升公司产品和服务在客户中的认知；协助客户购买特定产品和服务；向客户传递价值主张；提供售后支持。

4. 收入来源

收入来源（Revenue Streams，RS）用来描绘公司从客户群体中获取的现金收入。如果客户是商业模式的心脏，那么收入来源就是动脉。企业必须了解清楚什么样的价值能够让各客户细分群体真正愿意付款。只有明确了这些，企业才能在各客户细分群体上发掘一个或多个收入来源。每个收入来源的定价机制可能不同，如固定标价、谈判议价、拍卖定价、市场定价、数量定价或收益心理定价等。一个商业模式可以包含几种不同类型的收入源，如通过客户一次性支付获得的交易收入，以及客户为获得价值主张与售后服务而持续支付的费用等。

5. 价值主张

价值主张（Value Propositions，VP）是用来描绘为特定客户细分群体创造价值的系列产品和服务。它可解决客户困扰，满足客户需求。每个价值主张都包含可选系列产品或服务，以迎合特定客户细分群体的需求。在这个意义上，价值主张是公司提供给客户的受益集合或受益系列。价值主张可分为两类：一类可能是创新的，并表现为一个全新的或破坏性的提供物（产品或服务）；另一类与现存市场提供物（产品或服务）类似，只是增加了功能和特性。

6. 关键业务

关键业务（Key Activities，KA）是用来描绘为了确保自身商业模式可行，企业必须做的"最重要"的事情。任何商业模式都需要多种关键业务活动，这些业务活动是企业成功运营所必须实施的动作。正如核心资源一样，关键业务也是创造和提供价值主张、接触市场、维系客户关系并获取渠道通路的基础。而关键业务也会因商业模式的不同而有所区别。例如：对于微软等软件制造商而言，其关键业务是软件开发；对于戴尔等计算机制造商来说，其关键业务主要是供应链管理；对于麦肯锡等咨询企业而言，其关键业务主要是问题求解。

7. 核心资源

核心资源（Key Resources，KR）是用来描绘让商业模式有效运转所必需的最重要因素。每个商业模式都需要核心资源，这些资源使企业、组织能够创造和提供价值主张，接触市场，并与客户细分群体建立关系，赚取收入。核心资源可以是实体资产、金融资产、知识资产或人力资源，既可以是自有的，也可以是公司租借的或从重要伙伴那里获得的。不同的商业模式所需要的核心资源也有所不同。比如，微芯片制造商需要资本密集型的生产设施和固定资产投入，而芯片设计商则需要更加关注"高精尖"的人才资源。

8. 成本结构

成本结构（Cost Structure，CS）用来描绘运营一个商业模式所需的所有成本。创建价值和提供价值、维系客户关系及产生收入都会引发成本投入。这些成本在确定关键资源、关键业务与重要合作后可以相对容易地计算出来。然而，相比其他商业模式，有些商业模式更多的是由成本驱动的。例如，那些号称"不提供非必要服务"的航空公司，是完全围绕低成本结构来构建其商业模式的。

9. 重要伙伴

在企业的商业模式中重要伙伴（Key Partnerships，KP）不可或缺。企业会基于多种原因打造合作关系，合作关系正日益成为许多商业模式的基石。很多公司采取创建联盟的策略来优化其商业模式，降低风险或获取资源。合作关系可分为以下四种类型：在非竞争者之间的战略联盟关系；在竞争者之间的战略合作关系（竞合）；为开发新业务而构建的合资关系；为确保可靠供应而构建的"购买方—供应商"关系。

案例阅读

哔哩哔哩商业模式

哔哩哔哩是深受年轻人喜爱的在线视频网站,又称"B站",2009年创办,2018年3月在美国纳斯达克上市。截至2018年8月24日,公司市值30.38亿美元。2017年中国在线视频用户数逼近5.8亿,手机移动在线视频App用户数超过5亿,付费用户数量快速增长,在线视频行业市场规模接近1 000亿元。现阶段,中国在线视频网站三巨头是爱奇艺、优酷土豆、腾讯视频,这三家视频网站占所有在线视频用户数量的近80%,其他视频网站用户量较少,哔哩哔哩虽然是一个小众的视频网站,却非常受年轻人的欢迎,其商业模式与爱奇艺、腾讯视频、优酷土豆有较大的不同。哔哩哔哩的商业模式画布如图9-4所示。

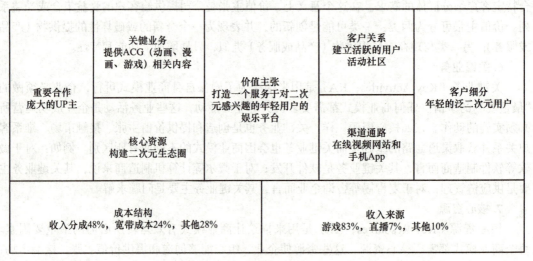

图9-4 哔哩哔哩商业模式画布

哔哩哔哩建立了一个泛二次元年轻用户的生态圈,通过PUGC(专业用户生产内容)等方式提供动画、漫画、游戏等内容,并通过搭建服务于广大UP主的平台来获取流量,主要通过游戏或直播获得分成收入。哔哩哔哩与主流视频网站不同:首先,它聚集了一批同质化、黏性高的二次元年轻用户;其次,它主要靠游戏或者直播获得分成,而主流视频网站主要靠广告和会员获得收入。哔哩哔哩也有劣势,它针对二次元用户,市场相对较小,未来可以通过提供更为综合的服务获取更多的客户与收入。

哔哩哔哩作为在线视频网站行业较为典型的公司,其商业模式具有自己的特色和成功之处。现阶段中国在线视频网站行业竞争激烈,大部分企业还处于亏损状态,哔哩哔哩已经有了较好的盈利前景。分析哔哩哔哩的商业模式,总结其优势与劣势,对于为在线视频行业提供对策建议、促进行业发展具有重要意义。

拓展训练

与小组成员讨论平台型商业模式如何改变产业格局?

项目九　商业模式与产品

任务三　扬长避短：核心竞争力

> **名人语录**
>
> 科技创新是提升国家核心竞争力的必由之路。
>
> ——周海中
>
> 未来在知识化、生活化以及空间化带来的应用服务方面的拓展，将成为移动互联网的核心竞争力。
>
> ——田舒斌
>
> 强化创新意识，继续加大创新投入，以技术、应用和产品创新驱动服务、管理和商业模式创新，不断提高核心竞争力，通过先进的技术、优质的服务争得更多用户的选择。
>
> ——尚冰

任务导入

在进行下面的学习之前，请思考以下问题。
（1）什么是创业公司的核心竞争力？
（2）了解核心竞争力的要素。
（3）如何培养企业的核心竞争力？

知识链接

一、核心竞争力的概念

核心竞争力是一个企业（人才、国家或参与竞争的个体）能够长期获得竞争优势的能力，是企业所特有的、能够经得起时间考验的、具有延展性，并且是竞争对手难以模仿的技术或能力。

核心竞争力是企业竞争力中那些最基本的能使整个企业保持长期稳定的竞争优势、获得稳定超额利润的竞争力，是将技能资产和运作机制有机融合的企业自身组织能力，是企业推行内部管理性战略和外部交易性战略的结果。现代企业的核心竞争力是一个以知识、创新为基本内核的企业某种关键资源或关键能力的组合，是能够使企业、行业和国家在一定时期内保持现实或潜在竞争优势的动态平衡系统。

二、历史沿革

美国学者普拉哈拉德（C. K. Prahalad）和美国学者哈默尔（G. Hamel）认为：核心竞争力首先应该有助于公司进入不同的市场，它应成为公司扩大经营的能力基础。其次，核心竞争力对提供公司最终产品和服务的顾客价值贡献巨大，它的贡献在于实现顾客最为关注的、核心的、根本的利益，而不仅仅是一些普通的、短期的好处。最后，公司的核心竞争力应该是难以被竞争对手所复制和模仿的。

三、核心竞争力的关键要素

核心竞争力的关键要素一是准确的职业定位，二是综合能力与资源，三是超强的执行力。综合这三大要素打造核心竞争力，目的就是增强个人的竞争优势，让别人无法取代，成就职业生涯发展。一旦具备了强大的核心竞争力，当面对职场裁员风险和各种职业危机时，你就拥有了主动选择或"择良木而栖"的资本，而你的职业生涯也不会因为职业机会的改变而发生重大生存危机。

四、培养企业核心竞争力的方法

1. 企业核心竞争力的特征

企业核心竞争力是以企业的技术能力为核心，通过企业战略决策、生产制造、市场销售、内部组织协调管理的交互作用而获得的企业保持可持续发展优势的能力。它的特征包括如下几个方面。

（1）具有高额的价值性。核心竞争力为企业带来超额利润，能为顾客提供更多的价值，实现产销双赢的效果。

（2）不可模仿性。核心竞争力是竞争企业通过长期演进的技术、知识的积累，而这种积累不是简单的叠加，而是不断总结提炼，不断晋级升华，所以不可能被模仿。

（3）不易替代性。核心竞争力在长时间内形成独特的个性，这种独特个性在市场竞争中表现为独特优势，不容易被别的产品所替代。

企业核心竞争力应该是一个多种因素的组合，包括体制、规章、流程、特有的技术能力、核心产品等。它是企业内在的区别于其他企业的根本能力。

在生产方面，有企业核心竞争力的企业比其他企业的生产周期短，比其他企业做得更加节省成本；在销售方面，有企业核心竞争力的企业比其他企业销售更快；在研发方面，有企业核心竞争力的企业比其他企业推出新产品的速度更快，凭借的就是"不断使顾客满意"的核心技术获得了强大的竞争优势而不断地发展壮大。

有了核心竞争力，企业就能够源源不断地推出新产品和新服务；有了核心竞争力，企业就能够创造出自己的竞争优势。核心竞争力是产品、服务和竞争优势的根本。

2. 培育提升企业核心竞争力的路径及举措

（1）实现技术创新，培植企业核心竞争力。科学技术是企业核心竞争力的中心环节。要搞好科技创新，企业就要建立技术创新机制，要重视对新技术的资金投入。不建立自己的研发中心，不搞研发，何来创新。还要建立人才保障机制，技术创新需要人才做保障。因此，企业要积极引进和培养自己的研发人员，同时要建立激励机制，以鼓励创新活动。要建立产、学、研相结合的技术开发机制。加强与高等院校和科研院所的合作，凭借它们的技术实力和技术成果，尽快将科研成果转化为产品和现实生产力。

（2）创建企业文化，打造企业核心竞争力。企业文化是企业全体员工所共有的价值体系，是决定企业兴衰的关键因素。企业文化是一个企业生存与发展的灵魂。企业文化包括四个层面：观念文化、制度文化、行为文化和物质文化。而企业核心竞争力与行为文化和物质文化密切相关。企业核心竞争力的实质是企业的一种组织能力。企业文化在培育和保持企业的核心竞争力、促进核心竞争力发展上有重要意义。用企业文化打造核心竞争力，有以下三个方面的积极作用：首先，体现在提高企业内聚力上，内聚力中最重要的是员工对企业价值观和经管理念的认同，如果建立起员工的共同愿望，有了共同的价值观，既能降低企业的交易成本，更能充分调动员工的积极性和创造力，提高企业竞争力。其次，企业文化有利于培养企业团队精神，一个有竞争力的现代化企业，应当是齐心合力、配合默契、协同作战的团队。再次，企业文化有利于创立企业的特色品牌，品牌是企业竞争力的综合表现。名牌作为高品质、高文化的象征，具有巨大的经济价值，是一个企业永恒的竞争力。

（3）实施管理创新，培育企业核心竞争力。管理创新是企业持续发展的永恒主题，管理是企业持续发展的基础，而创新是企业发展的动力。企业的不断成长、规模的不断壮大都要求进行管理机制创新。企业管理水平直接决定企业的效率，管理创新作为企业现代化管理的职能之一，贯穿于管理活动的整个过程。加强管理、提高企业现代管理水平是企业生存与发展的永恒主题。在企业成长过程中，企业的内部条件和外部条件都在不断变化，不确定因素增加，风险加大，只有加强管理，不断进行管理创新，才能有效地组合企业内部条件，利用环境提供的机会，避开环境风险，寻求企业的最大发展。企业管理创新应向着知识管理、战略管理、人本管理、绿色管理、危机管理方面发展。企业要保持持续的核心技术能力，其组织管理模式必须不断创新和变化。企业只有根据自身的特点，在现有基础上进行创新才能保证自身组织机构的合理性和提高组织的适应性，其在竞争中才具备真正意义的核心竞争力。

（4）创建企业学习型组织，提升企业核心竞争力。企业核心竞争力的形成是企业内部资源、知识、技术等不断积累、整合和完善的过程。在当前，科学技术日新月异，技术、知识更新期大为缩短，这就决定了发展中的企业必须是学习型企业。通过团队学习、全员学习、事业的全过程学习及人员的终身学习，在学习和实践中改造世界，同时改造自己，使主观与客观、认识与实际相一致，提高企业经营的成功率，减少工作失误，以达到理想境地。企业必须以全新的学习来全面适应社会的发展需要，通过不断的学习来提高生存与发展的能力。企业只有不断学习，及时调整价值观、思维方式和运作方式，才能适应市场变化的需要，提高自身的竞争力，实现企业的可持续发展。

▶ 案例阅读

华为——以技术领先为核心竞争力

华为作为通信产业的领导者，在技术方面一直保持领先水平。作为一家技术公司，华为一直致力于新技术的自主研发和创新，从而一方面提高了产品的竞争力，另一方面提高了企业的自主创新能力。同时，华为也在产品管理方面进行了巨大的投资和调整，不断优化产品结构和质量，来保证客户的需求和保证产品的领先性。另外，华为始终秉持开放和合作的原则，注重与其他企业建立合作伙伴关系，实现资源共享和技术交流，从而提高自身技术水平和创新能力。

微软——以卓越的经营智慧为核心竞争力

微软成为一家软件巨头，并不仅仅是因为它拥有最先进的技术，大部分原因是它对管理体系和经营智慧的深刻理解和落实。从公司的组织结构到公司的管理体系，微软一直保持先进和高效的管理水平，以此确保自身在业内最佳的产品和服务，并提高了客户忠诚度。在公司的经营智慧方面，微软一方面注重与客户的沟通；另一方面，也不断改进经营模式，以满足客户的需求和提高企业的竞争力。

拓展训练

为了完成西天取经任务，要组成一个取经团队，成员有唐僧、孙悟空、猪八戒、沙和尚、白龙马。其中，唐僧是项目经理，孙悟空是技术核心，猪八戒和沙和尚是普通成员，白龙马是经理的座驾。这个团队的高层领导是观音。人物特征如下：

（1）唐僧作为项目经理，具备坚韧的品质和极强的原则性，不达目的誓不罢休，他又很得上司支持和赏识（直接得到唐太宗的任命，既得锦襕袈裟，又得紫金钵盂；又得到以观音为首的各路神仙的广泛支持和帮助）。

（2）沙和尚话不多，任劳任怨，承担了项目中挑担行李工作。

（3）猪八戒看起来好吃懒做，最多牵下马，好像留在团队里没有什么用处，其实他的存在还是有很大用处的，因为他性格开朗，能够接受任何批评而毫无负担压力，在项目组中发挥了润滑油的作用。

（4）最关键的还是孙悟空，由于孙悟空是取经团队里的核心，但是他的眼里容不得沙子，回想他那段大闹天宫的历史，恐怕作为老板来说没有人会让这种人待在团队里。

（5）白龙马是唐僧办公、出差用的座驾，身份地位的象征。

既然如此，这个话题就很有趣，也很经典，原本是缺一不可的"五人帮"，堪称"完美团队"，但是要节约成本的话就必须裁掉一个人。该裁掉谁呢？

答案：

（1）唐僧肯定不能裁，唐太宗（总裁）直接下达过任命书，既赏锦襕袈裟，又赏紫金钵盂，没有他就不可能完成总裁的任务——取经。他是项目团队中最为关键的人物，也是总舵手。

（2）孙悟空，法力高强，技术精通，业务能手（降妖除魔），可谓技术攻关队长，碰到困难（妖怪），一路降伏，为团队保驾护航，确保唐僧生命安全、取经道路顺畅。况且神魔两界他都有关系，各路神魔也要让他三分。虽然他有大闹天宫的"前科"，但是经过五指山下被镇压的500年，他的为人处世及脾气均有所改善。取经之路，他虽然多次受气，且时常发脾气，可是最后他还是回到师父身边，与团队共渡难关。俗话说，"人非圣贤，孰能无过"。想成大业，唐僧就必须用长远眼光看问题，取舍就在一念之间。有能力的人肯定是有个性的人，看领导怎样去用好他，扬长避短，把其特长发挥到极致。所以，不能没有孙悟空。光有司令，没有战士，打仗必败。

（3）猪八戒，他原本是天蓬元帅，因在天庭的一次宴会上喝醉了酒，调戏了嫦娥因此被贬下凡。他能当上元帅，肯定有他的过人之处，魅力和沟通能力强，而且他性格开朗，充满活力，能够接受任何批评而毫无心理压力，心态特别好。他在项目组中起到了开心果的作用。一个团队如果没有开心果，只是一股沉闷的氛围，没有活力和欢乐，团队成员的工作氛围就会差很多，所以，猪八戒不能裁。

（4）沙和尚，任劳任怨，埋头苦干，他技术水平没有孙悟空高，可替代性高。为了节约企业成本（裁掉他的原因），完全可以把任务分给团队其他成员（悟空、八戒）。唐僧在没有收沙和尚为徒之前，这些杂事，都是悟空和猪八戒在干。所以，为了节约企业成本，必要时可以裁掉沙和尚。如果哪天组织想要召回他时，我想，以沙和尚的性格，他还是会很乐意回来的。不论从长期或短期考虑，裁掉沙和尚，都是最优的处理方法。

（5）白龙马，它是唐僧的座驾，是身份地位的象征，同时，白龙马的存在大大提高了唐僧的工作效率，能间接节约成本。所以，白龙马也是不可缺少的。

综合分析： 最佳的选择只能是裁掉沙和尚。说明在企业里，光埋头苦干是不够的，要想在当今社会立于不败之地，不被轻易淘汰，必须拥有一技之长，提升自己的核心竞争力，提高自己技能的含金量，成为不可替代的人。

任务四　打造拳头产品及创业产品

> **名人语录**
>
> 我们将客户视为派对的受邀客人。作为主人，我们的工作是让客户有完美的体验。
>
> ——杰夫·贝佐斯
>
> 服务或产品的质量不是你投入了什么，而是客户从中得到了什么。
>
> ——彼得·德鲁克

任务导入

在进行下面的学习之前，请思考以下问题。
（1）什么是拳头产品？
（2）什么是创业产品的打造？
（3）创业产品的层次是什么？

知识链接

一、拳头产品

（一）拳头产品的概念

拳头产品是指有助于增强区域经济竞争能力、提高区域经济效益、促进区域经济发展的关键性产品。

（二）拳头产品的特征

（1）竞争力强。一个区域的拳头产品，无论在质量上还是市场占有率上，都应在全国同类产品中名列前茅，具有与其他任何区域的同类产品相匹敌乃至压倒竞争产品的实力。

（2）效益好。一个区域的拳头产品自身应具有较高的经济效益，或者虽无较高的自身经济效益，但有较大的社会效益，能带动其他产品发展而产生整体效益。

（3）地位重要。一个区域的拳头产品应在本区域经济中占有举足轻重的地位，即在区域工业总产值、净产值或利税中占有较大比重。

（三）拳头产品发展成功的基本条件

1. 产品的市场需求前景广阔

市场需求前景暗淡的产品，不可能发展成拳头产品。一般而言，在产品生命周期早期，即诞生阶段和成长阶段，产品的市场需求增长迅速，各个竞争者的地位极不稳定，抓住这一时机积极培育拳头产品，易于取得成功。而在产品生命周期后期，即成熟阶段和衰退阶段，要培育拳头产品则难以成功。分析产品的市场需求前景，要用开放眼光，以广域角度考察。如分析一个省发展拳头产品的市场前景，要从全国和世界市场着眼，还要看到在不同市场上对同一产品的需求周期差异，在某一市场的成熟阶段产品，在另一市场上则是成长阶段产品。特别是国内市场与国际市场，发达国家市场与发展中国家市场之间，在同一产品的需求周期上有一定的时间差。抓住不同市场产品需求周期的时间差，有利于为拳头产品发展开拓广阔的市场。

2. 竞争实力雄厚

一个产品的市场需求前景无论怎样好，如果产品开发者不具备强大的竞争实力，就无法占领市场，最终将被竞争对手拉垮。竞争实力取决于基础因素：

（1）技术。只有掌握先进的产品和工艺技术，特别是拥有独家技术阵容，才能生产出质量高、成本低、有含金量的产品。因此，发展拳头产品必须努力开发和引进先进技术，发挥自身的技术特长和优势。

（2）资源要素。拥有发展一项产品所需要的丰富的原材料资源，有助于加强产品竞争力。劳动力和资金要素对产品竞争力也有较大影响。劳动力充足、工资水平低的区域在发展劳动密集型产品上有优势；资金充裕、资金成本高的区域在发展资金密集型产品上有优势；技术人才多、劳动力素质高的区域在发展技术密集型产业上有优势。因此，发展拳头产品要充分发挥自身的资源要素优势。

（3）区位条件。区域的地理经济位置往往影响其竞争力。区位条件主要是指区域是否靠近大市场，是否靠近资源和生产要素，与外界的交通、通信是否便利，区域的传统形象对产品的声誉影响如何等。有的产品的成本、声誉、竞争力受这些区域条件影响较大，必须把握好。

3. 有明确的战略方针

发展拳头产品要有明确的战略方针。制定拳头产品发展战略要有商品经济的竞争意识。要根据产品特点和内外条件，决定采取何种经营战略。如果采取规模战略，则生产经营的目标规模应力争超过同一市场的竞争对手，至少与竞争对手旗鼓相当，投资规模和市场开拓范围都要与之匹配，使产品成本和价格明显低于竞争对手。如果采取差异化战略，就要充分发挥自身在技术、资源、要素、区位等方面的有利条件，着重加强技术开发和市场营销，使产品的技术结构特征和市场营销特征优于竞争产品。如果采取集中化战略，就要正确选择顾客群和市场面，生产在档次、价格、功能、外观等方面与此顾客群和市场面相应的产品，并充分利用市场营销手段和其他手段，阻止竞争者进入该顾客群和市场面，巩固自身地位。同时，要把握好进入市场的时机：如果拥有领先技术，则在产品的诞生阶段进入；如果没有领先技术，则在产品成长阶段进入。通过全面分析，明了影响拳头产品成败的关键因素是在技术方面，还是市场营销方面，或是在资源要素方面，有时也可能在非经济因素方面，如审批立项的决策周期过长。在拳头产品发展的不同阶段，影响成败的关键因素会有所变化。

（四）拳头产品选择准则

1. 市场需求准则

拳头产品应该有广阔的市场前景。市场前景分析可从以下两个方面入手：

（1）产品市场预测，即运用各种模型预测和专家预测方法，分析备选拳头产品中长期市场需求规模、市场增长速度。

（2）产业需求弹性，即对备选拳头产品所属产业的需求随国民经济发展而增长的幅度。拳头产品通常宜选自发展前景良好的产业。有一些可供参考的产业需求弹性系数，如钱纳里计算的不同人均国民收入水平下各产业的需求弹性、联合国计算的不发达国家和高收入国家制造业各行业的收入弹性系数等。在分析市场需求前景的基础上，要评估本区域在预定时期内发展该产品所能达到的产量规模，确定其是否能成为本区域经济中占有重要地位的产品。

2. 经济效益准则

拳头产品应具备较高的经济效益，通常应明显高于其他产品。经济效益通过投入产出比来衡量，其中基本投入包括资金和劳动力，而基本产出则是净产值和利税。在我国这样的发展中国家，由于劳动力资源丰富而资金相对短缺，因此评估效益时主要采用资金产出率这一指标。产品的经济效益可以通过资金净产值率和资金利税率两个指标来评定：资金净产值率反映了资金投入的总体效果；资金利税率则体现了资金投入所创造的可用于积累和社会发展的成果大小。

3. 关联效应准则

一个产品的关联效应指的是该产品的开发对推动相关下游原材料生产的发展、促进以该产品为原料的下游产品生产的发展，以及由此对整个国民经济发展所产生的影响。具有较高关联效应的产品适合作为重点发展对象。衡量产品关联效应，除了进行直观分析之外，如果存在产业物流型投入产出数据，可以利用相应的感应度系数和影响力系数进行评估；如果只有产业价值型投入产出数据，则可以参照产品所属产业的感应度系数和影响力系数来判断。

4. 技术优势准则

区域拥有发展某项产品的人才和先进技术，特别是掌握该产品技术诀窍和技术专利，则该产品较适合作为区域拳头产品予以发展，区域可因技术优势而具有较强竞争力。技术能力通常可用拥有的与备选拳头产品相关的技术人才、技术诀窍和技术专利数，以及与竞争对手相比的技术领先程度来衡量。在一般行业，技术领先5～10年就有很大优势。而在高新技术产品领域，领先2至3年往往也有较大优势。

5. 资源要素准则

区域拥有发展某种产品的丰富资源和要素也是该产品成为拳头产品的有利条件。可从以下三个方面衡量备选拳头产品的资源要素丰裕度：有关能源原材料资源是否充足；若该产品属于劳动密集型产品，则区域劳动力是否丰富，工资成本是否低廉；若该产品属于资金密集型产品，则区域资金是否充足，是否适合发展资金密集型产品。资源要素丰裕度没有优劣的绝对标准，而只有相对标准，即本区域与各竞争区域相比处于优势还是劣势。

6. 现有基础准则

区域某产品现有生产经营基础较好，有助于使该产品发展成为拳头产品。现有基础状况可用本区域该产品的生产能力，如总产量、总产值、固定资产原值（净值）等与竞争区域相比较的优劣来衡量。

7. 发展战略准则

拳头产品应与区域经济发展战略相适应，有助于区域发展战略的实现。完整的区域经济发展战略通常包括六个方面：资金积累政策、技术进步政策、产业结构政策、经济布局政策、对外经贸政策、经济运行机制。可以从这六个方面考察拳头产品与区域经济发展战略是否相适应。

二、创业产品打造

每个公司都应该有自己的独到之处，首先涉及的问题就是如何打造创业产品。

> **案例阅读**

砸冰箱——砸出"零缺陷"

海尔最出名的，莫过于20世纪80年代的砸冰箱。

那是1985年，海尔创业的第二年，正值改革开放初期。中国打开国门，众多企业引进了电冰箱生产设备、技术，"大干快上"。那是一个供不应求的年代，"纸糊的冰箱也能卖出去"。但这一年，海尔砸掉了76台不合格的冰箱。事情源自一位用户来信抱怨说自己攒了很多年的钱才买的冰箱上有道划痕。张瑞敏由此查出了仓库里有76台冰箱有类似问题。

员工希望将这些有瑕疵的冰箱作为福利降价卖给员工。但张瑞敏的决定却是砸了！

这个当时被不少人认为是"败家"的砸冰箱事件，却砸出了海尔员工"零缺陷"的质量意识，宣布了海尔全面质量管理的开始。其产生的效果是：1989年，当市场供大于求、冰箱纷纷降价时，海尔冰箱不可思议地提价12%，用户还排队购买。

著名经济学家艾丰有一个观点："企业不是等做大了以后再搞名牌战略，而是应该用名牌战略把企业做大。"高质量是一个世界级品牌应具备的基础条件。从"砸冰箱"事件可以看出海尔创世界级品牌的起步有多早，决心有多大！

这一"砸"，不仅使海尔在1991年成为中国家电行业唯一入选"中国十大驰名商标"的品牌，更重要的是将"零缺陷"的质量意识砸进了海尔成长的基因中。

2009年6月，在海尔内部刊物《海尔人》报上，刊登了这样一篇文章：一位美国客户来到位于青岛开发区的海尔工厂验货时，情不自禁地伸出手想摸摸生产线上的冰箱。一位工人立刻拦住了他，递来一副白手套，希望客户戴上白手套，不要将手印留在冰箱上。尽管没说一句话，但这位普通海尔员工的质量意识深深打动了客户，为公司赢来大笔订单。

那把砸冰箱的海尔大锤，由此在海尔乃至中国企业创品牌的道路上都具有了标志性的意义，被中国国家博物馆收藏。

三、创业产品层次

产品层次分析的核心是满足目标客户的需求。顾客是上帝,这是产品分析始终要遵守的第一原则。要从这一点出发来分析产品,始于客户,终于客户。产品分析要围绕客户需求进行,例如,手机产品分析要围绕客户对个性化、外形、功能等方面的需求来进行。在营销学中,创业产品的含义可分为5个层次(图9-5)。

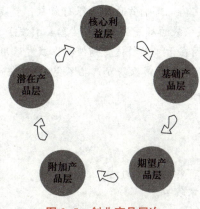

图9-5 创业产品层次

1. 核心利益层

创业产品的核心利益是其的基本效用或基本功能。客户愿意购买创业产品,其基本出发点是核心利益。价值(效用)= 功能 / 成本(总成本)。

2. 基础产品层

基础产品层指产品的外观及主要特征,比如式样、质量、特色、包装、品牌等。要吸引消费者,除满足基本需求外,还要在外观等方面进行延伸。

3. 期望产品层

期望产品层是指消费者希望的一些属性特征。要从满足客户需求的角度考虑设计产品,而不是从自己能提供什么或者其他厂商能生产什么的角度来考虑。

4. 附加产品层

附加产品层指产品的附加价值。能够给消费者提供的附加价值(服务或承诺)有免费安装、送货、维修等。要从服务创新的角度去考虑,增强企业对消费者的服务意识。

5. 潜在产品层

潜在产品层是对未来产品的开发。依据企业提供的产品,可将创业机会分为提供现有产品的创业机会、提供改进产品的创业机会两种类型。

拓展训练

与小组成员讨论以下案例。

詹姆斯·戴森对产品的极致追求

我们来揭秘戴森成功的秘诀：专注一件事，坚持把它做到极致。

1978年，31岁的戴森已是三个孩子的父亲。他们一家人居住在一个满是尘土的农舍里，家里有一台破旧的胡佛牌真空吸尘器。一天，这台吸尘器又坏了，喜欢钻研的戴森决定自己动手修理。他拆开吸尘器后发现，这是自吸尘器1908年问世以来就未解决的简单问题：当集尘袋塞满脏东西后，就会堵住进气孔，切断吸力。

一开始，戴森研制了几百个模型都没有成功，换作别人，或许早就中途放弃了，但戴森没有，他意志坚定，永不言输，哪怕背负高息银行贷款，戴森用5年的时间，在研制了5 127个模型后，发明了不需集尘袋的双气旋真空吸尘器，引发了真空吸尘器市场的革命。

而戴森卷发器成功的表因在于"黑科技营销传播"激发了用户的好奇心并打消了用户对卷发的主要顾虑，成功的内因却在于戴森研发产品不变的信念——专注，坚持，做到极致。

解析：
（1）有灵魂的产品。
①把产品做简单。
②将细节做到精致。
③先有伟大的产品才有可能有伟大的结果。
④如何知道自己的产品不够好。
a. 用户留存率低。
b. 成长缓慢。
⑤所谓的灵气：
a. 天生气质或后天练习。
b. 经常花时间去琢磨。
c. "招人喜欢的人""有趣的人"
⑥如何注入灵魂。
（2）有知觉的产品。
（3）透过表象看本质。
（4）一切目标：解决痛点。

任务五　老字号都源于小公司

名人语录

要取得事业成功，必须花心思预测未来几个月甚至几年的事情。

——马化腾

成功之道：小公司做事，大公司做人。

——柳传志

在进行下面学习之前，请思考以下问题。
（1）什么是老字号？
（2）老字号的基本起名要点是什么？
（3）如何做好差异化？

一、老字号

通常意义上，企业之所以被称为"老字号"，先决条件是历史的悠久性。日本最长寿的木造建筑企业"金刚组"至今已有1 400余年；欧洲最古老的酒窖餐厅企业"圣彼得"至今已有1 200余年。我国商务部认定的1 128家"中华老字号"中最老的企业"刘毛笔"甚至可以追溯到战国时期，至今已有2 000余年历史。相关调研显示，千余家中华老字号中只有10%生产经营有一定规模，效益好，健康运营，将近70%的企业因观念陈旧、机制僵化、创新不足、传承无力等而面临发展困境，还有约20%的企业长期亏损，濒临破产。由此可知，老字号的发展单单强调"老"是不行的，其关键在于"历久弥新"。"新"的前提在于坚守对传承技艺与产品质量的严格要求；"新"的核心在于平衡现代性与传统性，从过去的经验转向创新意识与多样化形态；"新"的难点在于抵御诱惑，控制自身过快、过度成长。

随着国潮的兴起，与衣食住行相关的许多老字号成为老百姓热议的焦点。在这些声音中，有些是对于老字号致力创新的欣喜与支持，如五芳斋的创新口味粽子与创意营销影像；有些是对于老字号墨守成规的无奈与批评，如狗不理的口碑翻车与危机管理滞后。在新消费驱动下，如何利用文化创意元素为老字号注入新活力，如何抓住数字经济契机拓展老字号的新消费群，如何利用文商旅融合助力老字号新发展，值得深入思考。

老字号传承的根基是传统理念、工匠精神、乡愁记忆。

1. 根植于中华优秀传统文化的品牌理念

文化是民族的血脉和灵魂，也是一个企业的灵魂。老字号之所以能够历经岁月沧桑、延续百年基业，表现出强大的生命力，共性原因就是在企业理念中自觉传承中华优秀传统文化基因。同仁堂、张一元、吴裕泰等名字都来源于《易经》。同仁堂取名自"同人卦"，意在以"天火同人"倡导医者仁义之心；张一元取名自"乾卦"，意在以"元亨利贞"倡导顺应天道自然；吴裕泰取名自"泰卦"，意在以"小往大来"表示安泰与顺利。天福号的"人心自明，善如家人"、同升和的"同心协力，和气生财"、全聚德的"聚拢德行"、义利食品的"先义后利"，主张的都是"以德兴商、诚信为本"。由此可知，传承老字号，首先要传承理念与精神。在现代商业环境下，面对市场上出现的不诚信经营现象，老字号所坚守的文化理念与商业道德愈显珍贵。

2. 体现于独门技艺之中的工匠精神。

与消费社会追求"短、平、快"的即时利益相对，老字号背后的技艺追求是精雕细琢、精益求精。在传统社会，手艺人一辈子只做一件事，从生疏到纯熟，从青涩到老练，一件事情、一样东西都努力做到最好。无论是同仁堂的古训"炮制虽繁必不敢省人工，品味虽贵必不敢减物力"，还是吴裕泰的古训"制之唯恐不精，采之唯恐不尽"，都体现出老字号对于品质的坚守。无论是内联升千层底布鞋每平方寸纳81针的严格限定，还是荣宝斋装裱一幅普通中堂从托心开始至完成的整整17道工序，每个步骤背后都是对顾客的承诺。在充斥着浮躁与喧嚣、强调机器生产、效率至上的大工业时代，全社会对于工匠精神的推崇恰恰体现出"匠心品质"产品的稀缺。工匠精神是精益求精、追求品质、注重细节的工作原则，是专注并持续深耕的职业伦理，以及在此过程中形成的审美与精神气质。人们对于老字号的青睐，既是对工匠精神的认可，也是对高品质产品的期待。

3. 深藏于情感深处的乡愁记忆。

美国学者霍尔布鲁克（Holbrook）和申德勒（Schindler）曾提出消费者怀旧心理，即"一个人对在年轻的时候（成年期早期、青少年期、幼年时期甚至更早）经常出现的人和事物的一种偏好"。简言之，怀旧就是透过记忆尽力去拾起那些给人美好感受的过去。为人熟知的老字号产品、老字号店址，往往凝聚了几代人的共同记忆。一种熟悉的味道，一声亲切的乡音，甚至一张具有年代感的外包装纸，都会唤起"他乡遇故知"的亲切感，进而驱动消费者为共同的情感记忆和文化认知而消费产品或服务。另外，老字号所承载的文化情感与记忆，不仅具有时间性，还具有空间性。当具有强烈情感意义的物体出现在特定的场所，空间的特性就具有情感的价值。

> 案例阅读

"狗不理"包子

"狗不理"创始于1858年。清咸丰年间，河北武清县杨村，现天津市武清区，有个年轻人，名叫高贵友。其父四十岁得子，为求平安养子，为其取乳名"狗子"，期望他能像小狗一样好养活（按照北方习俗，此名饱含着朴挚的亲情）。高贵友14岁来津学艺，在天津南运河边上的刘家蒸吃铺做小伙计。他心灵手巧又勤学好问，加上师傅们的精心指点，做包子的手艺不断长进，练就一手绝技，很快就小有名气了。

三年满师后，高贵友精通了做包子的各种手艺，自己开了一家专营包子的小吃——"德聚号"。他用肥瘦鲜猪肉3∶7的比例，加适量的水，佐以排骨汤或肚汤，加上小磨香油、特制酱油、姜末、葱末等，精心调拌成包子馅料。包子皮用半发面，在搓条、放剂之后，擀成直径为8.5厘米左右、薄厚均匀的圆形皮。包入馅料，用手指精心捏褶，同时用力将褶捻开，每个包子有固定的15个褶，褶花疏密一致，最后上炉用硬气蒸制。

高贵友手艺好，做事认真，从不掺假，制作的包子口感柔软，鲜香不腻，形似菊花，色香味形都独具特色，引得十里百里的人都来吃包子，生意十分兴隆。来吃他包子的人越来越多，高贵友忙得顾不上跟顾客说话，这样一来，吃包子的人都戏称他"狗子卖包子，不理人"。久而久之，人们喊顺了嘴，都叫他"狗不理"，把他卖的包子称作"狗不理包子"，而原店铺字号却渐渐被人们淡忘了。

老字号解析，详见表9-3。

表9-3　老字号解析

公司名称	创建情况	公司名称	创建情况
泥人张（彩塑）	创始人是张长林，自幼随父亲从事泥塑制作，练就一手绝技	都一处（烧麦馆）	创业于清乾隆三年（公元1738年），起初叫"王记酒铺"，由山西人王瑞福创办。"都一处"牌匾的来历与乾隆有关

续表

公司名称	创建情况	公司名称	创建情况
"狗不理"包子	创始于1858年，河北武清县杨村（现天津市武清区）高贵友，14岁来津学艺，在天津南运河边上的刘家蒸吃铺做小伙计，三年满师后，高贵友精通了做包子的各种手艺，于是就独立出来，自己开了一家专营包子的小吃铺——"德聚号"	张一元（茶庄）	安徽歙县定潭村人张文卿于清光绪二十二年（公元1896年）在花市大街摆设茶摊
		马聚源（帽子店）	最初只是个小摊子，清嘉庆十六年（公元1811年），直隶马桥人马聚源，于前门外鲜鱼口中间路南，以其名开办马聚源帽店
荣宝斋（笔墨纸砚）	始建于清康熙十一年（公元1672年），创办者是一个浙江人，姓张，他最初用其在京做官的俸银开了一家小型南纸店。张家后代不够争气，经营无方，1840年后，濒于破落，到了难以维持的境地。清光绪二十年（公元1894年），将店名改为"荣宝斋"，取"以文会友，荣名为宝"之意	内联升（鞋店）	清咸丰三年（公元1853年）创办，赵廷是河北省武清县人，从十几岁开始就在东四牌楼一家靴鞋店学徒，学得一手好活计。他出师后，得到当时清朝官员丁将军的帮助，筹资白银万两，在东交民巷开办了内联升靴鞋店
全聚德（烤鸭店）	创建于清同治三年（公元1864年），由河北蓟州区人杨全仁创办。他初到北京时在前门外肉市街做生鸡鸭买卖。杨全仁对贩鸭之道揣摩得精细明白，时常到各类烤鸭铺子里去转悠，探查烤鸭的秘密，寻访烤鸭高手	同仁堂（中药行）	创建于清康熙八年（公元1669年）。创始人乐显扬的三子乐凤鸣子承父业，1702年在同仁堂药室的基础上开设了同仁堂药店。他不惜五易寒暑之功，苦钻医术，刻意精求丸散膏丹及各类型配方，分门汇集成书

二、取个好名字

创办一家公司，首先需要起名，而一个好的名字能够帮助消费者识别，也能助力公司发展。

> 案例阅读

白加黑

白加黑感冒药卖得好，和先进行市场分析，然后取了一个好名字息息相关，早在1995年，在基本没有互联网的时代，白加黑上市半年狂销16亿元，在竞争激烈的感冒药市场上分割了15%的份额，位居第二，在中国营销传播史上堪称奇迹。

白加黑其实很简单，只是把感冒药分成黑白两种，把感冒药中的镇静剂氯苯那敏（主要不良反应为嗜睡、困倦）放在黑片中，其他什么也没做。听听人家的广告语"治疗感冒，黑白分明"，广告传播的核心信息是，"白天服白片，不瞌睡；晚上服黑片，睡得香"。把吃了氯苯那敏想睡觉的副作用，转化为正面的优势。产品名称和广告信息都在清晰地传达了产品概念。

回想一下白加黑的包装盒，白加黑的原名是氨酚伪麻美芬片（氨美片）。这个名字会不会令人直接崩溃？给你1分钟，把这个名字记住并且一字不错地写下来。给你10秒，把"白加黑治感冒，白天服白片，不瞌睡；晚上服黑片，睡得香"背出来。哪一个能记得住，有利于传播？可见，取一个好名字多么重要！

解析：

（1）关键点：好听、好记、好意、好说、好看、好用。

（2）战术战法：借用人名、地名、植物、器物、数字、缩写、外文、俗称、经典等；价值主张；功效命名；目标寓意；时空错位。

（3）注意事项：多音字、多义字、歧义字、生僻字慎用；输入法支持；未被注册成为商标。

三、做好差异化

差异化是营销和品牌的灵魂，没有差异化的营销一般都会失败。营销卖的不是实体价值，而是感知价值，只要能让消费者对产品和品牌的感知价值产生变化，就实现了差异化。那么如何对产品进行精准差异化定位呢？

从战略上看，差异化也称特色优势战略，是指企业力求在顾客广泛重视的一些方面做到行业内独树一帜。它选择许多用户重视的一种或多种特质，并赋予其独特的地位以满足顾客的要求。它既可以是先发制人的战略，也可以是后发制人的战略，见表9-4。

表9-4　差异化战略

战略目标	战略优势	
	低成本地位	独特性
整个创业模范	成本领先战略	差异化战略
特定细分市场	成本聚焦战略	差异化聚焦战略

创业实践中成本的差异化、功能的差异化、营销的差异化、产品设计的差异化、卖点提炼的差异化等，都是实战中差异化的聚焦的地方。表9-5列出了差异化的22个焦点。

表9-5　差异化的22个焦点

1. 原材料和原产地	12. 解决痛点
2. 质量	13. 公司实力
3. 大小	14. 品牌故事
4. 手感	15. 价格
5. 颜色	16. 热点事件借力
6. 味道	17. 节日特供
7. 造型设计	18. 促销专享
8. 功能创意	19. 具体数字化
9. 产品构造	20. 服务
10. 细分市场	21. 情感故事
11. 新技术	22. 历史

拓展训练

与小组成员讨论如何盘活老字号，走好差异化之路？

任务六　文化制胜

名人语录

> 伟大的人的最明显的标志就是他坚强的意志，不管环境变换到何种地步，他的希望和初衷仍不会有丝毫的改变，而终于克服障碍以达到期望的目的。
>
> ——爱迪生

任务导入

在进行下面的学习之前，请思考以下问题。
（1）什么是创客文化？
（2）创客文化的基本功能。
（3）理解文化制胜的重要性。

知识链接

一、创客文化

创客来自英文单词"maker"。创客文化诞生于英国、兴盛于美国的创客概念通常被认为源于黑客文化，指志趣相投的一群人一起分享想法、技能和工具。美国 OReilly Media 的创始人戴尔·多尔蒂（Dale Dougherty）于 2005 年创办期刊 Maker 并发起创客嘉年华（MakeFaire）活动，将创客定义为把技术当作玩具，在玩中学习技术的发烧友。美国《连线》杂志前主编克里斯·安德森（Chris Anderson）的专著《创客：新工业革命》，将单打独斗的创客与创客运动联系起来。他认为，典型的创客"是一群具备特定知识含量，具备创新实践、共享、交流的意识，愿意挑战技术难题并将创意转变为现实的人"。

如今将创客运动重新定义为数字 DIY（自己动手做），特指在开源社区中分享设计成果和开展合作，将发明、创意、创新变成产品的人和行为，"将 DIY 精神工业化"，由此，创新不再局限于世界上那些大公司自上而下推进，而是由业余爱好者、创业者和专业人士等无数人自下而上开拓。创客的多寡、创客运动的兴盛与否成为一座城市创新活动的表征。

创客文化具有以下特征：一是具有鲜明的时代性，以技术发展为基础，以创新和实践推动产品多样化、智能化。二是用户创新是创客文化的核心，创客依据用户个性化需求进行创新创业活动。在互联网时代，日趋多元化的个性需求为创客的发展带来前所未有的机遇。创客借助互联网，直接面对用户，根据用户体验与反馈，实现个性化定制。基于互联网创新理念，越来越多的传统企业向互联网企业转型。三是创客文化富含草根色彩，在本质上体现了大众创业、万众创新的理念。四是行动与分享是创客文化的又一特征，创客热衷于将创意变为现实，乐于创新并将创新成果分享，吸引了越来越多的人加入创客行列。

"创客"大约于 2010 年进入中国，并在深圳、上海、北京基于开源软件社区迅速建立起创客空间。2011 年，"北京创客空间"发起人之一张浩在邮件中将"maker"翻译成创客，由此，"创客"一词定型并广泛流传。2014 年 9 月夏季达沃斯论坛上，李克强总理提出"大众创业、万众创新"的号召，并将此写入次年的政府工作报告，上升到国家战略层面。受此影响，中国"创客"的内涵从具有开放分享精神、对自由不懈追求、自己动手操作和钻研技术核心层面泛化为"创新创业"的"双创"运动。

在美国，车库是重要的生活生产空间，具有工作室和加工车间的功能，人们常借助工具和零件在车库内将想法付诸实践。车库是美国一些知名企业的诞生地，如苹果、微软、亚马逊等。

◆ 案例阅读

创客空间

与创客相仿，创客空间也源于欧美的黑客文化。维基百科认为，"创客空间"与"黑客空间"同义，并认为最早的创客空间是德国程序员沃·荷兰（Wau Holland）于 1981 年 9 月 12 日在德国汉堡创立的混沌电脑俱乐部（Chaos Computer Club，CCC）。在美国，第一个创客空间广义上是指 2001 年设立于麻省理工学院的 FabLab（微观装配实验室），狭义上是指米奇·奥德曼（Mitch Altman）于 2007 年在旧金山创办的 Noisebridge（噪声桥）。Fab Lab 的产生改变了创新的模式，即通过 3D 打印机、切割机、数控机床、微处理器等工具，为产品的制造、专业原型的生产与科技的融合提供更大的可能性。随后，Fab Lab 在世界范围内成立更多的分部，截至 2019 年 3 月 31 日已有 1 667 家。而 Noisebridge 的创立灵感则来自欧洲的黑客空间，如奥地利的 Meta Lab、德国的 CBASE。作为非营利机构，Noisebridge 向公众免费开放，鼓励所有热爱分享、创造、合作、研究和学习的人加入。

"创客空间"的概念传到中国后，被本土化地演化成"众创空间"。政府工作报告中将"众创空间"定义为：顺应网络时代创新创业特点和需求，通过市场化机制、专业化服务和资本化途径构建的低成本、便利化、全要素、开放式的新型创业服务平台的统称。因此，这是一个集合名词，内涵为创业服务平台，外延涵盖了孵化器加速器、实验工场、创意空间等，远比创客空间更具包容性，是创新创业各类载体的统称。但外延扩大后，也削弱了创客空间对原创性、共享机制的坚守。

二、创业文化

创业文化是体现一个人或群体在追求财富、创造价值、促进生产力发展、满足社会群体及个人需求过程中所形成的思想观念、价值体系和意识的文化范畴。熊彼特于 1934 年提出，创业文化是由个人价值观念、管理技能、经验和行为组成的一个组合体。根据这些要素可以认为创业文化具有以下特质：首创精神、风险倾向、创新能力、企业与经济环境关系的管理。

创业文化既包括个体精神，也包括社会意识。这种支持创业的社会意识涉及社会对创业的认知态度和鼓励创业的氛围。

创客文化与创业文化有联系。首先，创客文化是创业文化的重要组成部分。创新是作者的灵魂，对创客而言，创新是一种信仰，是创客文化的灵魂。创新是创业活动的本质所在，是创业型经济发展的基础。其次，二者相互促进，相互影响。一方面，创业文化的形成能使创客队伍发展壮大；另一方面，创客队伍的扩大反过来推动了创业文化环境的优化。

创业文化的核心是一种大众普遍认同的价值观，具有无形的、不可低估的向心力，以及激励作用和经济效用。随着经济社会的迅猛发展，文化生产力对社会的推动作用日趋显著。创业文化作为先进文化的重要组成部分，其产生和发展影响着社会整体的创业思想和创业行为，是一笔宝贵的社会财富。创业文化的基本功能见表 9-6。

表 9-6　创业文化的基本功能

导向功能	通过价值导向、行为目标指引、规章制度约束，引导越来越多的人树立正确的创业价值观，提升大众创业兴趣，产生创业渴望，扩大创业需求。如果一个国家或地区的公民普遍具有创业意识和创业精神，就能加快推动创业型经济的形成与快速发展
同化功能	能使各种创业主体在不知不觉中被其感染同化，即创业文化在潜移默化中感染创业主体，引导并规范创业主体的思想和行为，形成积极的处事态度，形成敢于竞争的意识、争取成功的勇气、坚韧不拔的毅力、团结协作的精神，创业能力和素质不断提升
激励功能	创业文化环境的形成能激发人们创业的热情及对创业成功的渴望，进而激励更多的人参与到创业活动中。高质量的创业活动在增加就业、催生产业中的作用日益彰显，不仅能为社会创造财富，更为实现人生价值提供了新的选择

三、企业文化

1. 企业文化的内涵

从广义上看，文化是人类社会历史实践过程中所创造的物质财富与精神财富的总和；从狭义上看，文化是社会的意识形态以及与之相适应的组织机构与制度。而企业文化则是企业在生产经营实践中逐步形成的，为全体员工所认同并遵守的，带有本组织特点的使命、愿景、宗旨、精神、价值观和经营理念，以及这些理念在生产经营实践、管理制度、员工行为方式与企业对外形象的体现的总和。它与文教、科研、军事等组织的文化性质是不同的。企业文化是企业的灵魂，是推动企业发展的不竭动力。它包含着非常丰富的内容，其核心是企业的精神和价值观。这里的价值观不是泛指企业管理中的各种文化现象，而是企业或企业中的员工在从事商品生产与经营中所持有的价值观念。

2. 企业文化的层次

一个能够落地的企业文化主要由三个层次组成。

（1）第一个层次是企业理念。其是企业文化最核心的层面，企业理念也可以称为企业发展的定位和未来的愿景。

（2）第二个层次是企业的核心价值观。其是指明确的做事原则，也就是企业对待员工、对待客户、对待工作的准则，其中包含企业规定的员工价值取向和做事情的行为态度等内容。例如，华恒智信对员工提出的"认真、敬业和共享"的价值观就是要求员工在工作中以认真为准则，选人时以敬业为条件，日常工作中要能相互支持与实现信息共享等。再如，有的企业提出"以此为生，精于此道"的价值观，就是对员工的规范要求和期望。

（3）第三个层次是企业的形象与标识。其主要包括企业对外的形象，员工工作时的着装、用语等一系列行为形象的规范。

> **案例阅读**

阿里、IBM 的企业文化

马云曾说:"我考了两三次重点大学都没考上,考大学考了三年,找工作找了八九次没有一个单位录取我。从各方面来看,我不像是一个有才华的人,无论长相、能力、读书都不是这个社会最好的,为什么我有运气走到今天?我觉得我可能看懂了人性。人有善良的一面也有邪恶的一面,我们都希望灵魂不断追求好的一面,但如果不能把自己不好的一面控制住,把美好的一面放大,你是不会成功的。我这几年所做的工作就是通过价值观、使命感,把公司优秀的年轻人善良的一面放大。"

1965年,美国有蓝色巨人之称的 IBM 专门在纽约的管理发展部聘请在好莱坞有15年剧本写作和故事编辑经验的彼得奥拓作为咨询人员,通过有效叙事的训练教给 IBM 的经理整理故事和讲故事的经验。

从公司实践来看,企业文化建设主要包括使命和愿景的确立、核心价值观的提炼及企业文化的传播等,见表9-7。

表9-7 企业文化如何建设

任务	具体解释	原因/效果
使命和愿景的确立	使命就是回答企业存在的理由和价值即回答是什么。愿景就是企业渴求的状态,即回答将成为什么样的企业	没有梦想的企业是绝对走不远的!愿景必须宏大,给企业未来50年甚至100年确定标杆和方向;在使命中必须明确企业的业务和目标,并且这个目标是动态发展的、具有激励性的
核心价值观的提炼	价值观就是企业的道德,是员工行为的基本准则。制度只是一个硬约束,不可能管得了员工所有的行为,员工的行为绝大部分靠价值观来约束	如果一个公司不提炼自己的价值观,让员工去猜,或者成为一种潜规则,员工的行为肯定会出现混乱,与公司的期望会产生很大的偏差 公司一定要提炼自己的价值观,价值观必须简单、明确,要把企业最核心的行为准则表达出来
企业文化的传播	通过讲故事阐明道理。企业家思想的传承也应该从讲故事开始。用讲故事的方式来诉说事件、诠释相关思想,比较容易引发人们的兴趣,产生较深远影响,会很快见诸行动	可以促使员工愿意敞开心扉,进而达到传承企业家思想、教育引导员工的效果

> **拓展训练**

与小组成员讨论京东的企业文化。

1. 核心企业文化

(1)诚信:坦白、诚实、守信。
(2)客户为先:客户利益第一,为客户着想,为客户多做事。
(3)激情:积极、主动、勤快、向上。
(4)学习:谦虚、好学、进步、用脑。
(5)团队精神:合作、诚信、步调一致。
(6)追求超越:创新、竞争。

京东的发展首先得益于组织中人的发展，人的发展带动了企业发展，"人"是京东发展的核心助推器。京东相信，人的潜能是无限的，人是京东最基本的源动力，对人的深入关怀和挖掘，就是对京东发展战略的彻底实践。同时，京东坚信，创新是京东发展的不二法则，而唯有人能够推动创新发展，唯有京东人不断追求发展，创新方能为消费者持续创造价值。

2. 经营理念

合作：国际化带来竞争全球化，中国电子商务领域风云变幻，京东商城作为首当其冲的旗帜性企业，不可避免会迎来更为激烈甚至白热化的商业竞争。面对愈发激烈的市场竞争，京东时刻告诫自己："我们不仅要协同战略合作伙伴加强密切合作，更要与对手在充分竞争的基础上展开合作。"

解析：

（1）积行成习，积习成性，积性成命。——《荀子》

（2）信仰决定思想，思想决定措辞，措辞决定行动，行动决定习惯，习惯决定价值观，价值观决定命运。——甘地

（3）公司真的需要有文化吗？

①只想给用户提供极致的服务是不够的，要做到把这种观念刻到骨子里，每时每刻，心心念念都在琢磨怎么才能做到极致。

②优秀的团队都恪守自己的原则——无论大小。

项目十
规则与风险

> **自我思考**
>
> 在创业过程中,规则和风险是两个不可避免的要素,也是创业过程中两个紧密相连的概念。创业者需要面对市场风险、技术风险、财务风险等多种挑战,还要遵守法律法规和行业标准。面对这些风险,创业者需要制定相应的应对策略,同时,了解和遵守行业规则对于确保企业合法合规运营也至关重要。如何吸取经验教训,更好地规避风险,提高创业成功率,都是创业者应该认真思考的问题。
>
> 请同学们想一想:你是如何理解创业风险的?你能列举一个你熟悉的亲戚或朋友经历创业风险的事例吗?你认为他(她)为什么会遇到风险?他(她)是如何应对此次风险的?

〚知识目标〛
1. 了解企业的组织形式,熟悉创立企业的一般流程。
2. 了解公司注册地点的选择考量因素,掌握与创业有关的政策法规。
3. 了解主要的商业贸易骗术,熟悉创业主要的风险点。

〚能力目标〛
1. 能够及时吸取失败的案例教训,并制订科学的创业计划。
2. 具备分析创业政策和鉴别商业贸易骗术的能力。

〚素质目标〛
1. 树立创业意识,培养积极主动、勇于创新、敢于承担风险的精神和态度。
2. 树立风险意识,不断提高对潜在风险的预见能力。

▶【开篇故事】

全球最大玩具公司的自救之路

乐高集团,一家知名的玩具制造商,在2000—2004年经历过长达5年的亏损,一度面临破产清算的危机。究竟做错了什么导致这家国际玩具巨头濒临破产,又做对了什么,让它重新盈利,甚至成长为世界上最大的玩具公司?

创立于 1932 年的乐高集团，经历了近 70 年的发展。到 2000 年左右，乐高已经是家喻户晓的品牌，但为什么公司会在这个时候遇到危机？其中一个原因是它开始生产更多种类的积木，这可能会花费很多成本，因为它必须制造许多新的模具来制造这些新积木；另一个原因是它在 1996 年至 2002 年期间在英国、美国和德国开了三个新的主题公园。

但最核心的问题是企业管理层对用户需求的错判。在 20 世纪 90 年代初期，电视和电子游戏等数字娱乐日渐风靡，孩子们似乎失去了玩乐高的耐心。乐高公司面临着内部战略与运营脱节和市场竞争加剧的挑战。乐高公司开始尝试向电子玩具领域扩张，希望能够在这个领域获得更多的市场份额。然而这个战略最终导致了公司的债务负担加重，也让乐高的核心产品——乐高积木失去了市场竞争力。

2003 年乐高欠债 8 亿美元，2004 年亏损 2.25 亿美元。在面临破产的危急时刻，管理层采取了一系列重要措施来挽救公司。CEO 布拉格曼被开除，刚加入公司一年多的乐高战略负责人，年仅 34 岁的克努德斯托普临危受命，接替布拉格曼。此外，当时的董事长还聘请了丹斯克银行的 CEO 奥弗森来掌管乐高集团的财务运营。

2004 年，克努德斯托普和奥弗森打响了一场生存之战。他们花费了 7 年时间，共分为四个阶段进行转型。第一阶段从简化公司业务、重塑竞争力到增加现金储备；第二阶段回归核心业务；第三阶段围绕核心业务进行防御性创新；第四阶段双焦点的增长。2011 年，乐高比前一年销量增长了 17%，连续 7 次实现两位数增长，达到 34.9 亿美元，成为全世界销量最大的玩具公司，也是利润最高的玩具公司。

砥节砺行

乐高集团的自救之路不仅展示了其如何在危机中通过有效的风险应对实现了转型，也为其他企业提供了宝贵的经验和启示。在面对风险时，企业需要建立全面的风险管理框架，采用科学的决策工具，制订前瞻性的计划，并且灵活应对市场变化。通过这些措施，企业可以有效地管理和降低风险，以确保其稳健发展。

任务一　创业的规定动作

★ 名人语录

是谁成就谁没有什么意义。我们两个人都是创业者，所以我们做好自己能够做的事情是最重要的。

——杨致远

无论是谁，无论是任何偏见，都不能阻止人们通过从事商业而致富。

——托克维尔

任务导入

创业即创立新的事业或企业，通常指的是个人或团队发现市场机会后，组织资源去创建新的商业实体或启动新的项目，并承担相应的风险以实现创新和盈利。在进行下面的学习之前，请思考以下问题。

（1）如何选择适合的企业组织形式？

（2）创立企业的一般流程是什么？

（3）如何选择公司注册地点？

知识链接

一、了解并选择合适的企业组织形式

（一）企业组织形式

我国法定的企业组织形式有三种，无论选择哪种组织形式，都要在国家相关法律法规的要求前提下，根据企业的具体情况来决定。同时，还需要结合企业的偏好、未来发展需求、税收环境等来权衡每种组织形式的利弊，确认最合适的企业组织形式。需要说明的是，各种组织形式没有绝对的好与坏，创业者必须分析研究各种组织形式的优缺点，根据实际情况做出最适合自己的选择。

我国法定的三种企业组织形式有公司制企业（包括有限责任公司和股份有限公司）、合伙企业和个人独资企业。三种不同的企业组织形式在股东组成、股东出资、公司设立和增撤资、运行机制等方面有很大的不同。另外，个体工商户是我国一种特殊的经营主体形式，其在社会经济中发挥着独特且难以替代的重要作用。

（1）个人独资企业：是最常见的企业组织形式。出资者只有一人；对债务承担无限责任；不作为企业所得税的纳税主体。由于个人独资企业创设条件简单，易于组建，所以，大多数的小企业按个人独资企业组织设立。

（2）合伙企业组织形式：是创业团队成员共同创业最常用的企业组织形式。有两个以上所有者或出资者；对企业债务承担连带无限责任；按照出资比例分享利润或分担亏损；一般不缴纳企业所得税。

（3）公司制企业，公司制企业包括以下两种。

①有限责任公司：有 1～50 个出资者；股东出资须达到法定资本最低限额；不能公开募集股份；对公司的债务承担有限责任。

②股份有限公司：在企业组织形式中占据主导地位，对债务承担有限责任；法人地位不受某些股东死亡或转让股份的影响；股份转让比独资企业和合伙企业的权益转让更容易；具有更大的筹资能力和弹性；对公司的收益重复纳税。

选择一种适合自身定位和发展的企业组织形式不是一件容易的事，如果创业者最初选择的组织形式不再适合企业的发展，也可以在企业经营过程中择时变更。这也是创业者选择企业组织形式时必须考虑的重要因素。

(二)企业组织形式选择的考量因素

企业组织形式选择的考量因素有多种,如承担责任、资产保护、税收、个人关系、财务管理、资产分配、企业环境等,不同的考量因素有不同的要点。下面列举不同考量因素的要点内容。

(1)承担责任。企业参与者个人对企业负债的责任被控制在具体有限数量范围内。

(2)资产保护。如果企业失败,企业组织形式将决定个人资产的风险有多大。股份有限公司、有限责任公司(包括一人有限公司)的股东承担有限责任,无须以个人资产清偿债务,个人资产风险小;而合伙企业和个人独资企业的投资者对企业债务承担无限责任,不足部分需要用个人资产清偿,个人资产风险大。

(3)税收。不同的企业形态意味着企业缴纳的税收不同。合伙企业和个人独资企业无须缴纳企业所得税,投资者缴纳个人所得税即可。

(4)个人关系。不同企业形态对参与者所有权、管理权和风险承担能力都有规定。

(5)财务管理。选择企业形态时需要考虑未来是否容易筹集资金。股份有限公司可以向社会公开募集资金,未来可以发行股票、上市交易,有利于筹集更多的资金,对企业的发展壮大有利;有限责任公司次之;而合伙企业和个人独资企业的投资者难以筹集到更多的资金。

(6)资金分配。不同的企业形态决定了不同的资金分配方式,如营业利润、资金收益、税务减免等。

(7)企业环境。系统的苛刻性和技术风险。

二、企业的注册流程

企业注册流程包括核名、入资、验资、预约、刻章、办理组织机构代码证、办理税务登记证、银行开户等。

作为创业公司,需要选择合适的企业组织形式,遵照一般流程,做好各种文件准备及企业注册工作。

下面列举创业企业注册时需做的准备与文字材料如下:

合法的创业组织形式包括有限责任公司、股份有限公司、个人独资企业、合伙企业及个体工商户。不同组织形式的企业注册的具体流程及所需主要资料、前置行政许可等各不相同。

相关文件:设立登记申请书;投资人身份证明;验资证明;非货币财产权转移手续的证明文件;董事、监事和经理的任职文件及身份证明复印件;法定代表人任职文件及身份证明复印件;公司章程;企业住所证明;国家市场监督管理总局规定提交的其他文件。

2020年年初暴发的新冠肺炎疫情对经济发展造成了显著的冲击,部分政府相关机构推出了"零接触"办理营业执照,对创业者也是一种帮助。

> **案例阅读**

疫情时期"零接触"办理营业执照

一、受理范围

1. 个体工商户

新设立:名称、经营场所、经营范围、经营者的变更;一般注销。

2. 个人独资企业

新设立；企业名称、投资者、经营场所、经营范围、联络员的变更及备案；一般注销。

3. 内资有限责任公司

新设立；企业名称、住所、经营范围、高级管理人员、股权转让、增资、减资的变更或备案；一般注销。

4. 内资分公司

新设立；企业名称、住所、经营范围、负责人的变更；一般注销。

暂不支持的业务：跨区、跨市、跨省迁移；简易注销；手写业务。

以上业务需预约至行政服务中心办理，预约方式：手机微信公众号"××政务服务"—"在线办事"—"办事预约"。

二、办理渠道

途径一（推荐）：计算机登录"××市市场监督管理局"，左上角"××市开办企业一网通"或"24小智能办理"栏目（请选择"智能审批"）（附网址）。

途径二（推荐）：微信公众号"××市场监管"—"办事平台"—"24小时智能商事登记系统"（操作指引在栏目最下方）。

途径三：区内各行政服务中心商事登记自助机。自助机网点查询（附网址）。

途径四：××政务服务网"开办企业一网通办"系统（附网址）。

途径五：××全程电子化商事登记管理系统（附网址）。

三、渠道优选

主体类型：个体工商户……
　　　　　个人独资企业……
　　　　　内资有限公司……
　　　　　内资分公司……

四、注意事项

1. 单位名称要规范……
2. 地址要规范……
3. 非智能审批的新设立/股转/高级管理人员变更……

五、操作教程

……

三、新企业选址策略和技巧

公司注册地址一般指的是公司主要办事机构的住所地。《中华人民共和国公司法》规定，公司注册地址是公司设立的必要条件，在公司章程中必须记载。根据《中华人民共和国企业法人登记管理条例》和《中华人民共和国公司登记管理条例》登记注册的公司，公司住所只能有一个，但经营场所无数量限制。公司注册地一般是可用于办公的确定建筑物所在地，由于建筑物用途及其产权情况等不同，其被申请用作注册地时，需要提交的文件资料差别极大。

公司注册地与公司纳税、签订合同履约地、法律诉讼司法管辖权、公司嵌入的区域相关产业或产业集群、区域经济环境及政府政策环境等密切相关。这些直接关系到企业的利益和竞争力，关乎企业长远发展，新创企业更应注重注册地选择。

企业选址是一个复杂的决策过程，涉及多个因素的考量，对于企业来说更是一项带有战略性的经营管理活动。选址工作要考虑到企业生产力的合理布局，要考虑未来的市场发展，也要有利于获得新技术、新思想、新资源。整体上来说，企业的选址要考虑多种要素。微观上，路口位置、地段密集程度、地势的优劣、人流量和走向都是选址的要素。

影响选址的因素：产业区位、地理交通区位、企业本身、市场因素、商圈因素。

合格的注册地址类型：写字楼、商业用房、居民楼、虚拟地址注册。

企业选址战略：经济战略、就近战略、聚合战略、人气战略。

注册地选择的筹划：在总体税负较低的地区注册，要考虑财政扶持、注册地产业聚集状况和创业氛围、政务环境。

案例阅读

亚马逊的第二总部

随着亚马逊公司（简称亚马逊）的发展，位于西雅图第一总部的办公空间渐显狭小，第二总部的选址开始了。针对这次选址亚马逊下了大手笔，并计划第二总部投资50亿美元，而且规格对标西雅图总部。在第一轮海选时收到了238份提案，美国绝大多数地区参与了此次"海选"。业内人士分析认为，可作为亚马逊第二总部所在地的城市不会超过3个。究竟是为什么？

因为确实只有少数几个城市符合亚马逊的要求。沃顿商学院管理学教授彼得·卡普利分析说："对于大多数企业来说，现在的选址问题是由劳动力驱动的：能否吸引到公司发展需要的技能型人才？"

规模如此大的企业选址不会以租金为首要考虑因素，他们选择的地方只会是因为优秀的人才在那里。知识经济时代，对于大多数科技企业来说，选址问题核心驱动力是人才，更极端的，是由一两位明星人才驱动的。所以，人才的获取度是亚马逊第二总部最为关注的事情。

获胜城市之一是艾灵顿，其所处的州是大华盛顿州，这里距华盛顿特区仅15分钟车程，距里根国家机场约3千米，距杜勒斯国际机场不到一个小时。艾灵顿看似不是美国非常著名的大城市，却是美国受教育程度最高的地区：25岁及以上的人中约有49%至少拥有学士学位，这里的计算机科学专业的毕业生数量超过美国任何其他大都市区。政府还将在这里加大学校投资的力度，为像亚马逊这样的科技公司提供更多的计算机科技人才。

拓展训练

请结合下面的案例，与小组成员讨论企业如何选址。

企业选址研讨会

1. 活动名称

企业选址研讨会。

2. 目的

为创业者提供一个了解不同地区优势、与地方政府和开发商交流、获取企业选址知识和资源的平台。

3. 活动流程

开幕式（30分钟）：主持人介绍活动目的和日程。地方政府代表致辞，介绍当地的投资环境和政策优惠。

主题演讲（1小时）：邀请经济学家、行业专家等就企业选址的重要性、趋势和策略进行演讲。

地区展示（2小时）：设置展览区，各参与地区设立展位，展示其地理位置、交通网络、工业/商业园区、税收优惠政策等信息。

创业者可以自由参观、咨询，并与地方政府代表或园区开发商进行一对一交流。

圆桌讨论（1小时）：分组讨论，每组围绕一个特定的选址话题（如"如何选择适合初创企业的地点"）进行深入探讨。每组选出一名代表，总结发言并向全体参与者分享讨论成果。

案例分享（1小时）：邀请几位成功企业家分享他们的选址经验和教训。开放式问答，让参与者有机会向嘉宾提问。

互动环节（1小时）：设计一些互动游戏，如模拟选址决策、角色扮演等，增加活动的趣味性和参与度。

提供小礼品作为游戏奖励，鼓励创业者积极参与。

总结与闭幕（30分钟）：主持人总结活动亮点和收获。地方政府代表致闭幕词，感谢参与者，并提供一些后续联系方式和资源链接。

4. 专业咨询

提供法律、财务等方面的咨询服务，帮助创业者更好地理解选址过程中的注意事项。

5. 网络建设

为创业者提供与其他企业家、地方政府、开发商等建立联系的机会，促进资源共享和合作机会。

6. 实地考察

安排有意向的创业者进行实地考察，更直观地了解各候选地区的实际条件。

7. 后续支持

建立一个在线平台，为创业者提供持续的信息更新和交流机会。

通过这样的活动，创业者不仅能够获得有关选址的专业知识和实用信息，还能够建立起宝贵的业务联系网络，为其创业之路打下坚实的基础。

任务二　正确认识创业政策与知识产权

☀ 名人语录

无论是一个企业，还是一个人，都一定是时势造英雄，千万不要英雄造时势。顺流而上，这是手法。形势好了，大家才有机会成为英雄。只有成为英雄后，才有可能去适应时势、改造时势。

——朱骏

> 站在风口上，猪都能飞起来。
>
> ——雷军

任务导入

创业过程中，遵守相关的法律、法规是至关重要的，这不仅有助于企业合法运营，还能为企业的长远发展打下坚实的基础。同样，政策对创业也有着显著的影响。在进行下面的学习之前，请思考以下问题。

（1）如何了解掌握与创业有关的政策法规？

（2）如何保护知识产权？

知识链接

一、创业政策

自 2000 年以来，创新创业逐渐成为热点问题，随着科技的飞速发展和经济全球化的不断推进，越来越多的人开始关注创新和创业的力量，它们被视为推动社会进步、促进经济增长的重要引擎。创新创业不仅仅是一种行为，更是一种思维方式。它鼓励人们勇于挑战传统，敢于突破自我，追求新的商业模式和科技成果。创新创业者通过创造新产品、新服务和新市场，为社会带来了巨大的价值和变革。

中央和地方相继出台各项创新创业政策，有力地促进了创新创业的发展。2013 年 10 月召开的国务院常务会议强调，"调动社会资本力量，促进小微企业特别是创新型企业成长，带动就业，推动新兴生产力发展"。此后，李克强在 2014 年 9 月召开的夏季达沃斯论坛上首次正式提出"大众创业、万众创新"的概念，"双创"逐步成为国家战略，创新创业也成为近年来我国经济建设的热点。下面列举近年来中央层面创新创业代表性的政策文件。

2010 年 5 月 4 日，教育部发布《教育部关于大力推进高等学校创新创业教育和大学生自主创业工作的意见》，简要内容是：在高等学校开展创新创业教育，积极鼓励高校学生自主创业，提高自主创新能力，建设创新型国家。

2015 年 6 月 11 日，国务院发布了《关于大力推进大众创业万众创新若干政策措施的意见》，简要内容是充分认识推进大众创业、万众创新的重要意义；创新体制机制，实现创业便利化。

2015 年 9 月 23 日，国务院发布了《关于加快构建大众创业万众创新支撑平台的指导意见》，简要内容是把握发展机遇，汇聚经济社会发展新动能；创新发展理念，着力打造创业创新新格局；全面推进创创，释放创业创新能量。

2017 年 7 月 21 日，国务院发布了《关于强化实施创新驱动发展战略进一步推进大众创业万众创新深入发展的意见》，简要内容是进一步优化创新创业环境，加快科技成果转化，拓展企业融资渠道，推进大众创业、万众创新深入发展。

二、知识产权方面的法律法规

知识产权是指人们就其智力劳动成果所依法享有的专有权利，这些智力劳动成果包括但不限于发明、创新、原创艺术、文学作品等。知识产权的保护，是对知识创新者努力付出的一种肯定和激励，也是推动社会进步的重要动力。在法律的保护下，知识产权所有者可以对其作品进行使用、复制、发行、出租、展览、表演、放映、广播或者网络传输等行为，从而获得经济利益。同时，其他人未经授权不得侵犯这些权利，以确保创新者的权益不受损害。知识产权保护制度的设立是为了守护自主创新者的创新成果，防止其他人模仿。如果没有知识产权保护，大部分技术创新会难以实施。

知识产权方面的法律、法规主要涉及著作权、专利权、商标权等不同领域的保护。从我国的立法现状看，知识产权法不是一部具体的制定法，主要由著作权法、专利法、商标法等法律法规或规章、司法解释、相关国际条约等共同构成。

知识产权的种类很多，与企业最相关的知识产权主要有专利权、商标权、著作权和商业秘密。

（1）专利权。专利权是国家按专利法授予申请人在一定时间内对其发明成果所享有的独占、使用和处分的权利。专利包括发明专利、实用新型专利和外观设计专利。专利的核心是政府（代表公众）和发明者的讨价还价——通过公开换取垄断。

（2）商标权。商标权是指商标所有人在法律规定的有效期内，对其经商标主管机关核准注册的商标享有的独占的、排他的使用和处分的权利。如果没有征得商标权人的许可就使用他人的注册商标，是违法行为，会受到执法部门的查处，严重的甚至会构成犯罪。

（3）著作权。著作权又称版权，是指作者依法对其创作的文学、艺术和科学作品享有的专有权。

①保护的客体：文字作品；口述作品；音乐、戏剧、曲艺、舞蹈、杂技艺术作品；美术、建筑作品；摄影作品；影视作品；工程设计图、产品设计图、地图、示意图；计算机软件；民间文学艺术作品；其他新增作品。

②保护期限：

a. 公民的作品，保护期为作者终生 + 死亡后 50 年。

b. 法人或其他组织的职务作品，保护期为 50 年。

c. 影视、摄影作品，保护期为 50 年。

d. 计算机软件，自然人为终生 + 死亡后 50 年，法人或其他组织为 50 年。

（4）商业秘密。商业秘密指不为公众所知悉、能为权利人带来经济利益、具有实用性并经权利人采取保密措施的技术信息和经营信息。商业秘密包括技术秘密和经营秘密。技术秘密一般包括生产工艺、技术诀窍、产品配方、设计图纸、设计模型、关键技术参数和实验数据、研究报告、计算机程序等；经营秘密一般包括发展规划、管理诀窍、客户信息等。

对于技术类创业者而言，还需要考虑专利申请、论文发表与技术秘密的关系，做出最有利于公司的选择。

技术秘密，取得程序为所有权人自行取得；保护方式为权利人采取合理的保密措施；保护期限为没有固定期限；专有程度为他人可通过正当手段获取；保护成本为采取保密措施的成本。

专利，取得程序为国家主管机关授予；保护方式为公开后换取国家保护；保护期限为发明 20 年；实用新型和外观设计 10 年；专有程度为享有独占权；保护成本为申请费、年费等。

> **案例阅读**

苹果公司与三星公司的专利诉讼案

苹果公司与三星公司的专利诉讼案是一场持续多年的法律纠纷，最终以和解告终。

这场专利大战可以追溯到 2008 年，当时苹果公司推出了第一代 iPhone，其革命性的设计和技术改变了智能手机市场的面貌。随后，三星在 2009 年推出了自己的 Galaxy 系列手机，苹果公司认为这些产品在设计和功能上与 iPhone 过于相似，并在 2011 年将三星告上法庭。

在多轮诉讼中，双方争论的焦点包括外观设计专利、软件功能专利等多个方面。例如，美国法院曾裁定滑动解锁专利属于苹果，要求三星赔偿 1.2 亿美元。此外，三星在 2012 年承认侵犯了苹果公司的外观设计专利，但双方在过去 6 年间一直未能就赔款金额达成和解。苹果公司认为赔款应按整部 iPhone 的价值来计算，而三星则认为应只涉及抄袭的部分设计专利。

最终，在 2018 年 6 月 28 日，两家公司宣布达成和解，结束了长达七年的专利诉讼大战。不过，具体的和解内容并未对外公布。这场诉讼不仅涉及巨额的赔偿金，也对全球智能手机行业的设计和技术创新产生了深远的影响。

> **拓展训练**

查阅收集国家或地方政府历来出台的各项创新创业政策，认真学习领会国家或地方政府对于创新创业的鼓励支持，并从中筛选出可能对你有用的政策。

任务三　人情与生意

> **名人语录**
>
> 做生意的唯一技巧，就是如何赚了钱而又能够使人满意。
>
> ——康拉德·希尔顿

> **任务导入**

在商业活动中，人情和生意是两个紧密相连的概念。人情通常指的是人与人之间的情感、情面社会互动中的礼尚往来，而生意则涉及商业交易、利益赚取和经营活动。人情和生意是相辅相成的，一个成功的商人需要同时擅长处理人际关系和经营管理。在我国特有的社会文化背景下，这种平衡尤为重要。在进行下面的学习之前，请思考以下问题。

（1）如何看待人情和生意之间的关系？

（2）大学生在自主创业时如何平衡人情与生意？

知识链接

人情和生意原本是两个不同的概念，但在实际的商业活动中，它们常常交织在一起。我们经常说到"有人的地方就有江湖"，可见创业、做生意，都必须考虑人情世故。同时，创业者还需了解小胜在智、大胜在德的道理。

小胜在智，大胜在德：经营公司第一个阶段靠吃苦、拼命干，通过竞争分得一杯羹；第二个阶段靠的是毅力和坚持，才能避免被淘汰；第三个阶段完成企业的关键蜕变，这时就需要创业者的经商智慧、技巧和管理经验。

人情——生意场上讲究人情投资。慢工出细活，真诚相待，树立口碑。

做人——做生意会赔本，做人不能失败。

散财——财散人聚，财聚人散。

案例阅读

胡雪岩的人情与生意

胡雪岩，这位晚清著名的红顶商人，他的人生故事集中体现了中国传统商业文化中的人情与生意，下面做一分享。

朋友妻的借款：在胡雪岩的早期生活中，他曾经历了贫穷和窘迫。他曾向一位朋友的妻子借了五两银子，并从自己的母亲那里拿来风藤镯子作为抵押，表明他对还钱的承诺。他偿还这笔钱时，没有简单地了结债务，而是将镯子留在朋友妻处，表示他欠下的不只是钱，还有人情。这充分说明了胡雪岩处理人际关系的细腻与深思。

与王有龄的关系：胡雪岩结识并资助过当时急需资金的官员王有龄，他们之间建立了深厚的兄弟情谊。王有龄得势后没有忘记胡雪岩的帮助，把胡雪岩留在身边充当军师。这种互惠互利、共患难的关系为胡雪岩后来的商业帝国打下了坚实的基础。

贵人左宗棠：胡雪岩后来遇到了另一位重要的贵人——左宗棠。他为左宗棠尽心尽力地运粮办务，被左宗棠视为心腹，并最终获得了极高的荣誉和政治地位。这段关系说明了在复杂的政治与商业环境中，胡雪岩如何运用其卓越的人际交往能力来巩固和提升自己的地位。

胡雪岩在中国历史上非常有名，他不仅是一位成功的商人，更是一个善于运用人情世故的典范。他的一生充满了传奇色彩，从一个普通的钱庄学徒成长为富可敌国的红顶商人，他的成功不仅仅依靠商业头脑，更多的是他对人性的洞察，以及他在纷繁复杂的社会环境中所展现出来的人情智慧。

拓展训练

请结合下面的案例，与小组成员讨论人情与生意两者之间的关系。

艺术与美食的"双赢"

在一个繁华的城市里，有两位年轻的创业者——小张和小李。他们在同一条商业街上各自经营着一家小店，小张的店专门销售精美的手工艺品，而小李的店则提供美味的糕点。

起初，两人各自忙碌于自己的生意，彼此之间的交流并不多。然而，随着时间的推移，他们开始意识到，尽管他们的产品不同，但顾客群体却高度重合——那些喜欢艺术和美食的人们。于是，小张和小李开始探索合作的可能性。

小张提议，他的店可以为小李的糕点提供精美的包装盒，同时在各自的店内互相推荐对方的产品。小李觉得这个主意很棒，于是他们开始实施这个计划。

合作的效果出乎意料地好。小张的手工艺品店吸引了很多寻求独特礼物的顾客，他们发现小李的糕点是非常合适的搭配。反过来，小李的糕点店也吸引了很多想要享受美食的顾客，他们发现小张的艺术品是很好的点缀。

随着合作的深入，小张和小李之间的关系也越来越好。他们不仅在生意上互相支持，还成了生活中的好朋友。他们经常一起参加商业活动，分享经营经验，甚至在对方遇到困难时伸出援手。

这种基于人情的合作模式不仅使他们的生意更加兴隆，也让他们的生活更加充实。最终，小张和小李的故事在城市中传开，成了人情与生意结合的典范。

任务四　江湖骗术预防

名人语录

如果 10% 的利润是合理的，11% 的利润是可以的，那我只拿 9%。

——李嘉诚

任务导入

江湖骗术是指一些不法分子利用人们的信任或无知进行欺骗的行为。这些骗术在历史上形式多样，随着时代的发展，骗术也在不断地演变和升级。因此，提高防骗意识和能力是减少江湖骗术发生的关键。在进行下面的学习之前，请思考以下问题。

（1）你了解哪些江湖骗术？
（2）如何预防江湖骗术？

知识链接

创业道路上，我们都会遇到各种各样的骗局，即使小心翼翼也很难避免。如果不小心上当受骗，要认真总结，吸取经验教训。创业经商要实事求是，稳扎稳打，关注每一个细节。而在商业中避免上当受骗的最有效方式是不要抱有任何侥幸心理，不要投机取巧，多些警惕，多些谨慎。在创业的路上要警惕骗术，就要了解常见的典型骗术及防范技巧，下面列出了常见的典型骗术和十大典型骗局。

1. 江湖骗术预防

创业路上的骗术有"钓鱼"诈骗、融资诈骗、双簧骗局、空卖诈骗。

经典金融骗术"十二头"为金融来头诈骗、金融空头诈骗、金融改头诈骗、金融盼头诈骗、金融彩头诈骗、金融甜头诈骗、金融噱头诈骗、金融指头诈骗、金融撞头诈骗、金融搭头诈骗、金融磕头诈骗、金融床头诈骗。

骗子的诈骗技能：胆大心细，巧舌如簧，高超演技。

诈骗的防范：与时俱进，通过学习，在理念上超过对手；手段的竞争、体能的竞争、装备的竞争；理念的竞争，诈骗的防范，应该讲求"大智慧"。

"六不"：不贪，不信，不傻，不独，不急，不弃。

2. 十大典型骗局

（1）庞氏骗局。庞氏骗局是一种最常见的投资诈骗，是金字塔骗局的变体，很多非法的传销集团就是利用这一招聚敛钱财的。这种骗术是一个名叫查尔斯·庞兹的投机商人"发明"的。庞氏骗局在我国又称"拆东墙补西墙""空手套白狼"。简而言之，就是利用新投资者的钱来向老投资者支付利息和短期回报，以制造赚钱的假象，进而骗取更多的钱。1920年，查尔斯·庞兹开始从事投资欺诈，大约40 000人被卷入骗局，被骗金额达1 500万美元。查尔斯·庞兹最后锒铛入狱。

（2）彩票骗局。加拿大的有组织犯罪团伙给一些英国家庭打电话，告诉他们中了加拿大的彩票大奖，而要兑奖，必须先交一定数额的手续费。尽管手段十分拙劣，但仍有很多英国人上当，有人甚至被骗走4万英镑。有媒体报道，贵阳多人在路边捡到"刮刮奖"中二等奖26万元，兑奖方式是传真身份证复印件和银行卡账户。这样的骗局，老年人最容易上当。

（3）连环信骗局。戴夫·罗斯是世界上最有名的连环信的始作俑者。20多年前，第一封格式化的连环信从邮局发出，连环信的标题是"快速赚钱"，信中要求收信人将一定数额的钱寄到信中列出的几个名字名下，然后将这封信复制寄到其他地址。连环信中许诺，这样做的结果就是用小投资赚大钱，在60天内就能赚到4万英镑。在我国，常在短信、QQ群、微博、论坛里见到转发就能带来收益的信息，大可不必理会。

（4）金字塔传销骗局。20世纪90年代，70%的阿尔巴尼亚家庭在5年时间里，将相当于这个国家一年国民生产总值30%的10亿美元投入这个无底洞，这些骗子承诺给投资者支付高达20%～30%的月息。许多人在最具破坏性的金字塔传销骗局中失去了毕生积蓄，引发街头骚乱，导致数千人死亡，在这个贫穷国家差点掀起一场内战，最后导致政府垮台。因为从一开始，这一骗术就得到了政府的支持。

（5）传销诈骗。2001年，一个名为"女人授权给女人"的金字塔传销诈骗案成为世界报纸重点报道的对象，这一诈骗案席卷整个英国，令许多女性遭受巨大损失。这一骗局采取交纳入会费的方式，鼓励女性投资，许诺投资3 000英镑，就可以得到2.4万英镑的回报，还竭力从会员那里套取其家人和朋友的联系方式。很多人因此失去了3 000英镑的入会费。

（6）克洛斯骗局。克洛斯骗局是英国历史上最臭名昭著的骗局之一。20世纪80年代，巴洛·克洛斯公司吸收了1.8万个私人投资者的资金，这些受骗者都认为自己投资的是没有风险的政府债券。实际上，大笔资金进入了公司创始人彼得·克洛斯的私人账户。他用这笔钱购买了私人飞机、豪华汽车、豪宅和豪华游艇，过着奢侈的生活，直到被揭发，锒铛入狱。

（7）"419"诈骗案。你是否收到过一封英文电子邮件，写信人自称是尼日利亚政府某高官的家人，因政变或贪污行为暴露，其银行账户被冻结，需要有人帮助，才能将数千万美元转移出来，然后要求你提供资金及银行账号的细节，帮助他们转移这笔资金，并许诺给你丰厚的回报，但实际上他们会取空你的账户。这就是尼日利亚"419"诈骗案。据调查，尼日利亚骗子每年在网上行骗敛财达4 000万美元。

（8）虚拟银行骗局。风靡全球的在线游戏《第二人生》中出现了一个虚拟银行"Ginko Financial"，它声称可以为投资者带来高额回报。但该虚拟银行很快倒闭，导致许多人无法拿回自己的投资。之后，《第二人生》上又出现了一个银行，它在吸收了众多虚拟货币——林登币之后，关门大吉，而银行的两位开办者把250万林登币兑换成了现实中的货币——5 000美元，再也不在《第二人生》上露面。

（9）征婚骗局。人们常说，爱情会遮蔽人的眼睛。这或许是越来越多爱情骗子通过互联网交友中心诈骗的原因。曾有6名中老年妇女假扮成建筑商、海归商人或丧偶留巨额遗产之人，在各小报、杂志刊登虚假征婚广告，专门欺骗文化程度不高的中老年男子，骗取金额高达数百万元。当然，也不乏"高富帅"骗"多金女"的案例。

（10）白血病骗局。一些骗子颇懂得触动人们的心弦。几年前，美国印第安纳州一对夫妇称自己的孩子患上白血病，希望能在孩子死前满足她的梦想。整个小镇都被发动起来捐款，最后筹集了1.3万美元。结果事实是他们的孩子很健康，而他们带着骗取的钱，飞到佛罗里达州的迪士尼乐园大玩了一场。

拓展训练

创业被骗经历访谈

活动目的： 通过访谈活动，使大学生了解身边创业者上当受骗的经历，告诉大家要不断学习防范技巧，警惕骗术。

活动内容： 以小组为单位开展访谈活动。具体活动流程如下：

（1）3～5人为一组，每组选出一个负责人。

（2）各组自行确定1个访谈对象，可从身边人的亲身经历进行访谈。

（3）各组拟定访谈提纲，内容可包括创业者的创业背景、发展过程、受骗原因、经历及经验教训等。

（4）访谈结束后，每组撰写一份访谈报告，分析访谈对象的创业受骗的经验教训及今后的防范技巧。

（5）将报告内容制作成PPT，在课堂上以小组为单位进行交流汇报。

活动总结： 活动结束后，各组可相互交流学习，共同提高骗局防范技巧。在创业的路上充满了各种骗局和挑战。大学生须了解常见的骗局类型及应对策略。防范骗局是一个持续的过程，需要不断地学习和适应。

任务五　创业风险与失败案例

名人语录

真正的危机是过去的模式无法应对的未来挑战。

——爱因斯坦

> 所谓强者，是既有意志，又能等待时机的人。
>
> ——巴尔扎克

 任务导入

危机往往伴随着转机，而转机中又隐藏着商机。在历史上和现代社会中，许多案例都证明了这一点。在进行下面的学习之前，请思考以下问题。

（1）你所了解的创业风险有哪些？

（2）如何从失败案例中吸取教训？

 知识链接

一、创业风险

创业风险是指创业者在创办新企业时可能遭遇的不确定性和潜在的负面结果。这些风险可以来自多个方面，如市场风险、财务风险、运营风险、技术风险、环境风险等。弗兰克·H.奈特是 20 世纪美国著名经济学家，对经济学领域有着深远的影响。奈特的学术生涯主要在芝加哥大学度过，他的研究涉及经济学的多个方面，他的工作对后来的经济学家和经济学理论产生了重要影响。

奈特在理解企业利润来源方面的工作尤为突出，他在《风险、不确定性和利润》一书中区分了风险和不确定性的概念。他认为，风险是可以度量的不确定性，而不确定性则是无法预测的风险。

蒂蒙斯被誉为"创业教育之父"，是美国创业学领域的重要人物。他的学术生涯非常杰出，他在创业管理、新企业创建、创业融资和风险投资等领域做出了显著的贡献。他在其著作中提出了一个著名的创业模型。该模型强调了创业过程中机会、团队和资源三个关键要素的动态互动。这个模型通常被称为"蒂蒙斯模型"。然而，社会的发展、市场的不确定性、商业机会的难以获得及企业外部环境因素会极大地破坏这三个要素的平衡，由此带来的失衡现象称为创业风险。

创业结果的不确定性是由多种因素影响造成的，如市场环境的复杂性和变化性、创业项目选择的广泛性、创业机会的稀少性、创业资金的缺乏性、团队能力不足等。

广义上的风险，突出风险结果的不确定性，强调预期利润的不确定性，即结果可能是获利、亏损、收支平衡；狭义上的风险，突出风险损失的不确定性，表现为损失，不做获利的预估。风险的重要特征是结果或者损失的不确定性。也就是说，只要采取有效对策防范和化解风险（即有可能避免损失的发生），风险就可以带来积极的结果，现实中就直接表现为收益，往往是风险越高，收益越高。

▶案例阅读

手机发布会后的"高开低走"

2014 年 5 月 20 日，罗永浩在 Smartisan T1 锤子手机发布会上足足说了 2 个多小时，好评如潮，罗永浩 T1 手机的预约一下子超过了所有人预期。但是罗永浩无法马上提供手机现货，要求消费者等待 2 个月后取机。2 个月后，T1 手机每天的发货量严重不足，从每天几百台慢慢提升到每天 1 000 台，有的预约消费者等待了 3 个月还是没有拿到手机。

从期待到失望，只经过了短短 3 个月。尽管 T1 手机被认为是一款优秀的国产手机，最后该手机的销量却没有达到预期，被迫在发行不到半年就大幅降价销售。

在 T1 手机发布过程中，罗永浩低估了什么方面的风险？他为什么不能提前预见这些风险？或者他明明知道有风险为什么还要开发布会？

二、创业失败案例汇总

创业失败是许多创业者可能会遭遇的情况，从失败中学习是创业成功的重要一步。在大学生创业的诸多动机中，"实现个人价值"占据了最大比重。然而，令人遗憾的是，创业往往无法给你想要的自由和金钱。

创业的失败率之高、风险之大并不是每个人都能够承受的。以 2017 年大学毕业生的创业率和应届毕业生的总量估算，创业大学生超过 20 万人，但是创业成功率仅有 3% 左右，即使在浙江等创业环境较好的省份，成功率也只有 5%。

欧美国家大学生创业成功的平均水平为 20%。在我国，大学生是创业大潮中的"弱势群体"，大学生创业成功率低于社会创业平均成功率，大部分"大创牌"企业都夭折于初创期，熬不过 3 年。所谓"创业"，其实就是开办中小型企业，而中国中小型企业往往昙花一现。

目前创业环境欠佳，我国的创业环境在世界上处在中下游的位置。我国的创业环境在 69 个国家和地区中排第 36 位。在衡量创业环境的 9 项指标中，我国在金融支持、政府项目、创业教育与培训、商务环境这几个方面亟待改善。

此外，很多所谓的"创业导师""人生导师"最大的问题就在于，他们常常不负责任地引导别人走向他们从未涉足过的人生道路。他们没有翻过山，却为你勾画出山中的好光景；他们没有踏过河，所以对河的深浅、礁石避而不谈。创业的九死一生在他们口中变成"越努力，越幸运"的励志故事。

表 10-1 列出了 17 家创业失败的公司的教训，供大家从参考学习，避免再犯类似的错误。

表 10-1 17 家创业失败的公司的教训

公司	教训	公司	教训
亿唐网	缺少定位，融资过多	24券	资方和 CEO 内斗
酷6网	路线之争的牺牲品	PPG	创始人洗钱
亚洲互动传媒	挪用资金导致退市	维棉	错误的行业
e国	市场太超前	品聚网	不尊重行业规律
若邻网	不顾国情的模仿	五分钟	转型失败
分贝网	走上歪门邪道	推图	竞争过度与马太效应
博客中国	管理太差，忽视了巨头的后发优势	街旁	不能给用户和商户提供独特价值
饭否	创业公司不该碰敏感领域	我友网	激进扩张
MySee	浮华之败		

拓展训练

"风险"辩论赛

1. 活动方法

分小组活动,进行题为"创业路上风险四伏,风险会让大学生的创业路失败吗?"的辩论赛。

2. 活动形式

分组活动,每小组4人,分别担任一辩、二辩、三辩、四辩。

3. 活动场地及道具

场地为教室,需要桌椅若干。

4. 活动规则

各小组抽签选择正反方,10分钟准备,准备完毕后小组之间两两进行辩论。由教师担任裁判。

5. 活动目的

掌握风险的种类及其应对方法。

6. 注意事项

(1)遵守各辩手的职责。

(2)遵守辩论规则。

(3)在辩论时,其他同学不得喧哗、起哄等。

项目十一

互联网＋

自我思考

比尔·盖茨曾说:"21世纪要么电子商务,要么无商可务。"阿里巴巴创始人马云也曾说过:"现在你不做电子商务,五年之后你必定会后悔。"作为新时代的大学生,紧跟时代潮流方能引领时代发展。深入了解互联网,将"互联网＋"思维应用到工作与生活中,这是每位大学生都应该认真思考的问题。

请同学们想一想:你是如何理解互联网与"互联网＋"的?你或者你身边朋友参加了"互联网＋"比赛吗?你能列举一些互联网在生活中的应用场景吗?你了解我国"互联网＋"的发展现状吗?

〖知识目标〗
1. 了解电商的概念,熟悉电商的类型。
2. 了解互联网的概念,熟悉互联网的发展历史。

〖能力目标〗
1. 能够发现自身能力的不足,并制订科学的能力提升计划。
2. 具备互联网思维,能够分析和利用互联网工具。

〖素质目标〗
1. 树立互联网＋意识,领会我国发展"互联网＋"的重要意义。
2. 树立融合创新意识,自觉提升创新能力,为未来发展做好准备。

【开篇故事】

"85后"小伙的励志创业故事

1987年,王荣朋出生于山东枣庄一个并不富足的农村家庭。5岁那年,听村里的老人说"头顶两个旋的孩子,必成大器"。一句玩笑话,影响了5岁的王荣朋,他摸着自己头顶的两个旋,立志长大后一定要干一番大事。

大学毕业后,他果断离开家乡,独自一人闯荡上海,开始在一家互联网公司做销售。毫无经验的他,头3个月毫无业绩,但他通过自己的不懈努力,终于在第四个月赚取了人生第一桶金，从此与互联网结下了不解之缘。2009年，他担任丁丁网丽人事业部经理，开始专注研究本地生活服务平台的商业模式创新。3年之后，王荣朋已经成为国内互联网领域知名的实战营销策划专家，尤其擅长O2O领域模式创新，他提出的B2N商业模式在互联网行业有一定的影响力。

多年的互联网行业积累，让王荣朋深信未来一定是信息化时代！怎么样才能更好地帮助中国6 000万家小微实体商户拥抱互联网呢？2015年，十二届全国人大三次会议上审议的政府工作报告中，首次在政府层面提出"互联网+"行动计划，王荣朋感觉时机到了，与几个志同道合的人一起在素有"互联网之都"之称的杭州创办了浙江草媒信息技术有限公司，这是一家专业从事移动互联网技术研发、运营推广的高新技术企业，现专注于本地生活服务平台——爱草媒的研发、升级与市场运营。

创业之初，困难重重，很多朋友劝他趁早放弃，他斩钉截铁地说："人之所以行，是因为相信自己行！"他抱着必胜的信念在曲折的道路上一往无前。2016年1月，在"第三届中国品牌创新发展论坛"上，爱草媒从数百个参赛品牌中脱颖而出，一举斩获"中国品牌创新先锋奖"！这可以说是对王荣朋最大的鼓励，也是对他这份事业的认可。与此同时，王荣朋还受邀参加在北京京西宾馆（中国人民解放军原总参谋部）举行的"第三届中国品牌创新发展论坛"，与央视名嘴水均益现场零距离对话，详尽阐述移动互联网核心精髓——"分享模式、共享经济、利他原则"。当时的王荣朋可谓意气风发！

一时间，媒体热捧，多家主流媒体邀请采访，王荣朋一下子成了全国青年创业的偶像！不久前，《科技金融时报》专访记者做客浙江草媒信息技术有限公司，与王荣朋进行了一次深刻访谈。在访谈中，王荣朋首次谈到了自己选择互联网创业的经历及爱草媒的颠覆性创新思维。王荣朋再次重申，未来一定是信息化时代，小微实体商户才是中国经济发展的基石！

对消费者来说，消费的目的已经不再是满足基本的物质需求，而更看重个性化的消费体验。因此，王荣朋又适时提出了新消费产业互联网模式，并聚集国内优秀技术、经验和人才，经过深入倾听小微商户需求，创新开发出助力商户提升互联网经营能力的管理工具——营客松。营客松为商户打造了专属的会员管理系统，商户可为消费者提供定制化的会员需求和消费体验，轻松锁住每一个流量。

2017年是爱草媒发展的第三年。互联网行业更新迭代很快，多数互联网企业都活不过两年，而爱草媒不但成功突围，更上演大逆袭，实现了月流水过亿！王荣朋对《科技金融时报》专访记者表示：爱草媒新消费产业互联网战略布局基于大数据、云计算等新技术，精准连接商户和消费者，实现消费者一站式品质消费，让消费增值；实现商户一体化运营管理，使服务增值，构筑消费者、商户共赢生态圈。

砥节砺行

坚定的信念让王荣朋在创业过程中始终咬定青山不放松；丰富的工作经验让王荣朋总能敏锐地抓住稍纵即逝的商机。作为一名互联网从业者，王荣朋始终坚持服务客户，基于大数据、云计算等新技术，精准连接商户和消费者，既为广大消费者提供了更可靠的服务，也实现了自身的快速发展。

任务一　人人都是电商

> **名人语录**
>
> 21世纪世界上只有两种生意，就是拥有网站的企业和将被收盘的生意。
>
> ——比尔·盖茨
>
> 互联网是一次新的商机，每一次新的机会到来，都会造就一批富翁。而每一批富翁的造就是：当别人不明白的时候，他明白他在做什么；当别人不理解的时候，他理解他在做什么；当别人明白了，他富有了；当别人理解了，他成功了。
>
> ——李嘉诚

 任务导入

1839年，电报之父塞缪尔·莫尔斯发布了他的第一项发明"莫尔斯"码。1844年，莫尔斯从华盛顿州到巴尔的摩拍发人类历史上的第一份电报。此后，世界上有了电报，人们也随之开始运用电子手段进行商务活动。随着计算机网络和国际因特网（Internet）的产生和发展，电子商务快速增长，当然也有波折，但已是从事商务和业务活动的必然趋势。在进行下面的学习之前，请思考以下问题。

（1）创新是什么？在日常生活中，你有过创新行为吗？

（2）如何创新？

 知识链接

一、电商的概念与特点

（一）电商的概念

电商是电子商务的简称。何谓电子商务？电子商务属于"舶来品概念"，最早的英文字母为 Electronic Commerce。从字面意义来看，前者意思为"电子的"，后者为"商业""商务"等，那么这个复合概念指的就是电子商业、电子商务。具体而言，电商指的是人们利用网络技术以期实现数据转换，从而完成整个商业、贸易、交易的过程。1997年11月，在法国巴黎举办了世界电子商务会议，会议指出："电子商务是指对整个贸易活动实现电子化。从涵盖范围方面可以定义为：交易各方以电子方式而不是通过当面交换或直接面谈方式进行的任何形式的商业交易；从技术方面可以定义为：一种多技术的集合体，包括交换数据（如电子数据、电子邮件）、获得数据（共享数据库、电子公告牌），以及自动捕获数据（条形码）等。"

（二）电商的特点

受网络技术的影响，电子商务具有鲜明的自身特色，与传统商务有明显区别，主要有如下特点。

（1）交易市场全球化。全球化的网络资源为电商提供了丰富的渠道，在互联网上搜索资源、推销产品不用受到区域的限制。此外，全球化的开放性极大地扩大了商业规则与基本法律的使用范围。

（2）交易环境虚拟化。正如货币本身不具备价值，它的本质是交易双方对物质交换定下的契约，其价值是虚拟的。电子商务的电子表单、电子货币等也仅仅只是互联网上的数字符号，其交易环境也是虚拟的。

（3）交易手段灵活化。对传统贸易而言，一手交钱一手交货是基本的交易手段。但是，信息技术发展到今天，给电子商务的交易方式带来翻天覆地式的变化，从电子现金转账（EFT）、电子数据交换（EDI）到数字化交易平台，从电子邮件（E-mail）、认证中心（Certificate Authority，CA）到数字化签名，交易方式随技术手段变化而变化，越来越灵活。

二、电商的类型

随着互联网、电子设备等软、硬件设施的发展，电子商务的发展方向与趋势也日益受到影响，人们传统的消费方式、工作方式和思维方式也受到冲击。电子商务以便利的服务、新颖的模式、全新的体验逐渐改变着传统商业模式。经过多年发展，如今各类电商公司、网站层出不穷，目前，我国电商主要有移动电子商务、智能物联网商务、社交化电子商务、跨境电子商务等几种类型。

（一）移动电子商务

移动电子商务主要是指通过智能手机、个人数字助力等移动设备，在互联网技术的辅助下进行的电子商务活动。它能提供票务、移动购物、在线银行、实时交易、即时娱乐、无线医疗业务等多方面服务。

从应用层面来看，它的发展是对电子商务的进一步扩展与延伸。手持移动设备与无线通信技术的普及与发展为移动电子商务提供了可能，同时也为3A（Anybody、Anytime、Anywhere）全方位服务的实现提供了平台。相较于传统的电子商务，移动电子商务具有全天候化、精准性、安全性、定位性、快速性、便利性、可识别性、应激性、广泛性等特点。

（二）智能物联网商务

物联网是在互联网的基础上，利用射频标签与无线传感器网络等物理接入与传输技术构建的覆盖世界上所有人与物的网络信息系统，强调的是人与物、物与物之间信息的自动交互和共享。目前，物联网较为成功的商业模式主要有以下几种。

（1）通道型：即运营商提供网络平台，系统集成商借助其平台推广应用，并向运营商支付平台使用费。这是目前使用最多的一种商业模式。

（2）自营型：即运营商自行搭建平台、识读器、识读标志等，根据用户需求定制个性化业务，将一整套的应用直接提供给用户。

（3）合作型：即运营商在一些应用领域挑选系统集成商作为合作伙伴，并代表系统集成商推广应用，系统集成商则负责开发应用和提供售后服务。

（三）社交化电子商务

社交化电子商务是指将关注、分享、沟通、讨论、互动等社交化的元素应用于电子商务交易过程的现象。换言之，如果从消费者的角度来说，社交化电子商务在消费之前为消费者提供店铺选择、商品对比等，在购物过程中消费者可以与电子商务企业进行沟通，在购买商品之后，消费者可以进行消费评价与购物分享。社交化电子商务具备三个核心特征：第一，具有导购的作用；第二，使用户之间或用户与企业之间有互动与分享，即具有社交化元素；第三，具备"社交化传播多级返利"的机制，即可获益。

（四）跨境电子商务

跨境电子商务又称跨国电子商务，是指分属不同关境的交易主体，通过电子商务平台达成交易，进行支付结算，并通过跨境物流送达商品、完成交易的一种国际商业活动。随着网络的发展，跨境电子商务逐步发展，由于网络空间是一个虚拟但又客观存在的世界，因此，跨境电子商务呈现出自己的特点。

1. 全球性

网络是一个没有边界的媒介体，具有全球性和非中心化的特征。依附于网络发生的跨境电子商务也因此具有了全球性和非中心化的特性。

2. 无形性

数据、声音和图像等在全球化网络环境中是以计算机数据代码的形式出现的，因而是无形的。以一个 E-mail 信息的传输为例，这一信息首先要被服务器分解为数以百万计的数据包，然后按照 TCP/IP 协议通过不同的网络路径传输到一个目的地服务器并重新组织转发给接收人，整个过程都是在网络中瞬间完成的。

3. 匿名性

由于跨境电子商务具有非中心化和全球性的特性，因此，很难识别电子商务用户的身份及其所处的地理位置。在线交易的消费者往往不显示自己的真实身份及地理位置，重要的是这丝毫不影响交易的进行。

4. 即时性

对于传统交易模式来说，信息交流方式如信函、电报、传真等，在信息的发送与接收间，存在着不同的时间差。但是对于网络而言，传输的速度和地理距离无关。而电子商务中的信息交流，无论实际时空距离远近，一方发送信息与另一方接收信息几乎是同时的，订货、付款、交货都可以在瞬间完成。

5. 无纸化

电子商务主要采取无纸化操作的方式，这是以电子商务形式进行交易的主要特征。在电子商务中，电子计算机通信记录取代了一系列的纸面交易文件。用户发送或接收电子信息。由于电子信息以比特的形式存在和传送，整个信息发送和接收过程实现了无纸化。

三、直播电商

随着互联网的发展，近几年直播电商迅速崛起，成为传统电商维持流量红利、重配流量格局的新模式，网红经济效应日益凸显。直播电商是在移动互联时代，利用网络直播方式引导消费者购买相关产品或服务的电子商务创新模式，是网红及其他关键意见领袖通过视频直播、短视频等形式推荐卖货并最终成交的电商业态。相较于传统电商，直播电商具有动态化、去中心化、强标签化、高互动性等特点。直播是电商新的发展引擎，赋予电商新的发展动能，在未来一段时间内将持续变现它的商业价值。

案例阅读

小红书——社区电商平台的成功

小红书是一个社区电商平台，其主要包括两个板块，即 UGC（用户原创内容）模式的海外购物分享社区，以及跨境电商"福利社"。由毛文超和瞿芳创办于 2013 年 6 月。

对即将出国的人来说，可以借助这个平台制定自己的购物清单，而暂时没有出国打算的人，可以通过逛社区来增长经验，或者去福利社完成一次"海淘"。

小红书福利社采用 B2C 自营模式，直接与海外品牌商或大型贸易商合作，通过保税仓发货给用户。在毛文超看来，这是能保证正品的做法，同时也能保证在进货时拿到有优势的价格。

福利社上线半年时间，零广告下销售额突破 2 亿元。在 2015 年 6 月 6 日开始的周年大促中，小红书在 App Store 的排名攀升到总榜第四、生活类榜第二。周年庆活动首日 24 小时销售额超过 5 月份整月的销售额。

拓展训练

请结合下面的案例，与小组成员讨论如何成功地进行电子商务。

洋码头——中国海外购物平台领军者

洋码头是中国知名的独立海外购物平台，拥有近 4000 万用户。洋码头极具创新性意义地创立了海外场景式购物模式，通过买手直播真实的购物场景，让中国消费者足不出户，轻松、便捷地享受一站式全球血拼，实现引领中国消费全球化。

开创性建立"买手制"的海外购物平台

洋码头在全球 44 个国家和地区拥有超过 2 万名认证买手，买手入驻洋码头平台需要通过严格的资质认证与审核，如提供海外长期居住、海外身份、海外信用、海外经营资质等多项证明材料。同时，他们能够全力服务于中国市场，将世界上潮流的生活方式、优质的商品、文化理念通过"动态的场景式直播"和"优质的个性化服务"分享给中国消费者。

直播频道：体验真实的海外血拼现场

遍布全球的买手每天都会直播在世界各地的卖场、Outlets、百货公司、精品店等现场购物的实况，分享全世界的优质商品。通过海外直邮的方式，将全球商品及时、快速地送达用户手中。

特卖频道：全球热销洋货精选

精选、组合全球热销商品，提供丰富的、特定生活场景下的商品选择，品类涵盖服装鞋包、美妆护肤、母婴保健、食品家居等。通过保税发货的方式，让国内消费者更快速地收到全球热销商品。

笔记社区：全方位的全球购物分享社区

笔记社区里有用户分享的个性购物笔记、买手分享的心情故事和全球潮流资讯等。讨论和分享自己的生活理念，畅享海外购物的乐趣。

贝海国际——跨境物流解决方案专家

为保证海外商品能安全、快速地运送到中国消费者手上，洋码头在行业内率先建立起专业的跨境物流的服务体系——贝海国际，致力于为跨境电子商务全球物流提供解决方案，更好地服务中国消费者。贝海国际在海内外建成12个国际物流中心（纽约、旧金山、洛杉矶、芝加哥、拉斯维加斯、墨尔本、悉尼、法兰克福、伦敦、巴黎、东京以及杭州保税仓），服务覆盖全球20个国家和地区。贝海国际与多家国际航空公司合作，保证每周超过40个国际航班入境，大大缩短了国内用户收到国际包裹的时间。时效方面，海外直邮，用户最快7天内收到包裹；保税发货，用户最快3天收到包裹，体验达到最佳。

任务二　互联网改变世界

名人语录

网络安全和信息化是事关国家安全和国家发展、事关广大人民群众工作生活的重大战略问题，要从国际国内大势出发，总体布局，统筹各方，创新发展，努力把我国建设成为网络强国。

——习近平

当前有三种力量正在改变世界的发展进程，这在中国表现得尤为明显。第一种力量是在全球化进程中不断发展的经济，包括自由市场的发展、资本的全球化、跨国公司的扩张等；第二种力量是政府行为，这种行为具有强大的能量，将使几十年后的世界呈现出另一种风貌；第三种力量是网络交流，它为地球上任一角落的个体提供了人类历史上从未有过之即时交流的可能性，并令人受益匪浅。

——鲍林格

任务导入

近年来，互联网不断发展壮大，逐渐渗入商业、金融、房地产、教育及生活服务等各个传统行业，不断改变人们的生活方式与社会的生产方式，互联网正在成为现代社会真正的基础设施之一。在进行下面的学习前，请思考以下几个问题。

（1）互联网有没有改变世界？

（2）互联网是怎样改变世界的？

（3）互联网为什么能改变世界？

知识链接

一、如果没有互联网

总有人在不断思考，如果人类失去空气，如果人类失去森林，如果人类失去淡水，世界将会怎样？那么，如果人类失去互联网，世界又会怎样？

不妨思考一下，一天 24 小时里，我们有多少时间是对着计算机或是手机聊天、游戏、查找资料、下载文件。这一系列的操作和行为，都需要在互联网的环境下进行，如果在没有网络的环境中，那么生活将如何继续？

2006 年 12 月 26 日 20 时左右，中国南海海域（台湾省宜兰外海）连续发生强烈地震，中美海缆、亚太 1 号海缆、亚太 2 号海缆、FLAG 海缆、亚欧海缆、FNAL 海缆等多条国际海底通信光缆发生中断，造成中国内地至中国台湾省、新加坡、东南亚到美国、欧洲等方向的通信线路中断，亚洲国际互联网大面积断网，国际网站访问不通，电子邮件频繁丢包，即时通信接连受阻，电子商务总是停滞。港澳台地区国际互联网访问质量受到严重影响，话音和专线业务受到波及。东南亚各国和地区依赖互联网的 IT、通信、国际贸易、金融服务等行业受到极大影响。

仅仅是断了几根光缆，整个东南亚就乱了套，从而影响了整个世界的正常运行。正如网友所说，"世界越小，灾难就越来越国际化、直接化"。一场发生在台湾海峡海底的地震，波及的不再是海岸边，而是整个世界。

二、互联网改变空间、文化、生产

（一）互联网改变空间

互联网出现之前，人与人的交流空间较小。互联网与移动通信技术打破了时间与空间的障碍，不仅为用户提供与远方的人、事件和空间场所交互的平台，还提供了信息流动交换的渠道。网络空间与现实空间互相依存，共同发展，形成混合空间，人们不再简单地区分虚实空间的界限，而更加关注虚实空间中可支配资源以完成日常活动。在参与网络空间活动时，用户习惯使用类似现实空间中活动体验的术语描述网络空间中的行为体验和虚拟景观，如访问、冲浪、链接、组织与结构等，针对网络空间的研究也呈现出将其视为一类活动空间的趋势。网络空间作为人类的第二活动空间，正以惊人的速度冲击着传统以物理空间为主的生产生活模式，并在全球范围内不断扩张，对政治经济、社会发展和国家安全等领域产生重大影响。

（二）互联网改变文化

互联网对于人类文化的影响是深远而广泛的。一方面，便捷的互联网技术为人类文化的传播、交流提供了新的平台；另一方面，新出现的互联网文化为人类文化资源库进行了补充。

（1）信息获取和传播。互联网使得获取和传播信息变得更加容易和高效。人们可以通过搜索引擎和社交媒体获得丰富的知识和信息，以及实时的新闻和事件。这加快了信息流通的速度，丰富了人们的知识和视野。

（2）文化交流和多样性。互联网促进了不同文化之间的交流和理解。通过在线平台，人们可以与世界各地的人交流，并分享各种文化体验和观点。这使文化的多样性得以保留和传播，帮助人们更好地了解和尊重不同的文化。

（3）社交网络和虚拟社区。互联网为人们提供了社交网络和虚拟社区的平台，人们可以与朋友、家人和陌生人进行交流和互动。这改变了人们之间的社交方式，扩大了社交圈子，并促进了跨越地理和文化边界的交流。

（4）媒体和娱乐。互联网对传统媒体和娱乐行业产生了巨大的冲击。人们现在可以通过在线流媒体平台观看电影、电视节目和音乐，而无需依赖传统的实体媒体。这使得娱乐变得更加便利和个性化。

（5）新兴文化和创意表达。互联网为人们提供了个人创意表达和新兴文化的广阔领域。人们可以通过博客、视频分享平台和社交媒体展示自己的才华和兴趣，从而在全球范围内获得认可和支持。

尽管互联网的发展给人类文化带来了许多积极的变化，但也带来了挑战，如信息过载、隐私问题和信息真实性等方面的担忧。因此，我们需要积极地引导和管理互联网的发展，以确保其对人类文化的影响是正面的。

（三）互联网改变生产

互联网改变了传统的生产方式和商业模式，提高了生产效率和创新能力。它为企业和个人提供了更广阔的市场和合作机会，也为消费者提供了更丰富和便捷的选择。互联网对人类生产的改变主要表现在以下几个方面：

（1）电子商务。互联网的出现和普及使得电子商务成为现实。人们可以通过在线商店购买商品和服务，不再局限于传统的实体店面。电子商务的便利性和多样性大大改变了人们购物的方式，同时为企业提供了全球市场的机会。

（2）远程办公和协作。互联网的发展使得远程办公和远程协作成为可能。人们可以通过云计算和协作工具在不同地点、不同时区的团队进行工作和合作。这不仅提高了工作效率，也解决了地理和时间限制对于生产的影响。

（3）供应链管理。互联网在供应链管理中起到了重要作用。企业可以通过互联网与供应商和分销商进行实时的沟通和协作，从而提高生产效率和产品质量。在线的供应链平台使供应链的管理更加透明和高效。

（4）数据分析和智能化生产。互联网的数据收集和分析能力为企业提供了更多的生产和经营数据。通过数据分析，企业可以更好地了解市场需求、产品生命周期等信息，从而优化生产和资源分配。同时，互联网技术的应用也促进了生产智能化的发展，如物联网和机器人技术的应用。

（5）创新和创业。互联网为创新和创业提供了更多的机会和平台。人们可以利用互联网平台发布和推广他们的想法、产品和服务。互联网的低成本和全球化的特性使得创业更加便利和可行，从而推动了创新的发展。

三、互联网改变世界的动力

纵观历史，每一次重大科学技术的发现，都成为推动人类文明进一步变革的引擎。互联网作为20世纪最伟大的科技进步，无疑引发了人类社会生产生活的巨大变革。其对整个世界经济、政治和文化发展产生了重大影响。信息革命日益成为人类历史上最广泛、最深刻的社会革命，就像电力和蒸汽机一样，成为改变我们这个世界的强劲引擎。那么，互联网改变世界的动力源泉又从何而来？

（一）互联网创造平等新世界

"在网上没有人知道你是一条狗"。在网上，阶层、性别、职业等差别都尽可能地被隐去，无论是谁，大家都以符号的形式出现，每个人都处在同一起跑线上。地位的平等带来了交流的自由，任何人在互联网上都可以表达自己的观点。互联网从许多方面促进平等新世界的建立。

（1）信息获取平等。互联网提供了广泛的信息获取途径，使得人们可以更轻松地获得知识、教育和信息。这有助于消除信息不对称的问题，从而使得更多的人能够平等地获得所需的信息和资源。

（2）经济机会平等。互联网为创业者和小企业提供了更多的机会。它打破了传统产业的壁垒，降低了进入难度和成本，并提供了全球市场的机会。这为不同的人提供了更为平等的机会，让他们能够创业，实现自己的梦想，并获得经济独立。

（3）社交连接和包容性。互联网改变了人们之间的相互联系和互动方式。社交媒体平台和在线社区使人们能够跨越地理和文化边界进行交流，从而建立更加包容和多元化的社交网络。这有助于消除偏见和歧视，促进文化交流和理解。

（4）教育公平与普及。互联网为教育提供了新的途径和工具。在线教育平台和开放式在线课程（MOOCs）使得教育资源能够被更多人免费或低成本获得。这有助于提高教育的普及率，使更多人能够获得高质量的教育资源和职业培训。

（5）政治参与和知情权。互联网提高了人们参与政治过程和表达意见的能力。通过社交媒体和在线论坛，人们可以更直接地与政府和决策者互动，表达自己的观点和诉求。这有助于促进政治参与和民主决策的透明度。

尽管互联网提供了许多平等机会，但我们也要意识到，数字鸿沟和信息不对称的问题仍然存在。某些地区和群体可能仍然面临互联网接入困难、数字文化差距和信息不平等挑战。因此，为了实现平等的新世界，需要持续努力来解决这些问题，并确保互联网的普及性、可访问性和包容性。

（二）互联网坚持开放与创新

互联网坚持开放与创新的原则，改变了传统行业和商业模式，为个人和组织创造了更多的机遇和可能性，同时为人类社会带来了更广泛的利益和福祉。互联网的开放性和创新性体现在以下几个方面：

（1）开放的网络结构。互联网基于开放的网络协议和标准，允许不同的设备和系统互相连接和通信。这个开放性质使得任何人都能够开发和使用新的应用和服务，而不受特定厂商或平台的限制。这促进了创新和竞争，并为用户提供了更多的选择和自由。

（2）创新的应用和服务。互联网为开发人员和创业者提供了广阔的平台和工具来创造新的应用和服务。开放的应用程序接口（APIs）和开发工具使得开发人员能够构建创新的解决方案，满足用户的需求。这可以促使各种创新，包括社交媒体、电子商务、在线支付、智能家居等。

（3）共享的知识和资源。互联网通过在线共享平台和开放许可证（如开源软件）促进了知识和资源的共享。人们可以共同创造和分享知识、文化和资源，从而促进了合作和集体创造。开放的知识和资源库，如维基百科和开源代码库，使得任何人都可以访问和贡献。

（4）用户参与和反馈。互联网给用户提供了更多参与和反馈的机会。用户可以通过社交媒体、用户评价和意见反馈功能来与开发者和提供者互动，影响产品和服务的发展。这种反馈循环可以帮助创新者不断改进和优化他们的产品，以便更好地满足用户需求。

尽管互联网体现了开放和创新的精神，但也面临一些挑战，如信息安全和隐私问题、虚假信息和版权侵权等。为了持续保持互联网的开放和创新，人们需要不断地探索和推动技术、政策和社会文化的发展，以确保互联网在全球范围内发挥其最大的潜力。

砥节砺行

> 一个以互联网为大本营，在某种爱好、趣味和想法之下集结的网络社会已经诞生，而且已经成为主流，而原先自以为是的主流社会，也在这场互联网制造的革命中为避免被边缘化而被迫跟进。

（三）互联网融合整个世界

互联网的普及与应用为世界的各行各业带来了更广阔的发展空间，促进了社会的互动与共享，推动了全球化和多元文化的交融。互联网通过全球范围内的互联网基础设施和通信网络将各个地区和国家连接起来。这使得人们可以通过互联网与世界各地的他人进行实时通信，共享信息和资源。无论是通过电子邮件、社交媒体、视频会议还是即时通信，互联网能够跨越地理和文化边界，实现人与人之间的连接和互动。互联网提供了各种跨语言和跨文化的工具及平台。自动翻译服务、多语言网站和社交媒体平台等使得人们可以在不同语言之间进行交流和理解。这有助于促进不同文化之间的交流和沟通，打破语言障碍，增进相互之间的理解和包容。

互联网为企业提供了跨越国界的商业机会和平台。电子商务平台和在线市场使得企业能够在全球范围内展示和销售产品，与全球消费者进行交易。互联网的支付体系和物流网络进一步支持了跨国交易和供应链的顺畅运作，促进了全球贸易和经济增长。

互联网成了全球文化和娱乐的平台。人们可以通过互联网观看和分享来自世界各地的电影、音乐、艺术和文化作品。这促进了文化的交流和传播，使人们更容易接触到不同的文化形式和表达。

（四）互联网是经济增长的引擎

互联网是当今社会经济增长的引擎，促进了经济的腾飞。互联网技术可以让信息在世界各地迅速传播，帮助企业更加快捷地获取市场信息、开展营销活动、提高生产效率等，从而降低成本、提高效率。互联网的发展催生了许多新兴产业，如电子商务、移动应用开发等，为社会创造了大量就业机会，促进了经济就业和人才培养。此外，互联网技术的不断进步推动了各行业的创新和发展，促进了新产品、新服务的涌现，推动了经济的持续增长。其打破了地域限制，使得企业可以更加便捷地拓展市场，吸引更广泛的消费者，增加销售额和利润。更重要的是，互联网的应用使得交易变得更加便捷和透明，降低了交易的成本，促进了企业间的合作和交流，推动了经济发展。

（五）互联网促进文化更新

文化更新是指在社会和群体中对传统文化观念、价值观和行为模式进行调整、调优或变革，以适应时代变化和社会发展的需求。它旨在推动文化的进步、创新和适应性的提高。互联网的出现极大地促进了文化的更新，使得信息的传播和交流变得更加便捷和广泛。人们可以通过网络获取到全球各地的文化信息、艺术作品、历史资料等，这有助于扩展人们的文化视野，促进文化交流与融合。而互联网平台为文化创作者提供了更广阔的展示与传播空间，让他们可以更加容易地发布作品，与观众互动，推动了文化创意产业的繁荣发展，促进了文化创新。另外，互联网为人们提供了接触不同文化的机会，通过在线视频、社交媒体、数字图书馆等平台，人们可以轻松地了解、体验和分享来自世界各地的文化，促进了多元文化的交流和理解。互联网技术也为文化遗产的保护、传承和展示提供了新的途径，数字化技术可以更好地保存文物、传统技艺等文化遗产，使其得以更广泛地传播和传承。总体来说，互联网通过其高效的信息传播和交流功能，以及开放的文化创作平台，促进了文化的更新与发展，推动了文化多样性和创新。

（六）互联网塑造全新社会

互联网在塑造全新社会方面产生了深远的影响。互联网社交平台使人们可以方便、快捷地进行社交互动，拓展了人际关系的方式和范围，改变了人们之间的沟通方式和社交习惯。它为大众提供了获取知识和信息的便利途径，人们可以更广泛地学习、交流和分享知识，推动了信息社会的形成。互联网推动了数字经济的崛起，促进了在线零售、数字支付、互联网金融等新型产业的快速发展，改变了传统经济结构，带动了经济社会的全面转型。互联网技术加速了在线教育和远程办公的发展，在教育和工作方式上为人们带来了更多选择和便利，改变了传统的学习和工作模式。互联网打破了传统产业壁垒，降低了创业门槛，促进了创新型企业的涌现和发展，推动了社会经济的创新和进步。

总而言之，互联网正在重塑人们的生活方式、思维方式和社会结构，促进信息共享、数字化转型、个性化定制等趋势的发展，推动社会向数字化、智能化、共享化的全新社会模式转型。

> **案例阅读**

Airbnb——旅游业的变革平台

Airbnb 的成功不仅改变了旅行者的住宿方式，也推动了整个旅游和住宿行业的变革，使得传统酒店行业面临新的竞争挑战。同时，这也促进了更多的人参与共享经济模式，推动了闲置资源的有效利用，促进社会资源的共享和再分配。这个案例展示了互联网如何通过创新的商业模式和科技平台改变传统产业，并对社会带来巨大影响。其运作机制如下：

（1）注册和发布房源。房东需要在 Airbnb 网站上注册账户并填写房屋信息。其包括房屋描述、照片、定价和可预订日期等。

（2）搜索和预订。旅行者可以使用 Airbnb 的搜索功能找到符合他们需求的房源。搜索结果根据地理位置、价格、房型和设施等条件进行筛选。一旦找到心仪的房源，旅行者可以查看详细信息、评价和房东的介绍，并通过平台直接提交预订请求。

（3）确认预订和支付。房东收到预订请求后，可以审核预订并确认。一旦房东确认预订，旅行者需要通过平台支付房租和服务费等费用。支付通常通过信用卡或 PayPal 等电子支付方式完成。

（4）入住和体验。在预订成功后，房东和旅行者可以通过 Airbnb 平台进行沟通，协商入住细节、钥匙交接和其他配套服务。旅行者到达房屋后，房东向其提供住宿并提供必要的支持。一段时间后，旅行者可以在平台上进行评价和评论，帮助其他旅行者做出更明智的选择。

Airbnb 提供了一种去中心化和民主化的住宿方式，为旅行者提供了更多选择并提供了更亲密和真实的旅游体验。房东也可以通过出租闲置房屋来获得额外收入。平台还提供客服支持和房客保护计划，以确保租客和房东的权益得到保护。

除了民宿，Airbnb 还推出了其他服务，如体验（Experience）和奢华住宿（Luxury Retreats），旨在为用户打造更多元化的线上旅行体验。总体而言，Airbnb 这一创新的房屋共享平台的兴起，改变了传统住宿行业的格局，并带来了新的商机和旅行方式。

拓展训练

一、互联网访谈

互联网使用访谈

活动目的：通过访谈活动，大学生了解不同人群对互联网改变世界的认识，感受互联网在社会发展中的重要作用。

活动内容：以小组为单位开展访谈活动。具体活动流程如下：

（1）3～5人为一组，每组选出一个负责人。

（2）各组自行确定2～3个访谈对象。

（3）各组拟订访谈提纲，内容可包括互联网如何影响世界的、互联网为什么会影响世界、怎样看待互联网对世界的影响等。

（4）访谈结束后，每组撰写一份访谈报告，分析访谈互联网改变世界的原因及结果。

（5）将报告内容制作成 PPT，在课堂上以小组为单位进行交流汇报。

活动检测：活动结束后，教师可根据表 11-1 进行评分。

表 11-1　活动评价表

评分标准	满分	实际得分	备注
积极参与访谈活动	20		
能够按照要求实施访谈	20		
访谈报告内容详尽，分析正确	20		
PPT 制作精美	20		
其他	20		
总分	100		

二、互联网使用能力测评

1. 测评说明

（1）无论是刚从学校毕业进入就业市场的年轻人，还是在社会上打拼了多年的上班族，许多人都希望拥有一份属于自己的事业。然而，并非每个人都具有创业潜力，下面的测试可帮助你了解自己是否适合创业（测试结果仅供参考）。

（2）请根据实际情况回答"是"或"否"。在回答问题时，一定要根据自己的第一反应回答，不要进行过多的思考。

2. 测评题目

（1）你是否能熟练地使用互联网搜索引擎，如谷歌或百度，来查找自己需要的信息？

（2）你是否了解并会使用网络浏览器中的书签、标签页、历史记录等功能？

（3）你是否了解在线隐私保护和安全的基本知识，如保护个人信息和避免网络钓鱼欺诈？

（4）你是否知道如何使用电子邮件来发送、接收和管理邮件，并了解如何处理垃圾邮件和设置邮件过滤器？

（5）你是否熟悉社交媒体应用，如 Facebook、Instagram、微信等，并知道如何使用它们来与他人进行交流和分享信息？

（6）你是否了解在线购物平台，如亚马逊、淘宝等，并知道如何浏览和购买产品，并了解退货和退款政策？

（7）你是否具备使用在线支付方法（如支付宝、PayPal）进行安全支付的能力？

（8）你是否了解云存储服务，如谷歌云盘、Dropbox 等，以及如何上传、下载和共享文件？

（9）你是否了解视频通话和在线会议工具，如 Zoom、微软 Teams 等，并知道如何使用它们与他人进行远程交流？

（10）你是否熟悉基本的网页设计和管理，知道如何创建和维护个人或小型企业网站？

（11）你是否了解在线教育平台（如 Coursera、Udemy 等），并知道如何选择和参与在线课程来提升自己的技能？

（12）你是否能够使用在线地图和导航应用（如 Google 地图、百度地图等），并知道如何使用它们来查找位置、获取路线和交通信息？

（13）你是否了解基本的编程和应用开发概念，并知道如何使用在线资源学习编程（如 Codecademy）？

（14）你是否知道如何使用协作和项目管理工具（如 Google 文档、Trello 等）来与他人合作、共享文件和跟踪任务？

（15）你是否了解虚拟现实和增强现实技术，并知道如何使用相关设备和应用程序？

（16）你是否具备处理和解决互联网连接和技术问题的基本技能，如重新启动路由器、清除缓存等？

3. 测评标准

（1）回答"是"得 1 分，回答"否"得 0 分。

(2) 请参照以下评分标准,确定自己的创业能力。

0～4分:目前不会使用互联网,应加强对互联网知识的学习。

5～8分:需要在旁人指导下使用互联网。

9～12分:非常了解互联网,但对于那些回答"否"的问题,还应总结自己的不足并加以改善。

13～16分:自身的性格特质足以使你从小事业慢慢开始,在创业的过程中逐步获得经验,从而成为优秀的创业者。

任务三　创业的蓝海

名人语录

互联网是人类建造的第一样人类自己不理解的东西,也是我们有史以来最大的无政府状态实验。

——埃里克·施密特

任务导入

在当今数字化时代,互联网行业被广泛认为是创业的蓝海。互联网的迅猛发展和全球化的影响力,为创业者开辟了广阔的创新和商业机会。从马云的阿里巴巴到马克·扎克伯格的Facebook,以及杰夫·贝索斯的亚马逊,互联网创业者运用创新的思维,抓住市场的机遇,将互联网打造成了他们成功的舞台。

互联网的蓝海之所以如此引人注目,一方面是因为互联网本身的持续创新和不断演进,另一方面则是由于它为创业者创造了低成本、高效率和全球化的创业环境。然而,要在互联网创业的蓝海中成功,创业者也需要具备全面的素质和技能。在进行下面的学习之前,请思考以下问题。

(1) 你认为互联网对于创业者来说意味着什么?它为创业者带来了哪些机遇和挑战?

(2) 互联网行业的快速发展给创业者提供了哪些创新的可能性?你认为创业者应如何利用这些可能性来实现自己的创业梦想?

(3) 在你看来,互联网的蓝海领域是指什么?它与传统行业的区别在哪里?为什么有些人相信互联网仍然是创业的蓝海?

知识链接

一、创业蓝海的概念

创业的蓝海是指一个尚未被充分开发和利用的市场或领域,其中存在着大量的机会和潜力，为创业者提供了较少竞争的机会。与传统红海市场相比，创业的蓝海市场更加开放和无限，创业者可以通过创新和创造，打造全新的市场空间和竞争优势。

在红海市场中，竞争者众多，市场份额有限，对产品和服务的要求较高，创业者往往难以找到差异化和独特的竞争优势。相反，创业的蓝海市场通常是相对较新的市场或新兴领域，竞争程度较低，创业者可以利用这个机会将自己的业务差异化并且满足未被满足的需求。创业的蓝海通常具备以下特点：

（1）竞争较低。相对于已经饱和的市场，创业的蓝海市场通常竞争者较少，尚未形成激烈的竞争格局。

（2）存在新需求和机会。创业的蓝海市场中存在许多尚未被满足的需求和机会，该市场尚未被充分开发，创业者可以通过创新的产品和服务来满足这些需求。

（3）存在创新和差异化空间。在蓝海市场中，创业者有更大的空间去尝试创新的商业模式、产品设计和营销策略，以获得竞争优势。

（4）市场空间广阔。创业者通过创造和满足新的需求，拓展市场的边界，为自己赢得更大的市场空间。

一旦市场被较多的竞争者进入并饱和，蓝海市场也会逐渐转变为红海市场。因此，创业者需要在蓝海市场中快速行动，迅速建立自己的竞争优势，扩大市场份额，并不断寻找新的市场机会。

二、互联网为什么是创业的蓝海

创业的蓝海是指在互联网领域，存在着大量尚未被开发和利用的机会和潜力，为创业者提供了广阔的创业空间和可能性。这个定义可以从以下几个方面解释。

（一）市场规模

互联网的普及和全球范围的连通性使得创业者可以涉足庞大的全球市场，而不再受限于地理位置或地域范围。互联网用户数量不断增加，用户需求和消费习惯也在不断演变，创业者可以利用这些趋势找到新的商机和创新领域。

（二）低成本和高效率

相对于传统实体业务，互联网创业具有较低的初始投入和运营成本。创业者可以利用互联网平台和工具，快速建立自己的企业网站、电子商务平台等，实现快速启动和低成本试错。此外，互联网的高效率和便利性也使得创业者能够更轻松地与合作伙伴和客户进行沟通、销售和交易。

（三）创新和技术驱动

互联网领域不断涌现出新的技术、概念和商业模式，为创业者提供了创新的机会。例如，移动互联网、人工智能、区块链等新兴技术的发展为创业者开辟了新的商业领域，如共享经济、智能家居、在线教育等。创业者可以利用这些新技术和创新模式来满足用户需求，改进现有的业务模式或创造全新的产品和服务。

（四）数据驱动的商业模式

互联网的特点之一是数据的广泛收集和分析。创业者可以通过收集和分析用户数据来了解用户的行为、需求和偏好，以便更加精准地制定营销策略和产品定位。同时，数据也可以帮助创业者优化业务运营，提高客户满意度，实现持续的创新和增长。

尽管互联网创业的竞争激烈，但通过找到独特的切入点、创新的商业模式及关注用户需求的创新解决方案，创业者仍然有机会在互联网领域获得成功。然而，创业者在进入互联网蓝海市场时应该保持敏锐的洞察力、灵活的适应性和持续的创新精神，才能够抓住机遇并实现持续增长。

（五）全球化竞争

互联网的全球性使得创业者可以与来自世界各地的竞争对手进行直接竞争。这为创业者提供了更多机会来展示自己的产品和服务，并从全球市场中获得更广泛的认可和用户基础。

> **知识拓展**
>
> **区块链技术**
>
> 区块链技术是一种去中心化的分布式账本技术，通过密码学和共识算法实现了安全、透明和可追溯的数据交换和存储。它的核心概念是区块和链，每个区块包含交易数据和哈希值，而链将这些区块连接起来，形成了不可篡改的记录。以下将详细介绍区块链技术。
>
> （1）区块链的核心组件是区块。每个区块包含了一定数量的交易数据和一个特殊的哈希值，该哈希值是通过对区块中的数据进行加密哈希算法计算得到的。这个哈希值用于确保数据的完整性和安全性。每个区块还包含了前一个区块的哈希值，这样就形成了一个由区块串联而成的链。
>
> （2）区块链是一个去中心化的系统。与传统的中心化数据库不同，区块链中的数据和交易记录分布在多个参与者的计算机中，这些参与者被称为节点。每个节点都有一份完整的区块链复制品，这样可以确保数据的安全性和可用性。
>
> （3）区块链的一个关键特性是共识机制。共识机制用于解决节点之间的数据一致性问题。常见的共识算法包括工作量证明（Proof of Work）和权益证明（Proof of Stake）。在工作量证明中，节点需要通过解决一定复杂度的数学难题来竞争获得记账权；而在权益证明中，节点的记账权与其持有的加密货币数量相关联。共识算法保证了每个节点都达成对区块的一致验证，从而防止数据篡改和双重支付等恶意行为。
>
> （4）区块链技术具有不可篡改性。一旦数据被记录在区块链上，就很难被篡改或删除，因为任何对数据的篡改都会导致哈希值变化，这将影响到之后所有区块的哈希值，从而被其他节点拒绝。这使得区块链成为一种可信的数据存储和交换机制。
>
> （5）区块链技术的应用场景非常广泛。其中，最为著名的应用是加密货币，如比特币就是基于区块链的首个加密货币。区块链还可以应用于供应链管理、版权保护、投票系统、金融服务、智能合约等领域。通过建立透明、可信的交易和数据记录环境，区块链可以降低交易成本、提高效率，并改变现有商业模式。
>
> 然而，区块链技术也面临一些挑战和限制。其中包括可扩展性、性能和能源消耗等问题。由于每个节点都需要存储完整的区块链，数据量的不断增加可能会导致网络拥堵和延迟。此外，保证区块链的安全性和一致性可能需要大量的计算能力和能源消耗。

总体而言，区块链技术作为一种去中心化的分布式账本技术，具有安全、透明和可追溯的特点。它通过区块和链的组织方式、共识机制和不可篡改性，为各行各业带来了许多创新和机遇。然而，目前区块链技术仍然面临一些挑战，需要进一步的研究和发展来解决。

拓展训练

收集一些互联网创业成功的事迹，并从中筛选出自己最感兴趣的和对自己有帮助的。

任务四　互联网思维

名人语录

你可以借助互联网所赋予的同样的彻底透明性在工作场所创造一个更加开放和诚实的环境。

——奈尔·芬奇

任务导入

随着我国"大众创业、万众创新"热潮的蓬勃兴起，为了鼓励和支持大学生创新创业，国务院和地方各级政府、高校先后出台了许多支持和优惠政策，精简了若干事项的申请、办理程序，涉及金融贷款、场地、培训、指导、税收、学籍管理等方方面面。了解这些政策，对于大学生投身创新创业实践、走好创业第一步既重要也非常有必要。在进行下面的学习之前，请思考以下问题。

（1）为推进"大众创业、万众创新"，国家出台了哪些扶持政策？
（2）大学生进行自主创业可享受哪些优惠政策？

知识链接

一、互联网思维的概念、特点及影响

互联网思维是指一种基于互联网时代特征的思考方式和工作方式，它影响着个人和组织在信息传播、创新、合作和商业模式上的思考方式和实践。互联网思维是随着互联网发展而逐渐形成和演变的，具有多元化和创新性，其对于人们的思维观念、组织管理和商业运作产生了深远的影响。下面详细论述互联网思维的主要特点和影响。

1. 开放性和共享性

互联网思维强调信息和资源的共享，提倡开放和透明的工作方式。在互联网时代，信息传播和共享变得更加便捷和高效，这促使人们更加注重开放式的沟通和协作。开源软件的广泛应用、知识共享平台的兴起，以及社交媒体的流行，都是互联网思维开放性和共享性的体现。

2. 敏捷性和快速响应

互联网思维鼓励快速实验和迭代，推崇敏捷开发和快速响应市场的能力。在互联网行业，技术和市场需求都在不断变化，因此，需要具备灵活应对变化的能力。敏捷开发、精益创业和快速迭代成了互联网思维中的重要理念，企业和个人需要随时调整方向，以适应市场的变化。

3. 用户导向和数据驱动

互联网思维注重以用户为中心，通过数据分析和用户反馈来指导产品和服务的优化。互联网的发展带来了大数据时代，各种数据来源不断涌现，而对数据进行深度分析已成为企业和个人成功的关键。了解用户需求、行为和偏好，成为互联网思维中至关重要的一环。

4. 创新和合作

互联网思维倡导创新和跨界合作，打破传统的行业壁垒，促进多领域的交流与合作。互联网的兴起使得创新变得更加容易，并且鼓励人们跨越地域和行业的限制，进行合作创新。开放的平台和生态系统模式，为不同组织和个人的合作创新提供了更多可能性。

5. 弹性与全球化

互联网思维鼓励团队和组织具备弹性和全球视野，能够快速适应新的工作方式和全球化的市场环境。如远程办公、跨国合作、全球供应链的构建等，都是互联网思维所倡导和实践的。互联网思维的影响不仅仅局限于互联网行业，它已经深刻地改变了传统行业和人们的生活方式。互联网思维的成功案例，如谷歌、Facebook、苹果等公司，已经成为跨行业的启示，被广泛应用到各个领域。与传统思维相比，互联网思维更加注重创新、开放、共享、快速响应和用户导向，这些特点决定了互联网思维的灵活性和适应性。在知识经济和数字化时代，互联网思维将继续引领个人和组织的创新和发展。

二、互联网思维是怎样产生的

互联网思维是一种基于网络化、开放式、快速迭代和协作的思维方式，它的产生可以追溯到互联网的兴起和普及。互联网的出现为信息的快速传播和共享提供了便利，改变了人们获取、传播和交流信息的方式，也改变了人们对待信息和问题的态度。

（一）网络化思维

互联网的普及带来了网络化思维的兴起。在互联网之前，人们获取信息主要依赖于传统媒体，如报纸、电视和广播等，信息获取相对困难且受限。然而，互联网的普及实现了信息的快速传播和共享，人们开始习惯使用网络进行信息搜索、社交交流和知识获取。网络化思维强调借助网络获取和处理信息，使得人们更加习惯于依赖网络的思维方式。

（二）开放式思维

互联网的开放性促进了开放式思维的形成。互联网的开放性和包容性使得信息的发布和共享更加自由，人们可以自由地获取各种来源的信息，也可以自由地表达自己的观点和见解。这种开放式的环境促使人们更加倾向于开放、分享和参与的思维方式。人们开始更加注重多元化的观点和见解，愿意接受不同的思维方式和观点，从而形成了开放式思维。

（三）快速迭代思维

互联网的快速迭代特性影响了快速迭代思维的兴起。在互联网环境下，产品和服务的更新速度加快，新的技术和应用不断涌现。人们习惯于接受和适应不断变化的信息和变化，开始更加注重快速响应和灵活应变的思维方式。快速迭代思维要求人们具备快速学习和适应的能力，能够迅速调整策略和行动以适应变化。

（四）协作思维

互联网的协作性特点促进了协作思维的兴起。互联网的出现使得全球范围内的协作和合作变得更加容易。人们可以通过网络远距离协作，共同解决问题和创造价值。这种协作的环境让人们开始更加重视协作和共同创造的思维方式。协作思维要求人们具备团队合作和保持合作伙伴关系的能力，能够主动与他人合作、分享和互助。

总而言之，可以说互联网思维是在与互联网共同成长和发展的过程中逐渐形成的一种适应网络化时代的思维方式。它是在网络化思维、开放式思维、快速迭代思维和协作思维等多个方面的影响下形成的。互联网思维改变了人们对待信息和问题的态度，强调网络获取和处理信息、开放分享、快速响应和协作共创的思维方式。在当今高度互联网化的社会中，互联网思维已经成为一种重要的认知模式，引领着人们的工作、学习和生活方式。

三、为什么要倡导互联网思维

倡导互联网思维是因为在当今信息爆炸的社会，互联网思维能够帮助人们更好地适应社会变革、创新和发展。下面详细论述为什么要倡导互联网思维。

（1）互联网思维能够帮助我们适应快速变化的社会环境。互联网的普及和发展使得信息传播的速度和频率大大加快，变革的节奏也越来越快。传统的思维方式可能过于保守和缓慢，无法及时适应新的挑战和机遇。而互联网思维强调快速迭代、灵活应变和持续学习的能力，能够更好地与快速变化的社会环境相匹配。通过互联网思维，人们可以更加快速地获取和处理信息，及时调整策略和行动，不断适应变化，以增加自己在竞争环境中的生存和发展的机会。

（2）互联网思维能够促进创新和突破传统边界。互联网的出现打破了传统行业的边界，创造了全新的商业模式和机会。互联网思维强调开放性和包容性，鼓励多元化的观点和创意，激发创新的力量。以互联网初创公司为例，它们通常倡导的是敏捷开发、试错和快速迭代，通过不断尝试和改进来推动创新。互联网思维可以帮助人们打破传统思维模式的束缚，勇于尝试新的方式和方法，从而推动创新和突破。

（3）互联网思维有助于激发协作和合作精神。互联网的出现极大地拓宽了沟通和交流的渠道，人们可以更加便捷地与他人进行合作和协作。互联网思维强调共享和开放，倡导集体智慧和共同创造。通过互联网思维，人们可以与各种背景和专业的人进行交流和合作，通过多方合作共同解决问题和实现目标。互联网思维改变了传统的单打独斗的思维方式，让人们更加重视团队合作、合作伙伴关系和互助，共同创造更大的价值。

（4）互联网思维可以提升个人和组织的学习能力。互联网思维强调持续学习和适应变化的能力，使得个人和组织能够更好地紧跟知识的更新和变化。通过互联网，人们可以随时获取各种类型的知识和信息资源，进行在线学习和培训，不受时间和空间的限制。互联网思维使得个人和组织能够更加便捷地获取新知识、发展新技能，提高自身的竞争力和适应能力。

（5）互联网思维有助于促进社会发展和共享经济。互联网的兴起和普及引领了共享经济的兴起，通过共享平台和社交网络，人们能够共享资源、分享服务和相互合作。互联网思维强调共享、开放和合作，促进了资源的优化配置和效率的提高。互联网思维的推广和运用使得社会资源能够更加高效地利用，推动经济和社会的可持续发展。

综上所述，倡导互联网思维是因为它能够帮助人们适应快速变化的社会环境，促进创新和突破传统边界，激发协作和合作精神，提升个人和组织的学习能力，并促进社会发展和共享经济。互联网思维不仅是适应互联网时代的必然选择，更是引领未来社会发展的重要思维方式。因此，应该积极倡导互联网思维，培养互联网思维的能力，以更好地应对现实挑战，实现个人和社会的可持续发展。

◆ 案例阅读

互联网思维下成功的企业家——马斯克

马斯克（Elon Musk）是一位成功的企业家和创新者，他的互联网思维贯穿于他的多个企业项目中，包括特斯拉、SpaceX、Neuralink 和 SolarCity 等。以下是马斯克互联网思维的主要特点：

（1）颠覆传统。马斯克的互联网思维强调挑战和颠覆传统行业和商业模式。他认为，传统的汽车行业需要进行根本性的改变，推动电动汽车的发展。通过将互联网技术与汽车结合，特斯拉在产品创新和用户体验方面取得了突破，成功打造了一系列受欢迎的电动汽车。

（2）快速迭代。马斯克注重快速迭代和敏捷开发。他强调快速反馈和试错，鼓励员工勇于尝试新想法和解决方案。特斯拉和 SpaceX 等公司都采用了快速迭代的方法，不断改进产品和技术，推动企业的不断创新和发展。

（3）创新思维。马斯克的互联网思维强调创新和超越。他致力于推动技术的突破和社会的变革，推出了一系列具有创新性和突破性的产品和服务。例如，SpaceX 通过重新设计火箭和航天器，实现了航天领域的重大突破，并推动了太空探索的进一步发展。

（4）大胆尝试。马斯克以大胆的决策和尝试著称。他愿意面对风险，并为实现自己的愿景而不断挑战自己和行业的传统观念。他的企业项目经常面临各种困难和阻碍，但他凭借着积极的态度和毅力，勇于面对挑战，并不断试验和改进。

（5）社交媒体的利用。马斯克善于利用社交媒体与用户进行互动和沟通。他经常在 Twitter 上发布各种信息，包括新产品的发布、技术发展的进展和自己的想法。通过社交媒体的互动，他与用户建立起密切的联系，了解用户需求并及时响应。

（6）长期目标。马斯克的互联网思维注重长期目标和长远规划。他对未来的愿景和使命感驱动着他的行动，并将其融入企业的发展中。他希望通过技术的创新和突破来改善人类的生活质量和推动社会的进步。

总体来说，马斯克的互联网思维体现了颠覆传统、快速迭代、创新思维、大胆尝试、社交媒体的利用及长期目标的重视。这些思维方式和策略使他能够在特斯拉、SpaceX 等企业项目中取得成功，并在相应领域推动了技术和社会的发展。

拓展训练

锻炼互联网思维需要从哪些方面入手，需要培养哪些能力？

任务五 融合创新

名人语录

苟日新，日日新，又日新。

——《礼记》

一是不要囿于前人的成就，二是不要怕犯错误，这两点都需要胆量。

——杨振宁

 任务导入

现如今，各行各业以互联网为平台进行融合创新，推动人类社会进入"互联网+"快速发展时代。扫码点餐、刷脸支付带来新体验，智慧停车、人脸识别、垃圾智能分类回收便利日常生活，"互联网+教育""互联网+医疗""互联网+文化"创造无限可能……在进行下面的学习之前，请思考以下问题。

（1）面对融合创新带来的市场竞争和行业变革，创业者如何应对挑战，把握发展先机？

（2）在"互联网+"时代，互联网行业对人才的需求呈现出多元化、创新性的特点。同学们应如何规划自己的职业发展，培养跨学科的综合素质，以适应行业发展的需求？

一、融合创新的概念

融合创新是指将各种创新要素通过创造性的融合，使各创新要素之间互补匹配，从而使创新系统的整体功能发生质的飞跃，形成独特的不可复制、不可超越的创新能力和核心竞争力。

二、融合创新的内涵

融合创新的内涵由六个维度构成,即"产品创新""服务创新""业务流程创新""业务模式创新""管理创新"及"制度创新"。企业要以创新为基石,不断地开发新产品,为客户提供满意的服务,让产品真正被消费者认可。完善的业务模式和业务流程使整个体系达到最优的状态,不断更新管理和制度,适应政策与社会的变化,这样的多维度创新才是一个企业真正需要的创新。

从产品与服务创新来看,不断涌现的新技术促使大大小小的企业能迅速开发出新产品,企业进一步将产品和服务整合成为有力的、创新的统一体,从而拉大企业之间的差异性并提升客户的忠诚度。新技术的融合、产品种类的丰富及产品生命周期的缩短,促使产品和服务的创新成为企业争夺市场领导权的至关重要的驱动力。

从业务模式及业务流程来看,模式和流程的改变已经给企业运营带来了巨大变化,越来越多的竞争将在模式和业务流程层面展开。业务模式和流程的创新不仅能够节约成本、提高生产效率,还能够带来更多的收入。因此,所选择的业务模式将对企业战略的成败产生决定性影响。

从管理及制度创新来看,创新的动力来自各个方面,有的来自市场驱动,有的则来自管理和制度自我驱动。只有真正将创新融入企业的灵魂,才是企业持续创造价值的成功之道。

三、融合创新产生的背景

(一)信息科技为融合创新提供了坚实的物质基础

电子计算机是高科技的综合体,多媒体技术是把数据、文字、图形、图像和声音等信息媒体由电子计算机进行处理、控制和管理的集成系统。信息技术为创新过程的信息搜集、传递提供了便利,各种数据处理软件提高了工作效率,让创新人才从烦琐的数据处理中解脱出来,便于将精力集中于重要的创新问题上,这就为创新团队从事更加复杂的创新活动提供了坚实的物质基础。

(二)跨学科研究为融合创新人才更新了知识储备

首先,学科与学科之间的交叉渗透引致了边缘学科的兴盛,如物理化学、天体物理、地球物理等。其次,涌现了利用跨学科概念、方法和实验手段对复杂的自然现象和工程技术进行研究的综合性学科。最后,出现了应用自然科学与社会科学相结合的概念、理论和方法来研究社会和经济发展规律的大科学,如社会物理学等。

这些知识一旦被创新人才融会贯通地运用到创新的过程中,就会产生奇妙的创造,这些创造的相互碰撞、交叉、借鉴、融合形成了独特的创新方式,一些复杂的难题也将迎刃而解。

(三)经济全球化为企业创新开辟了广阔的空间

经济全球化背景下的市场竞争愈发激烈,资源和技术的相对有限性日益成为制约创新成功的瓶颈。尤其是进入21世纪以后,市场瞬息万变,产品生命周期越来越短,更新换代越来越快，社会消费需求日益多样化，研究与开发的全球化使一些国际化大公司在围绕全球的市场和资源的争夺中处于有利地位，企业的经营环境发生了深刻的变化。在这种情况下，企业只有通过将要素和资源进行整合，实现优势互补，获得规模效应，来降低风险和交易成本，才能使自身在激烈的市场竞争中处于不败之地。全球化背景下的企业需要面对完全不同的市场，即使基于同种技术生产出的商品，也需要根据目标客户群的不同，在生产方式、市场推广、商品销售和售后服务等方面进行改进。这就要求企业针对全球不同的目标客户群，在产品生产、市场营销、产品销售和客户服务等各个方面进行创新，实现销售产品、获取利润等企业的发展目标。凡是能为企业降低成本和增加利润的环节都可以是创新的起点，而故步自封、拒绝创新的结局只能是失败。

在所有生产要素和资源中，人是唯一能够创造剩余价值的生产要素。企业之间的竞争其实就是人才的竞争。这就要求相关人员乃至全体员工必须把创新作为自觉行动，在自己工作的相关或非相关领域里，充分利用各种资源，创造性地为企业带来利润。融合创新正是在这种背景下形成的。

四、融合创新的特点

融合创新关注创新的持续性，通过不断的调整，使得相关人员形成具有交互功能的团队，充分利用个人和团队的创造性思想，利用现有的技术，形成交互的复杂创新系统，从而形成创新的融合，并产生新的核心竞争力。与传统创新相比，融合创新具有持续性、系统性、网络性的特征，在时间上更加关注创新效果，以及竞争力的持续性，是立体的、全方位的创新。

在传统创新模式中，企业的创新往往只是熊彼特"创新"要素的一两种组合。比如，企业推出一种新产品时，用企业现有的经营方式，照样能卖得很好。但仿制品很快就会出现，新产品的销售下降，利润不增反降。这种创新方式可产生短期的突出效果，由于目标单一，企业在短时间内能够动用最好的资源投入创新项目上，使创新迅速成功。传统创新是企业所有者、股东、管理者和专家的事，创新的过程更多是根据某个人的思想来进行的，企业的创新风格会因某个重要人物的加入或离开而改变。因此，创新方式是离散的、单一的。一个创新项目成功了，在以后一段时间内一般不会有改进，因此其过程是阶梯状的。在创新方法上，它主要是将技术性成就、新发明、新理论和专利转化为能带来利润的产品，创新的范围较小，信息只有少数人能分享，信息反馈也比较有限。

融合创新是对熊彼特"创新"要素的有机组合。2005年，被美国《商业周刊》评为全球创新公司20强第2名的3M公司，其创新模式就是典型的融合创新。

在3M公司，员工一旦有了新发明，便可随时登录本公司研发系统的网站，将自己的发明内容、实验数据输入后发送给相关评审部门。评审部门会评估该项发明，看是否可以申请专利或还需要补充实验数据。成功申请到专利后，评审部门会同技术人员将展开激烈讨论，从市场及客户需求、技术平台支持的可能性、市场潜力和定位这三大方面加以考量，三项标准都符合的发明能升级为重点项目，得以进一步研发和生产推广。每个项目组基本由各部门的同事共同参与，在项目经理的统筹下分工合作。在研发、生产过程中，项目组的每个成员都被鼓励说出自己新的想法，因为争论的过程正是创造性观点产生的时候。项目组对各种实施方案的可行性进行评估，最后确定一种执行方案。现阶段效益一般但具有未来发展潜力的基础研究项目，可申请"起源基金"；同样，具有发展前景的中短期研究项目，可申请"发现基金"。公司允许研发人员在完成项目派给任务的同时，保留15%的时间和精力来做自己感兴趣的研究，让员工可以根据自己的兴趣，针对自我的新创意任意进行试验和开发。在3M公司，任何一个部门都可以不经批准，与任何其他的技术或业务部门合作交流，使公司内部的人员和信息合而为一，实现了技术情报能被任何人加以利用的高效信息共享状态。其闻名于世的技术论坛就是3M创新活动的知识共享平台，该共享平台的作用是鼓励信息的自由交换，为研究人员相互交流心得和解决疑难问题创造条件。在3M公司，创新已融入员工的血液中，融合创新模式发挥出了重要的作用。

◆ 案例阅读

百度："文心一言"人工智能大模型

2022年火出圈的Chat GPT不知道有多少国内的朋友使用过，不翻墙或者不进行一些有难度的操作，真的很难用上这一人工智能对话功能。难道在AI领域，我们国内的普通百姓又要落后世界一步吗？

2023年8月，百度的"文心一言"应运而生。

很多人在第一时间在手机上都安装的这个App，几乎每天有事没事都会点开跟它交流几句。我们一直好奇为什么一个AI产品使用一个有一点拗口的名字，好几次提起它，我都分不清到底是叫"文言一心""文言一品"还是"文心一言"。这次让我们一探究竟，先从它的名字说起！

"文心一言"与《文心雕龙》

百度文心一言的名字来源于唐代文学家刘勰的《文心雕龙》一书。《文心雕龙》是一部关于文学创作的理论著作，其中提到了"文心"一词，指的是文学作品的内心思想和情感。而"一言"则指的是一句简短而有力的话语，能够表达出深刻的思想和情感。因此，将"文心"和"一言"结合起来，就意味着可以用简短而有力的话语来表达出深刻的思想和情感，这也是百度"文心一言"所提供的创意文案生成服务的目标和理念。

其实，我国很多科技相关的技术、设备、项目都沿用古人的智慧。比如，"九章"系列量子计算机，其名字取自中国古代最早的数学专著《九章算术》；再如，华为开发的"鸿蒙系统"源自中国神话传说的远古时代，传说在盘古开天辟地之前，世界是一团混沌状，因此把那个时代称作鸿蒙时代。再比如，我国探月工程计划叫作嫦娥，取自中国古代传说"嫦娥奔月"，嫦娥和蛟龙必须放在一起，他们实现了古人一个很伟大的理想——上九天揽月，下五洋捉鳖。

以前我们自己总说中国人的浪漫只有中国人自己能懂，其实《黄帝内经》里早就提过，中国人用心看这个世界，而西方人用脑子看这个世界，所以，我们对待世界的方式有异。

中国人的人工智能App——百度"文心一言"

文心一言是一款基于人工智能技术的创意文案生成工具，它能够与人对话互动，回答问题，协助创作，高效便捷地帮助人们获取信息、知识和灵感，自动生成符合要求的文案，帮助用户快速生成各种营销用语、广告语和口号等文案内容，包括提供一些人性化的功能，如同义词替换、字数限制、语气选择等，使得生成的文案更加符合用户的需求和喜好。

作为百度研发的知识增强大语言模型，文心一言可以持续从海量数据和大规模知识中融合学习，具备知识增强、检索增强和对话增强的技术特色。10月17日，百度公司董事长兼首席执行官（CEO）李彦宏用1个多小时发布了"基础模型全面升级"的文心大模型4.0，展示其在理解、生成、逻辑和记忆等能力上的显著提升，并介绍了新搜索、新地图等十余款被大模型重构的业务应用。他对此次升级大加称赞,称其综合能力"与GPT-4相比毫不逊色",并断言"大模型将开启一个繁荣的人工智能(AI)原生应用生态"。

从2023年8月31日,"文心一言"面向全社会开放。仅40多天时间,文心一言的用户规模就已达到4500万个,开发者5.4万个,场景4300个,实现应用825个、"插件"超过500个。插件是一种特殊的AI原生应用,其门槛最低,也最容易上手。例如,简历助手插件则能帮用户一键生成简历模板;大模型接入权威法律数据的"智能法律助手"能为用户提供法律咨询的相关建议等。中国国家跳水队也利用百度大模型技术进行智能训练,如AI辅助训练系统可以实时打分、拆解动作、分析过往成绩数据等,以开发个性化、专业化的训练方案。

文心大模型还可以应用在一些想象不到的场景,譬如华人寻根。许多华人在寻根之旅中受限于只言片语的家族记载和晦涩难懂的地方志,致使难圆寻根梦。百度文心大模型通过与国家图书馆合作,大量学习古代方志和家谱数据,并进行文字识别和理解,同时综合应用地点、职业、饮食、重要事迹等信息的知识图谱,在文心一言上线了"古文今问"服务。用户只需输入寻根信息,就能得到相应的线索反馈。

文心一言4.0能够理解并生成包括文本、图像、音频、视频等多种形式的内容,实现了真正意义上的多媒体内容生成。这将极大地丰富AI的内容生产方式,进一步提升用户体验。

文心一言4.0和ChatGPT-4目前还有一定的差距,尤其是在编码、逻辑运算这一块。作为人工智能语言模型,它们的功能和日常使用体验取决于训练数据、模型架构、算法和算力等多个因素,这就需要芯片的支撑和好的数据做"养料"。毕竟,大模型难为无米之炊。而在收集语料库,包括各种领域和语言的数据方面,ChatGPT有天然优势。

基于此,百度技术团队建设了多维数据体系,形成了从数据挖掘、分析、合成到标注和评估的闭环,以充分释放数据价值,大幅提升模型效果。在训练算法方面,百度技术团队通过打磨训练算法,"保证模型更好地与人类的判断和选择对齐"。基于有监督精调、偏好学习、强化学习等技术进行多阶段对齐,保证模型更符合人类价值观。同时,技术团队还使用可再生训练技术,通过增量式的参数调优,进一步节省训练资源和时间,加快模型迭代速度。

拓展训练

请结合下面的案例,与小组成员讨论案例中的同学是如何进行融合创新的。

课堂上画出不一样的窑洞

窑洞或许大家并不陌生,但是在山西民间有一种地域特色鲜明的窑洞,窑洞里的炕围画融壁画、年画、建筑彩绘于一体,具有明显的实用功能和审美功能。炕围画在山西北部、中部、西部和东南部都有分布,其中以晋北的原平最为著名。

古代,人们懂得以胶水调制白土,沿炕墙涂抹,以抵御寒冷,加上图案的点缀,以颜料做底,桐油涂罩,后来又引入了各种传统彩绘图案,就形成了独特的民俗炕围画。炕围画中蕴含着浓郁的历史文化,其不仅可作为一种绘画艺术来鉴赏,同时还有宣扬贤孝、礼数等用来教育子孙后代、弘扬中华传统文化的作用。近年来,这种出自民间画匠的传统技艺随着时代的变迁正淡出人们的视野,面临后继无人的窘境。

为弘扬民间传统文化,传承民间绘画技艺,取其精华,去其糟粕,打造现代传统"数字墙围画",将即将流失或已经流失的民间画匠技艺以新的形式传承下去,使这种古老的民间绘画技艺焕发出新的生命力。山西隰县职业中学的师生们使用图像软件 Photoshop 设计了一款数字墙围画,这是民间传统文化与现代计算机数字创作相结合的墙围产品。墙围画的设计,是从民间传统技艺中寻找创作思路和灵感,从不被人重视的地方寻求民间传统闪光的地方,用计算机合成手段创作符合现代工艺的墙围作品。

1. 创意内涵

炕围画是山西的非物质文化遗产之一。人们都知道,五千年文明看山西,山西民间文化底蕴深厚,炕围画更是其中的杰出代表之一,为了使淡出人们视野的炕围画得到承传,我们有责任用现代技术将此非遗项目发扬光大。

2. 特色亮点

数字墙围画是在吸取了民间传统炕围绘画的内涵、表现手法、元素的基础上,结合现代计算机数字创作和加工生产出来的。由于其应用范围广,制作成本低且周期短,在乡村、城市、宾馆、山庄、酒店、展厅以及各种文化传媒活动场所都可以使用。

通过数字墙围画的制作,学生们不仅学到了更多的软件操作技巧,同时开拓了专业知识的应用领域,把继承民间传统文化、挖掘"非遗"工匠精华作为学设计、做设计的重要抓手,使传统的民间文化以新的形式得以传承。

任务六　互联网商业模式

名人语录

商业模式就是一套和别人不同的做生意的方法,独特的商业模式才是企业最重要的核心竞争力。

——王健林

我们不能企求于灵感。灵感说来就来,就像段誉的六脉神剑一样。阿里巴巴的"六脉神剑"就是阿里巴巴的价值观:诚信、敬业、激情、拥抱变化、团队合作、客户第一。

——马云

任务导入

在互联网时代,商业模式的创新已经成为企业竞争的关键所在,许多成功企业凭借创新的商业模式,不仅在行业内崭露头角,还为其他企业树立了典范。在进行下面学习之前,请思考以下问题。

(1)你认为互联网商业模式有哪些?

(2)互联网商业模式的成功案例对你有什么启发?

知识链接

一、互联网商业模式的概念

（一）商业模式

创业者在创业之前，必须思考创业的目的，以及为了达到目的所开展的所有工作。这些工作的实现方法就是商业模式。

实现商业模式的计划就是商业计划。创业者只有拥有明确的商业模式和可执行的商业计划才能创业成功。概括到所有商业活动上，商业模式可以是企业与企业之间、企业各部门之间、企业与顾客之间、企业与渠道之间的交易关系和联结方式的总和。

（二）互联网商业模式

互联网商业模式就是指以互联网为媒介，整合传统商业类型，连接各种商业渠道，具有高创新、高价值、高盈利、高风险的全新商业运作和组织构架模式，包括传统的移动互联网商业模式和新型互联网商业模式。

互联网商业模式是没有固定模式的，只要能为顾客提供长期的价值，就是一个好的模式。

二、互联网商业模式的要素

（一）定位

一个企业要想有足够的生存空间并能实现持续盈利，必须明确自身的定位。定位就是指企业应该做什么，它决定了企业应该提供什么样的产品和服务满足消费的需求。定位是商业模式的出发点，也是企业战略选择的结果。

（二）业务系统

业务系统是指企业达成定位所需要的业务环节、各合作伙伴扮演的角色及利益相关者合作与交易的内容和方式。业务系统是商业模式的核心。

（三）关键资源能力

关键资源能力是指让业务系统运转所需要的重要的资源和能力。

（四）盈利模式

盈利模式是指企业获得收入、赚取利润的方法。具体来说，是指在给定的业务系统中，各价值链所有权和价值链结构已经确定的前提下，企业利益相关者之间利益分配格局中企业利益的表现。

(五)自由现金流结构

自由现金流结构是企业经营过程中产生的现金收入扣除现金投资后的状况。不同的现金流结构反映了企业在定位、业务系统、关键资源能力及盈利模式等方面的差异,体现了企业商业模式的不同特征,决定了企业投资价值的高低、企业投资价值递增的速度,以及企业受资本市场青睐的程度。

(六)企业价值

企业价值即企业的投资价值,是企业预期未来可以产生的自由现金流的贴现值,它是评判企业商业模式优劣的标准。

三、商业模式的设计与创新

成功的商业模式可以帮助企业在市场竞争中取得胜利,实现快速增长。每一个创业者都想为自己设计一个独特的、全新的商业模式超越其他企业。

(一)商业模式的设计思路

商业模式设计就是企业的基本盈利假设和实现方式,以及由此产生的不同价值链和不同资源配置的模式,其目的是最大化企业价值。一个优秀的商业模式不是一开始就完善的,而是需要不断优化改进。商业模式设计的思路可以遵循以下五个方面的核心要求:

(1)寻求最佳定位。企业定位涉及明确企业应履行的职责,进而确定适宜的产品与服务特性以实现客户价值。其核心在于发掘具有差异化特性的市场,并针对该市场提供满足客户需求、具备价值且独具特色的商品,使消费者愿意为之买单。定位之初,需要选取具有长期利润增长潜力的消费群体,并明确为他们提供独特的价值。随着价值领域的转移,定位也需适时调整。定位既是企业战略抉择的产物,也是商业模式体系中其他环节的起点。优秀市场定位的关键在于寻找可持续增长、规模庞大且发展迅速的市场。

(2)锁定目标客户。商业模式设计的另一个重要要求就是锁定目标客户。初创者最常犯的错误是不知道客户是谁,或者认为所有人都是客户。如果一个创业项目想服务所有的人,最终可能会失败。分析和把握客户需求的关键是识别和满足新的或潜在的客户需求,或者掌握客户未被满足的隐性需求,从产品创新转变为需求创新,以便发现新的增长机会。

(3)构建业务系统。业务系统主要指企业与客户、供应商及其他合作伙伴所形成的价值链网络,它反映的是企业与内外利益相关者之间的交易关系。业务系统的构建是商业模式设计的核心部分,商业模式的与众不同和难以模仿主要通过业务系统之间的差异来体现。企业在构建独特的业务系统时,一是要针对不同的利益相关者确定关系的种类及相应的交易内容和方法,二是在明确各利益相关者在价值链中的业务活动之后制定出科学、合理的利益分配机制,实现共赢。业务系统中利益相关者之间形成的关系网络是一套复杂的运行机制,深嵌在企业价值链中,因此不易被对方模仿。

(4)构建业务系统。业务系统主要涉及企业与客户、供应商及其他合作伙伴之间的价值链网络,体现为企业与内外部利益相关者之间的交易关系。构建业务系统是商业模式设计的核心环节，独特的商业模式及其难以模仿之处，主要体现在业务系统之间的差异。在打造独特业务系统过程中，企业需针对不同利益相关者，明确关系类型及相应交易内容与方法，并在了解各利益相关者在价值链中的业务活动基础上，制定科学合理的利益分配机制，实现共赢。业务系统中利益相关者之间的关系网络构成一套复杂运行机制，深植于企业价值链之中，因而难以被模仿。

（5）设计盈利模式。盈利模式即企业根据其目标客户群体及价值主张，规划潜在的收费主体、收入渠道和价格策略，从而从向客户提供的价值中实现收益、分摊成本并获取利润。卓越的盈利模式不仅能够为企业创造利益，更能够构建一个稳定且共赢的价值网络。各个现代企业的盈利模式各不相同。在同行业内，由于企业定位和业务系统的差异，盈利模式也呈现出多样性，即便定位和业务系统相同的企业，其盈利模式仍可能存在差异。设计盈利模式的终极目标在于实现收入超过支出。

（二）商业模式的创新

与技术创新一样，商业模式创新也会经历原始创新、被模仿、再创新的生命周期。商业模式的创新可分为两种模式，即商业模式的原始创新和模仿创新。

1. 商业模式的原始创新

原始创新是指通过开创前所未有的商业模式，为消费者提供新颖的产品和服务。这种创新既可以发生在现有企业之中，也可随着新兴企业的诞生而诞生。

商业模式的原始创新可根据实施方式分为三类：构成要素创新、系统性创新和逆向思维创新。构成要素创新涉及商业模式各构成要素在数量、组合和内涵等方面的创新变革，与以往模式有显著区别；系统性创新侧重于从整体角度对商业模式进行创新和构建；逆向思维创新则是一种求异思维驱动的反其道而行的创新方法，它促使思维向对立面发展，从问题的反面深入探究，从而孕育出新的观念和形象。

2. 商业模式的模仿创新

更多的商业模式创新实则源于模仿。模仿构成创新之基石，绝大多数成功的商业模式皆是在持续模仿的基础上实现创新的。

在商业模式的模仿创新中，可区分为全盘复制与借鉴提升两种类型。

（1）全盘复制即对优秀企业之商业模式进行原封不动的借鉴，同时在必要时进行适度调整。此方式主要适用于同一行业内的企业，尤其是那些同属一个细分市场或拥有相似产品的企业。

（2）借鉴提升则是学习并剖析优秀商业模式，提炼其核心要义或创新观念，进而与自身企业现行商业模式相对照，以发现潜在问题与不足。几乎所有成功的商业模式创新均源于将模仿得来的商业模式与其他商业模式或资源融合，赋予其全新表现或内涵。

▶ 案例阅读

小米模式的本质

供应链、生态链两个齿轮的咬合度，决定了小米速度。随着小米香港上市招股书的披露，越来越多的企业关注小米，关注点多是小米上市的估值、雷军的身价，或者对小米历轮融资和回报进行分析。小米是中国互联网发展史上的奇迹，累计融资20亿美元左右，不到10年间便创造出了千亿销售额；而近年来独角兽频出，融资数十亿而收入寥寥的企业比比皆是。小米和雷军虽然有融资能力，却没有滥用。因此，小米的成败代表着中国互联网的成败，小米是中国互联网行业的锚，小米临近上市，成功的故事开始了一半，其商业模式也足以写入教科书。抛开关于估值、可转债、小米金融等扑朔迷离的数字，让我们还原小米的真实现金流，仔细观看其商业模式。在小米披露的招股书中，小米2017年实现年收入1 146亿元，非国际财务报告准则口径（主要是调整了历轮融资的可转债、股权支付等非业务支出）净利润53.6亿元，净利润率4.7%。从现金流量表来看，小米的现金流似乎并不乐观，经营活动净流出10亿元，投资流出26.8亿元，而经营活动和投资活动的现金主要依靠融资活动所得的62.1亿元现金弥补，因此，年度尚有结余。

这样看来，小米很像一个典型的中国独角兽，靠融资支持着业务发展。小米的确在2014年进行了最后一轮F轮的融资，融资金额达1亿美元，最后一笔交割一直延续到2017年。不过，2017年小米通过股权融资获得的现金不到1亿元。2017年小米的融资活动得到的现金主要来自银行融资借款，总额为112亿元，但是，这并不是用来支持小米运营所用的现金流。根据小米招股书的披露，2017年112亿元的融资借款主要是为互联网金融业务提供资金。互联网金融业务主要是小米金融。这一业务小米已经做好了单独的构架，并且在招股书中披露了分拆的可能方案，未来大概率类似京东金融一样独立于小米集团之外。同时，仔细分析小米的经营活动现金流也可以发现，一个主要消耗掉小米运营现金流的项目是应收贷款及利息，同样，这是小米金融的贷款业务向贷款用户放款导致。小米有良好的造血功能，经营活动正向现金流为58.7亿元，能够支持公司的对外项目投资和资本开支（2017年资本开支为12.2亿元，包含在投资活动现金流内）。也就是说，小米主营业务的自由现金流良好。

对小米良好现金流的解读，大多数人会联想到小米的饥饿营销。的确，小米创立初期，开创了产品预售的先河，用粉丝效应打造出了小米品牌。回顾历史，小米早期预售10万台手机，能做到在数分钟内销售一空。从财报上来看，2017年12月31日小米账面上客户的预付款高达34亿元，按照当年小米存货周转天数45天计算，小米一年周转约8次，对应1 146亿元销售大约是140亿元/次，这意味着24%左右的货款是预付款，由"米粉"这样的粉丝垫付。

但是饥饿营销只是手段，撑不起千亿的销售体系。小米真正核心的能力，是对其供应链的管理能力。截至2017年年底，财务数据显示，对应2017年1 146亿元销售额的，是163亿元的存货、55亿元的应收账款和高达340亿元的贸易应付款。这些数据直观反映出小米有效利用了供应商的账期，对冲生产规模扩大所需的资金。从小米披露的现金循环周期来看，小米在历史上一直是有效利用了供应商的账期优势。虽然在出海销售的过程中，海外市场如印度对资金的占用会多一些，但不影响小米的现金循环周期为负，也就是利用供应链的账期差异，来实现规模的扩张。小米的销售额从2016年的684亿元增长到2017年的1 146亿元，贸易应付账款增加了接近160亿元，平均账期95天。相比之下，小米在2016年和2017年自身的资本支出仅为18亿元和12亿元，而且，从过往3年的现金循环周期天数逐年增加的趋势来看，小米对供应链资金的利用能力还在增强。

能驾驭"低价—高产—高销"这一循环逻辑的企业并不多，因为这对供应链有着极高的要求，手机厂商尤其是。芯片核心技术在高通，屏幕核心技术在三星，其他的环节都有重量级的企业，手机厂家竞争激烈且利润微薄，并没有多少议价能力。2016年小米遭遇了供应链危机，雷军不得不挥泪斩马谡，把原联合创始人周光平调离，推上有供应链管理经验、原负责小米移动电源的张峰，并亲自挂帅负责供应链，前后四次到访三星，确保了稳定屏幕的供给。经过一年多的动荡，2017年小米销量恢复，创出新高。根据小米官方的披露，小米的供应链覆盖了手机行业的核心企业，很多是细分领域的龙头公司、上市公司，在考虑利润之外对销售规模、市场份额也非常看重，能够配合小米保质保量、长线发展的诉求。2017年，小米的供应商大会主题就是"同舟共赢"。

2016年小米手机销量下滑的时候，除暴露出供应链的问题外，公司也意识到线下渠道的重要性。小米主打性价比策略，单靠手机的利润并不能支持线下的经营成本。而这时小米的生态链产品也在蓬勃发展，从移动电源、耳机、手环等手机周边到空气净化器、投影仪等应有尽有，这无疑是小米打开线下渠道的利器。根据小米招股书的披露，小米整个生态链体系有90多家硬件公司，出产1 600个SKU的产品。这足以撑起一个数百平方米的门店，让用户停留足够长的时间。除了购买相对低频的产品如手机和智能电视等，还可以选购手环、充电宝、平衡车、电动牙刷、扫地机器人、无人机等多种硬件。据小米之家官方披露的数据，目前进店下单的顾客，单人平均成交产品数为2.6个。此外，小米公司于2017年年初从上海证券交易所获得了发行100亿元供应链金融ABS产品的许可，能够更好地从资金上支持生态链上的公司。因此，对于国内的硬件初创公司来说，获得小米的青睐，就意味着获得了产品以外的所有支持，线上线下的销售渠道、召回部分供应商、技术和资金。

生产手环的华米是成立刚满4年的企业，主要产品是小米手环，2017年销售额为20亿元人民币，其中小米的产品占了16亿元。华米成立以来就保持了销量50%的增速，2015年估值超过10亿美元，成为独角兽，并且被评为"2015年福布斯中国成长最快科技公司"，2018年2月登陆了纽交所。生态链对小米同样有积极的作用。仅销售而言，2017年小米生态链的销售达到了200亿元。除了丰富小米之家的产品选择，生态链的产品对小米的利润也有直接的贡献。以生产空气净化器的智米为例，根据招股书中小米和智米的框架协议，双方约定采购价为成本加不超过2%的利润乘数，然后根据利润分成。小米TOT板块的毛利率2017年为8.3%，2017年，小米从智米采购加上利润分成的金额为19亿元人民币，公开资料中未披露小米和智米的分成比例，假设该比例为5∶5，那么，小米从销售智米得到的利润约为8 000万元人民币。

此外，在供应链环节，小米对生态链企业卡得也略紧。2017年小米采购了关联企业133亿元的产品和服务，假设主要为生态链企业的产品，关联方的贸易应收款年底余额仅为1.6亿元，换算成应收账款周期天数仅有4天。小米生态链和小米之家的创始人都是刘德，小米的联合创始人之一，曾经是北京科技大学工业设计系主任，是国内工业设计行业的专家。刘德在小米负责过前100万台手机的供应链工作，并不得心应手，反而在供应链的反面—生态链的位置，找到了小米的商业价值。（《21世纪商业评论》2018年06期）小米供应链的逻辑并不难理解，核心是以价格优势为基础预估上规模的销售数量，从供应量获得优惠的条款，进而实现低价，兑现销售数量。这个商业模式并不是小米原创，早先格力就凭借这一策略获得了小家电的半壁江山。

小米的招股书中把硬件、互联网服务、新零售作为三个环，放在了用户的周围，这是小米的一种直观的解释。然而推动小米前进的，是小米背后用户看不到的供应链、生态链，这两个链条是小米的动力来源，并且缺一不可。一方面，供应链的规模优势吸引生态链的企业加入；另一方面，生态链的企业在产品、销售、利润、资金上都反哺供应链，让小米变得更为强大和抗打击。小米生态链策略效果很好，截至2018年3月31日，小米之家一共开设了331家，在连锁零售中仅次于苹果。对于小米生态链的合作公司来说，小米的线下+线上的销售网络非常适合科技含量高的消费品，用户有足够多的时间来了解和切身体验产品，能够大幅提高转化率和销售。除销售渠道外，小米的供应链在帮助合作伙伴降低成本、提高效率其议价能力和设计能力方面，都处于业内领先水平。供应链和生态链像是小米的两个齿轮，密不可分，只有在这两个齿轮高度咬合、亲密无间的前提下，小米才能稳定地让资金流转起来，吸引优秀的团队持续做出优质的产品，让小米保持高速前进。

拓展训练

请结合案例阅读内容，分析小米商业模式各个要素，以及小米商业模式的创新之处。

项目十二
数字时代的创业

自我思考

2023年9月4日，习近平向2023中国国际智能产业博览会致贺信，为数字经济发展指明方向：把握数字时代脉搏，共创幸福美好未来。数字时代，互联网经济给大学生等青年创业者提供了前所未有的机遇，年轻人如何才能抓住机遇，闯出一片新天地呢？

请同学们想一想：你是如何理解数字时代的创业的？你能列举你周围或你知道的数字时代创业事例吗？你认为他（她）们是如何把握数字时代脉搏，抓住数字时代机遇，来进行创业的？

〖知识目标〗
1. 了解数字时代的概念，熟悉数字时代的特点和影响。
2. 了解数字时代的变革逻辑，掌握数字时代创业的新机遇和新趋势。
3. 了解如何在数字时代进行创业，面对数字化创业，大学生要增强哪些本领。

〖能力目标〗
1. 了解数字时代对大学生能力的要求，掌握更多数字化技术。
2. 能够创新思维和跨学科视野，提升实际操作能力和行业认知。

〖素质目标〗
1. 深入理解数字时代的内涵与趋势，明确个人职业兴趣与定位。
2. 掌握核心技能与知识，积极积累实践经验，提高自身在数字时代的竞争力和价值，提高网络信息辨别力。

▶【开篇故事】

数字时代创新创业助力脱贫攻坚

阿力日哈，彝族，凉山州金阳县人，全国乡村振兴青年先锋获得者（全省仅20人），四川农业大学体育学院社会体育专业2021届毕业生。在校期间，主持国家级创新训练项目1项，主持和参与校级科研兴趣小组各1项，公开发表论文4篇，申请实用新型专利2项。中国教育部大学生创新创业典型，中国大学生自强之星，全国大学生返乡创业英雄10强，第三届四川省天府杯创新创业大赛冠军（乡村振兴组），基于凉山州金阳县椒农的精准扶贫创业项目《麻味蜀乡——把控生产源形成销售制高点》获得第八届创青春中国创新创业大赛全国冠军（乡村振兴组）。

凉山州金阳县曾为国家级贫困县，县内多山区，当地居民家家户户都种植花椒，阿力日哈家也不例外，他从七岁就跟着父母摘花椒。"花椒刺特别多，摘一天下来，手都是伤痕累累的，但是花椒产量和价格却很低。"辛苦劳作却只能获得微薄的收入，这令他感到困惑。

2017年，阿力日哈被四川农业大学录取，大学里丰富的课程和资源让他萌发了带领乡亲们创业致富的想法。"一山分四季，十里不同天"，金阳县独特的立体气候非常适宜青花椒的生长，因此，花椒是他创业的第一选择。满怀热情的他组建了自己的创业团队——10位20岁出头，来自四川农业大学三校区不同学院的学生，为了找到阻碍花椒产业发展的原因，他带着团队和老师多次前往金阳调研。

价格低、质量参差不齐、种植面积与产量不成正比、滞销一度成为金阳花椒的发展难题。阿力日哈调研发现，家乡传统的花椒种植技术、产业链过短是花椒产业存在的两个主要技术问题。善于思考的他想到了"科研团队+公司+合作社+农户+互联网"的产研一体化商业模式。一方面让农户在淘宝、拼多多等网络平台上售卖花椒，减少中间环节，提高收入；另一方面研发高附加值的花椒产品，如花椒沐浴露、花椒洗发水、花椒杀虫剂等，双管齐下地解决金阳县花椒产业所面临的价格低、滞销等问题。

在2019年，主要针对花椒优良品种栽培及销售进行推广。阿力日哈带领团队在1个月内拜访了成都1 280家火锅店，并与100余家餐饮单位签订长期合作合同，代销农村滞销花椒10万余斤，帮助109家椒农解决了花椒滞销问题。

2020年，带领公司有效融资500万元，用于建立300亩花椒产业园，年产25吨优质花椒，解决家乡凉山的246户椒农花椒滞销问题，助力椒农增收213万元。在这一年，金阳县摘下贫困县帽子，阿力日哈为脱贫攻坚战贡献了自己的一份力量。为进一步解决花椒滞销和产量问题，并增加花椒的附加值，他带团队在学校叶萌老师的指导下，自行研发花椒洗发水、花椒沐浴露和花椒杀虫剂等新型实用专利。同时，开设零售店（阿里巴巴店），销量突破51 356单。

2021年，成立金阳城荣花椒销售有限责任公司，注册资金500万元，这是阿力日哈的第二家公司，进一步开展花椒的初加工和深加工方面的业务。公司与深圳市炭舍餐饮管理有限公司（50家连锁店，固定年需求量60 t）、美蛙鱼头连锁店（32家连锁店，固定年需求量16 t）、惠椒网、田之格、美家宜公司达成合作，固定需求量突破200 t，解决了569户椒农的花椒滞销问题，助力椒农增收720万元，户均年增收5 772元。

2022年，阿力日哈带领金阳城荣花椒销售有限公司进一步发展，拓宽销售渠道，与龙头企业幺麻子、味之觉美蛙鱼全国连锁店、海底捞全国连锁店达成长期合作，固定需求量突破500 t，解决了720家农户花椒滞销问题，产值突破3 600万元。

心之所向，行之所往。阿力日哈定期邀请四川农业大学林学院专家做技术培训，持续建设花椒加工厂，不断增加农民工工作岗位……特别是在2021年毕业后，他更是义无反顾返乡继续创业，坚守初心致力于将更多的投资和资源带回到那片生养他的土地，不愧于"全国乡村振兴青年先锋"的称号。

砥节砺行

三年时间，阿力日哈帮助椒农实现了花椒销量成倍增长，实现"花椒销出去，村民富起来"的目标，穷山沟变成了"金山村"，让贫瘠的土地生长出了"富裕"的种子。作为当代大学生，要把建设美好祖国的责任与使命刻在骨子里，借助数字时代工具，用实际行动践行誓言。

任务一 已经到来的数字时代

名人语录

知之者不如好之者，好之者不如乐之者。

———孔子

卓越的人一大优点是：在不利与艰难的遭遇里百折不挠。

———贝多芬

说到数字化，你能想到什么？从生活经验出发，你大概能想到智能手机、移动互联网、即时通信、电子商务、数字化营销、在线教育、电子政务等。这些都是我们每天可以随时感知到的，它们正在深刻地影响我们的工作和生活。在进行下面的学习之前，请思考以下问题：

（1）数字时代到底是什么？

（2）数字时代对我们有哪些影响？

一、数字时代的概念

（一）数据是实体世界信息化的代表

数据代表着对某事物的量化描述，可以记录、分析和重组事物。数据是数字化的基础。数据化就是把事物转变为可制表分析的量化数据的过程。有了数据，下一步就是如何将它转化为用"1"和"0"表示的二进制码，这样计算机就可以处理这些数据了，而这个过程，我们称其为数字化。

因此，我们认为，数字时代指的是运用信息技术，将一切信息或数据转化为"1"和"0"

的过程，是指信息领域的数字技术向人类生活的各个领域全面推进的过程。比如，一个苹果如何用数据的方式呈现出来？我们可以把苹果量化分解成一系列数据指标，如大小、质量、含糖度、成熟度、软硬度，甚至成分等。

现在，随着科学对世界的不断探索，人们越来越相信，万事万物皆可以用数据的方式呈现出来。也就是说，一切皆可量化。

（二）数据化是提升效率的基础条件

在伊恩·艾瑞斯（Ian Ayres）的《大数据思维与决策》一书中，讲述了一个非常有意思的案例。有个爱好收藏红葡萄酒的统计学家叫奥利·阿什菲尔特（Orley Ashenfelter），他非常好奇为什么某些年份、某些产地的红葡萄酒品质非常高并值得收藏。因此，他想用数据的形式呈现红葡萄酒的品质。这个想法在我们很多人看起来是不可思议的，品酒师也认为这个想法很滑稽——如果想要判断酒的品质，人们好歹得去亲自品尝吧！但奥利却坚持不懈，他将影响红葡萄酒品质的气候条件如降雨量、气温等，都做了周密的分析和研究，最后真的得出了一个数学公式：

$$葡萄酒的品质 = 12.145 + 0.001\ 17 \times 冬天降雨量 + 0.062\ 4 \times 葡萄生长期平均气温 - 0.003\ 86 \times 收获季节降雨量$$

一开始，人们并不相信这个公式真能预测红葡萄酒的品质和日后的价格，品酒师甚至嘲笑奥利·阿什菲尔特。但是接下来的事却让所有人惊呆了，这个公式从1986年被提出来以后，从未失误过，准确地预测了一年又一年的葡萄酒品质及收藏价值。

从这个案例中，我们可以清晰地看到数据化的威力：一个事物的数据化程度越高，人们对这个事物的解读、解构、判断、分析、复制、预测的能力就越强。可见，数据化是混沌与明朗之间的分水岭。有了数据化，更利于事物快速进步；没有数据化，我们往往只能做出模糊的判断。

数据化是提升效率的基础条件。互联网书店要比实体书店的效率更高、更精准，因为实体书店只能掌握哪些图书卖出去了、哪些没有卖出去这些基本的数据，但互联网书店如亚马逊，却能充分掌握顾客的其他数据：他们查看了哪些书，他们浏览了哪些网页，他们在某个网页上停留了多久，他们是否经常看其他顾客的评论……根据这些数据，互联网书店就能分析消费者喜好，并且预测出哪些书会被哪些人接受。数字化时代的发展，其本质就是整个社会一步步从混沌到数据化再到数字化的过程。

二、数字时代的特点

数字时代的特点主要表现在以下几个方面。

（一）信息传播速度快

在数字时代，信息的传播达到了前所未有的速度。互联网的普及使人们可以随时随地获取和分享信息，消息的传播不再受地域和时间的限制。这种快速传播信息的方式，不仅改变了人们的认知方式，也影响了社会的发展和决策。

(二)数据驱动决策

数字时代带来了海量的数据,这些数据涵盖了各个领域和行业。企业和政府纷纷运用大数据技术进行数据分析,以数据驱动决策,提高决策的准确性和效率。数据驱动的决策方式有助于优化资源配置、提高生产效率,进而推动社会经济的快速发展。

(三)跨界融合

数字时代,不同领域之间的跨界融合变得越来越普遍。互联网、物联网、人工智能等技术的快速发展,使得各个行业之间的界限变得越来越模糊。跨界融合不仅促进了技术创新,也为企业提供了更加广阔的市场空间。企业通过跨界合作,可以实现资源整合、优势互补,提高竞争力。

(四)个性化需求

在数字时代,消费者的需求更加多样化、个性化。互联网技术使得企业能够更加精准地了解消费者的需求,为消费者提供个性化定制服务。满足个性化需求,成为企业在竞争中取胜的关键。同时,消费者在数字时代也享受到了更多便利和个性化体验。

(五)网络安全挑战

随着数字时代的到来,网络安全问题日益严峻。黑客攻击、数据泄露、网络病毒等安全隐患时刻威胁着企业和个人的信息安全。保障网络安全,成为数字时代亟待解决的问题。政府、企业和个人都需要加强网络安全意识,共同维护网络空间的和谐与安全。

(六)持续创新

在数字时代,创新成为推动发展的核心动力。新技术、新产品、新业务模式不断涌现,为市场注入新的活力。企业需要持续创新,以适应不断变化的市场环境。同时,政府也需要营造有利于创新的政策环境,培养创新型人才,为数字时代的发展提供源源不断的创新动力。

总结来说,数字时代的特点包括信息传播速度快、数据驱动决策、跨界融合、个性化需求、网络安全挑战和持续创新。这些特点不仅改变了人们的生活方式,也对社会经济发展产生了深远影响。面对数字时代的挑战和机遇,我们应积极应对,充分发挥数字技术的优势,推动社会迈向更加美好的未来。

三、数字时代的影响

数字时代的影响深远,不仅改变了人们的生活方式,还对经济、社会和心理层面产生了重要影响。以下几个方面具体阐述数字时代给我们带来的变化。

(一)生活方式的改变

(1)信息获取:在数字时代,人们可以随时随地通过互联网获取海量信息,大大拓宽了知识面和视野。

（2）沟通交流：社交媒体、即时通信工具等让人们的交流更加便捷，跨越地域的限制，丰富了人际交往的方式。

（3）购物消费：电商平台的发展让消费者享受到线上购物的便捷，购物体验更加个性化。

（4）娱乐休闲：网络游戏、视频网站等提供了丰富多样的娱乐方式，满足了人们精神层面的需求。

（5）工作方式：远程办公、在线协作等数字化工作方式逐渐普及，提高了工作效率，但也可能带来工作与生活的界限模糊。

（二）经济发展的推动

（1）产业升级：数字技术的应用推动传统产业向数字化转型，催生新兴产业，助力经济增长。

（2）创业创新：互联网降低了创业门槛，激发了创新创业活力，促进就业和财富创造。

（3）金融科技：数字金融的发展为中小企业和个人提供便捷融资渠道，推动实体经济发展。

（三）社会结构的变革

（1）教育公平：在线教育打破地域限制，让优质教育资源惠及更多地区，提高教育水平。

（2）医疗改革：数字医疗提高医疗服务效率，降低医疗成本，助力实现全民健康。

（3）社会治理：大数据、人工智能等技术提高政府治理能力，提升公共服务水平。

（四）心理层面的影响

（1）网络成瘾：过度依赖互联网可能导致现实生活中的沟通、情感寄托等方面出现问题。

（2）信息过载：海量信息让人难以筛选和处理，可能引发焦虑、选择困难等问题。

（3）隐私泄露：网络信息安全问题日益突出，个人隐私容易受到侵犯。

总之，数字时代对我们生活的影响是全方位的，既有积极的一面，也存在挑战。面对这些变化，我们需要不断调整自己的心态和行为，善用数字技术，过好新时代的生活。

四、数字时代的发展

随着科技的飞速进步，我们已然进入了一个崭新的数字时代。在这个时代，计算机技术、互联网和人工智能等数字技术成为了推动社会发展的主要力量，可以从以下几个方面来深入了解数字时代的发展。

（一）数字化信息的普及

在数字时代，信息的传播速度和范围达到了前所未有的程度。智能手机、平板电脑等移动设备的普及，使人们可以随时随地获取和分享信息。互联网的高度发达，让全球人民得以相互交流，推动了人类文明的交融与发展。此外，大数据技术的应用，让企业和政府能够更加精准地了解用户需求，为人们提供更加个性化的服务。

(二)产业数字化转型

传统产业在数字时代的背景下,正逐步实现数字化转型。智能制造、无人驾驶、智能物流等技术的应用,提高了生产效率,降低了成本。同时,新兴产业如电子商务、网络金融、在线教育等也在数字时代焕发出勃勃生机。此外,区块链技术的出现,为数据存储和传输提供了更为安全的方式,有望解决信息时代的信任难题。

(三)数字生活变革

数字时代改变了人们的生活方式。购物、支付、出行、娱乐等方方面面,都可以通过手机等移动设备轻松完成。在线医疗、智能家居等领域的不断发展,让数字生活更加便捷、智能。同时,数字时代也给人文关怀带来了新的挑战,如网络安全、隐私保护等问题日益凸显。

(四)社会管理与创新

数字时代为政府管理提供了新的手段。通过大数据、云计算等技术,政府可以更好地进行公共服务、市场监管和社会治理。此外,数字时代激发了创新创业的活力。许多初创企业凭借独特的商业模式和先进技术,迅速崭露头角,成为推动经济发展的重要力量。

(五)全球合作与挑战

面对数字时代的机遇与挑战,各国应加强合作,共同推进全球数字经济发展。在此基础上,国际技术交流、人才培养和政策制定等也需要紧密配合。同时,数字时代也带来了一系列全球性问题,如数字鸿沟、数据安全和隐私保护等。各国政府应积极应对这些挑战,确保数字时代的可持续发展。

总之,数字时代的发展给人类带来了前所未有的机遇,也带来了一定的挑战。在这个时代,我们应该紧跟科技发展的步伐,充分挖掘数字技术的潜力,推动人类社会迈向更加美好的未来。

> **案例阅读**

杭州亚运会开幕式全民参与数字点火仪式

2023年9月23日晚,杭州亚运会开幕式,来自全球的1亿多名数字火炬手化作点点光芒,汇聚成一个超级数字火炬手,从钱塘江踏浪而来,步入"大莲花"体育场。

金色的身影在185米高的立体网幕上逐渐清晰,大步跑向主火炬塔,飒沓如流星。

名为"潮涌"的主火炬塔缓缓舒展开来,并被数字火炬手与线下火炬手携手点燃,整个场馆骤然明亮,数万名观众现场见证了这历史性的一刻——亚运会史上首创的数字点火仪式。

坐在现场观众席上的方凯,他的心情有别于每一个人,那是一种仿佛游戏通关之后的放松感。他是亚运数字火炬手——支付宝技术负责人,过去一年半的压力,在这一秒尽数卸下。

方凯和伙伴们写下的20万行代码,数百台手机超10万次的测试,上万次的AI动态捕捉与训练,被打造出的两万亿种数字火炬手形象,这一刻,共同汇聚成了闪耀着的亚运圣火。

这是亚运史上的第一次,甚至是全球大型体育赛事史上的第一次——主火炬塔不是由现实的火炬手，而是由全球上亿名数字火炬手携手点燃，相聚一团火，天涯共此时。

这一秒的绚烂，是数字之城杭州送给亚洲乃至全世界的一份浪漫。

1 亿人！开幕式总导演定下小目标

2022 年，方凯进入"支付宝亚运专班"，参与推进亚运数字火炬手的项目。近百名支付宝工程师加入是因为需要帮助杭州亚组委解决一个难题。

那时，亚运会开幕式的总导演沙晓岚，正在为开幕式高光时刻的点火创意而困恼。

以往的大型国际运动赛事，如何点燃主火炬塔，都是人们最期待的经典瞬间。骑马点火、射箭点火、水中点火……各种点火方式各具匠心。如何让杭州亚运会的点火仪式推陈出新？

沙晓岚有两个希望：一是回归体育的本义，体育本来就是人人参与的事；二是要体现数字中国的特色，用数字化的形式，让开幕式的点火前所未有。

最终，杭州亚组委和导演组共同决定：让无数的普通人成为数字火炬手，打造一场史上覆盖区域最广、参与人数最多、持续时间最长的线上火炬传递活动，最终共同点燃亚运圣火。

作为"数字之城"的杭州，用一场特别的"数字点火"为亚运盛会献礼。要想体现"全民亚运"的理念，目标也不能太小，几百万人是不够的，起码要大几千万人，最好是上亿人。

最终，杭州亚组委向沙晓岚推荐了支付宝，一场以技术助力传承亚运精神的探索由此开启。

接到需求时，方凯的心里是有点慌的。总导演沙晓岚要求一个月内看到手机上的实际效果，"你们别给我看 PPT"。因为压力过大，方凯和他的组员甚至把供应商都吓跑了。

搭建一个亿级用户的平台，困难就摆在面前。"如果要把全中国乃至全亚洲的人民都覆盖进来的话，那一定会面临非常极端的网络环境和手机设备问题。"

方凯说，不是所有人都有苹果手机，在城市角落或乡村小镇，有太多的普通人，用的手机是七八年前的老款手机，如果要单独下载一个独立的 App，甚至会为网费和内存而心疼。

1 亿人参与，就意味着有 1 亿台手机，怎样让不同性能，特别是老旧型号的手机也能顺畅运行，成为首要难题。

1 亿数字火炬手就是 1 亿种"独一无二"

走进方凯的工作室，总会误以为走进了一个手机零售店。

为了让尽量多的人成为数字火炬手，支付宝技术团队搭建了一个超大的手机测试机房，里面有接近 300 款手机，覆盖了市场上几乎所有的手机型号。

方凯和同事们还搬来了一台机械臂，用它来模拟人手操作，"都靠人来操作太费手了"。

最终，通过超过 10 万次的测试，数字火炬手的平台能支持市场上 97% 的常见机型，8 年前的旧手机就能玩，人们不用下载 App，通过小程序就能线上传火炬。

"我们不想落下任何一个用户。"为了实现更好的视觉效果，蚂蚁集团的技术人员基于 Web 的标准，自研了一个 Web3D 渲染引擎 Galacean，体积大小只有几 MB，并对小程序运行环境做了大量优化。

最终，3D 互动引擎、人工智能、区块链、小程序云、云计算等多种技术，支撑着上亿用户在数字世界里，共同参与了这次数实融合的点火盛况。

让上亿人参与亚运的线上活动，个人要投入大量的时间成本，公司也要支持大量的技术与流量成本，值得吗？

"我觉得非常有意义，"方凯说，"过去的火炬传递里，都是线下的火炬手去点燃主火炬塔，很多时候，我们只能记住最后一棒火炬手的名字。"

现在，巨大的金色数字人，代表着所有的数字火炬手，跟线下火炬手一起点燃主火炬塔。这意味着这一刻，因为一次悄然的点击，这团燃起的亚运圣火，与无数的普通人产生了连接。

"我们相信这是一份专属的永恒记忆。"支付宝亚运办公室数字服务专班负责人孟琰说，设计数字火炬手的形象之初，他们就希望每个数字人都不只是一个跃动的光点。

"每个人都是独一无二的，哪怕在数字世界里。"为了实现这个目标，孟琰和伙伴们决定放弃用单一的卡通形象作为数字火炬手，而是让每个人都能打造只属于自己的数字形象。

为此，他们开发了58个"捏脸"控制器，并利用AI技术实现自拍后1秒内生成数字形象；搭建交互智能实验室，进行了上万次的动作捕捉；收集几十万张图像数据，进行设计和三维建模，让用户可以自由选择喜欢的亚运服装。

最终，数字火炬手的形象选择可达到两万亿种，构成了上亿人都能"一人一面"的亚运数字世界。

这意味要花费大量的时间。孟琰有个专门用来做大事记的笔记本，记录着每一次跨组、跨部门、跨平台的重要会议和决策。前几年，笔记本上的事项半个月才会更新一次，进入亚运专班后，她的本子每天甚至每小时都在更新。

时间带来了答案。最终呈现的数字火炬手，不仅可以穿着和线下火炬手一样的衣服，就连光照阴影的角度都模拟了太阳光的37°斜角，在细节上极尽逼真。

这一秒无数普通人被照亮

数字点火仪式之外，融入开幕式的AR（增强现实）互动，同样让人耳目一新。

现场观众打开手机，就能召唤亚运吉祥物"江南忆"，跃入杭州奥体中心体育场"大莲花"的舞台中央。

导演团队突破性地将AR技术用于现场演出——现场几万人打开支付宝，就能通过官方小程序，配合现场的节目或舞美效果进行多种趣味互动，"我们希望让几万名观众，也能参与到开幕式中，成为现场演出的一部分。"杭州亚运会开幕式总导演沙晓岚说。

这是世界首次在大型活动现场使用AR互动，也是沙晓岚领衔的开幕式导演组，交给支付宝技术团队的一个挑战。

为了最大程度地在AR互动中融入中国文化元素，在支付宝工作7年的设计师王敏燕，可谓绞尽了脑汁。比如，融入了杭州与中国秀丽风景的数字明信片，让观众在当晚留存一份美丽的记忆；又或是融入中国文化元素的许愿灯，让它承载着观众的祝福飞入夜空。

在万众瞩目的点火环节，观众用手机扫描舞台，更会看见属于自己的数字火炬手，缓缓跑向主火炬塔，与上亿人共同点燃亚运圣火。

然而，再温暖用心的设计，也需要稳定的技术来支持。

开幕式的舞台效果绚烂夺目，大莲花内的灯光环境也千变万化。用户在体验AR互动过程中，可能在某一秒钟恰好面临全暗的环境，"比如你对准了大莲花，但是手机识别不出来，吉祥物就没办法即时跳出来互动了。"方凯说。

为了给人工智能提供更全面准确的数据，保证在场馆的任何一个角落，AR互动都能稳定运行，方凯、孟琰和伙伴们选择"用脚"输入。

连续一个多月，近30名支付宝的工程师开始了"驻守大莲花"的数据采集工作。伴随着开幕式节目的一次次彩排，他们在大莲花3层看台、24个区域、216个点位，持续从不同角度拍摄图片和视频，收集了超过40万帧的影像数据。

孟琰对那段日子印象深刻，几乎每个凌晨，在大莲花结束一天的彩排之后，她和伙伴们才能进去采集数据，上上下下，每晚的步数都是三万步往上，当时正处于杭州最热的八月。

最终，在 AI 算法的加持下，开幕式 AR 互动的识别成功率超过 95%，在暗光环境下也能稳定运行。

亚运会开幕式的现场，当无数盏许愿灯从手机里飘出，飞入大莲花的上空，如同璀璨的万家灯火。王敏燕终于感受到这一切都是值得的。

方凯和他的小伙伴们并没有觉得自己有多了不起。他们更高兴的是帮助上亿的普通人，参与了一个"大项目"。

就像几年前，方凯参与的支付宝"集五福"项目，虽然每个人也就能领到 2.68 元，但能让上亿人在过年期间集福卡、换福卡，在数字化的五福乐园里看中国的舞龙舞狮，"就算是数字世界的春节，也能多一些年味和开心，这就够了"。

就像前几天，来自福建福清市的"00 后"小伙子林立祥，就因为爱玩手机，参与线上火炬传递，还被亚组委邀请作为数字火炬手的代表，成为丽水站的第 85 棒线下火炬手。

林立祥在一家饭店当传菜员，日常工作就是把菜从厨房送到客人桌上。他也没想到，因为一个小程序，自己就能从"传菜员""摇身一变"去传火炬了。

"这或许就是数字火炬手最大的价值了。"孟琰说，"数字点火这 1 秒，是 1 亿普通人被照亮的 1 秒，这是属于他们的荣光。"

拓展训练

请结合下面的案例，与小组成员讨论这些大学生是如何进行数字时代的创新创业的，对你们有什么启发。

"流量小生"的乡村致富经

土鸡蛋、客家米酒、腐竹……近日，一场助农扶贫直播活动在江西定南县岭北镇圩镇举行。"一个圩镇过往的人流量不过数百人，但直播平台一上线，很快就吸引了 4 000 多买家，'土产品'瞬间成了'走俏货'。"直播平台负责人李良华说。

"85 后"李良华是定南县鸡卿寨生态蛋鸡专业合作社理事长和"季实庄园"品牌创始人。从一个创业"愣头青"到如今的电商创业领头羊、全国农村致富带头人、全国乡村振兴青年先锋，他用 11 年时间成为当地农产品互联网销售的"流量小生"。

关于"触网"，李良华坦言是被逼出来的。"要让消费者相信你的土鸡、土蛋，卖出好价，就必须让他们'眼见为实'。"李良华创立联合共享品牌"季实庄园"，升级优化标准 VI 系统、官网分销系统和云直播溯源系统，采用 O2O 模式全程监控、直播土鸡生长过程，打造可视化农业销售模式，让消费者身临其境感受农业生产的火热。

如何持续吸引消费者？有了"触网"经验的李良华开始瞄准"流量"市场。从开设淘宝、京东店铺，到开发"季实庄园"农产品销售小程序，再到现在抖音、快手、腾讯等平台直播，曾经网店静态的销售，已发展为直播动态销售模式，如今他的网上直播平台已拥有 30 万粉丝。

2017 年，借"网"致富的李良华被聘为岭北镇政府扶贫顾问，他的生态蛋鸡专业合作社已有员工 100 多人，带动 100 多户土鸡养殖农户增收。他还积极指导农户和贫困户进行网上销售，并帮助贫困户直播带货，助力消费扶贫。

"利用互联网技术的渗透性、融合性，整合产销链资源，'合作社+品牌+农户'模式将使农户抱团发展。"李良华说，下一步，合作社将进一步深耕"互联网+"经营模式，积极引进-196 ℃的液氮速冻保鲜技术，开发生鲜鸡肉产品，破解电商销售过程中的物流难题，让更多农民"触网"增收致富。

"汉服达人"的文化复兴梦

"有结婚20周年的夫妇来拍结婚纪念照，有年龄加一起超过80岁的闺蜜来拍写真，还有毕业前的大学生专门来庆祝。"在十步汉飒汉服体验馆里，"90后"汉服造型师韩爽每天都要给来体验汉服的人设计造型。

从事汉服造型之前，韩爽曾是一名西班牙语翻译和国家认证金融理财师，还是微博等平台的旅行博主。"在旅游中，我看到许多游客都把和服体验当作去日本旅行的固定打卡项目。在韩国，穿传统服装游览一些景点甚至可以免门票。"热爱汉服和传统文化的韩爽由此萌生了创业的想法，并创立了十步汉飒汉服体验馆。

作为一名新生代创业者，韩爽希望通过互联网传播，让汉服与世界产生更多联系，让更多年轻人加入传播汉服文化的潮流中来。

创业的艰辛超出韩爽的想象。从创业想法萌芽、制订方案、寻找合伙人、选址，拿着方案找了不下100个投资人谈融资，到店面成功试营业，韩爽都一手操办。

"不少人以为汉服仅仅指汉代服饰，实际上汉服是汉民族的传统服饰，从黄帝时期至明末共有4 000多年的历史。"为更好地复兴汉服文化，韩爽紧跟当下热点潮流，仿照流行影视作品《长安十二时辰》《花木兰》等进行造型，用现代的时尚感，演绎不一样的传统文化。

如今，十步汉飒品牌已小有名气，在线上了解产品、预约体验的消费者稳步增长，全国首家汉服室内实景体验自拍馆也应运而生。其背后，汉服体验和消费日益成为潮流。美团点评统计数据显示，目前汉服体验消费者以"95后"居多，占比超过三成，新生消费力量"00后"占比达13%。汉服体验消费者中也不乏"60后"的身影。

"活在过去的是文物，走上街头的才潮酷。"韩爽说，自己做汉服体验店的目的不是让人们回到过去，而是让汉服来到现代人的生活当中。在传播汉服文化的路上，韩爽乐在其中，并决定在汉服造型师的新职业之路上继续探索。

任务二　数字时代的变革逻辑

> **名人语录**
>
> 井蛙不可以语于海者，拘于虚也；夏虫不可以语于冰者，笃于时也。
> ——庄子·外篇·秋水
>
> 生活就像骑自行车，为了保持平衡，你必须不断向前。
> ——爱因斯坦

任务导入

打开导航软件，出行路线一目了然，软件还能实时分析路况、预估出行时间；在电商平台上选购衣物，通过线上试衣功能，可以直观感受衣服搭配是否合适；居家休闲，足不出户便可"云游"博物馆、欣赏珍贵文物……在进行下面的学习之前，请思考以下问题：

数字时代你切身感受到的变革有哪些？

知识链接

数字时代是社会发展的必然阶段，而数字化转型是发展过程的关键所在，也是数字时代变革的核心驱动力量。我们要了解数字时代的变革逻辑，需要在清楚数字时代与实体经济时代区别基础上，来实现数字时代企业和创业者的变革。在数字时代，数据成为中心，数字化技术也成为数字时代新的生产力，数据则是新的生产要素。

一、数据生产要素的特点和优势

（一）数据生产要素的特点

实体经济时代的生产要求主要以具有物理性质的实体资源为主，如自然资源、矿石、农作物、石油等，多是不可再生的资源，其生产加工过程对生产设备、生产工艺的要求很高，其实现技术和流程具有很高的壁垒，非本行业的企业和个人难以掌握。同时，受地理位置、天然条件的影响很大，具有很强的地域局限性，大多数不具备流动性，且边界清晰。

而对比数字时代的数据生产要素来看，其特点如下。

1. 泛生性

数据是数字时代每个企业和个人无时无刻不在产生的一种资源，是人类各项生产和生活活动的数字化描述形式。数据天生具有泛生性，有很强的二次生产、传播生产的属性，与实体资源不可再生形成鲜明对比。

我们平常看到的知识付费、短视频，大部分是原始内容数据经过传播和加工而触达的，也就是泛生而成的。从这个角度来讲，数据资源区别于实体资源的一个很大的特点是数据资源的权属比较难以界定，一个视频经过加工之后有了新的内容和含义，一篇文章被局部引用后变成了新的内容，那么该数据资源的价值应该如何去度量，这比实体资源的价值比较要困难得多。而且数据与数据之间天然存在关联性，不像实体资源那么边界清晰。

2. 开放性

数据资源天生具有很强的开放性，互联网上每时每刻都在产生海量的新数据。对这些数据，拥有网络和计算终端的组织或者个体都可以很容易获取。而单一的一条数据通常不具备价值，无法进行生产，必须与其他数据进行融合集成，才能产生业务价值。所以，相对于实体资源的稀缺性和壁垒性，数据资源是非常开放和容易获取的。

3. 流动性

数据资源具有极强的流动性，一条信息可以在 1 s 内跨越地球最远的距离进行传递，一个短视频可以同时分发给上亿观众。与需要用陆运、海运或空运才能够移动的实体资源相比，数据资源具有极强的流动性。

4. 普惠性

数据资源的泛生性、开放性和流动性决定了它拥有比实体资源更强的普惠性。数据资源的生产加工比起实体资源要容易很多，只要有手机就可以对文字、图片、视频进行加工，生成新的短视频，只要有计算机就可以编程处理多样化的数据，并不需要购买工艺复杂、价格较高的工业设备。数据能够为广大的中小型企业和个人生产者提供更加实惠的帮助，如将原来的手工记录抄表变成现在的自动化抄表，通过 Excel 去计算统计，提升分析效率等。

5. 虚拟性

与实体资源的固定资产属性不同，数据资源拥有更强的虚拟属性。对同一个数据，不同用户看到的业务属性、价值是不一样的，通过对数据进行加工组合，产生的产品形态也是千变万化的。但是，目前没有一个像管理实体资源那样规范、成熟的管理办法来管理数据资源。

（二）数据生产要素相较传统生产要素的优势

1. 易获得

数据生产要素在数据时代是很容易获得的，互联网就是一个无穷无尽数据资源的生产源头，只要你有想法、有需求，就一定能够在网上找到对应的数据。

2. 易加工

以云计算、大数据、人工智能为代表的数字化技术的应用越来越广泛，让每个个体和组织都能够相对容易地对数据生产要素进行加工生产，形成自己的数据产品。

3. 易传播

在原来的实体经济时代，传统生产要素的传播移动是非常缓慢和复杂的，而数据生产要素的传播是非常快且方便的。

4. 易交易

借助数字化支付，无论产品的规模大或小，价格高或低，都能够快速进行交易。

5. 易度量

所有的数据产品的全生命周期链路都是可以实时被记录的，更加容易度量和测算。

二、数字化生产力的优势

数字时代生产要素发生变化的同时，生产力也实现了维度上的飞跃，从实体经济时代以工业设备、电力和人力为核心的生产力，进化为数字时代以计算能力和数字化技术为核心的生产力。数字化生产力具备以下五个显著优势。

（一）具有弹性优势

在实体经济时代，实体设备受其物理属性限制。例如，一台设备的产能是有限的，若要提升产能，必须购置新设备，并经过运输、安装、调试等环节后方可投入使用。而在数字化时代，通过云计算等技术，可以实时、弹性地增加计算能力，从而显著提高数字化生产效率。

（二）具有柔性优势

在实体经济时代，生产线的生产内容通常需要提前设定，很多企业受实体材料、运输及协同性的制约，难以实现真正的柔性生产。然而，在数字化时代，供给端与需求端可通过网络连接实时在线，借助多触点机制实现双方互动。需求端对产品、服务的各类需求和想法可第一时间反馈至供给端，进而获得快速响应，这在实体经济时代是无法实现的，也是实体产品全生命周期中的一个重大短板。

（三）具有互动性

数字化生产力使得供需双方能够通过网络连接实时互动，打破了传统实体经济时代的时间和空间限制。借助多触点机制，需求端可以第一时间将产品和服务的需求反馈给供给端，从而实现高效沟通和快速响应。这种互动性不仅提高了企业的市场敏感度，也使得消费者能够更加深入地参与到产品设计和运营过程中，提升消费体验。

（四）具有协同性

在协同性方面，数字化生产力推动了大规模协同生产的实现。借助数字化互动手段，数字经济模式下的生产可以实现上下游生态的打通，降低库存、减少浪费，大幅提升协同效率和生产效率。这种协同性不仅提高了企业的整体竞争力，也有助于实现绿色生产和可持续发展。

（五）具有规模性

在实体经济时代，受生产力和生产要素制约，实现规模化生产需满足严格条件，且生产规模存在天然瓶颈。数字化生产力打破了实体经济时代的生产规模瓶颈。在算力充足、数据生产要素丰富的条件下，企业可以实现无限制的规模化生产，进一步提高生产效率和降低成本。这种规模性使得企业能够更好地应对市场波动，提高市场占有率，同时也为新兴产业的发展提供了广阔的空间。

三、数字时代变革逻辑

数字时代变革逻辑既包括技术、流程、人才和文化方面的改变，也关乎企业和创业者的思维模式和战略规划。

（一）技术层面是数字时代变革的核心驱动力

在 21 世纪，互联网、大数据、人工智能等技术的飞速发展，正在不断地改变着我们的生活方式和商业模式。企业在这场数字革命中，拥有了更为丰富的数据资源和强大的计算能力。这些技术的应用，使得企业能够实现产品、服务和业务流程的智能化、高效化，为用户提供更加个性化、精准化的服务。因此，技术层面无疑是数字时代变革的核心驱动力。

1. 互联网技术：构建全球信息交流的高速公路

互联网技术的飞速发展为企业提供了全球化的发展机遇。企业可以通过互联网，快速地将产品和服务推向全球市场，实现跨地域、跨文化的商业活动。同时，互联网也极大地降低了信息传播的成本，使得企业能够更加便捷地获取用户需求信息，进一步优化产品和服务。

2. 大数据技术：驱动企业迈向数据驱动的决策时代

大数据技术的出现使得企业能够对海量数据进行高效处理和分析。这些数据分析的结果为企业提供了更为精准的市场预测、用户画像和产品优化方向。通过大数据技术，企业可以实现数据驱动的决策，提高决策效率和准确性，从而在竞争激烈的市场中脱颖而出。

3. 人工智能技术：引领产业升级和创新发展

人工智能技术的快速发展为企业提供了实现自动化、智能化生产和服务的新途径。通过对生产流程、业务流程的智能化改造，企业可以提高生产效率，降低运营成本。同时，人工智能技术还能为企业提供智能化的客户服务，提升用户体验，从而增强企业的核心竞争力。

（二）流程优化是数字化转型的关键环节

在当今数字化时代，企业数字化转型已经成为发展的必然趋势。而在数字化转型中，流程优化成为关键环节。通过对企业内部流程进行梳理、简化、优化，企业可以降低运营成本、提高工作效率，进而提升整体竞争力。数字化技术为企业提供了实现业务流程自动化、智能化的可能性，使企业在市场竞争中占据有利地位。

1. 梳理流程：确保企业运营的高效与规范

企业数字化转型首先需要对内部流程进行梳理。这个过程包括对企业各个部门之间的业务流程进行深入剖析，找出存在的问题和瓶颈，以便为后续的优化提供依据。梳理流程的目的在于确保企业运营的高效和规范，消除冗余环节，提高业务处理速度。

2. 简化流程：降低运营成本，提高工作效率

在梳理流程的基础上，企业需要对内部流程进行简化。简化流程意味着去除不必要的环节和手续，以最短路径实现业务目标。通过简化流程，企业可以降低运营成本、提高工作效率，进而提升整体竞争力。

3. 优化流程：实现业务流程自动化和智能化

数字化技术为企业提供了实现业务流程自动化、智能化的可能性。在简化流程的基础上，企业可以通过数字化技术对剩余的流程进行优化。优化后的流程能够更好地满足市场需求，提高客户满意度。同时，自动化和智能化的流程还可以为企业节省人力资源，进一步提高运营效率。

4. 持续改进：保持企业竞争力

数字化转型并非一蹴而就，而是一个持续不断的过程。企业在完成流程优化后，还需要不断关注市场动态，根据市场需求进行流程的持续改进。只有保持对业务流程的敏锐洞察力和改进能力，企业才能在激烈的市场竞争中立于不败之地。

在数字化转型中，流程优化是关键环节。企业应高度重视流程优化，通过梳理、简化、优化、持续改进等手段，实现业务流程的高效、规范、智能化，从而提升整体竞争力，赢得市场份额。在数字化时代的背景下，企业唯有抓住流程优化这一关键环节，才能在市场竞争中脱颖而出。

（三）人才储备是数字化转型的基础

在当今时代，企业数字化转型已经成为发展的必然趋势。而在这个过程中，人才储备显得尤为重要。数字时代企业对人才的需求不仅体现在技术层面，还包括管理、市场、产品等多个方面。

（1）技术创新是数字化转型的核心驱动力，而掌握先进技术的人才则是企业数字化转型的关键。这些人才具备丰富的技术知识和实践经验，能够为企业带来更高的效益。因此，企业需要加大技术人才的培养和引进力度，为数字化转型提供人力支持。

（2）管理人才在数字化转型中也发挥着举足轻重的作用。管理人才需要具备敏锐的市场洞察能力、高效的沟通协调能力及卓越的领导力。管理人才能够为企业制定合适的数字化转型战略，推动企业内部资源的整合，确保数字化转型项目的顺利实施。

（3）市场人才是企业数字化转型的桥梁。市场人才需要具备较强的用户思维和市场分析能力，以便更好地了解客户需求，为企业制定有针对性的市场策略。此外，市场人才还需具备良好的沟通能力，以便在数字化转型过程中，与企业内外部合作伙伴保持顺畅的联系。

（4）产品人才是数字化转型的成果体现。产品人才需要具备扎实的专业知识和丰富的创意，以便为企业打造具有竞争力的产品。在数字化转型过程中，产品人才需要关注行业趋势，不断优化产品体验，以满足用户需求。

（5）企业还需要注重跨学科、跨领域的复合型人才培养。复合型人才具备多元化的知识和技能，能够站在更高层次上审视企业数字化转型的发展方向，为企业提供有力支持。

（四）文化变革是数字化转型的保障

企业文化在数字化转型中的重要作用不容忽视。企业需要营造有利于创新和转型的企业文化氛围，以激发员工潜能，推动技术、业务和管理的协同发展。

（1）培养数字化思维：企业应提倡开放、敏捷和创新的思维方式，鼓励员工跳出传统框架，寻求新的解决方案。通过培训和实践，让员工充分理解数字化技术的价值，从而在日常工作中更好地应用这些技术。

（2）强化团队协作：数字化转型往往需要跨部门、跨领域的合作。企业应倡导团队合作，鼓励员工相互学习、分享知识和经验，共同推进项目进程。

（3）建立学习型组织：企业应鼓励员工不断学习新知识、新技能，提升自身素质。通过建立学习型组织，企业能够更好地应对外部环境的变化，把握数字化转型的机遇。

（4）激发创新意识：企业应鼓励员工敢于尝试、勇于创新，为员工提供一定的试错空间。从失败中汲取经验教训，不断优化和改进，为企业数字化转型提供源源不断的创新动力。

（5）强化执行力：数字化转型过程中，企业需要坚决执行既定战略，确保项目顺利进行。通过加强执行力，企业能够将数字化转型的理念付诸实践，推动企业持续发展。

文化变革是数字化转型成功的关键因素。企业应着力培育数字化文化，激发员工潜能，推动技术和业务的深度融合，以实现数字化转型目标。只有使企业文化与数字化转型战略紧密结合，企业才能在激烈的市场竞争中立于不败之地。

企业要摒弃传统思维定式，树立以用户为中心、快速迭代、协同共赢的理念。在这个过程中，企业领导层要发挥引导作用，推动企业文化向开放、创新、协作的方向发展。同时，企业要关注员工价值观的转变，引导员工积极拥抱数字化转型，形成良好的创新氛围。

四、数字时代创新创业变革逻辑

在数字化时代，创新创业生态发育逻辑面临深刻重塑，数字技术开辟更多新兴创业领域、催生新物种企业，研发创新不局限于单一领域、呈现跨界融合的特征，创业服务组织加速网络化发展。数据成为创新生态各部分凝聚在一起的最基本、彼此之间交互的最重要方式，在数据驱动下，创业、研发、服务等创新创业生态中各个板块更加顺畅运行、高效联动。

（一）数据驱动催生新物种企业

在数字经济时代，以数据为核心生产要素的服务产品与商业模式逐渐成熟，在数据技术应用领域诞生了大量独角兽、哪吒等新物种企业，催生了数据服务业的若干赛道。互联网领域的新物种企业将数据作为创新动力与核心资产，如拼多多通过数字技术找到爆发成长的模式，把广告营销战线转移到移动互联网平台，实现在短期内的指数级增长，同时为处于供应链端的企业提供数字化技术服务，赋能传统农业、制造业升级，推动产业链供应链改造，最终成长为电商巨头。以抖音短视频社交平台为例，其聚焦短视频社交分享领域，找到人工智能深度学习、人体关键点监测等技术的应用场景，持续开展技术研发与迭代升级，推出体感游戏、滤镜特效等体验，成为中国互联网企业第一次通过原始创新实现的全球领先应用。

（二）创业服务向虚拟化、生态化转变

在数字化时代，创业服务在先进网络加持下，突破空间距离束缚，提供全方位线上虚拟服务。同时，以数字化手段打通生态孵化链条，以开源项目为中心构建开源生态体系，全力支撑新创业时代初创企业的爆发式成长能力及持续创新能力。例如，阿里云用云计算技术打造区域产业集群数字化算力底座，将阿里云创新中心作为生态孵化载体，为企业提供上云和技术链接服务，有效整合阿里集团的技术、产品、商业生态资源，构建"线下实体＋线上服务平台"深度结合的创新创业生态圈，为创业企业赋能。

（三）创新创业生态的发育逻辑正经历深刻的变革

随着数字技术的不断发展和应用，创新创业生态将更加注重跨界融合、协同创新。在这个过程中，政府、企业、高校、科研机构、投资机构等创新创业主体必需加强合作，共同推动数字技术与实体经济的深度融合，才能培育更多具有竞争力的新兴产业和新型业态。另外，创新创业教育、人才培养、政策支持等环节也需要与时俱进，为创新创业生态提供持续动力。

在数字时代，创新创业生态正面临前所未有的变革。数据驱动、新物种企业崛起、创业服务虚拟化和生态化等趋势，为创新创业提供了更广阔的发展空间。创新创业主体应把握时代机遇，紧密围绕国家战略需求，积极投身数字经济创新创业，共同推动我国经济高质量发展。

拓展训练

请收集《2022—2023年国企相关数字化转型十大案例》《中小企业"链式"数字化转型典型案例集》等数据，并分析这些企业是如何在数字时代进行变革的。在这些企业数字化转型中，你有何启发？

任务三　数字创业展望

名人语录

创业需要创新、动力和决心,销售公司产品亦是如此。

——埃隆·马斯克

只有认知的突破,才会有真正的成长。

——雷军

任务导入

想象一下,如果有一天,无论你身在繁华都市还是偏远山村,都能享受到同样优质的教育、医疗资源,都能通过一部手机或计算机开启自己的事业之窗,数字时代让一部手机就可以实现梦想,更是提供了无数的创业新机会,那将是怎样一幅美好图景？在进行下面的学习之前,请思考以下问题。

（1）数字创业面临哪些挑战与机遇？

（2）大学生如何抓住数字创业的机遇？

知识链接

一、数字时代创新创业的内涵与特点

1. 内涵

数字时代创新创业是指在信息技术、网络空间和数字领域中,以创新为核心,依托数字技术,通过创业实现价值创造和财富增值的过程。

2. 特点

（1）高度依赖技术创新。数字时代的创新创业以技术创新为驱动,不断推动技术进步和产业升级。

（2）高度融合。数字创新创业打破传统产业界限,实现产业之间的深度融合,提高产业协同创新能力。

（3）广泛参与：数字时代创新创业降低创业门槛,让更多人参与到创新创业活动中,形成全民创业的氛围。

二、技术创新推动数字创业

（1）人工智能。在现代科技浪潮中,人工智能成为驱动社会进步的重要力量。算法、大数据和云计算等技术的发展,使得人工智能不仅仅停留在理论层面,而是真正走进了我们的生

活。传统行业如金融、医疗、教育等，正因人工智能的应用而发生深刻变革。对于创业者而言，掌握人工智能技术，便能够开发出具有强烈竞争力的产品和服务，以满足日益严苛的市场需求。此外，人工智能还能够协助创业者更好地理解消费者需求，优化产品设计，提高服务品质，从而在竞争激烈的市场中脱颖而出。

（2）5G技术。伴随着5G技术的日益成熟和普及，物联网、无人驾驶等新兴产业迎来了黄金发展期。5G技术的高速、低时延、大连接等特点，为这些产业提供了重要的基础设施。创业者可以紧跟5G技术的发展趋势，探索新的应用场景和商业模式。例如，在物联网领域，创业者可以通过5G技术实现智能家居、智能工厂等应用场景的深度融合；在无人驾驶领域，5G技术可以为车辆提供实时的高速数据传输，提高无人驾驶的安全性和稳定性。

（3）区块链。作为一种去中心化、安全可靠的技术，区块链引起了全球范围内的广泛关注。它为数据安全、供应链金融等领域提供了全新的解决方案。在数据安全方面，区块链技术可以通过去中心化的特点，有效防止数据泄露，保护用户隐私。在供应链金融领域，区块链技术可以实现供应链各环节的信息共享，降低融资成本，缓解中小企业融资难题。创业者可以通过创新的应用场景，推动区块链技术的发展，为传统行业注入新活力。

（4）绿色环保。运用数字技术创新环保产品和解决方案，助力可持续发展，如智能垃圾分类、碳排放监测等。

总之，人工智能、5G技术和区块链等新兴技术，为创业者提供了广阔的发展空间。紧跟时代潮流，把握技术发展趋势，创业者有望在激烈的市场竞争中创造佳绩，推动社会进步。在我国政策支持下，创业者应积极运用这些新技术，为国家的创新发展贡献力量。

三、数字创业领域的机遇与挑战

数字化时代为创业者带来了巨大的机遇和挑战。

（1）市场空间巨大。随着互联网的普及，线上消费、在线教育、远程办公等数字产业市场规模不断扩大，为创业者提供了丰富的发展空间。

（2）竞争激烈。数字创业领域竞争日益加剧，创业者需要在红海中寻找蓝海市场，打造具有核心竞争力的产品和服务。

（3）政策扶持。我国政府高度重视数字经济发展，出台了一系列政策措施，为数字创业提供了有力支持。

（4）人才短缺。数字创业领域对人才要求较高，尤其在技术研发、产品设计、市场营销等方面。创业者需要不断提升自身能力，培养团队竞争力。

四、数字时代对大学生创业的影响

数字时代对大学生创业的影响愈发显著，不仅为年轻人提供了丰富的创业机会，还改变了传统创业的模式。

（一）降低创业门槛

在数字时代，许多创业项目不再依赖于大量的资金和人力，而是借助互联网技术和平台，实现轻资产、低成本创业。大学生可以通过在线众筹、电商平台、社交媒体等渠道，迅速推广产品和服务，降低市场准入门槛。

（二）拓展创业领域

数字时代的到来，使得新兴产业不断涌现，如互联网、大数据、人工智能、物联网等。这些产业具有高度的创新性和成长性，为大学生提供了广阔的创业空间。此外，数字技术还催生了众多跨界融合的机会，使得创业者可以跨行业、跨领域寻求合作伙伴，提高创业成功率。

（三）提高信息敏感度

数字时代创业有利于发掘有用的信息，能够对创业环境进行有效分析。大学生创业需要不断观察外界的变化，主动或被动地接受大量信息，以提高对信息的敏感度，有利于做出正确的决策。

（四）加速创业迭代

在数字时代，信息传播迅速，市场竞争激烈。大学生创业者可以更快地获取行业动态、市场信息及用户需求，从而调整经营策略，实现快速迭代。同时，借助于开源软件、云计算等资源，创业者可以节省研发成本，提高创新效率。

（五）实现人生价值

数字时代，数字经济飞速发展，为国民经济做出了重大贡献。而大学生作为新时代人才，应利用自身的知识和技术，基于数字经济进行创业，不仅可以解决就业问题，还有利于实现人生价值。

（六）营造良好的创业氛围

我国政府高度重视创新创业工作，出台了一系列政策措施，为大学生创业者提供了优惠条件和保障。同时，社会各界的关注和支持，使得大学生创业越来越受到尊重和鼓励。在这样的氛围中，越来越多的大学生投身创业，为国家经济发展贡献智慧和力量。

五、数字创业的发展趋势

（1）产业融合。数字创业的蓬勃发展将推动各行各业的深度融合，为社会创造更多元化的产业生态。在这一过程中，创业者需要把握产业融合的机遇，以创新思维探索跨界业务模式，实现产业之间的优势互补和共同发展。例如，数字技术与实体经济的深度融合，催生了新型商业模式，如线上线下融合、智能制造等，为传统产业注入新活力。

（2）区域协同。我国区域发展战略的深入推进，为数字创业提供了广阔的发展空间。数字创业将促进区域间资源整合，打破地域壁垒，实现协同发展。在此基础上，创业者可以充分利用各地优势资源，开展合作项目，实现共赢发展。如沿海地区与内陆地区的数字创业合作，可以带动内陆地区产业升级，促进区域经济均衡发展。

（3）绿色创业。在可持续发展理念的指导下，数字创业将更加注重环保、节能等方面，推动绿色产业的发展。创业者应积极响应国家政策，关注生态环境，运用数字技术研发绿色产品、提供绿色服务，为社会带来更加环保、高效的生活方式。例如，智能家居、绿色出行等领

域的创业项目，既符合数字创业的发展趋势，又有助于改善民生、保护环境。

（4）社交电商。随着互联网的普及和社交平台的崛起，社交电商已成为数字创业的一大风口。创业者可以借助社交平台庞大的用户基础，拓展销售渠道，实现快速发展。同时，社交电商的模式创新，如社群电商、内容电商等，为创业者提供了更多元化的商业想象空间。创业者需紧跟社交电商的发展潮流，把握市场机遇，实现商业价值的最大化。

总之，数字创业作为新时代经济发展的重要引擎，将不断推动产业融合、区域协同、绿色创业和社交电商等多个领域的发展。创业者需要紧跟时代潮流，不断创新，提升自身竞争力，以把握数字创业的美好前景。

六、数字时代创新创业建议

作为当代大学生，要充分抓住数字经济带来的机遇，不断成长。

（1）大学生要尽早科学合理地做好职业生涯规划，充分发挥自身的优势与特长，脚踏实地、实事求是，努力实现习近平总书记所期望的"每天都有新收获，每天都有新期待"。

（2）要加强主动学习和科学学习，努力提升数字技能。在数字时代，数据驱动的决策和创新成为企业发展的核心动力。大学生应掌握一定的数字技能，如数据分析、编程、网络安全等，以适应数字时代的发展需求。此外，随着人工智能、云计算等技术的飞速发展，大学生还需关注这些领域的最新动态，不断充实自己的知识储备，为创新创业打下坚实基础。

（3）团队合作精神不可或缺。一个优秀的创业团队应注重成员间的互补性和团队合作，形成合力，共同推进创业项目的发展。团队成员之间要保持良好的沟通与协作，充分发挥各自专长，实现优势互补。同时，团队领导者要善于激发团队成员的积极性和创造力，营造有利于创新和发展的氛围。

（4）立足市场需求是创新创业的关键。大学生创新创业应紧密围绕市场需求，关注行业动态，找准市场定位，提高创业项目的成功率。为了更好地了解市场，大学生可以积极参加各类实践活动，如实习、调研等，以锻炼自己的市场分析和应变能力。另外，大学生还应善于利用母校和校友资源，寻求合作机会，为创业项目的发展创造有利条件。

总之，在数字时代，大学生创新创业应尽早做好职业生涯规划、不断提升数字技能、注重团队合作、立足市场需求。只有紧跟时代发展步伐，才能在创新创业的道路上走得更远、更高。在这个过程中，大学生要保持敢于创新、勇于担当的精神，努力成为数字时代的领跑者。同时，政府、学校和社会各界也要关注和支持大学生创新创业，为他们提供更多发展机遇和帮助。

拓展训练

发现数字创业的成功案例

你平时都会用到哪些数字技术，无论是学习、生活还是娱乐中使用到的，哪些是比较成功的数字创业案例？尝试分析和研究阿里巴巴、腾讯、字节跳动等是如何在数字时代创业成功的。

项目十三
创业综合案例：一公斤盒子

> **自我思考**
>
> 一公斤盒子公益创新机构（简称"一公斤盒子"）是一家专注教育设计的社会企业，它的主要产品是一系列专为中国乡村和欠发达地区的孩子和老师设计的多元教学工具包。随着工业化、城市化的进程加快，城乡教育差距日益加剧。在硬件设施改善的同时，大量乡村孩子在应试化的教学、有限的资源、匮乏的师资里承受着教育的不公平。通过教学设计与老师支持，一公斤盒子让优质的学习内容和体验以最低成本的方式输送给最有需要的学生，使更多的孩子可以获益。
>
> 结合课前查阅资料，请同学们想一想：你是如何理解一公斤盒子的创业理念的？你之前听说过或使用过一公斤盒子的产品吗？你认为他们为什么会创业成功？一公斤盒子面临哪些生存与竞争的压力？

〖知识目标〗
1. 了解一公斤盒子的设计理念。
2. 了解一公斤盒子的创业过程及相关经验。
3. 掌握一公斤盒子创业成功的基本要素和创业的能力。

〖能力目标〗
1. 通过深入学习一公斤盒子创业综合案例，能够发现自身创新创业能力的不足，并制订科学的能力提升计划。
2. 具备分析创业环境的能力。

〖素质目标〗
1. 树立创新意识，领会我国实施创新战略的重要意义。
2. 树立创业意识，自觉提升创业能力，为创业做好准备。
3. 领会一公斤盒子创业成功的基本要素，学习一公斤盒子创业过程中的相关经验。

> 【开篇故事】

一公斤盒子：重塑辉煌与乡村公益的求索之路

余志海，现以"安猪"这一别名闻名，在放弃写字楼中的白领生活后，投身于志愿者工作。自2004年倡导"多背一公斤"计划开始，他与团队通过推出创新的公益项目和产品，如学校图书室建设和贺卡销售等，致力于发展为一个能够自我维系的社会企业。作为一个经验丰富的背包客，安猪深刻理解农村地区在素质教育和课外活动上的匮乏，于是利用自己对儿童需求的洞察和自身的创新能力，设计了一系列受欢迎的公益产品。

在2011年，安猪与他领导的团队推出了名为"一公斤盒子"的创新教育工具，旨在为革新农村的传统教学模式做出贡献。每个"一公斤盒子"中装有一个完整课程所需的全部物资和一份易于理解的指南手册，这样的设计让志愿者或教师能够轻松地与多达36名学生一起进行一次主题课程的学习。处于教学一线的志愿者或教师，只需填写申请表格、阐明他们的活动方案并承诺提供后续反馈，就能够领取这种"一公斤盒子"。该项目自2011年7月实施以来，已经扩展至全国24个省份及城市中的247所学校，这些学校大多位于云南、贵州、广西和四川等地区。

依托"一公斤盒子"，安猪的团队进一步开展了名为"聪明支教训练营"的项目，旨在为大学生提供一种具有实效的支教方案。起初涉足公益领域时，安猪完全是一个新手，但正是由于不受既有行业知识的束缚，他得以用一个崭新的视角审视问题。安猪观察到，传统的公益活动常常采取专家主导的模式，向志愿者发出指令和要求，这缺乏对志愿者个体能动性的强调。然而，他坚信一个真正的公民社会应该允许人们按照自己的意愿去做事，与有共同理念的人携手合作，而不是被指导或必须依附于某个机构。

在经历了2014至2016年的发展方向之争与创始人的离开后，一公斤盒子团队陷入低谷，仅剩两人，业务陷入亏损和动荡。然而，经过两年的乡村实地探索，一公斤盒子团队重新集结，带着新的使命与愿景回到公众视野。在TEDxXiguan的舞台上，面对来自全球各领域的杰出演讲者，陈丹充满自豪地分享了一公斤盒子在乡村教育变革中所付出的努力与取得的成果。

确实，过去的两年多时间里，一公斤盒子经历了二次创业的艰辛历程：价值观的重新确立、商业模式的转变、组织架构的重组。每一次变革都促使机构经历蜕变与重生。回想起2016年团队的分崩离析，陈丹意识到，那既是故事的终结，也是新的篇章的开始。

砥节砺行

"公益不仅仅是热情，更需要创造性；施舍并不是有效的行善方法。"

——安猪

做乡村教育的团队，还是愿意沉在乡村里面去探索团队如何更深一层、更大规模地推进和改变。

——陈丹

任务一　一公斤：装得下一个世界

> **名人语录**
>
> "创新"将是以知识融合经验，提升制造科技的核心竞争力。
> ——郭台铭
>
> 创新的目标是创造有价值的订单；创新的本质是创造性的破坏，破坏所有阻碍创造有价值订单的枷锁；创新的途径是创造性的模仿和借鉴，即借力。
> ——张瑞敏

任务导入

1公斤的重量，对于你来说意味着什么？3个苹果，两瓶水，十几份看过的报纸……今天给大家介绍的有趣盒子，重量就是1公斤，却能给乡村学校一个班级的孩子们，带去整堂课的微笑！通过游戏、手工制作的方式将美术、阅读、戏剧等知识，带到千里以外的课堂。在进行下面的学习之前，请结合所查阅资料，思考以下问题。

（1）1公斤的重量，对于你来说意味着什么？
（2）如果是你，如何设计才能够适应不同教育环境的要求？
（3）如果是你，如何将知识以游戏和手工的方式传递给孩子们？

案例分享

1. 缘起

这个故事缘起于2004年，当时一位名叫崔英杰的年轻人踏足了云南省德钦县的雨崩村——一个仅有20户人家的小村庄。在那里，除了飘扬的经幡和雄伟的雪山，他还记录下了雨崩小学的珍贵影像。这所学校规模极小，只有一位支教教师和十几个学生。在崔英杰准备离开之际，那位支教老师请求他传递一则信息给另一位在同一地区服务的支教伙伴：即使团队很少有机会见面，但我想通过你告诉他，'坚持就是胜利，你并不孤单'。

安猪，本名余志海，一个自2000年起就热爱旅行的背包客。他常在空闲时探索中国西南地区。在一次北京聚会中，崔英杰叙述了他在雨崩小学的经历，这让在场的安猪深受感触，他看到了理想与现实间的差距如何激励着支教老师们坚持前行。那一段时间，安猪夜不能寐，思绪不断回到崔英杰在雨崩村的所见所闻，以及那位孤独坚守的支教老师的事迹上。这驱使他采取了行动。回想起自己在广州的志愿教育经历，结合对偏远地区的背包客旅行者的洞察，安猪萌生了一个想法：何不利用背包客探索偏远地区的热情，鼓励他们在旅途中为沿途的学校提供帮助呢？经过数日深思，安猪决定以这个思路为核心来发起行动。

2. 发起"多背一公斤"活动

余志海在31岁那一年发起了"多背一公斤"活动。他在网络上公布了一些旅行路线和学校所需的物资清单，倡导旅行者在旅途中额外携带至少一公斤的物资，如学习用品，赠予沿途的贫困学校和孩子。他给这个项目命名为"多背一公斤"，寓意每个人都能轻松参与其中。随着参与者的日益增多，"多背一公斤"逐渐在全国范围内得到了广泛的支持。为了方便操作，安猪与团队创建了一个专门的网站。乡村教师或曾去过当地的背包客可以在该网站上发布乡村学校的需求信息，供广大旅行者在规划路线时参考，了解途经学校所需物资，并尽力满足他们的需求。

"多背一公斤"这一公益活动秉承了大众参与和集体合作的理念，并深受维基百科去中心化思想的启发。它鼓励每个人在旅途中发挥自己的力量，帮助处于不利地位的群体。这一理念赢得了全国范围内众多旅行爱好者的支持和欢迎。仅在2007年，参与"多背一公斤"活动的志愿者们便开展了逾130场公益旅游，并新发现了98所学校作为服务对象。同年，"多背一公斤"团队又推出了"双子书项目"，该项目旨在通过图书搭建城乡儿童之间的沟通桥梁，不仅为乡村儿童提供了全新的优质书籍，同时也促进了双方的了解与共同成长。截至2008年4月，该计划已经向乡村学校捐赠了近2 000本全新图书。

在"多背一公斤"项目逐步发展的过程中，安猪本人经常造访贵州与广西的学校，并通过网站收集了许多乡村学校的需求。他意识到山里的儿童不只是缺乏物质资源，更缺少的是先进的观念和开阔的视野，以及与外部世界的信息交流。在一次亲自参与语文课程时，他发现尽管课本中提到了钱塘江观潮，但无论是老师还是学生都没有亲眼见过这一景象，学校里也没有相应的图片或DVD可供展示，只能让儿童依靠自己的想象力来描绘。这一经历深刻影响了安猪，促使他将"多背一公斤"的关注重点从单纯的物资支援转变为更多的人文关怀。背包客们开始陪伴孩子们聊天、玩游戏，并向他们介绍外面世界的精彩。"多背一公斤"不再只是物品的搬运工，而是成为一个强调观念交流与平等沟通的平台。"团队不主张可怜或同情，如果说'多背一公斤'的初衷是扶贫，那么现在它更重视的是在精神上的平等交流。"安猪表示。

3. 乡村教育创新的探索

在2008年，安猪发现"多背一公斤"项目已无法满足从网站上收集到的乡村学校日益增长的需求。许多偏远地区的学校仅开设了语文、数学和外语三门课程，缺乏音乐、体育等课程的专业教师。同时，也有教师提出希望得到教学方法改进的支持。这些需求表明，仅仅依靠"多背一公斤"项目已经无法全面解决乡村教育的困境。

从这一年开始，安猪与团队意识到需要通过创新设计来解决"多背一公斤"在乡村教育中所面临的挑战。为此，他们成立了爱聚公益创新机构，并带着新的思路走访了多家乡村学校。经过深入的调研，他们迅速捕捉到了乡村教师的几个痛点：首先，由于教师资源稀缺，每位教师可能要承担多个班级甚至全校的教学任务；其次，教师需要身兼多职，不仅教授各种课程，还要处理学校的其他杂务。此外，乡村教师与外界的沟通机会有限，对新的教学方式和理念的了解也相当有限。这些发现初步形成了"一公斤盒子"项目对乡村教育洞察的基础框架。

为了改善乡村儿童的教育环境，安猪和他的团队进行了诸多教育创新尝试，其中包括建设公益图书室和销售公益贺卡等措施。最终，他们决定将重点放在提供教案这一方向。经过一年多的深入研究与开发，"一公斤盒子"项目应运而生。这个项目得名于"多背一公斤"公益活动，并于2011年9月正式发布。

任务二　傻瓜化的教学工具包：一公斤盒子

名人语录

对于创新来说，方法就是新的世界，最重要的不是知识，而是思路。

——郎加明

创新是唯一的出路，淘汰自己，否则竞争将淘汰我们。

——安迪·格罗夫

任务导入

一个新颖的构想或产品，若要为个人或企业带来实际利益，必须经过一整套切实有效的实施策略。简单来说，创新仅仅是创业过程的起始点，真正重要的是如何将创新转化为实际的商业模式。这需要一套精心策划的方案来推动，确保创新的想法或产品能够真正落地并产生价值。在进行下面的学习之前，请结合所查阅资料思考以下问题。

（1）什么是一公斤盒子？

（2）为什么称一公斤盒子为"傻瓜化的教学工具包"？

（3）盒子里有什么？

（4）一公斤盒子的产品设计有何独特性？

案例分享

1. 什么是一公斤盒子

"一公斤盒子"项目后来被称为"简易化教学工具包"。其设计初衷是作为一种简便且易于操作的教学辅助工具，旨在解决乡村教师面临的任务繁重、时间紧张等问题。实际上，每个"一公斤盒子"都相当于一节完整的课程，内含供一个班级使用的所有必需教学材料。每个盒子由三个核心部分组成：一本图文并茂的教案书＋一套支持儿童自主探索的小组学习用具＋其他必要的课程资源。

与其他机构相比，一公斤盒子团队的独特之处在于其更注重于研发整体教学工具包，而不仅仅是提供教案。教案设计完成后，团队的产品设计师会从教师和学生的实际使用场景出发，充分考虑他们的使用习惯，来设计配套的教学用具和材料。并且，团队会持续不断地进行优化和改进，确保满足乡村教育的实际需求。

2. 盒子里面有什么

选题：基于调研，团队发现乡村儿童成长中的问题，将其中的高频问题确定为团队的选题。

可视化教案：将繁杂的教案浓缩为一个个"漫画版"的教学场景，使老师短时备课成为可能，减轻老师负担。

小组教具：受到印度教育实验的启发，儿童在无人支持时也可以自主学习。所以，团队还提供教具供学生在组内自由探索，发挥其主观能动性。

盒子伴教师成长：

（1）"临帖"。傻瓜化的教学工具包供老师照着盒子上课，激发老师的信心。

（2）"读帖"。给老师提供不同程度的培训，让老师理解背后的教育观、儿童观，以及其他教学有关的知识。

（3）"自成风格"。团队鼓励乡村教师根据自己的兴趣和专长来设计课程，并支持他们在整个教学过程中不断成长。一般而言，这一成长过程需要3～4年的时间。团队将教师的发展划分为不同阶段，从基础到高级，最终目标是让教师能够独立设计和研发课程。在初级阶段，教师至少需完成6～8节课的教学；中级阶段要求教师能完成8～10节课的教学；而在高级阶段，教师需能承担10～15节课的教学任务。

分阶盒子——三阶不同难度：

对于初阶和进阶的美育盒子，团队采取简单易行、无需过多干预的策略，主要通过线上支持提供交流和分享平台。对于高阶盒子，团队采用艺术绘本导入，进行综合主题创作，这给教师带来一定的挑战。为了应对这一挑战，团队将提供线下培训、实地走访等支持措施。

在2011年，团队研发了第一批盒子产品，涵盖了美术、阅读、手工和戏剧等主题。随后的几年，团队根据乡村需求进行调研，陆续推出了零食盒子、交通盒子、健康盒子等新的主题盒子，并不断对已有盒子进行迭代更新。截至2019年5月，团队的盒子产品线从单一的主题发展到多元主题，进而演进为针对乡村生活场景的系统化和系列化设计。团队秉持"生活即教育"的理念，力求通过创新设计让每个乡村都成为一所开放的学校。目前，团队已经形成了"人文、生活、社会"三大模块20多个主题的盒子系列："阅读＋创作"系列盒子旨在拓宽乡村孩子的视野；地震盒子、交通盒子、零食盒子、健康盒子等生活主题系列盒子则将乡村儿童的日常生活转化为学习成长的机会；而职业认知系列盒子则帮助乡村儿童更多地接触和理解真实社会，使他们更清晰地认识到学习和职业之间的紧密联系。

以科学盒子为例，这个盒子包含了10个与生活息息相关的科学小实验，如"米饭为什么会变馊？""奶茶里有多少牛奶？"和"看香蕉如何变熟？"等。这些小实验都是乡村儿童日常生活中常见的现象，通过这些实验，团队帮助他们建立起"科学"这一概念与他们实际生活的联系。

另一个例子是地震盒子。这个盒子包括三个任务，需要儿童主动去探索和完成。第一个任务是让儿童把一些小人放在桌面上、地板等不同位置，模拟地震时哪些地方的人更容易受伤。通过这个模拟，儿童能够直观地了解地震的危险性。第二个任务是让儿童自己画一幅安全地图，标出当地震发生时可以采取的逃生路线。这个任务帮助儿童在实际操作中掌握逃生的基本知识和技能。第三个任务是让儿童分组讨论哪些物品应该放入急救包，哪些不应该放入。在这个讨论过程中培养了儿童的判断和决策能力，让他们在实际情境中学会如何应对紧急情况。

这个学习探索过程不是简单地灌输地震知识，而是通过让儿童亲身参与和体验，使他们学会在发生地震时应如何应对，培养他们的主动性和实践能力。

3. 如何设计

回顾第一批盒子的诞生历程，它的出现超乎人们的想象。在当时，国内公益事业还处于起步阶段，许多公益机构都怀抱着理想和情怀，渴望为社会贡献力量，但很少有人能够以"用户思维"去思考如何解决社会问题。而一公斤盒子的诞生成为国内公益领域中的先行者，它引领了"公益产品化"的新潮流，为公益行业提供了全新的视角和解决方案。

盒子的核心在于设计，而其设计流程则深受IDEO设计思维的启发。IDEO是一家享有盛誉的美国设计咨询公司，成立于1991年。公司的创始人之一大卫·凯利是美国工程院院士，他在1982年为苹果公司设计了第一款鼠标，并开创了斯坦福设计学院。

在盒子设计的过程中，从灵感萌发到用户洞察、头脑风暴、产品原型设计，再到用户测试，其初期的设计理念和方法都来源于IDEO的《人本设计手册》。这套手册在设计团队中经过不断地实践和演化，形成了一套独特的教育产品设计流程。

盒子的设计涵盖了教育设计、产品设计和视觉设计三个方面。在教育设计方面，团队确保整个学习过程的专业性，主题课程的设计不仅需要教育设计师的全程参与，还需要学科领域专家的协助。例如，情绪盒子需要心理学专家提供专业支持，零食盒子则需要食品安全专家的指导，而学前课程盒子则需要学前教育专家的参与。

接着，教育设计师将这些教育目标与理念转化为生动有趣的教案，以激发儿童的学习兴趣。随后，产品设计师将这些教案进一步细化为实用的工具包，使学习变得简单易懂，降低使用者的门槛，并提供良好的用户体验。

总之，设计团队致力于创造一个集教育设计、产品设计和视觉设计于一体的优质学习环境，旨在提高儿童的学习效果，培养他们的兴趣和能力。

产品设计在教育公益解决方案中具有独特性：为乡村教师提供高质量的课程教案，但往往需要配套的教师培训和持续的跟踪支持，才能帮助教师完成教学目标。然而，团队的解决方案通过可视化的教师手册，简化了教师理解的难度。同时，团队提供了大量儿童可以自主探索、小组合作的任务道具和物料，激发了儿童主动学习的热情。教师只需要引导课程，鼓励学生分享和积极反馈，就能轻松创造一堂高质量的课程。这样，团队大大降低了课程对教师个人能力的依赖程度，从而降低了乡村课堂创新的门槛，使更多的乡村教师能够参与到课堂改革中来，为孩子带来更好的教育体验。

视觉设计在盒子中扮演着至关重要的角色。在盒子与老师、儿童见面之前，专业的平面设计师会进行最后的视觉设计，以确保所有物料都符合基本审美标准。这种标准不仅体现了盒子的品质，还为老师和儿童带来了独特的仪式感。当每个充满设计师创意和精美设计的盒子送到乡村课堂时，老师和儿童会迫不及待地打开它，充满好奇地开始一段新的探索之旅。这种设计不仅提升了盒子的外观美感，还增强了其吸引力，使得老师和儿童更加喜欢并愿意使用它。

设计思维在产品的诞生过程中发挥着关键作用。IDEO公司认为，产品的创新来自三个方面的结合，即满足用户需求、商业可持续发展和科技实现的可能性。产品的诞生仅仅是创新的开始。在2013—2014年，盒子团队获得了IDEO上海办公室的设计师团队的支持，并通过志愿咨询的方式探讨了盒子的商业可持续发展设计。这种设计思维方式成为盒子的核心方法论之一，并持续影响着产品的设计和开发过程。通过结合用户、商业和科技的考量，盒子团队致力于创造出更具创新性和可持续性的产品，以满足不断变化的市场需求。

任务三　理念之争：一盒教育，半盒创新，半盒公平

> 🔥 名人语录
>
> 发表自己的不正确的意见，要比叙述别人的一个真理更有意义；在第一种情况下，你才是一个人，而在第二种情况下，你不过是只鹦鹉。
>
> ——陀思妥耶夫斯基

 任务导入

创新创业的道路充满荆棘。首先，生存的压力始终如影随形。初创企业在早期往往面临着资金的短缺，而资金对于企业的研发、生产、市场推广等方面至关重要。没有稳定的资金来源，企业很难持续发展。其次，市场的不确定性也是一个不可忽视的因素。消费者的需求和市场的趋势都在不断变化，这要求创业者必须具备敏锐的市场洞察力和快速的反应能力，以确保产品或服务始终与市场需求保持同步。在进行下面的学习之前，请思考以下问题。

（1）一公斤盒子在创业过程中可能会存在哪些困惑？

（2）一公斤盒子将会面临哪些生存与竞争的压力？

▶ 案例分享

作为人口大国，我国城镇化快速发展的同时，农村人口仍占据相当大的比重。然而，乡村教育面临着诸多问题，包括教育观念滞后、资源不均和师资力量不足等挑战。正因如此，一公斤盒子被视为乡村教育的一线希望。但对于一公斤盒子的核心使命，团队内部存在不同看法：究竟是探索优质教育、创新教育产品，还是专注于促进教育公平、提升乡村教育水平。此外，一公斤盒子也与其他社会企业一样，面临生存与竞争的压力。

1. 如何有效规模化

初级和中级的盒子由于推出的时间较早且易于掌握，因此已经在市场上得到了广泛的推广。然而，高级盒子则是一项深度综合性学习工具，要将其推广到更多学校则是团队面临的挑战。

2. 如何做县域影响力

许多地方机构仅限于在特定县域内开展工作，而团队的项目则独立寻找片区并逐步发展。因此，团队需要一定的时间来适应和调整，而不是局限于特定县域内的学校。

3. 如何观察与评估

美育课程评估工具包的开发是当前需要解决的关键问题。这个工具包应该既能让项目老师进行自我评估并获得反馈，也能让项目经理进行评估。与其他学科不同，美育有其独特性。因此，需要专门的评估工具来确保课程质量和效果。

4. 两种价值观的撕扯

在一公斤盒子的发展过程中，不仅创始人在理念上存在分歧，公司内部员工也有不同的声音。团队成员主要来自两部分：早期"多背一公斤"的团队和志愿者，以及后期加入的新人。新员工加入一公斤盒子的原因多种多样，一部分人是被盒子的创新理念和解决社会问题的方式所吸引，他们认为这是一次充满新奇感和挑战的机会，可以发挥自己的创意和才能，改变一些现状。

除被创新理念吸引外，还有一部分人选择加入一公斤盒子是因为他们对乡村教育的关注。例如，商务助理实习生沙拉曾经举办过大学生慈善公益论坛，作为 Guest Speaker 在梦想 Safari 素质教育论坛上探讨教育公平问题，她曾担心血铅超标问题会影响儿童智力发展而跑去韶关进行调研，也曾在乌克兰的夏令营支教。白领需琴则早在"多背一公斤"项目成立之初就开始参与，并持续关注乡村教育十多年。这些人的加入，使得团队对于乡村教育的理解和关注度更加深入。

在一公斤盒子的团队内部，员工们由于价值观的差异而形成了两个阵营：一方主张教育创新，另一方关注教育公平。人们加入一公斤盒子的动机往往是基于这两种价值观中的一种。在早期阶段，这两种观念和谐共存，盒子的使命正是通过创新手段促进教育公平。

随着机构的发展，教育创新与教育公平这两种价值观之间的冲突逐渐显现。在2014至2016年的三年里，盒子的实践方向经常摇摆不定。有人提出，盒子的教育设计非常先进，甚至超过了许多城市教育，因此，考虑针对城市教育进行大规模商业应用。于是，2015年好奇心实验室应运而生，主打面向消费者的教育实验。团队开始将一部分资源和精力投入城市付费用户的市场中。当时的设想是，通过产品化的思路吸引商业资本的关注，并希望商业项目能够为乡村项目提供支持和补贴。

遗憾的是，一公斤盒子向 C 端转型的尝试并未取得理想效果。团队发现，原本针对乡村教育设计的产品在城市教育场景中并不完全适用。这是因为乡村儿童和城市孩子的痛点存在显著差异，虽然优质教育的底层逻辑相通，但一套产品难以同时满足城乡儿童各自的需求并提供一致的优秀体验。这意味着，尽管一公斤盒子在创新教育方面有着独特的见解，但在面对不同的教育环境时，需要更加细化的策略。

实际上，面对城市 C 端用户，需要采用与原来教育公益领域 B 端客户不同的商业模式。此外，需要有两个独立的研发和运营团队来服务两个不同的用户群体。然而，一公斤盒子当时的团队规模有限，难以同时兼顾这两个方向，导致机构定位出现混乱。无论如何，这些尝试都体现了团队在教育公益之外对教育创新的积极探索。

客观来说，一公斤盒子在国内的乡村教育和教育创新领域都处于相对领先地位。然而，该团队在2016年对之前遇到的问题进行了深刻反思，意识到两个市场需要不同的产品逻辑和商业模式。如果混在一起，就会导致两个市场都无法得到充分发展。

在2016年9月的一场理性对话中，一公斤盒子团队决定将五位全职成员分为两组：一组致力于探索教育创新；另一组则继承品牌和产品，专注于推动教育公平。后来，安猪在接受《社会创新家》杂志访谈时表示："那时盒子已进入一个需要挖掘用户、拓展业务的阶段。但我清楚自己并不热衷于运营，我的激情仍在于创新。"

回顾过去，安猪的离开似乎标志着两种价值观在一公斤盒子团队内部的彻底决裂。团队被这两种声音撕扯着，最终选择了分道扬镳，各自追求不同的道路。

在一次深入的对话中，团队认识到三年来团队一直纠结于两个不同的目标，最终导致两边都没有做好。考虑到当时的资源和能力无法支持两个团队分别实现各自的目标，于是做出决定：分开发展，一方致力于教育创新，另一方则专注于乡村教育。从2016年9月开始，团队专心于推动弱势群体的教育公平。

5. 继任者：陈丹的故事

价值观差异在安猪和陈丹身上表现得尤为明显。2014年，当时36岁的陈丹加入了一公斤盒子。在此之前，她是一家管理咨询公司的合伙人。早在2006年，安猪在北京发起"多背一公斤"项目两年后，广州的陈丹与朋友飞飞共同创立了"飞飞助学金"，旨在资助乡村学校的贫困学生。为了全职投入公益事业，陈丹和飞飞约定在陈丹35岁时开始行动。

在2011年前后，一公斤盒子诞生之时，"飞飞助学金"每年资助10所学校、120名学生。在走访乡村学校的过程中，陈丹发现许多老师希望了解城市的教学方式，并寻求提升自己的方法，以提供更好的课堂教育。然而，陈丹感到无能为力，因为她们只能资助学生，而且名额有限。每年面对堆积如山的申请名单，从中选出最困难的120名学生成为一项艰巨的任务。作为捐助者，陈丹深感无助，她常常思考如何才能帮助更多的孩子。

2013年，陈丹了解到一公斤全子项目后，意识到该项目可以有效解决她在走访乡村学校时发现的问题。这似乎为改善乡村教育提供了更好的解决方案。经过一年多的思考和挣扎，陈丹在2014年9月最终决定加入一公斤盒子，并逐步关闭了咨询公司的运营。加入盒子后，陈丹负责业务发展，努力拓展新客户，推介新的盒子、签订合同等。经过一年多的发展和变化，陈丹于2016年1月开始担任COO（首席运营官）的角色，全面负责一公斤盒子的运营工作。经过一年的努力，到2016年年底，她成功地将公司的营收翻了一番，使财务状况扭亏为盈。

陈丹与安猪代表了盒子内部的两种人。一种是像安猪那样，充满创意和活力，不满足于朝九晚五的生活，注重创新和突破常规，但对商业运营关注较少；另一种则是以陈丹为代表的冷静理想主义者。陈丹重视商业模式和公司愿景使命下的战略，以及年度工作规划的实施，能在设计部天马行空的想象之后及时地把团队的思路引导回来。

根据亚历山大·奥斯特瓦德在《价值主张设计》中的观点，一个创新的点子要真正推动问题的改变，需要经历三个过程：问题 – 解决方案、产品 – 市场、可持续的商业模式。陈丹深信，一个社会创新团队不能仅仅停留在提出一个好的解决方案，而是要努力探索可持续的商业模式，让问题得到大规模地解决。从2016年9月至今，陈丹一直在努力厘清并实现一公斤盒子的商业模式。

任务四　二次创业：从乡村教育与公平出发的涅槃重生

> ★ **名人语录**
>
> 教育公平是社会正义的基石，它给予每个人平等的机会来改变自己的命运。
>
> ——尼尔·阿姆斯特朗
>
> 教育公平是每个人的权利，而不是少数人的特权。
>
> ——约翰·F. 肯尼迪

> 教育是唯一能够打破贫困和鸿沟的力量,让每个人的潜能得以实现。
>
> ——乔丹·贝尔福特

 任务导入

乡村教育是国家振兴的基石,是我国教育的未来。一直以来,其是我国教育体系中一个备受关注的问题。接受优质教育的机会是每个人都应当享有的权利,乡村地区的孩子们也不例外,只有通过教育,他们才能够获得更好的发展机会,改变自己和家庭的命运。由于地理条件、教育资源分配不均等因素的影响,乡村地区的教育经常面临着一系列的挑战和困难。在进行下面学习之前,请思考以下问题。

(1)如何破解乡村教育资源分配不公的难题?

(2)教育资源的公平面临着哪些挑战与困难?

案例分享

1. 一公斤盒子:闪耀而起

在一个遥远而寂静的乡村,儿童在蜿蜒的小路上欢快地嬉戏,在碧波荡漾的小河边学会汲水,在绿油油的稻田里尽情地追逐。这群纯真的小精灵在自然和家乡文化的滋养中茁壮成长,编织着美丽的乡土记忆。然而,在这片充满希望的土地上,教育资源的公平和多元化依然面临着巨大挑战,许多渴望改变命运的乡村儿童期盼着突破现状与束缚。

正是在这样的背景之下,一公斤盒子闪耀而起。怀揣着推动乡村教育公平和儿童多元成长的崇高理念,这颗圆梦之星在乡村教育改革的天空中熠熠生辉,成为引领者、探索者,乃至改革者。浴火重生的一公斤盒子,肩负着崇高的使命,立志在这伟大征程上,为一颗颗向往光明未来的小星星点亮前行的路。

2. 一公斤盒子:进入崭新篇章

步入2019年,在乡村教育的道路上,一公斤盒子的创业故事迎来了崭新的篇章。这一年春天,在浙江致朴公益基金会的慷慨支持下,一公斤盒子迈向一个全新的征程,饱含信念与活力。面对曾经的困顿与失败,这群怀揣着改革乡村教育梦想的创业者没有放弃,而是勇敢地迎接二次创业的挑战。他们从无数次的反思与总结中深刻认识到乡村教育的公平和多样性是实现涅槃重生的关键因素,并升华成为一项全新的使命——"村童野绘"乡村儿童美育计划。这一计划旨在发掘乡村儿童的艺术潜能,借力美育教学的涵养,为他们创造更加美好的人生。

携手乡村教育,一公斤盒子的二次创业探索之路在曲折中勃发出巨大能量。从对乡村教育生态环境的深入了解,到实地踏访乡村学校,团队用心倾听、积极拓展,努力立足于乡村儿童的真实需求,精准设定工程的目标。

此时的一公斤盒子团队历经磨炼,从一群热衷于教育的年轻人逐渐蜕变成对乡村教育充满热情、创意与理念的新锐布道者。他们紧紧抓住美育教学这一突破口,夜以继日地努力,创造出丰富多彩的精准项目。

团队致力于打造切实有效的美育课程,从小到定期的乡村美育教师培训工作坊,再到乡土艺术创作活动,不断创新乡村美育项目。而这些项目在实践之中得以充分验证,为那些身处乡村的儿童带来了风华绝代的艺术盛宴。

在二次创业的过程中，一公斤盒子汲取教训，以"村童野绘"乡村儿童美育计划为核心，从乡村教育与公平的角度推进乡村美育发展。他们专注于倡导乡村教育的资源平衡、推动教育公平，从而带动乡村美育事业的繁荣发展。有力的实践证明，"村童野绘"计划正在为乡村儿童带来梦寐以求的艺术体验，成为一公斤盒子在二次创业的道路上令人惊叹的起点。

在乡村教育与公平出发的涅槃重生中，一公斤盒子敢于担当，敢于突破，在挫折与坎坷中绽放。他们将自身的信仰注入这一创业精神的制高点，在这片神奇的土地上，点燃了希望之火，穿越风雨，让人感受到生命的蓬勃与激情。

凭借二次创业的独特价值与独特意义，一公斤盒子已经表现出了对改革乡村教育的坚定信念和为了儿童的未来披荆斩棘、鞠躬尽瘁的勇气。在涅槃重生的旅途上，他们挑战传统，引领创新，不仅为乡村美育教学开拓了全新的空间，更为数百万乡村儿童描绘出了色彩斑斓的未来。

3. 一公斤盒子：寻求突破

一公斤盒子始终将深度了解问题和精确支持需求视为核心任务。在某个晴朗的午后，团队成员们携满诚意迈进乡村学校，深入体验乡土教育的点滴生活。在同教师与学生亲切交流的过程中，一公斤盒子的团队对乡村美育教学现状有了更加真切的体悟，并发现了非美术专业背景教师所面临的巨大困境。这些教师在拼搏中积累了丰富的经验，但缺乏美育教学的系统培训与支持，无法充分挖掘孩子们的艺术潜能，乡村美育发展面临严峻挑战。

正是在对这一问题的深入洞察中，一公斤盒子认识到乡村美育教学迫切需要突破的关键所在。秉持改变现状的信念，他们紧密围绕非美术专业背景教师的需求，提出切实可行的解决方案。团队成员深思熟虑，他们希望让每一个老师能够找到自己的声音，从内心获得成长的力量。在乡村美育事业这个宏伟舞台上，一公斤盒子在寻求突破发展之际，更肩负起了培育人才、传递希望的光荣使命。

为了解决这个问题，一公斤盒子从需求出发，创新性地设计了一系列分梯度的美育盒子。他们来到某个数组教室，将盒子轻轻地放到黑板前。盒子里，琳琅满目的教具映入眼帘：分级研学指南、课程教案、家长信等。这些分级的美育盒子将非美术专业背景教师和乡土美育实践紧密相连，鼓励他们一起探索和实践。

在乡村美育之路上前行，一公斤盒子深知社群活动的启发意义不可小觑。他们专门为师生策划了一系列富有启发性的社群活动，从儿童趣味画竞赛到研讨会交流、从节日庆祝到对话家长，丰富多彩的活动让乡村教育焕发出勃勃生机。

一公斤盒子有针对性地提供教师培训，为非专业背景教师提供专题工作坊和辅导课程。在培训课程上，笑声和欢愉弥漫在空气中，教师们充满自信地握紧画笔，将对美育的热情奔放地挥洒在画纸上。

在阳光明媚的日子，一公斤盒子与学校共同举办了一场艺术展览活动。这场活动不仅给教师带来展示成果的机会，更让乡村儿童的艺术小作品熠熠生辉。面对一张张五彩斑斓的画作，笑声与赞美交织，一公斤盒子深知，乡村儿童美育的道路才刚刚起步。就这样，一公斤盒子带着一颗赤诚之心，走进乡村儿童的世界，在优化美育教学过程中逐步壮大。他们凭借着坚定的信念和满腔热情勇往直前，在乡村美育教学的道路上越走越远。而"村童野绘"乡村儿童美育计划，这个尚在萌芽的梦想，已然蜕变成了一束璀璨的光芒，照亮了乡村儿童心中庄严的殿堂。

在乡村儿童美育事业发展的过程中，一公斤盒子始终关注非专业背景教师的状况。为了给他们提供更好的支持，一公斤盒子不惜将关注点投向硬核技能培训，引导更多的乡村教师成为优秀美育课程的倡导者和实践者。时光荏苒，今日的一公斤盒子已成长为乡村美育的杰出代表。在影响乡村教师身份认同感和职业自豪感的同时，广大乡村儿童在美育启蒙中也逐渐发现了源于家乡的丰富内涵。

在美育创业道路上，专业化是赢得尊重和信任的法宝。一公斤盒子坚定地引入专家知识，助力项目专业性的提升。黄筱瀛老师的加盟，让项目在课程设计、老师培养和评价体系建设等层面迸发更强大的活力，开拓更为广阔的视野。

面对丰富多彩的乡土文化，"一公斤盒子"项目团队通过敏锐的观察能力发掘出"自然、生活、家乡"三大主题，为乡村儿童美育教育提供了生动的素材和丰富的灵感。在研究与乡村生活的关系时，团队提出了"联系生活获取灵感""融合乡土资源再创作""激发儿童创作热情"的战略进行教学设计。而这一切都源于充分领会乡村教育中最具内涵和生命周期的特点，从实际出发助力学生全面素养目标的实现。

为了拓展乡村美育的内涵，项目团队紧密结合三大主题，致力于开发一系列立体化、个性化的教学课程。他们关注乡村儿童生活中每个与艺术息息相关的细节，让孩子在观察与表达中体验家乡美景的变化脉络，亲近土地的丰饶与诗意。

在美育落地过程中，一公斤盒子十分重视教师的成长。团队对教师成长的持续关注揭示了乡村教育要想真正实现公平，必须从源头解决教育资源和教育质量的问题。因此，他们从理论与实践相结合的角度出发，为教师搭建了一个系统、科学、严谨的培训平台。

一公斤盒子深知，教育落地之难，在乡村尤甚。为此，他们自觉担起责任，建立了科学严谨的评价体系。结合美育教师胜任力模型和美育课程观察表等评价工具，他们为乡村美育工作的开展提供了精准参考。带着对美育事业的憧憬与期待，他们助力乡村儿童美育事业一路走来，点燃激情的火花，引领风起云涌的浪潮。

为了让乡土的世界充满艺术的氛围，一公斤盒子时刻鞭策着自己，以严谨求真的态度进一步完善评价体系。他们利用美育教师胜任力模型为教师的成长和提高提供了趋势指引，美育课程观察表则帮助他们及时了解现场教学状况，以便精准提供教育干预与改进方案。

在诸多的案例激励下，"一公斤盒子"项目在乡村美育事业的道路上越走越远，他们不但关注现状，积极寻找答案，提供解决方案，而且勇于承担社会责任，力求打破乡村教育资源分配的不公，为整个乡村社会的公平与正义贡献力量。

4. 一公斤盒子：不忘初心，砥砺前行

在一公斤盒子的辛勤耕耘下，乡村教育的风景已然发生改变。那无处不在的希望之光，正逐渐穿透每一个角落，点燃乡村的艺术梦想。站在新的起点上，一公斤盒子将带着对美好明天的信心和期待，继续前行，创造更多的精彩传奇。

今日的一公斤盒子，已在探索中勇敢迈出了关键一步。在追求公平和多元的乡村教育道路上，它将积跬步以至千里，践行"村童野绘"乡村儿童美育计划，为乡村儿童开启美育的新世界。就让我们共同见证这涅槃重生的创业故事，期待它在未来继续书写辉煌。

任务五　再造盒子：工欲善其事，必先利其器

> **名人语录**
>
> 不积跬步，无以至千里，不积小流，无以成江河。
> ——荀子
>
> 教育是培养潜力，启迪智慧，引导人们走向成功之路。
> ——马尔库斯·儒勒

 任务导入

由于乡村地区的经济和社会发展相对滞后，乡村教育的师资力量普遍较为薄弱，吸引和留住优秀教师的条件和待遇也较为不利，导致乡村教师队伍的专业素质和教育水平相对较低。相对于城市地区，乡村教学资源相对匮乏，教学设施缺乏，教育硬件设施的水平也比较落后，极大地限制了学生学习效果和综合素质的提高。在进行下面学习之前，请思考以下问题。

（1）乡村教师成长、培养过程中会遇到哪些困难与挑战？
（2）"教育的力量"在乡村孩子们的学习成长过程中起什么作用？

案例分享

1. 人人都可以创造好的教育

在充满科技氛围的GET2017教育科技大会上，一位年轻演讲者的话语充满了力量，她就是陈丹，一公斤盒子联合创始人。她在教育公益论坛上发表了主题演讲"人人都可以创造好的教育"，分享了一公斤盒子的创意诞生、创新历程，以及这个项目如何点燃乡村教育的火花。

故事的开端源于陈丹的一次云南之旅。在他们的徒步途中，陈丹来到了一个名叫雨崩村的美丽小镇。在这个遥远的角落，她遇见了一个破旧而又充满生机的小学，这里的孩子们眼中闪耀着对知识的渴望，但缺乏足够的教育资源。

在雨崩村小学，陈丹结识了一位辛勤的支教老师，他独自承担了10多名孩子的教学工作。在与这位老师交流的过程中，陈丹领悟到了教育的力量，也感受到乡村教育事业在诸多困难之下所展现出的坚韧。在临别之际，这位老师对她说："我并不孤独，坚持就是胜利。"这句话深深地触动了陈丹，让她更加坚定了要为乡村教育改革贡献一己之力的决心。

在思考如何有效地支援乡村教育的过程中，陈丹产生了一个构思：鼓励每位徒步者在行李中加重一公斤，将生活所需送到远方的乡村学校。这个简单却具有发展潜力的行动被命名为"多背一公斤"。

陈丹回到城市后,立即行动起来,通过朋友圈、社交媒体等途径,积极倡导"多背一公斤"的理念。很快,这项行动得到了众多徒步爱好者、公益人士及志愿者的响应,并在互联网上形成了强烈的共鸣。人们纷纷加入这一行列中,将生活用品、教育资料、文化用品等送到乡村学校,为教育事业尽一份力。

随着"多背一公斤"行动的影响力逐渐扩大,越来越多的人意识到乡村教育改革的重要性。有了这个契机,不仅一公斤盒子诞生,更有一批批志愿者深入乡村教育,推广先进的教学理念、方法,同时传递关爱和温暖给那些渴望知识的儿童。

"多背一公斤"行动不仅促进了物资的流通,更拉近了城乡之间的距离。它让越来越多的人关注起乡村教育,在城市与乡村之间架起一座桥梁,真正体现了教育改革的美好初衷。就像那位支教老师所说:"坚持就是胜利",城乡差距逐渐缩小,越来越多的乡村儿童能够借助这项行动走出大山,拓宽视野,实现梦想。

今天,陈丹继续秉持着"多背一公斤"的初衷,带领志愿者们踏遍千山万水,服务于乡村教育事业。而这项曾经只是一个简单念头的小小行动,正逐渐成长为我国乡村教育改革的一股不可忽视的力量,激发了无数人投身乡村教育事业的激情与信念。

2. 一公斤盒子:发起"创育者计划"

带着使命感,陈丹决心为乡村教育输送更多力量。经过深入走访调研,他发现乡村教师面临的最大问题是缺乏教育资源、课程设计方法和教学工具。她意识到,解决这些问题需要一个创新性的产品来助力乡村教育。在沉思再三和团队成员共同努力的基础上,一公斤盒子诞生了。

一公斤盒子,这个智慧型教学工具包,以系统化、轻便的设计理念为乡村教师带来了革命性的教学改变。该工具包包含了可视化教案、教辅工具和乡村难以获取的教学素材,使乡村教师能够轻松掌握创新课程设计的方法,激发乡村儿童学习的兴趣。

随着一公斤盒子在乡村学校的推广,越来越多的教师开始意识到原来自己也可以为孩子创造更好的学习环境。陈丹带领团队深入乡村,与教师们交流互动,一起寻找提升乡村教育质量的方法。为了让更多乡村教育工作者加入创新教育的队伍,成为改变乡村教育的先驱者,陈丹与团队成立了"创育者计划"。

"创育者计划"的核心理念是邀请乡村教师参与到课程设计中,将他们的教学经验和对本地文化的理解转化为丰富的学习素材。项目组利用现代科技手段,在线下组织培训班,与乡村教师分享教学方式、方法及教育理念,强调注重培养学生的创新精神和动手实践能力,使学生在快速发展的社会中立足更有优势。

在陈丹和团队的引领下,乡村教师纷纷探索新的教育模式,与志愿者共同努力,创造出一个个充满个性化的课程。这些课程结合了当地的资源和特色,充分利用附近的河流、田野、山脉等场景,从而更贴近学生的生活,让学生在学习中增长见识、培养自信。

有了这种创新思维,乡村教育在陈丹与各位教育工作者的共同努力下发生了巨大的变革。一公斤盒子的成功传播了这股正能量,使得越来越多的乡村教师和学生能够享受到优质的教育资源。志愿者们还不断拓展项目的影响力,将改变教育的力量传递给更多的乡村。

如今,这个拥有千名志愿者的公益项目已经改变了许多乡村儿童的命运,成为他们通往更美好未来的桥梁。通过"创育者计划",乡村教育得到了长足的发展,那些曾被社会忽视的乡村儿童终于在充满爱与关怀的学习环境中找到了归属,用知识闪耀起来。

所有与项目有关的人都在为一个共同的目标努力奋斗:让每个儿童享有平等的受教育机

会。陈丹心中的教育公平梦想正在逐步实现，而这个梦想也在一步步感染更多的人加入乡村教育改革的行列，让每个儿童都能在阳光下茁壮成长。

3. 一公斤盒子：掀起了新的绿色教育革命

这个勇敢的创业故事取得了众多的支持。而背后，正是陈丹始终坚定的信念和对乡村教育的执着。一公斤盒子的成功传播了一个深刻的信息：有梦想，付诸实践，我们都可以为乡村教育献出力量。解决乡村教育问题需要广泛参与和共同努力，一公斤盒子运动已经掀起了新的绿色教育革命。

在全国各地的乡村走访中，陈丹了解到乡村教师面临的挑战有：没有时间、没有系统的课程设计方法和工具、没有课程素材。于是，她和团队酝酿了两年，推出了创新性的"一公斤盒子"。这是一个易于理解的教学工具包，乡村教师只需花费半小时研究，就能轻松上游戏化、小组式的课程。

陈丹强调，设计一个完整的盒子大约需要8个月的时间，包括用户调研、教育设计、产品设计、两轮测试和视觉设计等环节。他们承诺，这个产品在城市仍然是一个优秀的教育产品，否则就不能算真正的教育公平。

从发现乡村教育资源匮乏的现状开始，陈丹内心就坚定一个想法：为乡村儿童创造更好的学习环境。她创建了一公斤盒子，为乡村教师提供了标准化的教育工具和素材。然而，在推广的过程中，他们发现这无法满足乡村教育的差异性需求。但这并不是阻碍，反而激发了他们更深入地挖掘教育潜力。

他们铭记：每位乡村教师都拥有巨大的创造力量。于是，陈丹发起了创育者计划，让乡村教师们参与课程设计和本地文化传承。创育者计划的应用，让乡村教师速成了教育设计师，将各地独特文化和教育智慧融入课堂。这个项目很快在乡村教师中传开，无形中拉近了城乡教育质量的距离。一公斤盒子所传达的信息逐渐影响着乡村教育的每一个角落。它提高了教师的教学效益，改善了孩子们的学习环境，为乡村学校注入了新的生机。并且，陈丹和团队坚定地相信：只有真正实现教育公平，这个创业故事才能达到圆满。

4. 坚定梦想，勇往直前

一公斤盒子的创业旅程已然成为一段传奇，这段旅程见证了梦想如何在每个参与者的共同努力下成为现实。从这个故事中，我们看到了勇敢、坚定与创新的力量。而最珍贵的，是乡村儿童在这个过程中所拥有的好奇心与成长的喜悦。一个始于勇敢改变现状的旅程，正在向着教育公平的未来迈进。

正如陈丹所说，在她与团队的共同努力下，人人都有成为教育设计师的潜力，共同创造一个教育公平的世界。乡村教育的崛起已经成为不可逆转的浪潮，而这一切都源于一个寻求改变的勇敢初心。创业之路漫漫，但如同一公斤盒子所展示的那样，只要梦想在心间，勇敢行动，便能开辟新的天地。

任务六　未来：挑战永无止境

> **名人语录**
>
> 距离已经消失，要么创新，要么死亡。
>
> ——托马斯·彼得斯

> **任务导入**
>
> 创新的商业模式是实现业务成功的关键，业务能否破局取决于商业模式创新能力。随着社会经济的发展，商业模式的变革速度越来越快，企业需要不断调整和优化商业模式以适应市场。商业模式设计要紧紧围绕用户需求，创造出真正有价值的产品和服务。在进行下面学习之前，请思考以下问题。
> (1) 商业模式的创新需要具备哪些条件和要求？
> (2) 产品与市场的匹配面临哪些现实问题？

▶ 案例分享

1. 直面挑战，制定战略

作为一款创新性教育工具包，一公斤盒子的成功离不开设计者的努力和创新精神，以及在不断探寻更优教育解决方案的道路上勇往直前。自2011年问世以来，一公斤盒子已经非常成功地融入了乡村教育体系，并取得了显著的成果。然而面对未来，一公斤盒子面临着不小的挑战。

为在激烈的竞争中占据领先地位，一公斤盒子团队意识到单纯依赖好想法是不够的，需要从问题与解决方案的匹配、产品与市场的匹配，以及商业模式的匹配这三个层面制定全面战略。这些层面相互关联，共同构成了一个强大的竞争优势，推动一公斤盒子不断壮大。

在面临挑战的过程中，一公斤盒子团队初步确立了问题与解决方案的匹配。他们深入研究乡村教育现状，了解教育资源短缺及教育质量参差不齐的问题，从而为目标人群量身制订教育解决方案。合理地将问题与解决方案相匹配使得一公斤盒子逐渐融入乡村教育体系，取得了显著的成果。为进一步实现产品与市场的匹配，一公斤盒子不断尝试与公益组织、企业和政府合作，在市场拓展、资源整合、传播力度和社会影响力方面取得突破。这些合作将产品推向市场前沿，使更多乡村儿童享受到优质教育资源，有助于实现教育公平的目标。

同时，在商业模式方面，一公斤盒子团队努力平衡创新、社会责任和经济效益。他们寻求具有可持续性的商业模式，以保持项目的长期发展。通过创新商业模式，一公斤盒子在资本市场上也得以可持续发展，实现营利、再投资和扩大影响力。一公斤盒子通过将这三个层面相互结合，实现了创新、市场和商业模式的全面协同。在未来的发展道路上，一公斤盒子将继续在这三个层面上取得平衡，攻克挑战，持续优化产品，不断拓展市场，以实现更广泛的社会影响。

整个设计和实施过程中需要关注产品质量与可持续性。如今，一公斤盒子作为一个成功的范例，正是依托这三大层面实现了市场竞争优势。

在社会创新过程中，一个好的解决方案首先需要解决实际问题。一公斤盒子通过深入调查和研究乡村教育现状，明确了目标人群面临的问题，从而设计出合适的解决方案。从教育资源匮乏到教学方式单一，一公斤盒子团队充分理解了这些问题，并将解决方案与具体问题紧密结合，确保解决方案能够产生实际效果。

为了实现产品与市场的匹配，一公斤盒子紧紧围绕用户需求设计产品，不仅注重产品的实用性，还强调用户体验。在产品设计过程中，团队将传统教育方法与现代技术相结合，为乡村教育创造出独特的、符合实际需求的教育工具。这些工具既易于使用，又具有教育价值，使得产品在市场上获得了广泛的认可。

一个强大的商业模式能为创新方案的推广和应用奠定坚实基础。一公斤盒子在商业模式方面的创新包括与政府部门、企业、公益组织等多方合作，充分利用这些资源为产品和服务提供可靠保障。合作伙伴的多样性和广泛性使得一公斤盒子在日益激烈的市场竞争中立于不败之地。

作为一名社会设计师，要在更广泛的社会场景中将问题与解决方案相匹配。笃信教育公平理念的一公斤盒子将目光投向全球，打破地域限制，让更多需要帮助的乡村儿童接触到高质量的教育资源。同时，一公斤盒子在产品设计过程中注重环保和可持续发展，减少生产过程中的排放和浪费，成为社会创新的绿色领军者。

在未来的教育变革道路上，一公斤盒子将继续秉持这三大层面的价值取向，以更广泛的视野和不断创新的精神实现教育公平。通过与各方合作，一公斤盒子将拓展市场领域，帮助更多的乡村儿童实现梦想。在这个过程中，一公斤盒子也将成为其他创新团队学习、模仿的典范，推动整个社会共同实现可持续发展。只有将问题与解决方案的匹配放在更广泛的社会场景里，才能实现更大的影响，创造更美好的未来。

2. 提高市场竞争力

在 21 世纪的教育改革中，一公斤盒子作为区域教育均衡发展的先锋，充分展示了跨学科背景融合下的广阔发展前景。聚焦乡村教育需求，一公斤盒子将创新性设计和公益心存梦想，为明天的阳光播撒种子。

一公斤盒子的成功源于其团队在跨学科背景下的良性融合，人才结构多元化为其发展助力。在未来的道路上，一公斤盒子将继续寻找并培养具备多元技能的人才。优秀的设计师在了解教育领域和目标人群社会背景的基础上，将设计能力与教育需求相结合，构建一个多维度交互的创新环境，推动团队在设计、教育和社会背景三方面取得平衡。

在当今竞争激烈的市场环境中，一公斤盒子凭借其持续不断的创新能力和社会责任感在市场中脱颖而出。为实现乡村教育的优质发展，一公斤盒子充分利用了公益基金会、NGO、企业社会责任项目及各级政策的支持，从而在市场竞争中实现了优势与竞争力。

在拓展市场的过程中，一公斤盒子首先通过与公益基金会的合作，得到了强大的资源支持，在资金、人才和资源方面取得了巨大的优势。公益基金会的支持不仅推动了一公斤盒子的市场拓展，还为其建立了良好的社会形象，使其在目标用户心中树立了公益品牌形象。与

NGO 的合作使得一公斤盒子深入了解了乡村教育真实需求，从而提出了更为切合实际的解决方案。这一过程中，在社会各界的支持下，一公斤盒子建立了广泛的合作关系，为其未来的发展提供了可持续的资源供给。

企业社会责任项目的介入使得一公斤盒子在市场上的影响力和知名度得到极大的提升。企业通过支持一公斤盒子，实现了社会价值和企业利益的双赢。这种合作模式有效地推动了一公斤盒子的品牌传播，提升了其在目标市场的认知度，为其发展奠定了坚实的基础。一公斤盒子充分利用了各级政策的支持，与政府部门共同推进乡村教育事业。在政策扶持下，一公斤盒子得以快速扩展覆盖范围，使更多的乡村地区受益于优质的教育资源。同时，这种政府与民间组织的合作模式，也成为社会创新的样板，为其他企业和组织提供了借鉴的经验。

未来，一公斤盒子将继续秉持与资本市场互动的原则。在财务模式上，通过引入投资方和社会资本，一公斤盒子能够保持可持续的发展势头，逐步形成了教育工具的设计、制作、传播与使用自始至终的完整产业链，以提供更多具有实际效益的产品和服务。在此基础上，一公斤盒子还将进一步拓展市场，探索更多与其他组织和企业的合作机会，整合社会资源，以实现更广泛的市场覆盖。新的业务和市场拓展策略将在未来持续完善和发展，以满足更多乡村地区日益增长的教育需求。

基于市场拓展过程中与公益组织、企业及政策的高效互动，一公斤盒子通过充分利用各方资源提升自身实力，提高市场竞争力及品牌知名度。在持续创新发展的道路上，一公斤盒子将努力实现教育工具设计、制作、传播与使用的完整链条，为乡村教育事业贡献积极的力量。

3. 点燃公平教育之光

公平教育一直是一公斤盒子的终极目标和愿景。在激励团队不断探索和突破的过程中，一公斤盒子将继续践行教育公平理念，让更多乡村儿童享受优质、多样化的教育。随着社会的进步，教育将成为万众瞩目的焦点。一公斤盒子致力于构建一个公平教育的圣地，携手整个社会共创美好未来。一公斤盒子将在创新性教育解决方案道路上继续前进，整合教育领域知识、市场和资本等多方面资源，为教育公平和社会创新持续贡献力量。让我们期待一公斤盒子在跨学科背景下的合作模式中，点燃公平教育之光，照亮每一个乡村儿童的未来。

总之，一公斤盒子在寻找创新性教育解决方案的道路上，成功地整合了教育领域知识、市场和资本等多方面资源，形成了教育工具的设计、制作、传播与使用从产生到持续发展一整套的完整链条。然而挑战仍在继续，一公斤盒子要持续求进，寻求在教育和社会创新领域突破发展，为教育公平和社会创新贡献力量。

项目十四
创业综合案例：老爸评测

自我思考

随着社交媒体的兴起，自媒体已经成为企业营销的重要方式之一。通过自媒体平台，企业可以直接与消费者进行交流，提高品牌知名度和用户忠诚度。然而，在互联网时代，如何合理运用社交媒体工具助力企业发展是每位创业者都无法回避的问题。

请同学们想一想：你是如何理解自媒体运营的？你认为自媒体运营的核心在于什么？如何明确自媒体运营的目的和定位？如何合理地运用社交媒体工具？

【知识目标】
1. 了解自媒体企业发展的过程。
2. 了解"老爸评测"在全网爆红的经历，学习企业发展模式。

【能力目标】
1. 能够发现自身能力的不足，并制订科学的能力提升计划。
2. 具备分析和利用创业政策的能力。

【素质目标】
1. 树立创新意识，领会我国实施创新战略的重要意义。
2. 树立创业意识，自觉提升创业能力，为创业做好准备。
3. 领会"大众创业、万众创新"政策精神，领悟国家给予大学生创新创业政策支持的意义。

◆【开篇故事】

李伟与他的"老爸测评"

在繁华与喧嚣交织的都市一隅，有一位名叫李伟的中年男子，他的故事，如同一股温暖的清流，悄然在万千家庭中荡漾开来。李伟，一个平凡的名字背后，却藏着一颗不平凡的心——对家庭深沉的爱，以及对产品质量安全无尽的追求。这便是"老爸测评"诞生的前奏。

故事始于一个普通的周末午后，阳光透过窗帘的缝隙，洒在李伟家的客厅里。小女儿悦悦兴奋地拆开新买来的玩具，准备享受属于她的欢乐时光。然而，没过多久，悦悦细嫩的皮肤上便泛起了红疹，小手不停地揉着眼睛，泪水在眼眶里打转。这一幕，像针一样刺痛了李伟的心。他迅速检查玩具，发现材质粗糙，甚至散发出刺鼻的气味，显然是不合格的产品。

那一刻，李伟心中涌起一股强烈的责任感与愤怒。他意识到，在这个信息爆炸的时代，消费者往往难以辨别商品的真伪与质量，尤其是对于缺乏辨识能力的孩子来说，更是隐患重重。他决心做些什么，为了自己的孩子，也为了天下所有的孩子。

于是，一个念头在李伟心中生根发芽——"老爸测评"，一个专注于家庭消费品安全测评的自媒体平台应运而生。李伟利用自己的业余时间，开始学习产品检测知识，从材质分析到化学成分检测，从国家标准到国际规范，他如饥似渴地吸收着一切相关知识。同时，他还自费购买了大量儿童用品，从玩具、文具到食品、日用品，一一进行严格的测试与评估。

起初，李伟的测评只是通过朋友圈分享给亲朋好友，但凭借着真诚的态度、专业的分析以及直击人心的案例，他的测评迅速赢得了广泛的关注与认可。家长们开始意识到，原来在选购商品时，还有这样一位"老爸"在默默守护着他们的孩子。

随着影响力的不断扩大，"老爸测评"不再仅仅是一个人的战斗，它汇聚了一群同样关心家庭、热爱生活的志愿者。他们共同努力，将测评范围扩展到更多领域，用科学的方法、严谨的态度，为消费者提供权威、可靠的消费指南。

而这一切的起点，不过是那个阳光明媚的午后，一个父亲为了保护女儿免受伤害，所做出的简单而又坚定的选择。如今，"老爸测评"已成为无数家庭信赖的伙伴，它用自己的方式，讲述着一个关于爱、责任与坚持的创业故事。

任务一　包书皮引爆的故事

✦ 名人语录

对于创新来说，方法就是新的世界，最重要的不是知识，而是思路。

——郎加明

创业等于发现机会和调动资源。

——斯蒂芬·P.罗宾斯，玛丽·库尔特

任务导入

创新精神被视为创业核心。创新与创业紧密相连，互相促进。寻找到一个适宜的创业目标，是公司成长的重要环节。在进行下面的学习之前，请思考以下问题。

（1）如何发现创业机会？

（2）创新对于发现创业机会有什么作用？

包书皮引爆的故事

谈及老爸评测，或许很多人都有所耳闻。它是由杭州市民魏文锋发起的科普自媒体。魏文锋毕业于浙江大学,曾在浙江省出入境检验检疫局从事产品检测和认证工作,在这个岗位上一干就是十几年。

2015年,魏文锋注意到女儿用来包裹书籍的塑料包书皮存在强烈异味,凭借职业敏感性,他疑虑塑料包书皮可能存在不安全成分。为了验证包书膜到底有没有危害,魏文锋在杭州市街边的文具店和网上分别采购了各种牌号的包书膜,送到泰州国家精细化学品检验中心进行检测。果然,检测结果显示包书膜中含有多环芳烃和增塑剂(邻苯二甲酸酯)物质。

多环芳烃的危害

多环芳烃(PAHs)是最早被发现且为数最多的一类化学致癌物。其中的苯并[α]芘物质是特强致癌物。可通过食物、呼吸和皮肤接触进入人体。

欧盟、美国、新西兰等国家和地区均已出台有关限制和禁止多环芳烃的法令。

邻苯二甲酸酯的危害

邻苯二甲酸酯类物质常作为增塑剂添加于聚氯乙烯等基质中。邻苯迁移性高,很容易从产品中释放,可通过呼吸道、消化道、皮肤等途径进入人体。动物实验表明,DEHP和DBP具有内分泌干扰作用,啮齿类动物长期摄入该物质可造成生殖和发育障碍。DEHP是环境内分泌干扰物,具有类雌激素效应,孕妇、婴儿和发育期儿童应远离DEHP。

美国、欧盟、日本、阿根廷等国家和地区均已出台法令禁止邻苯二甲酸盐在儿童用品和文具中使用。

检测,可以发现生活中看不到的危害;曝光,则可以推动问题的解决。2015年8月25日,魏文锋在个人公众号上写了一篇文章,题为《开学了,您给孩子买的包书皮有毒吗?》,把检验报告公之于众,引发全国媒体、机构及群众关注。文章发布24小时后,点击量超过10万次。1周后,公众号积累了1万个粉丝。他又花10万元拍了一部关于检测毒包书皮的纪录片,视频累计播放量超过1 500万次。包书皮的安全性由此被讨论得火热,魏文锋也成了一呼百应的"魏老爸"。

2015年,魏文锋曝光问题包书皮事件,引起社会广泛关注。从2016年开始,包书皮行业进行了改进,原材料由安全的聚丙烯材质代替了有毒的聚氯乙烯。2019年10月,教育部办公厅等四部门发文明确指出,学校不得强制学生使用包书皮,尤其不能使用有问题的塑料书皮。同时,《学生用品的安全通用要求》(GB 21027—2007)(图14-1)修改完成,该标准增加了对包书皮的邻苯类物质和多环芳烃类等有害物质的限量要求。

受到"毒包书皮"事件的影响,魏文锋毅然辞去了百万年薪的工作,立志用专业检测经验死磕身边的有毒有害产品,帮助人们发现生活中看不见的危害。为了解决家长们的疑惑,他还自掏腰包100万元帮助检测,被称为"浙大硬核老爸"。此后他更是陆续曝光了多个有潜在安全隐患的产品,评测了许多不同品类的产品。

2015—2016年,老爸评测为全国近15家幼儿园和中小学进行了跑道检测,发现跑道中存在二硫化碳有毒物。而在2018年11月1日,塑胶跑道新国标《中小学合成材料面层运动场地》(GB 36246—2018)(图14-2)开始实施,其中把包括二硫化碳在内的18个有害物质写进黑名单。2017年,老爸评测曝光了儿童智能手表表带中的有害物质多环芳烃(PAHs)。2018年,由深圳市消委会牵头编制的《深圳市儿童智能手表标准化技术文件》团体标准于3月15日生效实施,文件对表带中的多环芳烃(PAHs)做出了规定。

由一份"毒包书皮"引发了消费者对于市场多项产品安全隐患的关注。一直以来,我国政府高度重视产品质量安全问题，不断加强相关法律、法规的制定和实施。然而，在市场上仍然存在一些不合格产品，给消费者的生活带来潜在威胁。正是这种威胁，让魏文锋深感责任重大，决心投身于产品质量安全领域，为消费者保驾护航，在此契机之下魏文锋开启了自己的创业之路。2015 年杭州老爸评测科技股份有限公司创立，致力于通过专业的消费品安全评测、一站式检测技术和咨询服务，以及优选商城等方式，构建全方位、立体化的产品安全服务平台，推动消费品行业高质量发展，不断满足人民群众对美好生活的需要，提高人民群众的获得感、幸福感、安全感。发展至今，老爸评测全网粉丝超过 5 100 万人，旗下四条独立业务线实现社会效益和经济效益高度统一。

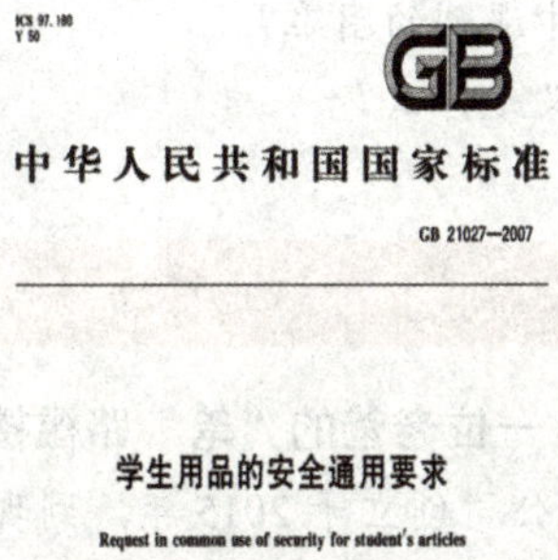
ICS 97.180
Y 50
GB
中华人民共和国国家标准
GB 21027—2007
学生用品的安全通用要求
Request in common use of security for student's articles

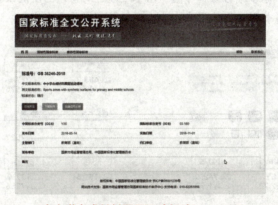

图 14-1 《学生用品的安全通用要求》(GB 21027—2007)

图 14-2 《中小学合成材料面层运动场地》(GB 36246—2018)

任务二　一位老爸的“笔”路褴褛

名人语录

企业的发展过程中，会面临各种困难，要有有效的对策谋求发展。

——任正非

> 企业的成败在于能否创新，尤其是当前新旧体制转换阶段，在企业特殊困难时期，更需要有这种精神。
>
> ——黄汉清

 任务导入

企业发展过程中不可避免地会遇到各种困难，要推动企业良性发展，就要寻求有效的对策谋求发展。创新是突破困难的关键一招。在学习以下内容之前，请思考以下问题。

（1）企业发展过程中一般会遇到哪些问题？

（2）企业如何应对发展过程中遇到的困难？

（3）创新在企业发展中的意义是什么？

◆ 案例分享

一位老爸的"笔"路褴褛

杭州老爸评测科技股份有限公司创立于2015年，到现在，历经8年多时间，笔耕不辍。目前老爸评测自媒体全网粉丝超5100万，内容发布在微信公众号、抖音、快手、哔哩哔哩小红书、新浪微博、知乎等多个自媒体平台（图14-3）。老爸评测团队以检测为抓手，以笔为武器，用"评测视频＋科普图文"的形式，为全网粉丝带来优质内容。

图14-3 老爸评测发布平台

当前在消费市场中，老爸评测如同一座明亮的灯塔，为粉丝们照亮了前行的道路。他们以专业的知识和严谨的态度，对产品进行深入的剖析和评估，为粉丝们提供准确、客观的购物建议。他们的评测结果，不仅影响着粉丝们的购买决策，更是对生产企业的鞭策和激励。正是因为老爸评测的存在，生产企业不得不更加注重产品的品质和性能，以赢得粉丝们的青睐。这种良性的竞争，促进了整个行业的进步和发展。

然而，老爸评测的发展历程并非一路坦途，其在前进过程中也遭遇过诸多困难与挑战。2015年6月，魏文锋自筹资金组建评测团队，以普通家长的身份发起"老爸评测"，并注册了相关品牌标识，坚定地与"有毒的包书皮"问题抗争。项目初期并未盈利，甚至耗尽了个人全部积蓄用以支撑，出乎众人意料的是，评测工作竟是如此耗费资金。为确保受众获得更为权威和专业的产品评测，团队需购入大量专业设备、样品，并邀请专家及其他机构予以见证，每评测一款产品，都需要投入大量时间和精力，而且全部是投入而无甚产出。

魏文锋始终认为自己不是在卖货，而是在推动解决一个社会问题——有毒有害商品的治理。因为公益的定位，魏文锋一开始是排斥卖货的。不注重卖货的老爸评测到2015年年底就烧光了钱。检测是一项投入很高的事业，从最早的书皮（检测花了近万元），到后来的跑道、菜板、牛奶、台灯……检测的产品越来越多，老爸评测花出去的检测费数额也越来越大，仅仅依靠橡皮、铅笔等产品的销售远不足以维持运转。因此，融资成为关键问题。由于魏文峰在专业机构从事检测工作已有18年，融资对他而言是一个全新的领域，也是一项全新的挑战。

在初期，魏文锋尝试过众筹、尝试过打赏，但是很快都出现了问题。迷茫之际，家长粉丝们再次帮他拨开重重迷雾找到了新的道路。一位家长给他留言："你不能只说这个有毒，那个有害，把我们吓都吓死了，你还要告诉我们哪个是好的，在哪里能买到。"这宛如黑夜中的一道闪电，启发了魏文锋，他开始认真探索一条检测的"自媒体＋电商平台卖货"的道路。之前的打赏和众筹检测费，都是面向消费者的一种方式，而电商卖货是最直接的方式，通过出售经过自主检测合格的商品，既让消费者用上健康安全的产品，又为企业持续造血，提高企业的可持续盈利能力。于是，魏文锋建立起老爸评测的网上商城，专门销售检测合格的商品，同时进一步发展社交媒体和自媒体平台，持续扩大影响，增加粉丝数。

最初评测的是一款小学生书包，是因为自己的小女儿要上小学，看看哪些书包是合格的，都有哪些对孩子不好的成分。就做了这么一期内容，以专业权威的视角来做对比，很多的知识颠覆了家长的认知，一夜火爆整个互联网圈，也让老爸出圈了。终于找到了赚钱的点，就是通过专业的产品评测，卖产品，做电商，给更多消费者推荐最优的产品，很多产品都是经过老爸评测出来的，消费者一看，这么专业，就很放心地购买了。

作为自媒体，老爸测评2015年发表的第一篇公众号文章，就有10万＋阅读，接下来的每一篇文章基本都是10万＋阅读。它最初也是靠公众号起来的，内容足够专业，也有足够的说服力，各种数据让大家买产品更放心。做这件事依然是非常有门槛的，专业的产品评测内容相当于科普文，每一篇内容都需要花费大量的时间和精力来完成，这也得益于老爸这么多年在这个领域的持续深耕。

任务三 "检测网红"是怎样"炼成"的

> ★ 名人语录
>
> 要持续造势，就要把企业做成一条流动的河。源头是创新的SBU，河的终点是用户的满意度，即对企业忠诚的用户。
>
> ——张瑞敏

任务导入

互联网时代，自媒体的崛起与衰落瞬息万变。在进行以下内容的学习之前，请思考以下问题。

互联网时代，自媒体企业如何做才能保持高粉丝黏性并持续发展？

◆ 案例分享

"检测网红"是怎样"炼成"的

"老爸评测"在哔哩哔哩（B站）拥有400多万粉丝，每个投稿都能获得100万次以上的播放量及满屏的弹幕。由于"老爸评测"广泛评测各种物品，其粉丝覆盖了青年、中年、老年等各个年龄段的群体。B站官方这样评价他："商业世界套路频出，老爸评测帮助大家避免消费踩坑。小到一根烤肠、一支口红，大到高考阅卷、逃生方法，魏老爸都能以专业的知识储备和严谨的探究态度，说出各家门道，为网友拨开迷雾见真相，指明其中隐藏的风险，收获满满好评口碑。"图14-4所示为老爸评测B站主页图。

图 14-4 老爸评测 B 站主页图

抖音用户对"老爸评测"也不陌生，因为同名抖音号目前已经获得了2 305万粉丝的关注，获赞超过1.9亿次（图14-5）。在个性签名一栏，"老爸评测"明确提出自己的使命——让天下老百姓过上安全放心的生活，并调侃道"评测得罪人太多，谣言勿信"。在账号主页，"老爸评测"将评测物品分类，还制作了一些视频合集，如"家居生活""食为天""装修""爸妈必看""美妆日化"等，覆盖了日常生活的方方面面。另外，在微信公众号、小红书、新浪微博也有大批老爸评测的忠实粉丝（图14-6）。

图 14-5　老爸评测抖音主页图

图 14-6　老爸评测小红书主页图

根据全网数据，老爸测评作为评测类自媒体博主，无疑是领军人物。在互联网时代，自媒体的崛起与衰落瞬息万变，要保持高粉丝黏性并持续发展，实非易事。此外，与其他类型自媒体相比，测评类博主的发展关键在于测评经费的保障。因此，在持续输出内容的同时，需要探寻一种可持续的资金来源，以确保企业的稳定经营。

互联网行业的盈利模式通常可分为三类。首先是B2B模式，即以其他企业为客户。然而，"老爸评测"的目标群体为广泛的消费者，若与之建立商业合作关系，或将背离其初衷，削弱长期累积的公信力。第二种是结合广告的B2B模式，采取此类方式意味着将检测和生产的主动权让渡给其他企业，仅负责宣传推广，这同样与"老爸评测"的定位和使命相悖。第三种是B2C模式，即企业直接向消费者出售产品。"老爸评测"若要转型为该模式，需重新审视并调整自身的盈利策略。

综合分析之后，魏文锋认为只有采用B2C模式，才能解决消费者的痛点。魏文锋也考虑过采取订阅模式，即通过短视频平台为消费者提供合格产品的检测信息，不销售相关产品，让消费者自行寻找购买渠道。但是，该模式推行难度大，不足以支撑"老爸评测"实现长远发展。因此，魏文锋决定继续销售检测合格产品，着力在抖音等短视频平台上提高"老爸评测"的知名度，借助"粉丝经济"紧紧抓住消费者，同时展开检测工作，不收取厂商的广告费和赞助费。2017年，"老爸评测"开设了淘宝店铺，同时，公司设置了电商部，处理电商业务，完成供货、销售咨询、售后等一系列工作，业务范围越来越广。目前，抖音上的"老爸评测商城"销量总计942.4万元，热度超过多数同行店铺。

"老爸评测"不同于普通的带货账号，但也从未想过埋头于产品检测。魏文锋称自己为"裁判员"，既要检测消费者关心的产品，也要承担一定的社会责任。他力求使评测流程做到精益求精、公开透明，评测原则和立场公正、坚定。安全是影响消费者决策的决定性因素之一，"老爸评测"在店铺销售的商品全都是检测合格的产品。为了挑选合适的检测产品并保证商城产品的质量，老爸评测建立起了属于自己的质控系统——老爸质控系统。该质控系统主要包括老爸标准、滚动抽检、费用分摊和家长参与四个部分。当然，一家店铺不可能涵盖所有的品牌和品类，因此，"老爸评测"在抖音店铺和微商城推出优质商品清单，供消费者自主选择。

在持续造血的过程中，严格保障商品质量，遵循正确的企业价值观，使得"老爸评测"得以蓬勃发展。现如今，"老爸评测"已经形成了完善的电商运营体系，除了淘宝店铺和抖音店铺，还同步推出了微信小程序商城。当前，"老爸评测"也在向"产品评测+直播带货"的方向发展。

任务四　达则兼济天下

名人语录

现代企业管理的重大责任就在于谋求企业目标与个人目标两者的一致。

——毛仲强

企业家的境界：把关爱注入大地，把责任写上天空。

——陈光标

任务导入

企业作为经济活动的主体，不仅需要追求经济效益，还要关注社会责任。它不仅是企业自身发展的需要，也是社会和谐稳定的基石。在进行以下内容的学习之前，请思考以下问题：

（1）你如何理解企业的社会责任？

（2）创新在企业承担社会责任中起到什么作用？

案例分享

达则兼济天下

2023年"向光奖"终极评选结果揭晓。"向光奖"是中国首个秉持国际先进理念，针对我国社会企业、影响力投资机构、商业向善企业的纯公益性年度顶级荣誉，老爸评测再度荣获年度社会企业奖项。"向光奖"原名"社会企业与影响力投资奖"。自2017年设立以来，该奖项已先后选拔出众多以商业模式解决社会问题，积极实践社会价值创新理念的向善企业，为社会企业、商业向善领域树立了典范。老爸评测于2023年再度荣获"向光奖"年度社会企业奖项，彰显其八年来对社会公众消费安全的坚守，是当代企业积极承担社会责任的典范。

在2023年度"向光奖"颁奖典礼上，老爸评测相关负责人徐王俊表示："8年多来，老爸评测的产品和服务在不断创新和迭代，但让天下老百姓过上安全放心生活的初心和使命没有改变。"未来，老爸评测还将围绕消费领域推出更多产品和服务，在消除大众消费疑虑与消费风险的道路上继续"向光而行"。在履行社会责任方面，老爸测评始终以独特的方式为粉丝提供服务，为社会做出贡献。

一、发挥企业外部效益

自从2015年创立以来，老爸评测始终以科学检测为根基，逐步揭示了"毒跑道"有害物质超标、"魔术擦"甲醛含量超标、儿童手表内含致癌物、磁力玩具"巴克球"误食导致的身体健康损害、儿童面霜激素超标引发的"大头娃娃"症状等消费风险，引起了全社会的广泛关注。诸多不良企业因此受到查处，一系列相关产品标准也得以实施和修订。2023年，老爸评测更是曝光了"气体口香糖"，呼吁警惕儿童电子烟，揭露儿童面霜中含有违法添加成分，以及中小学生购买的鼻吸能量棒存在有致癌风险的醛类物质等问题。

在老爸评测不断进行大众检测的过程中，也产生了一些经济学意义上的正外部效应，推动了整个行业产品质量的优化。这一现象不仅改变了企业行为，还协助政府部门弥补了监管方面的不足。这正是老爸评测始终追求的目标。

2017年12月，老爸评测荣膺浙江省质量技术监督局设立的产品质量安全伤害信息监测点资质。肩负重任，该监测点积极致力于主动提供产品质量安全伤害信息，竭力配合开展产品质量安全风险评估及缺陷产品召回工作。2018年1月，浙江省产品质量安全检测研究院发布魔术擦产品缺陷风险通报，对老爸评测的检测行动予以充分肯定。

魏文锋曾在访谈中表示，他的目标是通过不断提升影响力，确立"老爸标准"，以此规范老爸商城的产品品质，使消费者一看到"老爸标准"就能产生信任。同时，借助社交媒体和老爸商城这两个平台，推广健康产品，激发良性竞争，促进行业产品质量的提升，让有毒有害的产品远离消费者和市场。

二、甲醛仪漂流

仪器漂流其实是借鉴图书漂流的形式，将一般家庭不愿意购买的昂贵的检测仪器以漂流的形式在家庭中传递。现在正在进行漂流的甲醛检测仪价格大概1万元，虽然大多数家庭有能力购买，但很少有家庭会为了仅仅检测一次甲醛而专门花大价钱来购买。

老爸评测发现了这一点，便自发购置了多台甲醛仪参与漂流；同时，为了避免测量仪在漂流活动中受损，老爸评测在家长们的建议下定制了漂流箱。这项活动一开展，便获得广泛的关注与好评。

2016年8月，这项活动受到了比尔·盖茨基金会的关注，该基金会转发了相关文章，刹那间,老爸评测便火了。据魏文锋回忆,那段时间几乎每天公众平台都会增长1万粉丝数,大量的用户来咨询甲醛仪的借用方式。同时,为了进一步利用好仪器漂流活动,增强客户黏性,老爸评测设计了一个仪器漂流的日记本,随着甲醛仪漂流到每一个用户手中,供其记录自己的使用情况和感触。目前日记本已经记了厚厚三大本,里面密密麻麻地写满了用户的感受。日记中,用户们不仅记录了其使用后的检测记录,还用图画、文字等各种方式表达了自己的心愿和对老爸评测的感谢。

在"漂流计划"中,老爸评测为大家提供的不仅仅是甲醛检测仪,还有TVOC检测仪、辐射检测仪等,老爸评测表示后续他们也会继续挖掘更多可能性,尽可能为更多家庭提供检测便利。通过"甲醛仪漂流"活动,帮助更多家庭对生活中看不见的甲醛风险进行排查,从而发现家中的甲醛污染源,比如胶水棕垫、暗藏垃圾密度板的茶几、床头柜、床头软包、硬包等,通过发现问题、解决问题,努力让更多百姓居住生活更安心。

老爸评测2022年年报显示,截至2022年年底甲醛仪已漂流32个省份、356座城市,服务227 088个家庭,共计检测862 934个房间,累计漂流里程达45 519 831千米,相当于绕地球1 135圈。老爸评测采用记日记、漂流这种在信息时代看起来已经过时的方式,既实现了企业的社会责任,又进一步加强了与客户的情感沟通,无形中为老爸评测做了一次广告,推动了粉丝人数的进一步增长。

三、爱心厨房项目学校

在老爸评测"如果吃到一碗夹生饭,你会怎么办?"的公益视频发布后,在99公益日之际,又有好消息传来,由老爸评测爱心粉丝捐赠的2个爱心厨房项目也顺利完成。改造后的厨房干净整洁、明亮卫生,爱心粉丝们捐赠的保鲜冰柜、电磁灶、蒸饭车、绞肉机、土豆脱皮机等都已投入使用。

"爱心厨房"项目由中国乡村发展基金会倡导并实施,其目的在于协同国家农村义务教育学生营养改善计划,针对偏远山区学校的学生,提升其餐饮条件。该项目的内容包括对学校厨房进行升级改造,配备现代化设备,从而提高食堂出餐效率,确保食品卫生,并丰富菜品种类。

2022年,老爸评测团队通过中国乡村发展基金会参与到爱心厨房项目中(图14-7)。在考察过程中,他们得知云南宣威地区的小学生多为留守儿童,学校午餐便成为他们一日之中最为重要且充满期待的餐次。然而,学校厨房设施颇为落后,烹饪过程中烟雾弥漫,尤其在阴雨天气,柴火潮湿,可能导致孩子们食用夹生饭。

图14-7 老爸评测参与到"爱心厨房"项目中

为了唤起公众对餐厨落后问题的关注，老爸评测发起了一场助力"爱心厨房"的公益活动。令人欣慰的是，该活动视频发布仅3天后，便获得了10万次点赞，粉丝们自发筹集了6.9万元善款。更有热心粉丝在个人朋友圈和微信群内发起倡议，展开爱心接力，短时间内筹集了3万多元善款。最终，所有款项共计10万元全部汇入中国乡村发展基金会账户，用于项目的推进。

粉丝们坚定不移的信任与支持，构成了老爸评测团队在公益道路上前行的动力。为了回应大家的热切关爱，老爸评测团队工作人员辗转2 000多千米，亲临云南宣威进行实地探访，用镜头记录下爱心厨房的安装及使用。针对大家关注的运营成本问题，以杨柳镇围仗完小为例，原先采用烧煤的费用接近1 500元，而改为用电后，费用降至900元左右。这表明，电灶的实际使用成本低于土灶。

八年来，老爸评测始终秉持"源于粉丝，服务于粉丝"的信念，一方面密切关注粉丝们的呼声，针对大家的需求进行科普评测；另一方面，积极凝聚粉丝力量，携手投身于诸多富有价值且富有意义的项目，旨在惠及更多儿童，让他们过上安心生活。老爸评测团队也表示，未来将继续携手中国乡村发展基金会，助力孩子们健康成长，同时也期待更多社会各界人士关注并支持乡村儿童发展事业。

四、老爸实验室

老爸实验室是一个集中老爸评测所有技术力量的云检测平台，目前拥有38位在职技术专家和25位外部合作专家，与23家具有专业资质的第三方实验室达成密切合作，并自行投入价值超3 800万元（含甲醛仪）的实验舱与专业仪器，致力于"让实验室检测走进更多老百姓的日常生活"。老爸实验室帮助消费者发现生活中看不见的危害，让消费者真正过上健康、安全的生活（图14-8）。

图14-8 老爸实验室

2016年，因为毒塑胶跑道事件，魏文锋希望建设一个实验室，购买检测仪器，作为校园去毒行动的开始，在魏老爸"保护孩子，为校园去毒！我众筹支持老爸实验室！"的活动发起后，很快众筹到9万多元，促成了1.0版老爸实验室的建成。粉丝众筹的资金主要用于采购甲醛仪和TVOC检测仪，并且开启了甲醛仪漂流活动，以公益免费和按需自费两种形式，持续漂流至全国各地各个家庭。

2020年，2.0版的老爸实验室升级完成，新购入了X射线荧光光谱仪、红外光谱仪等一系列专业设备，X射线荧光光谱仪能开展对保温杯、化妆品、童鞋、银饰、偏方药、玩具涂层等产品的初筛鉴别，检测涉及铅、砷、镉、锰、镍等几十种元素。另外，老爸实验室与其他有资质的第三方权威实验室合作，成立云检测平台，提供更广泛的检测服务。

2022年，老爸科学实验室3.0版正式亮相并投入使用，3.0版的老爸科学实验室有了更宽阔的场地，并做了更加系统的划分，新设立了高分辨质谱间、感官实验室，设备累计总投入超过3 800万元，主要提供免费、自费的检测/鉴别服务，如特色项目"甲醛仪漂流""化妆品真假鉴别"等，帮助解决普通大众检测/鉴别难的问题，让实验室检测/鉴别服务更加便民化。

老爸实验室以科技创新为第一驱动力，联合国内几十家第三方实验室成立云检测平台，让检测便民化，解决普通消费者"检测难"的问题，满足大众的检测需求。老爸评测2022年年报显示，老爸实验室为百姓检测支出210多万元，购买专业设备累计花费超3 800万元（含甲醛仪），服务人数6 599人次。

任务五　长风破浪会有时

名人语录

　　一个人想做点事业，非得走自己的路。要开创新路子，最关键的是你会不会自己提出问题，能正确地提出问题就是迈开了创新的第一步。

——李政道

　　企业的经营，不能只站在单纯的一个角度去看，而要从各个角度分析、观察才行。

——藤田田

任务导入

在当今激烈的市场竞争中，企业的持续发展已经成为企业管理者及决策者关注的焦点。企业的持续发展不仅关乎企业的长远利益，更关系到国家经济的稳定增长。在进行以下内容的学习之前，请思考以下问题。

（1）你认为企业持续发展的核心是什么？

（2）你认为如何提升企业的创新能力？

案例分享

长风破浪会有时

老爸评测在发展的过程中，以其自身力量为消费者购买合格优质的产品提供了便利，助力消费者规避不合格产品，但这样的行为使那些不合格产品的生产者对老爸评测心生怨恨。根据魏文锋的回忆，老爸评测曾对一批硅藻泥产品进行检测，结果发现部分品牌的产品质量不合格。于是，他们将检测结果以文章形式发布，旨在提醒广大用户注意。这一行为触犯了相关硅藻泥商家的利益，魏文锋随后收到了某硅藻泥商家发出的威胁信息，要求老爸评测撤回相关文章，否则将对其采取不利行动。面对这一威胁，魏文锋并未慌张，他坚决拒绝了撤回文章的要求，因为他深知这与他创立企业的初衷背道而驰。在深思熟虑后，魏文锋将这些沟通记录分享给了老爸评测的家长粉丝群体。粉丝们看到老爸评测在面对威胁时仍坚定立场，无不表示敬意与赞赏。

当前，老爸评测所采用的"检测网红+电商"的经营模式已取得显著成效，但是在老爸评测这个独特商业模式的发展过程中，社会各界对其的质疑和批评从未间断。有些人质疑他们的动机不纯，认为他们只是利用"社会企业"的名义来谋取利润。网络上也有一部分人认为，在这种商业模式下，老爸评测作为一家检测企业，其检测结果很难让人信服。诸如此类的质疑声络绎不绝。然而，老爸评测的创始人魏文锋始终坚定地认为自己正在解决一个困扰整个社会的难题——有毒有害产品的治理。在他看来，电商平台只是实现这一目标的一种手段，一种能够让团队持续运作、保持活力的方式。正是这种坚定的信念，支持着魏文锋不断探索，找到了一条可持续的解决之路。

对于自己的企业是以公益为目的，还是以社会目标为目的，魏文锋表示，其实他并不十分在意。他坚信，只要最终能够得到家长粉丝的认可和支持，公司能够持续稳定地发展，那就足够了。在他看来，企业的目的是解决问题，是提供有益的产品和服务，而不是为了追求利润。只要能够实现这个目的，企业的发展就能得到保障。魏文锋的这种理念，让他能够在面对质疑和批评时，始终保持冷静和坚定。他深知，解决社会问题并不是一件容易的事情，需要付出艰辛的努力，也需要承受外界的压力。但他坚信，只要是为了社会，为了公众的利益，所有的努力都是值得的。

现阶段，鉴于企业规模及人力资源的限制，老爸评测尚无能力将检测范围扩展至所有流通商品。然而，魏文锋在谈及未来规划时表示，老爸评测应发展成为以提供优质产品为主导的平台，因为这恰恰是广大民众的迫切需求。消费者需要一个值得信赖的机构，为他们指引正确的生活用品。然而实现这一目标颇为艰难，需要考验企业自身的能力。如今，老爸评测团队正不断壮大，成员人数日益增加。在企业价值观的引领下，老爸评测团队始终秉持着严谨的态度，持续完善产品质量保障机制，以确保产品质量和消费者权益得到充分保障，努力提升"老爸实验室"的设施水平，让大家轻松享受到有质量保障的优质产品，加大了对"老爸实验室"的投入，引进了先进的检测设备和技术。通过优化送检条件，为广大消费者带来便捷的服务；同时能够在第一时间掌握产品的质量信息，及时发现潜在的问题，并为消费者提供准确、可靠的数据支持。

总体来说，老爸评测的发展道路并不是一帆风顺的。但在魏文锋的带领下，他们始终坚持着自己的初衷，以解决社会问题为己任，积极探索和实践。无论外界如何看待，他们都保持着坚定的信念，以实际行动回应质疑，以成果证明自己。这是一条艰难的道路，但也是一条充满希望的道路。在未来的发展中，老爸评测将继续秉承"为消费者负责"的理念，通过不懈的努力，为广大消费者带来更多优质、安全的产品，让大家的生活更加美好。老爸评测的故事告诉我们，只要有信念，有毅力，就一定能够克服困难，实现自己的目标。

参考文献

[1] 周杏颖.基于商业画布模型的哔哩哔哩商业模式研究［J］.价值工程，2020（2）：268-270.

[2] 屈运炳.湖南拳头产品发展研究．［M］.长沙：湖南出版社，1993.

[3] 马中红，吴映秋.青年创新创业文化的认知、评价和实践——基于深圳青年群体的调研［J］.青年探索，2019（4）：51-64.

[4] 刘光明.企业文化［M］.北京：经济科学出版社，2006.

[5] 王强，陈姚.创新创业基础：案例教学与情景模拟［M］.北京：中国人民大学出版社，2021.

[6] 谢鸿憬，周志勇，李嘉龙.大学生创业管理［M］.北京：中国人民大学出版社，2021.

[7] 郑石明，李佳琪，李良成.中国创新创业政策变迁与扩散研究［J］.中国科技论坛，2019（9）：16-24.

[8] 警惕！十大经典金融骗局［J］.商业文化，2016（22）:68-69.

[9] 王伟毅，李乾文.创业视角下的商业模式研究［J］.外国经济与管理，2005（11）：10.